HISTOIRE GÉNÉRALE

DE LA SOCIÉTÉ

DES

MISSIONS-ÉTRANGÈRES

PAR

Adrien LAUNAY

DE LA MÊME SOCIÉTÉ

TOME PREMIER

PARIS
TÉQUI, LIBRAIRE-ÉDITEUR
33, RUE DU CHERCHE-MIDI, 33
1894

HISTOIRE GÉNÉRALE DE LA SOCIÉTÉ

DES

MISSIONS-ÉTRANGÈRES

HISTOIRE GÉNÉRALE

DE LA SOCIÉTÉ

DES

MISSIONS-ÉTRANGÈRES

PAR

Adrien LAUNAY

DE LA MÊME SOCIÉTÉ

TOME PREMIER

PARIS
TÉQUI, LIBRAIRE-ÉDITEUR
33, RUE DU CHERCHE-MIDI, 33
1894

LETTRE DE M. DELPECH,

Supérieur du Séminaire des Missions-Étrangères.

Monsieur et très cher Confrère,

J'ai suivi avec le plus vif intérêt la lecture, qui a été faite à notre Communauté, de votre Histoire générale de la Société des Missions-Étrangères, et je tiens à vous remercier pour le service important que vous avez rendu à notre Société, en écrivant cet ouvrage.

Vous avez mis sous nos yeux, d'une manière aussi exacte qu'intéressante, les travaux, les exemples, les enseignements de ceux qui nous ont précédés, depuis plus de 200 ans, dans la carrière apostolique, et vous avez ainsi permis à chacun des Membres de notre famille de faire son profit personnel de l'expérience de tous. Cet avantage est d'autant plus précieux, que notre Société, étant toujours restée dans le cadre exclusif de son institution première, nous ne faisons aujourd'hui que ce qu'ont fait nos anciens, avec le même but, par les mêmes moyens, et le plus souvent dans les mêmes milieux et dans les mêmes circonstances. Nous n'avons donc, pour remplir notre vocation, qu'à marcher dans la voie qu'ils nous ont ouverte, et cette voie, votre livre nous la fait connaître dans son ensemble et dans tous ses détails importants. Il fournit, en outre, sur nos origines, notre développement, nos institutions, des documents authentiques, particulièrement précieux et intéressants pour l'*intérieur de la famille des Missions-Étrangères, et qu'il eût été impossible à la plupart de nos Confrères de se procurer autrement.*

Le travail assidu que vous avez consacré, pendant dix années, au dépouillement et à l'analyse de nos Archives, vous a permis de consigner dans votre ouvrage tout ce qu'elles contiennent d'important relativement à votre sujet, et de garder toute l'exactitude qu'on pouvait désirer. C'est la qualité que je tiens à signaler en premier lieu dans votre livre.

Mais elle n'est pas la seule. Vous avez encore su mettre, dans votre récit, l'ordre, la clarté, l'intérêt et la vie, qui en rendent la lecture facile et attrayante.

En relatant les événements qui concernent nos diverses Missions, vous avez fait avec discernement le partage entre les faits qui devaient composer l'Histoire générale de la Société, et ceux qui devaient être réservés à l'Histoire particulière de chaque mission; la chose eût été facile, si la première avait dû se borner à la vie et aux travaux des missionnaires de la Société, et à ceux des événements contemporains qui en étaient inséparables.

Mais il ne pouvait pas en être ainsi; il y avait un certain nombre d'autres événements, dont la place, dans l'Histoire générale ou particulière, ne pouvait être déterminée que par le choix judicieux de l'auteur, et je trouve que, dans ce choix, vous avez gardé la bonne mesure. Tout en attribuant à votre Histoire générale les faits qui paraissaient nécessaires à l'intégrité du sujet ou à l'intérêt du récit, vous avez laissé, pour chacune de nos missions ou groupes de missions, la matière d'une Histoire qui, à son point de vue spécial, pourra être, elle-même, très intéressante.

Enfin, je trouve heureuse la pensée que vous avez eue de terminer votre Histoire par des tableaux statistiques. Ils sont très clairs, et permettent au lecteur de se rendre compte, en peu de temps, du personnel et des œuvres, soit de la Société en général, soit de chacune de ses Missions.

Voilà, Monsieur et très cher Confrère, en toute simplicité et vérité, mon impression sur votre Histoire générale de la Société des Missions-Étrangères.

Ce travail est tout d'abord utile à notre Société, mais il sera certainement lu, et avec fruit, par ceux qui portent intérêt à la prédication de l'Évangile parmi les nations infidèles.

Au point de vue purement patriotique, il sera encore lu avec intérêt par ceux qui désirent l'expansion de la France dans les pays étrangers, ou qui veulent se rendre compte des services que les missionnaires français, sans s'occuper de politique, rendent à la mère patrie.

Je suis heureux de profiter de cette occasion pour vous renouveler, Monsieur et très cher Confrère, avec mes félicitations, l'assurance de mon fraternel attachement en Notre Seigneur.

DELPECH,
Supérieur du Séminaire des Missions-Étrangères.

PRÉFACE

« La Société des Missions-Étrangères a déjà plus de deux siècles d'existence. Depuis son origine, elle a été mêlée à beaucoup d'événements ; et malgré des difficultés sans nombre, elle a pu opérer quelque bien au milieu des nations païennes dont le Saint-Siège lui a confié l'évangélisation. Plusieurs de ses membres ont eu le bonheur et la gloire de verser leur sang pour Jésus-Christ; d'autres ont édifié les contrées lointaines par l'exemple de leur zèle et de leurs vertus. Il importe que leur souvenir continue à entretenir chez leurs successeurs l'esprit qui les animait et les traditions de dévouement qu'ils nous ont laissés[1]. »

Telles étaient les paroles par lesquelles le 31 décembre 1876, les directeurs du Séminaire des Missions-Étrangères approuvaient en l'annonçant le dessein formé par un de nos missionnaires, M. Dallet, d'écrire l'Histoire de notre Société.

M. Dallet est mort sans avoir commencé l'œuvre qu'il avait rêvée si belle. J'ai repris son projet, et pour le

---

1. *Lettre commune* de 1876, p. 13 et 14.

réaliser, il m'a semblé nécessaire de composer deux ouvrages distincts : le premier, l'Histoire générale de la Société des Missions-Étrangères, et le second, divisé en plusieurs parties, l'Histoire particulière de nos Missions groupées selon leur situation géographique et leurs relations historiques.

Dans l'Histoire générale, j'exposerai les faits principaux de l'existence de la Société : Origine, règlement, développement, influence religieuse et civilisatrice ; je dirai les œuvres de ses évêques et de ses missionnaires les plus remarquables ; les souffrances de ses confesseurs de la Foi, la mort de ses martyrs ; la fondation et la marche de ses séminaires, de ses collèges, de ses procures ; l'établissement de ses maisons de charité et de prières, orphelinats et hospices ; l'importance de ses services politiques ; l'utilité de ses travaux scientifiques et littéraires, sans omettre les événements publics dont la Société a ressenti le contre-coup funeste ou l'influence heureuse.

Dispersés à travers l'Extrême-Orient, apôtres de peuples nombreux, les prêtres des Missions-Étrangères poursuivent cependant un même but et sont soumis à un même règlement. Cette double condition suffirait pour assurer l'unité à la vie de la Société et à son Histoire ; un autre lien logique se révèle dans l'étude des faits, qui s'enchaînent par les points de contact, les analogies, les causes et les effets, et qui offrent souvent les mêmes caractères dans des situations diverses et sous des latitudes différentes.

Le second ouvrage, celui que j'appelle Histoire des

Missions de la Société, aura autant de divisions que la Société possède de groupes de missions : Chine, Tonkin, Cochinchine, Indo-Chine occidentale, Indes, Japon ; il devra expliquer la fondation et l'organisation des Vicariats apostoliques, des districts et des paroisses sous l'action des missionnaires ; raconter les travaux des prêtres indigènes et des catéchistes, le dévouement des religieuses, les vertus et les faiblesses des chrétiens, et pendant les persécutions la haine des tyrans, la cruauté des bourreaux, l'héroïsme des victimes ; étudier avec plus de précision les causes et les obstacles des conversions ; en un mot, pénétrer dans le secret de la vie de ces Églises naissantes, et montrer le rang qu'elles ont le droit d'occuper dans l'Église universelle.

Ces deux ouvrages ne se confondent ni ne se répètent, pas plus que le règlement particulier d'une mission ne se confond avec le règlement général de la Société et ne le répète ; ils marchent parallèlement, et quelquefois se rencontrent et s'éclairent.

Dans l'un et dans l'autre, on retrouve la Société des Missions-Étrangères ; mais le premier la présente tout entière avec ses membres et ses organes, leur juxtaposition et leur fonctionnement ; le second s'occupe seulement de quelques-uns de ses prêtres, et encore les considère-t-il dans leurs rapports avec les Vicariats apostoliques qu'ils fondent et les chrétiens qu'ils dirigent : en un mot, j'écris séparément l'Histoire d'une Société ecclésiastique et l'Histoire des Églises établies et conduites par les missionnaires de cette Société.

Avant de publier l'Histoire des Missions avec l'autorisation de nos évêques, de nombreuses et longues études me sont indispensables.

Les sources auxquelles j'ai puisé, pour composer l'Histoire de la Société, sont de trois sortes : les manuscrits, lettres et mémoires, conservés dans les archives du Séminaire des Missions-Étrangères, au nombre de plus de cent mille, et que j'ai, pendant dix ans, soigneusement analysés; les livres : Annales de la Propagation de la Foi et de la Sainte-Enfance, Bulletins des Missions catholiques, biographies particulières, histoires religieuses et profanes des contrées évangélisées; enfin la connaissance particulière que j'ai acquise directement des choses et des hommes; cette dernière source est évidemment la moins importante.

Dans un ouvrage de cette nature et fait pour la première fois, les citations de documents originaux et inédits devaient être nombreuses, afin de permettre au lecteur étranger d'apprécier par lui-même les événements, et aux missionnaires de goûter, sous leur forme première, la pensée de leurs anciens dans l'apostolat; d'ailleurs ces citations étant fréquemment des enseignements, il y a double profit à les entendre avec l'accent du maître.

Raconter impartialement les faits est le premier devoir d'un historien, c'est le devoir d'un fils qui a souci de l'honneur d'une mère noble et généreuse, qu'aucune apothéose ne glorifierait autant que la vérité; je m'y suis donc fortement attaché, sans multiplier d'ailleurs les appréciations, toujours trop aisément absolues et si difficilement exactes.

Je ne me suis pas attardé à combattre certaines inexactitudes, depuis longtemps répétées sur l'origine de la Société et du Séminaire des Missions-Étrangères, sur son règlement, ses Missions, l'existence de ses prêtres, j'ai simplement exposé les choses avec preuves à l'appui, ne donnant de ces preuves que celles qui ne peuvent froisser personne.

Je dépose cette première Histoire générale de la Société aux pieds de mes prédécesseurs dans la carrière apostolique, ce sont eux qui l'ont faite par leurs travaux, leurs combats, leurs succès et leur mort; mon Vicaire apostolique, Mgr Colombert[1], et les directeurs du Séminaire des Missions-Étrangères m'ont permis de l'écrire, je les remercie de m'avoir donné cet honneur et cette joie.

A. L.

---

1. Évêque de Samosate et Vicaire apostolique de la Cochinchine occidentale (Saïgon).

HISTOIRE DE LA SOCIÉTÉ
DES
MISSIONS-ÉTRANGÈRES

CHAPITRE I
1658

I. L'apostolat en Orient, en Occident, dans le Nouveau Monde, en Extrême-Orient. — Caractère différent de l'apostolat dans l'Amérique et dans la Haute-Asie. — II. L'épiscopat et le clergé indigène, nécessité. — Les missionnaires demandent des évêques à Rome. — Décrets de la Propagande. — Obstacles à la formation du clergé indigène. — III. Demandes pour la nomination d'évêques au Tonkin et en Cochinchine. — Opposition du Portugal. — Le patronage portugais. — IV. Supplique au Souverain Pontife. — Mort d'Innocent X. — La duchesse d'Aiguillon. — M. François Pallu. — V. Les premiers prêtres des Missions-Étrangères à Rome. — Supplique au Pape Alexandre VII. — M. Pierre de la Motte Lambert. — Nomination de deux évêques Vicaires apostoliques.

I

L'Œuvre des Missions est née avec l'Église. Il y a dix-neuf siècles, Dieu donna au monde le premier Missionnaire, Notre-Seigneur Jésus-Christ.

Le Fils éternel de Dieu laissa sur la terre, sa vérité, sa grâce, son sang; il y laissa cette parole qui engendre encore des apôtres :

« Comme mon Père m'a envoyé, je vous envoie. Prêchez l'Évangile à toute créature, allez, enseignez toutes les nations [1]. »

---

1. Saint Jean, ch. xx, v. 21. Saint Marc, chap. xvi, v. 15.

Les disciples obéirent, ils suivirent les voies que les légions de César avaient ouvertes, et créèrent, par leurs prédications et leur morale, des foyers de doctrine et de sainteté, dans les villes où les proconsuls avaient établi des centres de gouvernement; ils franchirent les limites de l'empire, et ne craignirent pas de pénétrer dans les contrées inconnues aux aigles romaines. Ils fondèrent des Églises par la conversion et l'union des fidèles, par l'ordination des prêtres et la consécration des Évêques. Ces travaux terminés, ils s'ensevelirent dans la gloire du martyre. « La foi est annoncée dans le monde entier; l'Église de Dieu fructifie et se développe. »

Leurs successeurs marchent sur leurs pas, ils continuent, au milieu des persécutions, l'œuvre illustrée par de nombreux et éclatants miracles, et Tertullien redit en d'autres termes la parole de l'Apôtre : « Nous ne sommes que d'hier, et nous formons la majorité dans vos villes et vos villages, dans vos assemblées et vos camps, dans vos municipes et vos palais, au Sénat et au Forum. »

Après cette période tourmentée des débuts, Dieu donne la paix à son Église; la croix brille sur le drapeau des empereurs, Constantin se soumet à la foi de Nicée que Théodose ordonnera à tout l'empire romain de reconnaître.

Depuis plus d'un siècle déjà, les missionnaires ont envahi la Gaule. Les martyrs et les évêques, saint Denis, saint Martial, saint Irénée, saint Trophime, y ont solidement assis le christianisme; les barbares qui n'ont su que piller, brûler et tuer, s'inclinent devant saint Honorat, saint Avit et saint Remi. Clovis se range sous la bannière du Christ; sa nation, la nôtre, devient la fille aînée de l'Église, et Charles Martel sauve la chrétienté dans les plaines de Poitiers.

Durant ces événements, les ordres religieux ont fait

leur apparition; les fils de saint Benoît se comptent par milliers, ils évangélisent l'Angleterre avec saint Augustin, pendant le pontificat de saint Grégoire le Grand, et l'Allemagne avec saint Boniface, sacré évêque par Grégoire II. Au viiie siècle, ils trouvent dans Charlemagne leur plus puissant auxiliaire et leur plus dévoué protecteur.

Avec les années, l'apostolat poursuit sa marche. Sous l'impulsion de Rome et protégés par les maîtres du Saint-Empire, les évêques et les moines étendent leurs prédications dans le nord de l'Europe, en Pologne, en Hongrie, en Danemark.

De l'Europe régénérée, la Bonne Nouvelle est portée vers les régions lointaines de l'Extrême-Asie, où le Nestorianisme avait laissé plus de traces que le catholicisme. Dans cette contrée, les phases principales de l'Évangélisation sont du xiie au xve siècle : l'ambassade de Jean de Plan-Carpin députée aux Tartares Mongols par le Pape Innocent IV, celle de Guillaume de Rubruque envoyée par saint Louis, la mission de Jean de Monte-Corvin et la création de l'archevêché de Pékin avec sept suffragants, l'apostolat du bienheureux Odoric de Frioul, enfin la disparition du christianisme par suite de troubles politiques et de changements dynastiques.

Bientôt s'ouvre l'ère des grandes découvertes et des conquêtes immenses en Amérique et en Asie. A la voix des fils de saint Dominique, de saint François et de saint Ignace, le Nouveau-Monde donne à l'Église des millions d'enfants qui remplacent ceux que le protestantisme lui enlève. Barthélemy de Las Casas, saint Louis Bertrand, apôtre de la Nouvelle-Grenade, saint Thuribe, archevêque de Lima, saint François Solano sont les plus célèbres missionnaires de cette contrée.

Avec les Portugais qui conquièrent une partie des Indes et fondent des comptoirs à Siam, au Cambodge, en

Chine, au Japon, les Franciscains, les Dominicains et les Jésuites essaient d'implanter la foi dans ces pays. Saint François-Xavier est le héros de cette époque ; il parcourt, à pas de géant et les mains pleines de prodiges, une partie des Indes, de l'Indo-Chine et du Japon, et meurt en 1552 en face de la Chine qu'il rêve de convertir.

L'apôtre disparu, ses frères tentent de réaliser ses derniers vœux ; ils ne font pas de miracles, mais ils ont la science à leur disposition, et ils en usent avec une remarquable habileté qui fait accepter les dogmes catholiques dans l'Empire du Milieu. D'autres prédicateurs évangélisent l'Annam : Ordonnez de Cevallos, Alphonse da Costa, Gonzalez de Sao, et quarante ans plus tard, le P. de Rhodes et ses compagnons[1]. La joie de ces succès est attristée par les désastres de l'admirable et féconde Église du Japon noyée dans le sang de ses adeptes.

Tel est le spectacle animé d'un extraordinaire élan que nous présente l'apostolat pendant le XVIe siècle et la première moitié du XVIIe.

Mais cet apostolat a un caractère particulier et une marche différente en Amérique et en Asie.

II

En Amérique, de même qu'en Orient et en Occident, aux premiers siècles du christianisme, des Églises se fondent, régulièrement érigées, hiérarchiquement établies, avec des évêques, un clergé séculier et un clergé régulier. En 1550, le Mexique à lui seul possédait un archevêché et onze évêchés; la Nouvelle-Castille, le

---

[1]. D'après les travaux non encore publiés de M. Romanet du Caillaud, l'évangélisation de l'Annam remonte à 1582 et les tentatives d'évangélisation à 1572. Une lettre du P. Philippe, franciscain, dit la même chose avec preuves à l'appui. (Arch. des M.-É., vol. 800, p. 650.)

Pérou, les Antilles étaient aussi riches de sièges épiscopaux.

En Asie, au contraire, l'Évangélisation est presque entièrement l'œuvre des religieux européens. La hiérarchie n'y est pas implantée ou elle l'est fort peu. Les Indes comptent seulement un archevêché et trois évêchés ; ce sont les mieux pourvues, et elles ont 200 millions d'habitants. L'Indo-Chine possède l'évêché de Malacca à son extrémité méridionale, et sur les côtes de la Chine est établi celui de Macao.

Tous ces sièges épiscopaux sont placés dans des pays soumis à un prince catholique, le roi de Portugal. Leur action et leur influence ne s'étendent guère au delà des possessions portugaises. La Chine, avec ses trois cent cinquante millions d'hommes, l'Annam, le Cambodge, Siam n'ont point d'évêque. Le Japon a un évêché qui n'a vu passer qu'un très petit nombre de pasteurs [1]. Cette différence de situation entre l'Amérique et l'Extrême-Orient était certainement due, pour une large part, à la conquête espagnole qui permettait le libre accès du pays, multipliait les conversions, et à l'immigration qui l'accompagnait.

Quel que fût le motif, le fait n'était pas moins très regrettable. Sans évêque, il était presque impossible à ces églises d'avoir des prêtres recrutés dans leur sein et attachés à elles ; nous ne parlons pas ici de l'impossibilité d'ordination qu'il était loisible de demander ailleurs, mais de l'impossibilité d'élection.

« L'expérience le prouve, et la nature des choses l'indique, a écrit un homme qui avait beaucoup étudié cette question, l'évêque seul est intéressé directement à la formation d'un clergé dépendant immédiatement de

---

[1]. Nous passons sous silence Manille, possession espagnole, dont la Société des Missions-Étrangères n'eut jamais à s'occuper.

lui, attaché au sol comme lui et pris dans les éléments indigènes. Lui tout particulièrement, par suite de la grâce spéciale de sa vocation, pourra porter à cette œuvre l'affection paternelle, seule capable de vaincre les obstacles qu'on doit s'attendre à y rencontrer. Et quand même, par impossible, l'évêque ne trouverait pas dans sa foi et dans la considération de ses devoirs les motifs déterminants de ses efforts pour la formation de son clergé ; quand même il se laisserait habituellement conduire par des raisons tout humaines, ces raisons suffiraient encore pour l'engager dans cette voie de salut pour les églises. Sans clergé, en effet, et sans clergé docile entre ses mains, l'action d'un évêque est à peu près nulle ; sa marche est plus ou moins entravée par des vues différentes des siennes[1]. »

L'absence d'évêques amenait donc le manque de prêtres indigènes ; à peine en avait-on compté quelques-uns au Japon, encore étaient-ils membres de la Compagnie de Jésus, et devaient-ils par conséquent la suivre au cas où elle se fût retirée du pays par suite d'événements graves ou d'ordres supérieurs[2].

Or, le clergé indigène est d'une incontestable utilité, en certains cas même, il est absolument nécessaire ; et de plus, pour rendre tous les services qu'on attend de lui, il doit demeurer dans sa patrie. Les traditions de Rome s'unissaient aux besoins des Missions pour en exiger la formation, comme l'explique l'auteur de l'*Histoire de l'établissement du christianisme dans les Indes Orientales* :

« Les Apôtres et leurs successeurs ont ordonné des prêtres de toutes les nations converties, ainsi nous l'apprennent l'Écriture et l'Histoire ecclésiastique ; car

---

1. Mgr Luquet, Arch. des M.-É., vol. 225, p. 237.
2. Les Indes n'avaient de prêtres indigènes que dans les évêchés portugais, dont l'action ne s'étendait guère que sur les côtes.

les peuples ordinaires ajoutent plus de foi à ce que leur disent leurs compatriotes, qu'à ce que leur proposent des inconnus.

« Les prêtres du pays en savent mieux la langue, la parlent avec plus de grâce, trouvent des expressions plus propres et plus intelligibles pour expliquer les mystères de la religion. Ils connaissent plus parfaitement les mœurs et les inclinations de leurs concitoyens; ils ont des liaisons plus étroites avec eux; ils peuvent plus facilement les fréquenter et s'insinuer dans leur conversation et dans leur amitié. Ils sont mieux instruits des superstitions, des erreurs, des impiétés, des mystères abominables que contient la religion du pays, et ils se servent de tous ces avantages pour détromper les idolâtres et pour les convertir. Enfin, l'ordre hiérarchique peut seul former un christianisme parfait qui n'ait plus besoin du secours des étrangers pour se soutenir [1]. » A ces raisons théoriques et pratiques, ajoutons que les prêtres indigènes rendent encore de plus indiscutables services, lorsque, ce qui arrive ordinairement, les missionnaires européens sont trop peu nombreux, ou lorsque, pendant la persécution, ils sont obligés de fuir, de se tenir cachés et ne peuvent, sans crainte d'être trahis par leur langage ou leur physionomie, remplir les devoirs du ministère sacerdotal.

Cette nécessité d'un clergé indigène et d'un épiscopat pour l'établir avait depuis longtemps éveillé l'inquiétude des missionnaires et l'attention de Rome; des demandes avaient été faites et des mesures avaient été prises dans ce sens.

A la fin du XVIe siècle, le P. Valignani avait adressé une lettre au Souverain Pontife pour obtenir la nomination

---

1. *Histoire de l'Établissement du christianisme dans les Indes Orientales* (manuscrit), p. 3.

d'évêques ; en 1624, le P. Sotelo, parlant de l'Église du Japon, du petit nombre de ses missionnaires, du défaut d'évêques, avait écrit : « Ce corps mystique manque d'os et de nerfs sans lesquels le progrès de la prédication et de la doctrine n'est pas suffisamment entretenu, ni efficacement procuré, car les Religieux sans évêques sont des nerfs sans os[1]. »

Vingt-cinq ans plus tard, un autre missionnaire non moins célèbre, le P. de Rhodes, venait en Europe demander au Souverain Pontife des évêques pour le Tonkin et la Cochinchine qu'il avait évangélisés avec succès, et dans un mémoire adressé à Innocent X, il laissait entrevoir que faute de prêtres et d'évêques, les Missions annamites pouvaient être anéanties.

« Nous avons donc, disait-il, tout sujet de craindre qu'il n'arrive à l'Église d'Annam ce qui est arrivé à celle du Japon ; car ces rois, tant du Tonkin que de la Cochinchine, sont très puissants et accoutumés à la guerre ; et cela d'autant plus que, dans l'Inde orientale, il n'y a aucune puissance européenne qui se puisse faire obéir de ces rois au cas où ils voudraient chasser les missionnaires de leurs États[2]. »

Les Souverains Pontifes avaient essayé de répondre à ces appels ; plusieurs même les avaient prévenus. En 1566, Pie V avait envoyé au Japon le patriarche d'Éthiopie, et à défaut de ce prélat, l'évêque de Nicée, Canero. En 1587, avait été créé l'Évêché de Funaï[3] au Japon ; plus tard Urbain VIII avait fait partir pour l'Extrême-Orient l'archevêque de Myre et l'évêque de Chrysopolis ; mais ces deux prélats, arrêtés par les événements d'abord, par

---

1. Lettre du P. Sotelo au Pape, 20 janvier 1624. Pagès. *Histoire de la Religion catholique au Japon.* — Annexe, p. 137-160.
2. Les archives des Missions-Étrangères possèdent le texte complet de ce mémoire.
3. Ville appelée aujourd'hui Oïta et située sur la côte orientale du Kiu-shiu.

les Portugais ensuite, n'avaient pu réussir dans leur dessein.

Innocent X voulut sacrer le P. de Rhodes. Fidèle à l'esprit de sa vocation, l'humble religieux refusa cet honneur, que les Jésuites, même ceux qui travaillaient dans les Missions, acceptaient alors très rarement. Le Pape n'insista pas, et lui donna l'ordre de chercher des sujets qu'il pût nommer évêques et envoyer dans l'Extrême-Asie.

La Congrégation de la Propagande[1], fondée en 1622 par Grégoire XV, s'était montrée profondément convaincue de la nécessité de l'institution d'un clergé indigène et d'évêques en pays infidèle. En 1626, elle ordonna à l'évêque de Funaï habitant Macao de promouvoir aux ordres sacrés et au sacerdoce les Japonais qu'il jugerait suffisamment préparés[2]. En 1630, elle porta sur cette question un décret resté célèbre. « Il est urgent, disait-elle, de voir quels sont les plus intelligents parmi les chrétiens ou les païens nouvellement convertis, et après les avoir instruits avec soin, après avoir éprouvé leurs mœurs pendant plusieurs années et les avoir exercés dans la pratique de la religion chrétienne, il sera bon de les élever aux saints ordres jusqu'au sacerdoce inclusivement[3]. »

En 1633, elle demanda l'érection d'archevêchés et d'évêchés au Japon, en Chine, au Tonkin, à Siam, même

---

1. Nos lecteurs savent qu'on nomme ainsi la Congrégation des Cardinaux, chargés par le Pape de tout ce qui concerne la prédication de l'Évangile dans les pays hérétiques, schismatiques ou infidèles. C'est cette Congrégation qui envoie les ouvriers évangéliques, qui présente les évêques et vicaires apostoliques au choix du Souverain Pontife, qui résout les questions et juge les difficultés qui peuvent s'élever dans les missions. Elle est le centre qui relie toutes les missions particulières et les rattache au Saint-Siège.

2. 11 Septembre. *Collectanea constitutionum, decretorum, indultorum ac instructionum Sanctæ Sedis ad usum operariorum apostolicorum Societatis missionum ad exteros*, p. 98, n° 161.

3. 28 novembre. *Collectanea*, p. 98, n° 162.

sans titre et sans revenus, la nomination à ces sièges de prêtres séculiers ou de religieux, leur envoi selon la coutume apostolique, c'est-à-dire indépendamment des gouvernements d'Europe.

Cette même année 1633, elle insista, par plusieurs décrets, sur la nomination en Extrême-Orient d'évêques *in partibus infidelium*, et le maintien de ce genre de nomination jusqu'à ce qu'il fût possible de créer des diocèses.

En 1651, elle supplia le Souverain Pontife de prendre de nouvelles et plus efficaces mesures pour la création d'évêques et de prêtres indigènes dans les diverses églises de la Haute-Asie. En même temps, elle exposa le projet de donner à ces contrées un ou deux archevêques et douze évêques, pris parmi les prêtres séculiers ou réguliers, selon que le Pape le jugerait plus utile au bien des âmes.

On voit ici l'esprit d'organisation qui distingue Rome et préside à tous ses actes.

Le P. Sotelo avait demandé des évêques pour le Japon, le P. de Rhodes pour l'Annam; ces missionnaires n'avaient songé qu'à l'établissement d'une ou de deux églises particulières; la Propagande propose une institution générale embrassant l'Extrême-Orient tout entier. Chacun d'ailleurs était dans son rôle et restait dans le cercle de ses attributions.

L'exécution de ces décrets et la réalisation de ces désirs avaient été empêchées par l'opposition du Portugal, par la pénurie d'hommes et d'argent, par les dangers du voyage, par les obstacles de tout genre que rencontre une œuvre qui se fonde; sauf l'envoi infructueux des évêques que nous avons nommés plus haut, décrets et demandes étaient demeurés lettre morte; il convient d'ajouter que si, en théorie, l'utilité de la création du clergé indigène rencontrait une adhésion presque unanime parmi les missionnaires, il n'en était pas de même en pratique.

On faisait valoir, contre la possibilité de cette institution, plusieurs arguments dont les plus justes relevaient la difficulté de recruter des prêtres d'une science suffisante et de mœurs pures.

L'entretien des collèges et des séminaires, disait-on, est impossible dans des pays que ravage la persécution; il est difficile, même sous des gouvernements pacifiques, mais toujours soupçonneux, ne comprenant pas ou comprenant mal le but d'une réunion de jeunes gens sous l'autorité d'Européens. Or, sans séminaires, comment posséder des ecclésiastiques solidement instruits?

Quant à la chasteté sacerdotale, pouvait-on espérer que des hommes, hier encore livrés aux superstitions et aux habitudes païennes, la garderaient inviolable?

Ces obstacles n'étaient certes pas imaginaires, ils n'étaient pas non plus insurmontables, puisqu'il n'était pas impossible de fixer les séminaires dans des pays relativement tolérants et de choisir des jeunes gens vertueux nés de familles catholiques éprouvées.

Tel était, au milieu du XVIIe siècle, l'état de la question qui intéressait vivement les chrétientés de l'Asie, et dont la solution pouvait avoir sur leur avenir de grandes conséquences.

Pour la résoudre, la Providence suscita une nouvelle société apostolique, qui se composa de prêtres exclusivement voués aux Missions et particulièrement attachés à la formation d'un clergé indigène.

Est-ce à dire que ceux qui travaillaient pour l'Église, ne remplissaient plus leur mandat? Evidemment non; parce que saint Ignace fonda la Compagnie de Jésus, faut-il conclure que les enfants de saint Dominique et de saint François avaient oublié leurs devoirs et failli à leur mission? La conclusion serait fausse. Mais pour répondre à des besoins nouveaux, il faut des institutions nouvelles, c'est à un de ces besoins que devait répondre la Société des Missions-Étrangères.

Elle devait encore avoir une autre action, qu'il ne nous est pas permis de passer sous silence. Elle allait naître en France, être la première société apostolique composée de Français, être soutenue par la France officielle et charitable, c'est dire qu'à ce moment, Dieu appelait notre pays à l'honneur de l'apostolat, qui semblait avoir été jusqu'alors réservé au Portugal et à l'Espagne, et qu'il prenait à son service les qualités de cœur et d'esprit de notre race : le dévouement, la générosité, l'esprit de prosélytisme avec cet héroïsme joyeux du soldat qui court aux avant-postes du péril et meurt sans marchander son sang et sans compter ses sacrifices. S'il est vrai d'ailleurs que, par une sorte de force antécédente, les vertus des générations futures attirent les bénédictions du ciel sur celles qui les précèdent, le pays qui devait enfanter les Œuvres merveilleuses de la Propagation de la Foi, de la Sainte-Enfance, et marcher à la tête des martyrs annamites, chinois et coréens, n'avait-il pas quelque droit à ce glorieux appel?

III

Le règne de Louis XIV commençait. Les troubles de la Fronde étaient finis, Mazarin reprenait le pouvoir, et la guerre contre l'Espagne apportait une série de triomphes, préludes de guerres plus longues et de victoires plus éclatantes, préparées par des hommes d'État tels que Colbert et Louvois; la flotte devait bientôt rivaliser avec l'armée et promener notre pavillon sur toutes les mers; les arts et les sciences prodiguer les chefs-d'œuvre, la sainteté et le génie illustrer l'Église de France; à saint

Vincent de Paul, à M. Olier, au P. Eudes, au P. de Condren allaient succéder Bossuet, Fénelon, Bourdaloue, Fléchier, et tant d'autres dont les noms sont immortels.

En 1653, le P. de Rhodes, dont nous avons parlé plus haut, après avoir inutilement parcouru l'Italie, le Piémont, la Suisse catholique, vint à Paris, cherchant toujours des évêques, selon l'ordre qu'il en avait reçu du Souverain Pontife.

Pendant son séjour dans cette ville, un autre religieux de la Compagnie de Jésus, le P. Bagot, le conduisit au siège d'une petite association dont il était le directeur, et qui s'était formée à l'instar de ces pieuses et charitables associations alors si multipliées. Elle s'était placée, d'une façon spéciale, sous la protection de la Sainte Vierge et était composée de jeunes gens, ecclésiastiques et laïques.

Les Associés avaient d'abord vécu séparément dans différentes maisons ou hôtelleries, puis, désireux de jouir d'une tranquillité plus grande, ils convinrent d'habiter ensemble et louèrent une maison, rue Copeaux [1], dans le faubourg St-Marcel. Ils suivaient un règlement fort peu compliqué, dont l'un d'eux, François Pallu, avait été le rédacteur, et qui consistait surtout dans l'indication de l'heure des prières, des exercices de piété et des repas.

Leur nombre augmentant, ils ne tardèrent pas à être obligés d'avoir plusieurs demeures, et pendant que les uns restaient rue Copeaux, d'autres se fixèrent rue Saint-Etienne-des-Grès [2] et rue Saint-Dominique [3].

Si l'on eût interrogé ces jeunes gens sur le but et sur l'œuvre qu'ils poursuivaient, ils auraient assurément répondu qu'ils n'avaient d'autre but et ne rêvaient d'autre

---

1. A l'endroit où passe aujourd'hui la rue Lacépède.
2. Actuellement, rue Cujas.
3. Telles sont les indications qui ressortent des pièces diverses, lettres ou mémoires, sur l'établissement et le fonctionnement de cette association, semblable d'ailleurs à un grand nombre d'autres de cette époque.

œuvre que leur sanctification personnelle. La réponse eût été vraie, mais en accomplissant ainsi, avec assiduité, tous les devoirs de la vie chrétienne, sans intention de se préparer à rien de précis et de déterminé, ils étaient prêts à tout ; et Dieu avait marqué plusieurs d'entre eux d'un signe encore caché de prédestination et de grandeur, qui bientôt allait devenir visible. Dans la visite qu'il leur fit rue Copeaux, le P. de Rhodes leur exposa les besoins des Missions de l'Extrême-Orient et les désirs du Souverain Pontife.

On ne suit pas l'action de la grâce de Dieu comme on suit les actes d'un homme. Que se passa-t-il dans l'âme de ces jeunes gens? Aucun d'eux ne nous l'a raconté, les résultats seuls nous le révèlent, mais ils le révèlent clairement. Vivement émus des paroles du vénérable religieux, quelques-uns se demandèrent si Dieu ne les appelait pas à être les instruments du Saint-Siège dans l'œuvre d'évangélisation et de constitution des églises, hautement proclamée nécessaire. Après plusieurs jours de réflexion, ils résolurent de se consacrer aux Missions, non pas, personne ne le peut soupçonner, que la dignité d'évêque en pays infidèles et souvent persécutés eût un éclat capable d'exciter des ambitions humaines, mais parce qu'ils voyaient une grande œuvre à accomplir, et que l'Esprit-Saint leur mettait au cœur assez de générosité pour la tenter.

Cette inspiration n'étonnera aucun de ceux qui ont quelque idée du gouvernement de la Providence dans les choses humaines. Pour fonder le grand ordre franciscain, Dieu appela le fils d'un marchand d'Assise ; pour établir la Compagnie de Jésus, il prit un soldat ; pour constituer la Société des Missions-Étrangères, il choisit de jeunes prêtres inconnus ; l'instrument lui importe peu, il saura toujours s'en servir pour façonner l'œuvre qu'il a conçue. Rapidement, François d'Assise et Ignace de

Loyola forment leurs résolutions; ces jeunes prêtres agissent de même. Mais, hérissée de difficultés et d'obstacles, la réalisation de leur projet fut plus lente et s'opéra d'une manière tout autre que celle qui marque ordinairement la naissance des Congrégations.

La Propagande fut aussitôt prévenue des dispositions des prêtres français et les fit connaître au Souverain Pontife. Innocent X ordonna à Mgr Bagni, Nonce à Paris, de choisir parmi eux les trois ecclésiastiques qu'il jugerait les plus dignes de l'Épiscopat. Le choix du Nonce tomba sur M. Pallu, chanoine de Saint-Martin de Tours, sur M. de Laval, ancien archidiacre d'Évreux, et sur M. Pique, prêtre pieux et savant.

Il restait maintenant à trouver les ressources nécessaires à la fondation des trois Évêchés, dont le revenu annuel avait été fixé pour chacun à six cents francs. Cette somme fut facilement recueillie; au premier rang des bienfaiteurs, les annalistes de l'époque enregistrent Madame la duchesse d'Aiguillon, cette nièce de Richelieu, qui ne fut étrangère à aucune bonne œuvre et soutint celle-ci de son or et de son crédit.

L'entreprise offrait donc toutes les chances de succès, lorsque des oppositions se déclarèrent. La lutte imprime aux œuvres divines le cachet qui les distingue des œuvres du monde. L'opposition la plus redoutable vint du Portugal. Ce petit pays, si grand par son histoire, avait été pendant longtemps le bras droit de l'Église dans les Indes. Pour récompenser les rois portugais des services rendus à la religion, les Souverains Pontifes leur avaient accordé de nombreuses faveurs temporelles et spirituelles, dont l'ensemble constituait ce qu'on a appelé le Patronage du Portugal.

Ce patronage qui se dresse en face des projets de Rome, retardera de plusieurs années la fondation de la Société des Missions-Étrangères; plus tard, il sera l'arme la plus fréquemment dirigée contre ses évêques et ses missionnaires, il est donc indispensable de l'exposer immédiatement, au moins dans ses grandes lignes.

Le Pape Martin V, le premier, concéda à la couronne de Portugal des droits particuliers, en lui faisant donation de toutes les terres situées entre le cap Bojador et les Indes orientales, puis furent publiées les constitutions de Nicolas V, de Calixte III et enfin celle d'Alexandre VI. Dans cette dernière Bulle, du 14 mai 1493, le Pape, traçant une ligne fictive d'un pôle à l'autre, à cent lieues des Açores et du Cap-Vert, attribuait à l'Espagne tous les pays découverts ou à découvrir situés à l'ouest de cette ligne, et donnait au roi de Portugal toutes les contrées de l'est.

Mais cette donation était faite sous la condition formelle, d'en user uniquement pour la gloire de Dieu et dans l'intérêt des âmes. Le texte de la bulle est précis :

« Nous vous ordonnons, au nom de la sainte obéissance, d'envoyer dans les terres fermes et dans les îles mentionnées, des hommes probes, craignant Dieu, habiles et capables d'instruire les habitants desdits lieux dans la foi catholique et les bonnes mœurs. »

Les bulles de Léon X (1514 et 1516), de Paul III (1539), de Paul IV (1553), de Grégoire XIII (1575), de Paul V (1616) accordèrent au Portugal le droit de présentation aux évêchés et aux bénéfices dans les pays conquis et à conquérir sur les infidèles. Dans plusieurs autres constitutions, les Souverains Pontifes ordonnèrent à tous les missionnaires de se rendre aux Indes par le Portugal, c'était les obliger à prendre une sorte d'*exequatur* à la cour de Lisbonne [1].

---

1. *Bullarum Collectio quibus Serenissimis Lusitaniæ, Algarbiorumque Regibus, etc., etc., jus Patronatus a Summis Pontificibus liberaliter conceditur.*

Peu à peu ce patronage pesa lourdement sur Rome qui essaya plusieurs fois de s'y soustraire ou de le réduire à sa juste valeur; en 1634, la Propagande affirma qu'il valait mieux envoyer les Évêques au Japon par la Perse et la Syrie, même à grands frais, que de les embarquer gratuitement sur les vaisseaux portugais. Par un décret du 9 février 1634, en réponse à des prétentions de Philippe IV d'Espagne, analogues à celles du Portugal, elle ne craignit pas de dire que le Pape n'avait conclu aucun contrat avec le roi, mais lui avait seulement accordé des privilèges.

D'ailleurs, même en admettant l'existence d'un contrat, sur quoi, en 1653, le Portugal s'appuyait-il pour en réclamer l'exécution?

Ses droits ne lui avaient été accordés que sous la condition absolue de doter les Églises, de secourir les Évêques, d'envoyer des missionnaires, c'est-à-dire d'aider par tous les moyens à l'évangélisation des infidèles. S'il avait rempli d'abord avec zèle ces prescriptions, depuis longtemps il ne le faisait plus, et n'avait point assez de puissance et de richesses pour le faire.

Son magnifique empire colonial, conquis par Vasco de Gama, Cabral, Almeida, Albuquerque, s'en allait par lambeaux aux mains des Anglais et des Hollandais. Dépourvu d'hommes et d'argent, il laissait les églises sans évêques, et sans ressources les prêtres qui passaient en Asie.

On pouvait, on devait donc considérer le Portugal comme déchu de ses prérogatives. Mais le roi, les hommes d'État et le clergé portugais regimbaient contre cette conclusion légitime de la situation abaissée de leur pays; ils voulaient garder tous leurs droits de patronage et ne s'inquiétaient pas de savoir si cette prétention était fatale à la religion catholique; ils s'accrochaient à tous les prétextes, comme des naufragés aux débris de leurs navires, et employaient les bulles des Papes comme une dernière planche de salut.

En réalité, le Portugal se servait du catholicisme pour essayer de conserver ses conquêtes; il regardait comme gagnées à son influence, toutes les contrées converties par les missionnaires, et dans celles qu'il ne pouvait évangéliser, ni conquérir, il ne voulait pas de prêtres d'une autre nation. On ne saurait pousser plus loin l'ambition stérile et l'absurdité de l'égoïsme.

En apprenant la nomination des Évêques français, il redouta de voir la France s'introduire à leur suite en Extrême-Orient, lui enlever les débris de ses colonies, détruire le reste de son influence et ruiner son commerce.

L'intérêt supérieur des âmes et de la Foi n'entra pas dans ses calculs; l'aveuglement était complet, dénotant une singulière dépression des sentiments chrétiens. Rome connaissait de longue date le mobile secret de cette opposition; elle ne pouvait ni ne voulait brusquement le dévoiler ou le dédaigner; son cœur et sa raison l'en empêchaient; outre qu'elle conservait une affection mêlée de gratitude au pays qui lui avait rendu de nombreux services, elle craignait l'arrestation et l'emprisonnement des missionnaires français dont la menaçait l'ambassadeur portugais.

IV

Cette malheureuse intervention ne tarda pas à être connue en France, elle y suscita une vive émotion parmi les hommes religieux et provoqua une démarche de plusieurs d'entre eux, qui adressèrent la supplique suivante au Souverain Pontife :

« Très Saint-Père,

« Nous soussignés, nous avons été informés des progrès admirables de la foi chrétienne dans les royaumes du Tonkin et de Cochinchine où plus de deux cent mille chrétiens sont privés de pasteurs, et réduits à vivre et à mourir sans les secours de la religion et par conséquent exposés à la damnation éternelle. Nous savons que la raison de cette triste situation est l'impossibilité d'envoyer des ouvriers évangéliques en nombre suffisant pour recueillir une si abondante moisson. Afin d'obvier à cet inconvénient, il est nécessaire de former des prêtres indigènes et par conséquent d'établir des évêques. Or, les dissensions des rois chrétiens ne permettent pas de nommer dans ces lieux des évêques avec les pouvoirs et le titre d'ordinaire. Nous osons donc supplier humblement Votre Sainteté de créer des évêques *in partibus* et de les députer dans ces régions au nom du Siège Apostolique. Nous avons, à Paris, plusieurs prêtres séculiers, qui seraient capables de remplir ces fonctions. Ils sont recommandables par la pureté de leurs mœurs, leur zèle, leur prudence et leur doctrine ; ils sont prêts, du reste, à subir l'examen des personnes que Votre Sainteté voudrait bien désigner.

« Prosternés aux pieds de Votre Sainteté, comme du Pasteur Suprême, nous implorons cette grâce de tous nos vœux. »

Cette supplique est signée : Henri, archevêque nommé de Reims, Vincent de Paul, Duplessis, Colombet curé de Saint-Germain et plusieurs autres, elle est datée du mois de juillet 1653 [1].

Elle fait, comme on le voit, une allusion très discrète aux difficultés soulevées par le Portugal, et indique le

---

1. Arch. M.-É., vol. 114, p. 434.

moyen de les tourner par la nomination d'évêques, avec le titre de Vicaires apostoliques, c'est-à-dire d'évêques dépendant directement du Souverain Pontife. Elle fut accueillie avec la bienveillance due à ses signataires, mais ne produisit aucun effet. Il paraît d'ailleurs qu'à Rome, certains médisaient volontiers des Français, les calomniaient même, les traitant « de gens sans patience et sans constance, prêts à tout entreprendre et se décourageant aux premiers obstacles. » On colportait une parole attribuée à tort ou à raison à Innocent X, chargeant le P. de Rhodes de trouver des évêques : « Surtout pas de Français [1]. » Ailleurs, quelques-uns, oublieux des apôtres, des évêques et des premiers prédicateurs de l'Évangile, pensaient que des religieux seuls avaient les qualités requises pour être missionnaires.

Enfin dans la lettre suivante, écrite à François Pallu après la fondation de la Société des Missions-Étrangères, le P. Bagot laisse entrevoir des oppositions d'un genre différent :

« Entre autres persécutions qu'on a voulu vous faire, on y a employé et ma robe et ma personne ; j'en ai appris encore ce matin quelques particularités et que c'est sur cette considération qu'on s'oppose si fort à votre Séminaire comme vous l'aurez appris : *Venit hora ut omnis qui interficit vos.* Et Dieu en soit béni, je n'eusse pas attendu cela de celui qui avait témoigné ci-devant avoir plus de retenue, et si j'ose le dire plus de charité ; mais après tout, je vois que Notre-Seigneur a entendu parler de toutes sortes de personnes quand il a dit : (Saint Matthieu. c. 10.) *Eritis odio omnibus propter nomen meum.* Que mon Dieu me fasse la grâce d'être de ce

---

[1]. Si ce mot a été prononcé, il s'explique par les justes motifs qu'avait le Pape de se plaindre de la France ; la hauteur de Louis XIV, la conduite à Rome de l'ambassadeur Lavalette, l'esprit gallican d'une partie du clergé, le jansénisme avaient excité les défiances du Pontife.

nombre et que par ce moyen il puisse dire de moi : *Et gaudium meum sit in vobis et gaudium vestrum impleatur*[1]. »

L'année suivante, en 1654, quatre ans avant la conclusion définitive des négociations, le P. de Rhodes fut nommé supérieur des missionnaires de la Compagnie de Jésus, dans la Perse; il quitta Paris sans avoir réussi dans l'exécution des ordres du Souverain Pontife et dans la réalisation de ses désirs. C'est un fait dont il est bon de se souvenir quand on raconte l'histoire de l'établissement de la Société. Il prouve mieux que de longues dissertations que le P. de Rhodes n'est pas, comme on l'a souvent écrit, le fondateur ou un des fondateurs de la Société des Missions-Étrangères. Le vénérable missionnaire n'eut jamais l'intention de fonder une Congrégation apostolique ou religieuse, il vint en Europe afin d'obtenir des évêques pour l'Annam et partit avec le regret d'avoir échoué [2].

La mort d'Innocent X (7 janvier 1655) retarda les négociations sans les arrêter; elles furent poursuivies plus activement sous son successeur, Alexandre VII.

Espérant que le Pape serait plus aisément porté à terminer cette affaire si le clergé de France le lui demandait [3], l'Assemblée générale du clergé crut de son devoir de s'en occuper, et dans la séance du 13 avril 1655, elle chargea Mgr Godeau, évêque de Vence, d'écrire au Souverain Pontife une lettre, qui fut lue et approuvée en séance publique, le 9 mai suivant. Cette lettre n'eut pas plus de succès que la supplique de 1653. La cause n'était pas loin de sembler perdue, puisque d'illustres particu-

1. Arch. des M.-É., vol. 115, p. 307.
2. Tout ce que l'on peut dire, c'est que les fondateurs et les premiers Vicaires apostoliques de la Société des Missions-Étrangères connurent par le P. de Rhodes les besoins des Missions d'Extrême-Orient.
3. Vol. IV, p. 375. *Collection des procès-verbaux des assemblées générales.*

liers et le clergé de toute une nation ne la pouvaient gagner.

Ces tentatives infructueuses jetèrent le découragement dans le cœur des partisans de l'entreprise. Madame d'Aiguillon persévéra cependant, elle parut même ne trouver dans ces refus qu'une raison de tenter d'autres démarches : « Madame la duchesse d'Aiguillon ne perd point courage pour notre œuvre, écrivait Pallu en 1654 ; elle excite ces Messieurs, elle-même écrit à Rome pour faire de nouvelles instances en présentant une nouvelle caution en sa requête. »

Cette caution était le placement, sur les établissements religieux du Comté d'Avignon, d'une somme d'argent destinée à produire 1.200 francs de revenu pour la fondation de deux évêchés au Tonkin. La ténacité de la duchesse n'était pas partagée par les trois ecclésiastiques que Mgr Bagni avait choisis pour être évêques ; ils se sentaient envahis par la tristesse, cette tristesse du soldat qui a combattu avec espoir et vaillance et voit à la fin du jour la victoire déserter son drapeau. Ils cherchaient ailleurs un aliment à leur activité ou à leur piété. M. Pique accepta la cure de Saint-Josse à Paris, M. de Laval se retira à l'ermitage de Caen, chez M. de Bernières, M. Pallu jusqu'alors le plus résolu, le plus en vue, en qui on avait le plus espéré, hésita à son tour.

Il avait alors environ trente ans, il appartenait à une famille de robe, son père était avocat au présidial et échevin de la ville de Tours. Jeune encore, il s'était destiné à l'état ecclésiastique ; nommé chanoine de Saint-Martin, il avait rempli avec une scrupuleuse fidélité les devoirs de sa dignité. On citait sa piété, on la louait :

« Allons, disaient parfois les chrétiens de Tours en se rendant à leur église préférée, allons voir notre saint petit chanoine. » — De bonne heure, il était venu étudier à Paris; son intelligence lumineuse et hardie, la précision de ses vues, la largeur de ses conceptions provoquaient l'étonnement et l'admiration de ses amis. — « Vous êtes prédestiné, » lui disaient-ils quelquefois. — « A quoi donc? répondait-il en souriant, à être religieux ou à mourir chanoine. » Et son regard se tournait vers Dieu sans interroger l'avenir glorieux prédit par l'amitié [1].

Caractère vigoureux, mais de cette vigueur particulière aux hommes d'élite, qui emploient plus volontiers la douceur que la force, il préférait tourner les obstacles plutôt que de les briser.

La bonté, cette séduisante qualité que Bossuet nomme si bien l'empreinte divine, animait les riches dispositions de son esprit. Pour secourir et consoler la souffrance, François Pallu donnait son temps et son or, plus encore, il faisait ce don de soi-même que les malheureux sentent si bien et qui les console si vite. Un jour, allant en pèlerinage, il rencontre un vieillard dont les haillons couvrent à peine la nudité; il s'approche : « Tenez, mon ami, dit-il, avec un gracieux sourire, en mettant son

---

[1]. *Vie manuscrite de François Pallu, évêque d'Héliopolis.* Arch. des M.-É., vol. 106.

François Pallu naquit à Tours en 1625. Son père était Étienne Pallu, sieur des Perriers, né à Tours en 1588, fils d'Étienne Pallu, sieur du Ruau-Persil, des Perriers, de Vaux ; il fut nommé avocat du Roi au présidial de Tours en 1613, puis maire en 1629. Il mourut en 1670. Jurisconsulte érudit, il a publié un commentaire estimé sur les coutumes de la Touraine.

Les ouvrages suivants renferment des renseignements sur François Pallu.

Beauchet-Filleau, *Dictionnaire des familles de l'ancien Poitou*, II, 474.

Chalmel, *Histoire de Touraine*, IV, 364.

Almanach de Touraine, 1782.

N. Pallu, *Essai biographique sur Fran. Pallu*, le Mans, 1863, in-8°.

D. Housseau, XXIII, 183, 454.

Mémoires de la Société archéologique de Touraine, dans lesquels se trouve le *Dictionnaire géographique historique et biographique d'Indre-et-Loire* par M. Carré de Busserolle. Tome V, au nom de Pallu.

manteau sur les épaules du pauvre, vous serez beaucoup mieux ainsi. »

L'exemple de saint Martin avait porté fruit, et le chanoine donnait le manteau tout entier. Dans le pays de Touraine, on l'avait surnommé l'avocat des mendiants [1].

Après les échecs successifs qu'avait éprouvés son dessein et l'éloignement de M. de Laval, Pallu revint à Tours, gardant son désir, mais ne sachant plus comment il parviendrait à le réaliser, déjà inquiet, affligé et sur la pente du découragement. Les ténèbres succédaient à la lumière ; certains nuages voilent parfois le soleil, un souffle passe, les nuages disparaissent et le soleil brille plus radieux, ainsi devait-il en être. Mais en attendant, l'état de malaise, qui accablait Pallu, était encore aggravé par l'opinion de sa famille et de plusieurs de ses amis. On lui répétait que son projet était un rêve de jeunesse, une illusion ambitieuse, et, ce qui n'est pas rare, les personnes pieuses étaient les plus ardentes à le blâmer. « Monsieur, lui dit un jour un homme dont Tours vénérait la vertu [2], vos entreprises sont des tromperies ; elles ne s'accompliront jamais, elles sont une invention du diable pour vous distraire de faire le bien dans votre ville et dans tout le pays. »

Il faut bien que les jugements humains aient leur cours, et pour erronés qu'ils soient, ils ne doivent pas surprendre ; les hommes peuvent-ils juger comme Dieu ?

Ces blâmes répétés finirent par décourager le jeune prêtre : « Je ne songeais plus à la nomination des Vicaires apostoliques, écrit-il, je ne m'occupais plus que de remplir exactement mes devoirs de chanoine.

« Dieu le voulait ainsi pour faire éclater sa gloire et empêcher que nul homme ne s'attribuât la réussite de

---

1. *Vie manuscrite de François Pallu.* Arch. des M.-É., vol. 106.
2.   *Id.*   *id.*

l'entreprise ; il nous enlevait tout espoir, il rendait inutiles les démarches de nombreux et très pieux personnages, il ne permettait pas même que l'utilité incontestable de cette œuvre suffît à en procurer le succès[1]. »

V

Pallu passa deux années dans ces dispositions. En 1657, il apprit que ses meilleurs amis, MM. de Meur, Miliand et quelques autres prêtres se rendaient à Rome ; il voulut les accompagner, dans le seul but, assure-t-il, de visiter la Ville Éternelle et de prier sur le tombeau des Saints Apôtres[2].

En traversant Paris, il se garda bien d'aller rendre visite à Madame d'Aiguillon, n'osant lui dire ses sentiments actuels qui contrastaient si fort avec ceux du passé ; mais à peine arrivé à Rome, il reçut une lettre de la duchesse qui le pressait de reprendre l'exécution de ses desseins et l'engageait à se présenter chez le cardinal Bagni, l'ancien nonce à Paris, auquel elle l'avait recommandé.

Pallu a écrit avec un accent d'humilité profonde l'impression que lui causa cette lettre : « Je fus touché jusqu'au fond du cœur, je fus saisi de honte et de confusion, voyant qu'une femme avait plus de zèle que n'en avait un prêtre pour le bien de l'Église et pour la conversion des Infidèles. » « Cette lettre, dit-il ailleurs, m'émut d'une manière incroyable, elle ranima vraiment mes anciens désirs des Missions ; je crus que l'occasion favorable

---

1. Arch. des M.-É. *Expositio eorum quæ Romæ gesta sunt*, par Mgr Pallu, vol. 108, p. 10 et 11.
2. Arch. des M.-É. *Expositio eorum*, etc., vol. 108, p. 11.

était enfin offerte par Dieu, je résolus de ne rien négliger pour réussir[1]. »

La grâce est le moteur de la vie du chrétien, elle est sa force et sa lumière, quand elle touche l'âme, elle en enlève la faiblesse et l'obscurité.

Dans l'émotion qu'il éprouva, M. Pallu sentit la grâce le frapper en plein cœur, il vit clairement ce que Dieu demandait de lui ; non seulement il le vit, mais il le voulut et, le voulant, il le fit. Il reprit courage, forma la ferme résolution de se consacrer aux Missions, et commença immédiatement les démarches qui devaient le faire réussir. Il travaillait ainsi, inconsciemment sans doute, mais certainement, à l'établissement de la Société des Missions-Étrangères qui se fondera, pour la constitution des Églises en Extrême-Orient et dont les évêques feront partie intégrante et nécessaire ; Dieu le conduisait comme par la main à ce qui devait être l'œuvre de sa vie entière et le bien de la Congrégation dont il fut le premier membre et le plus illustre.

Il se rendit avec ses amis chez le cardinal Bagni. Celui-ci les adressa au cardinal dataire, Conado, homme très sage et souvent admis dans l'intimité du Pape. Ils allèrent aussitôt le trouver et lui confièrent leur projet. Le cardinal les écouta attentivement, leur promit sa protection et les assura même de l'accueil bienveillant du Souverain Pontife[2].

Revenus chez eux, ils préparèrent la supplique qu'ils voulaient lire au Pape, afin de solliciter la nomination de Vicaires apostoliques.

A l'encontre des signataires de la supplique de 1653 et de l'Assemblée générale du clergé, qui n'avaient exprimé le désir d'avoir des évêques que pour la Cochin-

---

1. *Expositio eorum*, etc., vol. 108, p. 12.
2. Arch. des M.-É. *Expositio eorum*, etc., vol. 108, p. 13.

chine et pour le Tonkin, ils s'emparèrent du décret de la Propagande du 7 avril 1631, et en firent la base de leur demande d'évêques pour toute la Haute-Asie.

Cette adresse lue par M. de Meur devant Alexandre VII, commence par le tableau du christianisme dans l'empire chinois et dans le royaume annamite :

« Très Saint-Père,

« Nous prions très humblement Votre Très Sainte Paternité qu'Elle veuille bien considérer que jamais, depuis le berceau de cette église naissante, la propagation de la foi n'avait eu en Asie un accès aussi facile qu'aujourd'hui, où, grâce à la divine Providence, l'Empire chinois, le royaume du Tonkin et les nations circonvoisines lui ouvrent ses portes.

« Toutes les difficultés qui, jusqu'à ce jour, avaient entravé les progrès de l'Évangile en Chine ont maintenant disparu.

« Nous voyons, en effet, depuis quelques années, la puissance suprême passée entre les mains des Tartares; les mandarins et les magistrats chinois, hostiles à la religion, écartés par le gouvernement; le peuple lui-même qui, à cause de son orgueil inné, dédaignait les Européens, accepte maintenant les étrangers et partant devient plus apte à se plier à l'obéissance de la foi. Ce qui mérite, Très Saint-Père, d'être pris en grande considération, c'est la disposition de l'empereur des Tartares qui, comme un autre Constantin, a accordé la plus grande liberté pour la promulgation de l'Évangile.

« Il a permis à ses sujets, anciens et nouveaux, de recevoir le baptême, de construire des églises, et de professer publiquement la religion chrétienne; il a même voulu témoigner de sa sympathie pour le christianisme, en faisant construire à Pékin, capitale de l'Empire, une magnifique église ornée de sept autels.

« Quant au Tonkin, autrefois soumis à la Chine, il forme aujourd'hui un royaume très peuplé, aussi étendu que la France et gouverné par un roi indépendant.

« Là, le besoin d'ouvriers évangéliques semble encore plus grand, si l'on considère le nombre d'infidèles qui ont déjà embrassé la religion. »

Après cet exposé de la situation du catholicisme, ils indiquaient le moyen de la conserver et de l'améliorer.

« Tout ce qui vient d'être dit, Très Saint-Père, démontre très clairement que pour subvenir au besoin extrême que ces églises naissantes ont de missionnaires, il faut nécessairement y envoyer des évêques; ainsi faisaient les Apôtres et leurs disciples aux premiers temps de l'Église. C'est ainsi que saint Paul place saint Tite en Crète pour y établir un clergé. Il semble qu'aujourd'hui ce soit le seul moyen possible de pourvoir au salut d'un nombre aussi considérable de chrétiens. »

Ces évêques, ajoutaient-ils, trouveraient dans les catéchistes des hommes tout préparés au sacerdoce, par leur instruction, leurs habitudes et leurs vertus. Ils entraient ensuite dans l'explication des services que rendraient les prêtres indigènes, rappelaient la bienveillance d'Innocent X, et s'adressant directement à Alexandre VII, ils terminaient par ces paroles éloquentes :

« Mais, Très Saint-Père, Dieu qui dirige tout avec sagesse, a voulu réserver au zèle ardent de Votre Sainteté la gloire d'accomplir cette grande œuvre pour propager le culte divin et procurer le salut des âmes.

« Autrefois le Pontificat romain acquit un honneur immense en France et en Angleterre par la mission des évêques, et aujourd'hui votre glorieux Pontificat, déjà entouré de tant de noms illustres, ne pourra que grandir par la fondation de cette œuvre.

« C'est pourquoi nous avons voulu nous-mêmes apporter cette affaire dans la Ville Éternelle; de plus, persuadés des succès qu'obtiennent les missionnaires dans ces régions, nous n'avons pas voulu entraver cette œuvre en soulevant la question de la fondation d'évêchés à perpétuité ; nous demandons seulement que des évêques soient envoyés par Votre Très Sainte Paternité avec le titre *in partibus infidelium*. Et quant à l'exécution de ce projet, nous promettons de faire nous-mêmes toutes les dépenses sans rien exiger de la Sacrée Congrégation de la Propagande, et nous sommes prêts à donner une caution suffisante dans la ville d'Avignon pour l'entretien de ceux qui seront envoyés. Nous espérons en outre que les Portugais qui, depuis deux ans, ont octroyé à douze missionnaires le libre passage à travers le Portugal et les pays qui lui sont soumis, voudront bien nous l'accorder ; d'ailleurs, s'ils élèvent quelque difficulté, nous trouverons toujours un passage libre par la Perse et par le royaume des Mongols.

« Maintenant, Très Saint-Père, il ne nous reste plus qu'à prier le Maître de la moisson, c'est-à-dire Votre Sainteté, qu'Il daigne envoyer des ouvriers à sa vigne, car la moisson est grande, et petit le nombre des ouvriers[1]. »

Aux accents émus de cette ardente supplication, le vieux Pontife crut entendre un écho de sa jeunesse. Lui aussi avait eu d'ardentes aspirations vers la vie apostolique, on l'avait dissuadé de s'y engager.

Ces prêtres fervents, disposés à se dévouer aux Missions, lui rappelèrent cette heure d'enthousiaste foi ; en vérité, Dieu le récompensait amplement. Autrefois il serait parti seul, il n'aurait donné que sa vie, une vie d'homme, et qu'est-ce qu'une vie d'homme, pour longue et remplie qu'elle soit ? Aujourd'hui il allait donner à l'Église une armée dont chaque âge verrait grossir les rangs et multiplier les victoires. Ces sentiments de son cœur, il les

---

1. Arch. des M.-É., vol. 114, p. 311.

dit tout haut, avec une effusion de vieillard qui parle de ses jeunes années, avec un bonheur de saint qui travaille à l'œuvre de Dieu.

D'ailleurs, les prêtres français n'avaient pas seulement été éloquents, ils s'étaient montrés fortement pénétrés des vues du Saint-Siège, et avaient à l'avance répondu aux objections en établissant des revenus, en demandant des évêques *in partibus infidelium* et en proposant de gagner la Chine par la Perse et l'Inde.

Le Pape déclara donc qu'il prenait cette affaire sous sa protection, et nomma immédiatement quatre cardinaux : Rospigliosi, Spada, Albizi et Azzolini, auxquels il donna l'ordre de s'en occuper activement. Confiants dans le succès final, les Français quittèrent Rome, n'y laissant que M. Pallu, chargé d'achever la négociation. Après plusieurs semaines d'attente, voyant que les cardinaux ne prenaient aucune décision, celui-ci se mit en devoir de leur rendre visite; il fut bien reçu, entendit d'excellentes promesses, mais ne vit aucun changement.

Il écrivit alors à un de ses amis qu'il avait rencontré plusieurs fois à Paris, rue Saint-Dominique et rue Copeaux, Pierre de la Motte Lambert. Pallu et de la Motte Lambert, saluons dès maintenant ces deux hommes désormais inséparables; pendant plus de vingt ans, tous les deux nous apparaîtront, éclairés des rayons surnaturels d'une grâce plus éclatante et plus pressante, sur ce tableau où s'agiteront tant de nobles figures, tous les deux combattant pour la même cause, se défendant contre les mêmes ennemis, se soutenant dans les mêmes périls, supportant d'immenses fatigues, organiseront en Vicariats apostoliques les Missions d'Extrême-Orient, créeront un solide clergé indigène dans les Missions de la Cochinchine et du Tonkin, travailleront pour la France en même temps que pour l'Eglise, tous les deux enfin seront, à des titres divers, les principaux fondateurs de la Société des Missions-Étrangères.

Né en 1624, dans le diocèse de Lisieux, M. Pierre de la Motte Lambert [1] appartenait comme Pallu à une famille de magistrats. Orphelin de bonne heure et maître d'une fortune considérable, il n'avait vu dans cette liberté qu'une facilité plus grande pour faire le bien. A vingt-deux ans, conseiller à la cour des aides de Rouen [2], chaque jour il communiait et faisait deux heures de méditation, il jeûnait plusieurs fois par semaine; mais le caractère distinctif de sa vertu était l'amour des humiliations qu'il satisfaisait par des abaissements quelquefois étranges, sans souci du monde et de ses jugements.

Invité un jour à assister au mariage d'un de ses amis, il partit le matin; non loin de la ville, son cheval effrayé le jeta dans un fossé; ses vêtements sont couverts de boue, son chapeau perdu; une inspiration le saisit, il ira dans cet état à la cérémonie; il se hâte et arrive à l'heure fixée.

On le regarde, on s'étonne, à peine ose-t-on le reconnaître; au lieu du magistrat correct que l'on attendait, qui donc se présentait? La journée fut rude, lui-même l'a dit, il y connut, dans toute sa plénitude, la fortifiante mais très amère saveur de l'humiliation.

Peu de temps après, une besace sur les épaules, un bâton à la main, il était à Rennes; pendant toute une journée, il parcourut les rues de la ville en demandant

---

1. Lambert est le nom patronymique et de la Motte, le nom d'une terre. M. de la Motte Lambert signe toujours Pierre Lambert; mais dans tous les livres du xvii⁰ siècle, il est appelé de la Motte Lambert, nous conservons cet usage, quoiqu'en réalité son nom soit : Lambert de la Motte. « Pierre Marie Lambert, sieur de la Boissière et de la Motte, fils de Pierre Lambert, sieur de la Motte, vice-bailli d'Evreux, et de Catherine Heudey de Pommainville et de Bocquencey, né à la Boissière, le 28 janvier 1624. » *Bulletin de la commission des antiquités de la Seine-Inférieure.* Tome VI, p. 264.

2. Il fut nommé le 17 mai 1646.

l'aumône; le soir, il avait reçu un denier qu'il conserva longtemps avec un soin jaloux, comme le témoin aimé des mépris et des outrages endurés.

Le magistrat valait le chrétien. Jurisconsulte habile et dialecticien redoutable, il savait rendre objection pour objection, texte pour texte, et mêlait à son argumentation, qui allait droit au but, une nuance de subtilité parfois difficile à saisir et propre à déconcerter les adversaires les plus vigoureux.

Cependant, au milieu des dossiers et des procès, il aspirait à un genre de vie différent, qu'il suppliait Dieu de lui faire connaître, il suivait tous les mouvements de la grâce, mais sans avoir aucun pressentiment de sa véritable vocation, semblable à ces marins qui voguent sur les flots d'un Océan inexploré à la recherche d'un port où ils puissent jeter l'ancre.

Le sacerdoce lui apparut enfin comme le but suprême, il vendit sa charge et fut ordonné prêtre à Coutances. Bientôt après, nommé directeur de l'hôpital général de Rouen dont la situation financière était très difficile, il prit résolument la charge [1]. Étudier le budget, disséquer les comptes, refaire les liquidations, sonder le fond des caisses et parfois conduire devant la justice des débiteurs récalcitrants, telle fut sa tâche; il s'en acquitta avec honneur.

Obligé pour des affaires de famille de se rendre en Savoie, il était à Annecy, et, a-t-on dit, priait dans la chapelle de la Visitation, lorsque la lettre de M. Pallu lui fut remise. Il partit pour Rome où son premier soin fut d'ôter tout prétexte de refus et de retard, en établissant sur ses propres biens, par l'intermédiaire d'un banquier qui se porta caution, les revenus exigés pour la fondation des évêchés, car la duchesse d'Aiguillon

---

1. En 1655.

n'avait fait que promettre les fonds, attendant, pour les donner, la nomination des Évêques; il alla ensuite avec M. Pallu visiter plusieurs cardinaux. Ils apprirent de l'un d'eux que les obstacles seraient facilement aplanis ou du moins écartés, s'ils pouvaient convaincre le secrétaire de la Propagande, Mgr Mario Albérici.

Dans ses mémoires où le pittoresque abonde, Bénigne Vachet raconte[1] que M. de la Motte Lambert, ne pouvant obtenir d'audience de ce prélat, prit le parti de se trouver continuellement sur son chemin. Au sortir de chez lui, aux portes des églises ou des couvents, près de la maison de ses amis, Mgr Albérici trouvait de la Motte Lambert qui le saluait profondément, mais sans jamais lui adresser la parole. Un jour dans une rue de Rome, il fut abordé par une dame; quelques secondes plus tard, M. de la Motte Lambert passait et faisait au sécrétaire une respectueuse inclination. « Monseigneur, fit l'Italienne, voici un ecclésiastique qui semble désirer vous parler. » Le prélat se détourna et aperçut le prêtre français qui saluait de nouveau. « Madame, répondit-il, cet homme veut une audience, et il me tue par ses révérences et sa modestie. » — « Mais, reprit l'interlocutrice, si vous lui accordiez ce qu'il demande. » Le secrétaire de la Propagande hocha la tête et pensa sans doute que c'était le meilleur moyen d'en finir. Il appela le prêtre. — « Monsieur, lui dit-il, que faut-il faire pour me délivrer de vos importunités? » — « C'est, répondit l'interpellé, de me donner une seule audience, Monseigneur, ensuite vous ne me reverrez plus. » — « J'en suis content, répliqua le prélat, demain matin à huit heures, venez chez moi. »

Le lendemain, le solliciteur était exact au rendez-vous. Commencé à huit heures, l'entretien se prolongea jusqu'à

---

1. *Mémoires de Bénigne Vachet*, vol. 1, p. 52 et 53.

sept heures du soir. Malheureusement pas une parole ne nous a été transmise, pas un détail ne nous est parvenu. C'est en vain que nous avons lu toutes les lettres de M. de la Motte Lambert et de M. Pallu et tous les mémoires de cette époque, le silence le plus absolu plane sur cette conférence ; le résultat seul nous est connu : la cause de la nomination des évêques était gagnée.

Les choses marchèrent dès lors avec rapidité. La commission particulière, composée des quatre cardinaux, donna d'abord un avis favorable et demanda que trois ecclésiastiques revêtus du caractère épiscopal fussent envoyés en qualité de Vicaires apostoliques [1].

Puis, dans son assemblée du 13 mai 1658, la Propagande proposa de nommer M. Pallu et M. de la Motte Lambert vicaires apostoliques dans les Missions de Chine et les pays voisins; le Souverain Pontife Alexandre VII approuva ce choix le 8 juin, et le 17 août suivant, il donna un bref qui nommait François Pallu évêque d'Héliopolis, et Pierre de la Motte Lambert évêque de Béryte, tous les deux *in partibus infidelium*. M. Pallu reçut le rochet de la main du Pape « qui l'exhorta fortement à soutenir le fardeau des difficultés qui accompagneraient son entreprise, ajoutant qu'il remettait entre ses mains le salut des peuples dont il lui confiait la conduite ». Il l'autorisa ensuite à choisir un troisième vicaire apostolique.

Cette longue et importante affaire était enfin heureusement terminée. Cinq années s'étaient écoulées depuis que M. Pallu avait été choisi par Mgr Bagni, cinq années de sollicitations, de démarches, d'angoisse, de doute, de confiance, d'espoir et de tristesse.

Combien profonde dut être la joie de ces prêtres zélés, lorsque le Souverain Pontife consacra par sa parole l'œuvre qu'ils voulaient entreprendre; leur ambition

---

1. *Acta Sacræ Congregationis*, an. 1657, p. 202.

était donc sainte, leurs aspirations bénies de Dieu, puisqu'ils recevaient du Pasteur suprême la noble et haute mission d'étendre le règne de Jésus-Christ, de donner à Rome des cités nouvelles, d'établir en Extrême-Orient cette merveilleuse hiérarchie catholique, grandeur et force de l'Église.

Afin d'accomplir l'œuvre qui leur est confiée, les nouveaux élus vont maintenant chercher et trouver des dévouements qui se rallieront à eux, accepteront de passer leur vie dans les souffrances et les fatigues des Missions, dans la solitude et le calme des Séminaires; et c'est de ce groupement d'intelligences et de volontés que naîtra la Société des Missions-Étrangères.

CHAPITRE II

1658-1662

Fondation des Sociétés religieuses et apostoliques. I. Fondation de la Société des Missions-Étrangères. — Supplique pour l'établissement d'un Séminaire. — Sacre de Mgr Pallu. — II. Bref d'Alexandre VII à Monseigneur Pallu pour déterminer l'étendue de sa juridiction. — Pourquoi les nouveaux évêques sont nommés Vicaires apostoliques. — Monseigneur Cotolendi. — III. Instructions de la Propagande aux Vicaires apostoliques. — IV. Appel au clergé. — Le Séminaire et ses Directeurs. — Mgr de la Motte Lambert nomme ses procureurs. — Associations de charité. — Départ de Mgr de la Motte Lambert par la route de terre. — V. Mgr Pallu fonde une Compagnie commerciale. — Il forme les premiers missionnaires. — Départ de Mgr Cotolendi. — Procuration et départ de Mgr Pallu.

Une société religieuse ou ecclésiastique est la réunion d'hommes consacrés à Dieu, unis entre eux par des règles communes pour travailler à leur sanctification personnelle et à la sanctification du prochain, sous l'autorité de supérieurs légitimes.

L'histoire nous apprend que ces Sociétés ne se fondent pas d'une manière uniforme, l'Esprit Saint agit sur elles comme sur les individus, par des grâces très diverses. Souvent, elles naissent tout organisées de la tête et du cœur d'un de ces hommes auxquels Dieu a destiné le rôle fécond et glorieux de fondateur; celui-ci a préparé son œuvre dans le silence de la prière et de l'étude, puis il a réuni des compagnons autour de lui, les a soumis à des règles précises, et les a envoyés dans toutes les directions, sous son commandement unique, travailler pour Jésus-Christ et pour l'Église.

Le nom de ce fondateur projette ses rayons de gloire pendant toute l'existence de l'Ordre et sur tous ses membres, il est l'étendard autour duquel on se rallie, le signe d'espérance qui brille aux jours d'orage, et parfois le dernier vestige d'une antique splendeur.

D'autres Sociétés, au contraire, se fondent peu à peu, par le concours de plusieurs volontés tendant à un même but; à leur origine elles offrent de grandes lignes et de larges assises, elles s'organisent mais lentement, et pour ainsi dire pièce par pièce, elles comparent les résultats, elles choisissent, acceptant ou rejetant selon le succès ou l'échec, les principaux rouages de leur administration; à mesure que de nouveaux besoins se font sentir, elles créent de nouvelles institutions sans néanmoins sortir de leur cadre premier ni de l'idée qui présida à leur naissance. Au lieu d'être des monuments grandioses, commencés et achevés dans un moule unique et qu'un changement briserait, ce sont des édifices qui vont toujours s'élevant et s'agrandissant selon un plan indéfini, dont les circonstances ou plutôt la Providence est l'architecte.

I

La Société des Missions-Etrangères est de ces dernières, elle n'a pas de fondateur unique, pas d'organisateur et d'administrateur unique, elle se forme peu à peu, elle appelle l'expérience à son aide, elle agit d'abord, elle décrète ensuite; les principes de son administration ne sont pas fixés au premier jour et ensemble, ils sont introduits avec le temps, et les uns après les autres.

La nomination des évêques lui donnait sa base première, puisque sans eux elle n'aurait pu atteindre le but pour lequel elle était suscitée : la formation du clergé indigène et la constitution des Églises. D'autres institutions s'adjoindront à celle-là et la rendront viable.

La prudence la plus élémentaire défendait aux Vicaires apostoliques de s'élancer dans l'inconnu, sans ressources et sans hommes, sans laisser derrière eux des aides et des soutiens.

En première ligne, des collaborateurs leur étaient nécessaires ; le présent en exigeait et l'avenir également ; il fallait les instruire, les préparer, et garantir leur recrutement de telle sorte que la perpétuité de l'œuvre fût assurée.

Même avant d'avoir reçu le bref qui les nommait évêques, les Vicaires apostoliques pourvurent à cette nécessité en demandant à la Propagande l'autorisation d'établir « un Séminaire pour la conversion des Infidèles » « dans lequel seront formés ceux qui se destineront aux missions. »

Ils présentèrent une requête en leur nom et au nom de Mgr de Laval, le même qui avait été désigné par Mgr Bagni pour être envoyé en Extrême-Orient ; il venait d'être nommé évêque de Pétrée et vicaire apostolique du Canada et se disposait à recevoir la consécration épiscopale[1]. De Caen où il s'était retiré après l'échec des propositions du Nonce, de Paris où il était ensuite revenu après sa nomination, il avait entretenu des relations fréquentes avec M. Pallu. Il n'était pas à Rome à ce moment, affirme son biographe, mais il y avait eu, sans nul doute entre lui et les autres postulateurs, une entente préalable qui leur permettait de l'adjoindre à eux dans

---

1. François de Montmorency-Laval de Montigny, plus connu sous le nom de François de Laval, naquit à Montigny-sur-Avres, diocèse de Chartres, le 30 avril 1622. Le décret de la Propagande qui le nomma Vicaire apostolique au Canada est du 11 avril 1658. L'approbation du décret est du 13 avril. Le sacre du 8 décembre 1658. *Vie de Mgr de Laval*, par l'abbé Aug. Gosselin, vol. 1, p. 1, 119, 127.

cette démarche. Plus tard, nous aurons à raconter de quel grand secours lui sera la maison dont il sollicite la création.

La supplique résuma les raisons qui militaient en faveur de l'établissement d'un Séminaire.

Éminentissimes et Révérendissimes Seigneurs,

FRANÇOIS DE LAVAL, PIERRE LAMBERT,
FRANÇOIS PALLU,
ET AUTRES PRÊTRES FRANÇAIS,

« Représentent très humblement à vos Éminences qu'il se trouve en France plusieurs ecclésiastiques savants, de bonnes mœurs et déjà expérimentés, animés du désir de coopérer à la conversion des infidèles, qu'il est nécessaire, pour la conservation et l'accroissement des Missions, de commencer au plus tôt l'œuvre du clergé indigène dans le Canada, la Chine, le Tonkin et la Cochinchine, suivant l'ordre de Sa Sainteté, et conformément aux décrets de vos Éminences; il serait donc bon qu'il y eût toujours quelques sujets totalement disposés à être envoyés au secours des autres missionnaires ou à commencer d'autres Missions, si la Sacrée Congrégation le jugeait à propos.

« C'est pourquoi, non seulement il est convenable, mais encore nécessaire de fonder un Séminaire qui ait pour son unique fin la propagation de la foi auprès des infidèles et dans lequel puissent être admis tous les prêtres afin d'éprouver leur vocation, et de les préparer par tous les moyens convenables à quelque Mission que ce soit.

« Mais les suppliants, reconnaissant qu'ils ne peuvent exécuter ce pieux dessein sans l'autorisation et la protection de vos Éminences, les prient humblement de vouloir bien leur accorder les pouvoirs et les privilèges nécessaires pour l'établissement du Séminaire, cette grâce étant digne de la grande piété de vos Éminences. Les suppliants espèrent que vos Éminences seront favorables à leurs désirs, et ils promettent d'être des ministres fidèles sous la prudente direction de vos Éminences que Dieu ait en sa sainte garde [1]. »

Au bas de cette requête, on lit sous la date du 1ᵉʳ juillet 1658. — Sera pris en considération. — Et au-dessous à l'adresse des signataires. — « Qu'ils exposent les conditions, le plan, les exercices et le gouvernement de ce Séminaire, l'engagement de ses membres par serment ou par promesse au service des Missions, les revenus, les fondations, la situation et la disposition de la maison. »

Nous ne connaissons pas la réponse à ces différentes questions; si elle fut faite immédiatement, elle ne put être que fort générale, puisque l'organisation du Séminaire était impossible sans la présence en France des nouveaux évêques; elle ne tardera guère d'ailleurs à être donnée explicitement et appuyée sur des faits.

Le 17 novembre 1658, afin de témoigner sa particulière bienveillance aux Vicaires apostoliques, et sans doute aussi afin de montrer à tous jusqu'à quel point leur œuvre était sienne, la Propagande voulut que le sacre de Mgr Pallu fût fait à ses frais et par son chef, le cardinal Antonio Barberini, dans la basilique de Saint-Pierre.

L'évêque revint ensuite à Paris, où Mgr de la Motte Lambert, parti de Rome au mois d'août, avait déjà réalisé la fondation des revenus nécessaires aux deux évêchés.

Quelques mois plus tôt, afin de faire cesser toute opposition, il avait, nous l'avons vu, établi cette fondation sur sa fortune personnelle. Renouvela-t-il cet acte, ou s'effaça-t-il devant Madame d'Aiguillon qui tint abso-

---

1. Arch. des M.-É., vol. 27, p. 265.

lument à accomplir sa promesse? Nous pensons qu'il prit ce dernier parti, car la seule pièce que nous connaissions sur cette affaire est une donation de 600 fr. de rente en faveur de chacun des deux évêques, faite en date du 11 novembre 1658 par la duchesse et acceptée par la Propagande.

II

L'année suivante, les Vicaires apostoliques reçurent les brefs qui confirmaient leur nomination, leur juridiction et l'étendue de leurs pouvoirs pour l'ordination des prêtres indigènes. C'est la première lettre pontificale adressée aux premiers membres de la Société des Missions-Étrangères, et à ce titre, elle a sa place marquée dans notre histoire.

Voici le bref envoyé à Mgr Pallu, celui de Mgr de la Motte Lambert [1] est exactement semblable sauf la transposition des choses spéciales au destinataire [2]:

A l'Illustrissime Seigneur François,
Évêque d'Héliopolis.

ALEXANDRE, PAPE VII.

« Vénérable frère, Salut et Bénédiction apostolique.

« Depuis que, dans ses inscrutables desseins, la Providence divine nous a placé sur la Chaire du Prince des Apôtres, nous n'avons pas cessé d'étendre nos vues sur tout l'univers chrétien, pour veiller avec sollicitude autant que nous le pouvions par la grâce de Dieu, à la

---

1. Mgr de la Motte Lambert fut sacré à Paris dans l'église de la Visitation, rue Saint-Antoine, par l'archevêque de Tours.
2. Arch. des M.-É., vol. 247, p. 49.

direction et aux soins spirituels des fidèles de tous pays. C'est pourquoi, voulant pourvoir les chrétiens du Tonkin et des provinces adjacentes, à savoir : Yun-nan, Koui-tchéou, Hou-Kouang, Su-tchuen, Kouang-si et Laos, d'un Vicaire apostolique capable, Nous, qui avons une grande confiance dans votre zèle pour la religion catholique, dans votre doctrine, dans votre prudence, dans votre intégrité, dans votre charité et dans vos autres vertus, Nous vous délions, et vous regardons comme délié dans le cas seulement où vous en seriez frappé, de toutes excommunications, suspenses, interdictions, et autres sentences ecclésiastiques, censures et peines que vous auriez pu encourir, portées soit par le droit, soit par les hommes, quelles qu'en aient été l'occasion et la cause, afin que puisse se produire l'effet de ces présentes lettres. Par le conseil de nos Vénérables Frères, les Cardinaux de la Sainte Église Romaine, préposés aux affaires de la Congrégation de la Propagande, par notre autorité apostolique, par les présentes Lettres, Nous vous faisons, vous constituons, vous députons, du moins jusqu'à ce que la Congrégation des susdits Cardinaux en ordonne ou dispose autrement, Vicaire Apostolique dans ledit royaume du Tonkin, avec l'administration des provinces que nous avons énumérées.

« Nous vous donnons la faculté d'étendre votre administration sur d'autres provinces les plus proches de votre Vicariat, dans le cas où l'un des vénérables Frères, Pierre Lambert, évêque de Béryte, créé par nous Vicaire apostolique de la Cochinchine, avec l'administration des provinces de Tché-kiang, Fo-kien, Kouang-tong, Kiang-si, de l'île de Hay-nan, ainsi que des autres îles voisines, et l'évêque que nous allons envoyer pour le Vicariat de Nankin en Chine, avec l'administration des provinces de Pékin, de Chan-si, de Chen-si, de Chan-tong, de Corée et de Tartarie, viendrait à mourir ou à manquer.

« Nous vous autorisons encore à faire une nouvelle division avec un autre évêque, si vous la croyez nécessaire pour les besoins spirituels des chrétiens, afin qu'ils ne restent pas sans Pasteur, jusqu'à ce que la susdite Congrégation des Cardinaux, à laquelle vous ferez parvenir immédiatement votre relation, en décide autrement. Pour rendre plus facile l'ordination des prêtres indigènes et pour implanter plus solidement la religion catholique, avec la bénédiction du Seigneur, par l'autorité et la teneur des présentes, pour sept ans seulement, nous vous donnons et concédons la faculté, en votre qualité de Vicaire apostolique, de dispenser les lévites sujets à votre juridiction, de la connaissance de la langue latine, pourvu qu'ils la sachent lire, et qu'ils n'ignorent pas l'explication du Canon de la Messe et des formules des Sacrements de l'Église.

« Dans ces conditions, ils pourront être promus à tous les ordres sacrés, même à la prêtrise, en observant d'ailleurs ce qui est de droit; vous pourrez commuer à volonté la récitation de l'office divin, c'est-à-dire des heures canoniales en la récitation d'autres prières dans leur propre langue; tout ceci sans préjudice de l'autorité de la susdite Congrégation des Cardinaux et nonobstant les générales et spéciales constitutions et ordonnances apostoliques publiées dans les Conciles universels et provinciaux, ainsi que tout autre acte contraire.

« Donné à Rome, près de Sainte-Marie-Majeure, sous l'anneau du Pêcheur, le 9 septembre 1659, cinquième année de notre Pontificat.

« ALEXANDRE, PAPE. »

Selon la décision prise autrefois par la Propagande, selon les demandes adressées à plusieurs reprises, le Souverain Pontife avait nommé les nouveaux élus Vicaires apostoliques et évêques *in partibus* et non évêques titulaires. « Il semble cependant, dit à ce sujet un auteur du xviiie siècle [1], qu'il eût été plus naturel de les nommer évêques titulaires des lieux où ils devraient être envoyés, que de les nommer à des évêchés *in partibus*, où probablement ils ne feraient jamais leur résidence.

« L'utilité de l'Église l'emporta sur cette considération. Le Pape et les Cardinaux jugèrent qu'il ne convenait pas de les fixer d'abord à des églises particulières des Indes, qu'il valait mieux leur donner des pouvoirs plus étendus et se réserver la liberté de les envoyer partout où leur ministère pouvait être plus nécessaire ou plus utile. Ils crurent qu'il était plus expédient de les tenir dans une dépendance entière du Saint-Siège et dans un rapport plus intime, afin que, recevant de ce centre de l'unité les mêmes instructions, les mêmes ordres et les mêmes pouvoirs, il y eût plus d'uniformité dans leur conduite, dans la discipline des Églises qui leur étaient confiées et dans celles qu'ils érigeraient.

« On ne voulut pas même leur donner en général le pouvoir des ordinaires pour prévenir les contestations que l'usage de ce pouvoir aurait fait naître entre les Vicaires apostoliques et les religieux missionnaires de différentes nations. En France, en Italie, en Espagne, à Goa, à Manille, les évêques en usent presque tout différemment à l'égard des religieux. Quoique ces Vicaires apostoliques fussent Français, les religieux des autres nations n'auraient pas cru devoir se soumettre aux usages de France. De là des dissensions sans nombre et sans fin.

« Le Saint-Siège prit le moyen le plus juste pour entretenir l'esprit de paix, de charité et de soumission. »

Ce genre de nomination était également préférable

---

[1]. *Histoire de l'Établissement du christianisme dans les Indes Orientales.* (Manuscrit), p. 18, 19.

pour empêcher les réclamations du Portugal ou du moins pour y répondre.

Si le Pape avait nommé des évêques titulaires en Chine ou en Indo-Chine, les Portugais n'eussent pas manqué de voir dans cette nomination un attentat à la juridiction de l'archevêque de Goa, des évêques de Malacca et de Macao; ils ne pouvaient dûment élever la même objection contre les Vicaires apostoliques, représentants directs du Souverain Pontife. Le Pape avait bien le droit d'aller en personne évangéliser l'Extrême-Orient. Or, ne pouvant y aller personnellement, il y envoyait des Vicaires. Rien de plus juste et de plus légitime.

Hélas! les passions des gouvernements pas plus que celles des hommes ne s'arrêtent devant la justice et devant le droit.

Les Portugais s'irritèrent de la décision d'Alexandre VII, ils se récrièrent contre les Vicaires apostoliques aussi fort que contre des évêques titulaires, et, ne gardant aucune mesure dans l'expression de leur colère, menacèrent de nouveau de les arrêter et de les emprisonner.

Nous verrons comment des paroles ils passeront aux voies de fait. A ce moment, ils n'intimidèrent personne. Mgr Pallu s'empressa de présenter au Souverain Pontife et à la Propagande le troisième évêque dont il avait fait choix, M. Cotolendi, curé de la paroisse de Sainte-Madeleine, à Aix, en Provence.

Agé de trente ans, docteur en théologie, Cotolendi désirait depuis longtemps se consacrer aux Missions. Ayant appris la nomination des Vicaires apostoliques, il vint à Paris et s'offrit à les accompagner en qualité de missionnaire.

A une piété tendre, il joignait l'esprit de pauvreté et d'humilité. Visitant une de ses tantes religieuse qui lui souhaitait un riche bénéfice : — « Ma tante, répliqua-il, demandez à Dieu que je sois bien pauvre à l'imitation de Jésus-Christ. » — « Mais, reprit la religieuse, si Dieu vous voulait pourvoir d'une mitre, votre tête ne la porterait-elle pas bien ? » — « Ma tante, vous me ferez grand plaisir de demander à Dieu une couronne d'épines. »

Sa qualité dominante, celle que révèlent ses lettres et ses actes, était une grande habileté à conduire les âmes dans les voies de la perfection. Ce prêtre de trente ans était un directeur consommé ; il en avait le coup d'œil profond qui pénètre au plus intime des consciences, la main douce et ferme qui sait gouverner avec patience et persévérance, le cœur bon et paternel pour panser les plaies et raffermir les courages. Il fut accepté par le Souverain Pontife, et sacré le dimanche dans l'octave de la Toussaint 1660, par l'archevêque de Rouen, président de l'Assemblée du clergé [1].

III

Le bref de nomination et de pouvoirs de Mgr Pallu et de Mgr de la Motte Lambert était accompagné de longues Instructions dressées par la Propagande, et formant un corps complet d'enseignements précis et détaillés sur les mesures qui devaient précéder le départ des Vicaires apostoliques ; elles roulaient sur le choix et les qualités des missionnaires et des directeurs du Séminaire, l'établissement d'un procureur à Rome, la route de terre ou

---

[1]. *Vie de Mgr Ignace Cotolendi, de la ville d'Aix, évêque de Métellopolis, vicaire apostolique de la Chine occidentale,* par Messire Gaspar Augeri, prédicateur ordinaire du Roy.
La cérémonie eut lieu dans l'église de la maison professe des Jésuites, rue Saint-Antoine ; le prélat consécrateur était assisté des évêques de Digne et d'Héliopolis.

de mer, les principaux travaux et la conduite dans les Missions.

Par ces Instructions, la Propagande affirmait de plus en plus son autorité directe sur les Évêques missionnaires, et l'intérêt qu'elle attachait à leur œuvre. Nous ne croyons pas que jamais Congrégation romaine ait pris une part aussi réelle et aussi active à la formation d'une société religieuse ou ecclésiastique que la Propagande à celle de la Société des Missions-Étrangères.

La citation d'une partie de ces Instructions fera mieux saisir toute la vérité de cette assertion. Le point que la Propagande touche d'abord, comme le plus grave, est le choix et les qualités des ouvriers évangéliques.

« D'abord, vous devez avoir soin de rechercher des hommes capables, par leur âge et leur bonne santé, de soutenir les travaux et en même temps, ce qui est aussi important, des hommes de grande charité et de véritable prudence, vertus dont vous ne les croirez pas doués d'après le jugement des autres ou vos propres conjectures, mais qui les auront prouvées par une longue habitude dans les affaires ; des hommes discrets, dignes par leurs bonnes mœurs, leur mansuétude, leur patience, leur humilité et par toutes les autres vertus, de servir d'exemples dans la foi chrétienne qu'ils professent de bouche et qu'ils s'engagent à pratiquer ; qui enfin, formés à la règle de la charité évangélique, s'accommodent de l'esprit et des mœurs d'autrui, se montrent aimables avec leurs compagnons, polis envers les étrangers, en un mot qui se fassent avec l'Apôtre tout à tous [1]. »

Venait ensuite la recommandation de fonder à Paris un Séminaire dont « les directeurs devront être des

---

1. Arch. des M.-É., vol. 290, p. 62 et suivantes.
Le *Collectanea constitutionum*, etc., renferme une partie de ces Instructions, mais elles sont divisées et insérées dans plusieurs chapitres selon les points dont elles traitent.

hommes prudents et pieux, habiles à gérer par lettres les affaires tant en France qu'à Rome, sincères pour que la Sacrée Congrégation ait foi en leurs paroles, capables de porter un jugement sérieux sur les qualités et les aptitudes des autres, d'un âge mûr, pleins de la plus grande piété, et nullement occupés des choses du monde. »

Un procureur devait être établi à Rome dans les conditions suivantes : « Donnez à celui que vous avez choisi, un légitime mandat de procuration, afin qu'il puisse, auprès du Siège apostolique, avec toute la modestie convenable, proposer vos affaires et en presser l'exécution. Efforcez-vous donc d'élire pour remplir cette fonction, un homme éprouvé, savant et habile, digne de la confiance de la Sacrée Congrégation. Après son élection, donnez-lui de bons conseils, afin qu'il persévère constamment dans sa charge, de peur que si vous en changez trop souvent, un nouveau ne puisse lui succéder sans un véritable détriment pour vos affaires. »

Le seconde partie des Instructions prescrit la route que les missionnaires auront à éviter, celle qu'ils auront à suivre, les précautions à prendre et les observations à faire.

« Le chemin de la Syrie et de la Mésopotamie est beaucoup plus sûr et plus avantageux que celui de l'Océan Atlantique et du Cap de Bonne-Espérance ; mais, vous devez surtout chercher à éviter le Portugal ou les pays qui dépendent de lui ; lorsque vous serez arrivés, vous n'administrerez ni Macao, ni les autres lieux qui leur sont soumis, quand même ils seraient dans les limites de votre juridiction. C'est pourquoi, allez par la Perse et à travers les États du grand Mongol ; ensuite si vous trouvez l'occasion de vous rendre directement en Chine par mer, profitez-en.

« Ne découvrez ni votre dignité, ni vos projets, ni le

pays où vous allez, ni votre patrie, ni votre nom, à moins que vous n'y soyez forcés par quelque nécessité. Le costume des Turcs est le plus convenable que les Européens puissent porter.

« Faites une description abrégée des lieux et des chemins par où vous passerez. Marquez les facilités que vous trouverez, les moyens dont vous vous servirez pour surmonter les obstacles, les voies que les lettres peuvent suivre.

« Observez exactement tout ce qui peut contribuer à la propagation de la foi, au salut des âmes et à la gloire de Dieu; considérez l'état du christianisme, des missionnaires et des missions. Ne vous croyez cependant pas investis du droit de visite ; mais voyez les choses de telle sorte que la charité soit le seul mobile de votre curiosité. »

La troisième partie renfermait des conseils sur les travaux à entreprendre dans les Missions ; elle rappelait le motif déterminant de la nomination des Vicaires apostoliques.

« La principale raison pour laquelle la Sacrée Congrégation vous envoie comme évêques dans ces régions, est l'instruction des jeunes gens, afin qu'ils puissent être promus au sacerdoce et même à l'épiscopat; dirigez-les donc avec le plus grand soin, ayez toujours devant les yeux ce but qui est le vôtre, d'élever et de conduire aux saints ordres, des sujets nombreux et capables.

« Établissez des écoles, et enseignez gratuitement le latin et la doctrine chrétienne dans la langue du pays, ne permettez à aucun catholique de faire instruire ses enfants par les infidèles, tous doivent être formés par vous. »

Dans ce même chapitre, les Instructions donnaient sur la grave et délicate question des rapports des missionnaires avec les gouvernements des pays évangélisés, des avis d'une prudence extrême et bien conformes à l'esprit de Rome, qui ne s'effraie pas du présent, espère en l'avenir, préfère que ses prêtres laissent aux hommes d'État le soin de régler sous la main de Dieu les intérêts de la terre, qu'ils marchent au milieu des nations sans s'inquiéter de la forme de leur gouvernement, et puisque toute puissance vient de Dieu, qu'ils inclinent la tête devant la Majesté royale ou devant les faisceaux populaires.

« Si un roi, un prince ou un magistrat fidèle à l'inspiration divine se montre bienveillant à votre égard et sympathique à la religion chrétienne, témoignez-lui votre reconnaissance. Afin d'éviter toute jalousie, gardez-vous de demander des privilèges, des exemptions, des jugements opposés aux coutumes ou aux lois. Si vous obtenez quelque faveur, qu'on sache bien que c'est par la bienveillance du prince qu'elle vous est accordée, et non à titre de justice. Fuyez tout ce qui pourrait faire croire que vous vous mêlez des affaires politiques, et ainsi vous éviterez toute apparence de soupçon.

« Eloignez-vous tellement de ces sortes d'affaires et de ce qui regarde la direction du gouvernement, que vous refusiez impitoyablement les charges, malgré les prières et les supplications réitérées. C'est une défense que la Sacrée Congrégation maintient et maintiendra constamment.

« Nous vous conjurons donc, ainsi que tous ceux qui sont sous votre juridiction, de la respecter et d'être bien persuadés que quiconque s'ingérerait dans les affaires causerait à la Sacrée Congrégation une grande peine.

« C'est par la charité, le détachement des choses du monde, la modestie, la frugalité dans les repas et toutes les vertus apostoliques que se répand la semence divine.

« Que si quelqu'un d'entre vous paraissait oublier cet ordre, qu'il soit renvoyé sur-le-champ. Rien, en effet, n'est plus propre à votre perte, rien n'est plus nuisible à la cause de Dieu que vous devez avoir constamment devant les yeux.

« Si toutefois le prince recherchait votre avis, vous ne le donnerez qu'après maintes et maintes supplications, et encore hâtez-vous d'abandonner immédiatement le palais.

« Prêchez l'obéissance envers les princes, même envers ceux qui sont d'une religion opposée. Priez Dieu tant en public qu'en particulier pour le salut de leur âme. Ne reprenez point leurs actions persécutrices ; ne leur reprochez pas leur sévérité, ne censurez point leur conduite ; mais attendez patiemment que la Providence fasse luire des jours meilleurs.

« Ne fomentez aucune division ; bien plus, évitez toute sorte de contention, et autant que vous le pourrez, éloignez-les radicalement.

« Enfin, si quelqu'un de vous, bien informé de tout ceci, refuse néanmoins de se soumettre, renvoyez-le immédiatement en Europe, de peur que la religion n'ait à souffrir de son imprudence. »

IV

Ces Instructions furent suivies au pied de la lettre par Mgr Pallu. Il commença par publier un opuscule qui exposait les ordres du pape, les raisons de la nomination des évêques Vicaires apostoliques, et appelait à lui tous ceux qui désiraient se consacrer aux Missions.

Parmi le clergé et les fidèles, attentifs depuis plusieurs années à cette entreprise retardée par tant d'obstacles, l'appel fut entendu, et plusieurs jeunes gens, prêtres et laïques, se présentèrent. Mgr Pallu accepta les uns et les autres avec l'intention d'employer les laïques aux choses temporelles, pendant que les prêtres se livreraient aux travaux d'évangélisation.

Persuadé que les commencements d'une œuvre décident de son avenir et que les premiers ouvriers imposent leur esprit à leurs successeurs, il voulut lui-même former les aspirants aux Missions.

Madame de Miramion, sa parente, mit à sa disposition le château de la Couarde, situé à dix lieues de Paris, dans la commune de Galluis, entre les masses profondes des arbres séculaires de la forêt de Rambouillet et les hautes futaies des bois de Milmont. C'est dans cette solitude que l'évêque conduisit ses futurs missionnaires, il les y laissa seuls plus souvent qu'il ne l'eût désiré, étant rappelé à Paris par d'autres affaires d'une extrême importance.

Il avait premièrement à fonder un Séminaire tel qu'il en avait sollicité l'autorisation de la Propagande ; de concert avec Mgr de la Motte Lambert, il chercha et trouva parmi ses amis laïques et ecclésiastiques, anciens membres de la Congrégation de la Sainte Vierge, de la Compagnie du Saint-Sacrement et de plusieurs autres associations pieuses, des hommes capables d'établir à Paris et de diriger cette maison qui devait être le centre de la correspondance, tout à la fois séminaire et procure pour les Missions.

A ceux qui acceptèrent cette charge, les Vicaires apostoliques donnèrent leur procuration par actes passés devant notaires. Par le premier de ces actes, daté du 14 juin 1660, Mgr de la Motte Lambert constitua pour ses procureurs généraux, deux prêtres : Vincent de Meur, Luc Fermanel de Favery et deux laïques : M. de Garibal, baron de Saint-Sulpice, maître des requêtes et M. Voyer d'Argenson, comte de Rouffiac ; il leur donna le pouvoir « d'obtenir pour lui en son nom des lettres du Roi pour « l'établissement d'une maison afin de disposer des « ouvriers qui travailleraient à la conversion des âmes

« chez les infidèles, de présenter au nonce du Pape tous
« ceux qu'ils jugeraient capables d'aller en mission;
« d'accepter pour lui toutes les fondations et donations
« qui pourraient être faites pour le bien de la Mission;
« de recevoir les revenus de ses biens personnels et des
« biens de la Mission, de nommer d'autres procureurs
« s'ils ne voulaient plus de cette charge ou si l'un d'eux
« venait à mourir; enfin de faire comme s'il était présent
« en personne [1] ».

Les biens et les revenus dont la gestion était confiée aux Procureurs comprenaient, en dehors de la fortune personnelle des missionnaires, les ressources offertes par la charité. L'argent est le nerf de toute guerre, de celle que l'on fait au démon et de celle que l'on fait aux hommes. Les catholiques le comprirent; les premiers bienfaiteurs des Missions portaient les plus beaux noms de France : Louis XIV accorda à chacun des Vicaires apostoliques une pension viagère de 1,000 livres, qu'il porta plus tard à 3,000. Madame d'Aiguillon, Madame de Ris et Mazarin leur donnèrent une rente de 600 francs. Mesdames de Bouillon, de Miramion, Fouquet leur firent des dons variant de 3,000 à 6,000 livres. L'Assemblée générale du clergé leur alloua 6,000 francs, et les membres de la Compagnie du Saint-Sacrement versèrent la somme énorme pour ce temps-là de 120,000 francs, ce qui faisait dire à l'un d'eux, confondant le principal et l'accessoire, que cette Compagnie avait fondé la Société des Missions-Étrangères [2].

M. Antoine Pallu assura à son fils une rente de 1,000 fr.

La France du xviie siècle préludait grandement à la charité du xixe, et les Associés de la Propagation de la Foi avaient de nobles émules.

---

1. Arch. des M.-É., vol. 165, p. 10.
2. Arch. des M.-É., vol. 2, p. 438.

Mais ces ressources, suffisantes pour les premiers besoins, ne tarderaient pas à être épuisées.

A mesure que le nombre des missionnaires s'accroîtrait, que leurs travaux se développeraient, il faudrait de nouveau recourir à la générosité des particuliers. Or, cette générosité dépend de mille circonstances que l'on ne peut ni créer ni prévoir. Avec l'instinct ou plutôt la grâce particulière à ceux que Dieu destine à une grande œuvre, Pallu comprit cette situation et y pourvut, en établissant une association de Dames de charité qui, chaque mois, devaient se réunir chez la duchesse d'Aiguillon, se tenir au courant des travaux des missionnaires et leur fournir des secours.

Ce qu'il demandait à la charité des femmes, Mgr Pallu le sollicita de la charité des hommes, mais sous une autre forme. Il rassembla plusieurs de ses amis et obtint d'eux la promesse qu'ils essaieraient de recruter des ouvriers apostoliques en faisant, chaque mois, des conférences sur la nécessité des Missions étrangères, sur les vertus et les qualités indispensables aux missionnaires.

Les deux associations assuraient l'avenir de la Société, puisqu'elles devaient fournir des ressources en hommes et en argent.

Sur ces entrefaites, Mgr de la Motte Lambert quitta Paris le 18 juillet 1660, accompagné d'un seul prêtre, Jacques de Bourges [1], sans avoir fait ses adieux à aucun de ses parents ou de ses amis, « donnant ainsi, écrit son compagnon qui fut l'historien de son voyage, une leçon utile à ceux qui voudraient le suivre et de quelle sorte on peut se comporter [2] ». A peine arrivé à Lyon, il fut saisi par une fièvre violente, et resta cinquante-deux jours à l'hôpital, entre la vie et la mort, il reçut les derniers

---

1. Du diocèse de Paris, mort à Siam le 9 août 1714.
2. Relation du voyage de Mgr l'Evêque de Béryte, par M. de Bourges, p. 27.

sacrements, et déjà M. de Bourges se disposait à écrire à Paris pour annoncer sa mort prochaine, lorsque le malade fit un signe et lui dit : « Monsieur, il ne faut pas alarmer nos amis, cette maladie ne sera rien, et dans trois jours, nous continuerons notre route. »

Ces paroles furent une véritable prédiction. Mgr de la Motte Lambert guérit en quelques jours et partit pour Marseille où il trouva un prêtre, M. Deydier [1], venu de Toulon afin de se joindre à lui. Le 27 novembre 1660, les trois premiers missionnaires de la Société des Missions-Étrangères partaient pour l'Extrême-Orient. Suivant les Instructions apostoliques, ils devaient descendre à Alexandrette, traverser la Syrie, la Mésopotamie, la Perse, et après une courte navigation sur l'Océan, reprendre la route de terre, en passant de la côte de Malabar à la côte de Coromandel, puis de là gagner le royaume de Siam. Nous verrons plus tard les détails de leur voyage. Mais, utile pour eux et pour quelques-uns de ceux qui viendraient ensuite, afin de leur faire graduellement connaître les Missions, cette route était trop longue, trop fatigante, trop périlleuse, trop dispendieuse aussi pour être choisie et acceptée comme la route ordinaire, et Mgr Pallu qui prévoyait et préparait tout, avait déjà songé aux moyens d'établir des relations régulières et faciles entre la France et la Haute-Asie.

V

Notre marine marchande, à cette époque, ne possédait que fort peu de vaisseaux, la plupart en mauvais état et médiocrement commandés ; la marine royale n'était qu'un souvenir ou un rêve ; les Portugais, qui avaient

---

[1]. Du diocèse de Toulon, mort au Tonkin le 1ᵉʳ juillet 1693.

les rapports les plus habituels avec les Indes et la Chine, refusaient le passage aux nouveaux missionnaires français; les Hollandais hérétiques ne voulaient pas de prêtres romains à bord de leurs navires.

Cette situation, assez inextricable, n'était pas faite pour embarrasser l'évêque. Puisqu'il n'y avait pas de communications faciles, il en fallait créer. La réponse était juste, précise et fort simple, comme un conseil ou un projet; l'application était plus compliquée.

Mais les difficultés théoriques ou pratiques n'arrêtaient pas Mgr Pallu, et l'on éprouve un charme extrême à voir comment il se joue des obstacles, soit qu'il les brise ou qu'il les tourne.

Il forma le plan d'une Compagnie commerciale et l'exposa à ses amis, qui acceptèrent d'être ses coopérateurs ; on dirait aujourd'hui qu'ils prirent des actions, n'espérant pas peut-être d'énormes dividendes.

On voyait parmi eux MM. de Garibal, d'Argenson, de Faminilliers, de Nesmond, de Croix, de Brancas, Maupeou, Desportes, Fermanel, L'Hoste, Pélisson, les duchesses d'Aiguillon et de Schomberg, Mlle de Bouillon, Mme de Miramion, et nombre d'autres.

C'était la première partie du plan. La seconde consistait à fortifier cette société en l'unissant avec la Compagnie française de l'Orient et de Madagascar. L'évêque engagea des pourparlers avec les directeurs de cette Compagnie et conclut un traité dont nous résumons les articles les plus importants :

Achat ou construction à frais communs d'un navire de 3 à 400 tonneaux, d'une barque de 60 et d'une chaloupe de 10 ; — recrutement de l'équipage, composé de cinq officiers, d'un pilote, de deux chirurgiens et de cinquante-cinq matelots ; — autorisation donnée à Mgr Pallu d'emmener vingt personnes avec lui ; — achat de marchandises pour 12 à 15,000 francs, au compte de la

Compagnie ; — transport gratuit de tous les bagages des missionnaires ; — fixation du départ aussitôt que possible après le 29 septembre, fête de saint Michel ; — indication de l'itinéraire de France au Tonkin en tournant les îles du Cap-Vert, le cap de Bonne-Espérance, Madagascar, Macassar dans les Célèbes ; — retour du navire en France avec un chargement à la volonté du capitaine ; — obligation pour les Vicaires apostoliques de participer aux frais de ce premier voyage seulement ; — devis approximatif des dépenses totales estimées 80,000 francs dont 40,000 francs à verser par les évêques et 40,000 fr. par la Compagnie ; — droit des évêques d'assister aux conseils tenus à bord et dans les ports de relâche [1].

Ce contrat fut aussitôt mis à exécution ; un navire, le *Saint-Louis*, fut construit en Hollande sur les plans de M. Fermanel de Favery, riche armateur de Rouen, père de M. Luc Fermanel, procureur de Mgr de la Motte Lambert, et sous la direction de M. de Chameson, gentilhomme que sa piété et son dévouement aux Missions avait attaché à Mgr Pallu. M. de Thou, ambassadeur de France à la Haye, en prit possession au nom du roi.

Tout marchait donc à souhait. D'ordinaire, ni les choses divines ni les choses humaines n'offrent une telle continuité de succès. Le malheur n'était pas loin.

Les Hollandais, ayant entendu vaguement parler de la destination du navire que l'on construisait chez eux, s'imaginèrent, sans prendre le temps et la peine de se renseigner exactement, que la France projetait de l'employer comme vaisseau de guerre et de l'envoyer attaquer leurs possessions ou tout au moins de prendre à son service les anciens marins de la Compagnie des Indes qui le conduisaient au Havre ; et ils refusèrent de le laisser partir. M. de Chameson protesta, M. de Thou

---

1. Arch. des M.-É., vol. 115, p. 37.

en appela du conseil de l'amirauté aux États généraux qui maintinrent la défense. Pendant ce temps, le navire, battu par une furieuse tempête, périt dans les eaux du Texel, à trois heures de Staneren, le 19 décembre 1660 [1].

On raconte qu'à la nouvelle du naufrage, Mgr Pallu et Mgr Cotolendi, pleins de confiance en la Providence dont ils avaient tant de fois éprouvé la maternelle protection, chantèrent d'une commune voix le cantique d'actions de grâces de l'Église, le *Te Deum*.

Tel fut le premier épisode qui marque l'histoire des voyages apostoliques; il n'est pas heureux, mais il ne fut pas sans résultat; il excita l'attention déjà fort éveillée de Mazarin et de Colbert, sur la formation d'une Compagnie de commerce pour l'Extrême orient, il décida Mgr Pallu à adresser sur ce sujet un mémoire aux ministres, et finalement contribua à la création de la Compagnie des Indes-Orientales [2] qui, pendant toute la durée de son existence, donna aux prédicateurs de l'Évangile le passage gratuit sur ses navires. Mgr Cotolendi, qui attendait le *Saint-Louis* au Havre, le voyant perdu, prit la résolution de suivre la route de terre.

Il avait quitté Paris, le 6 janvier 1661, avec MM. Chevreuil [3] et Hainques [4]. Il n'avait pas, comme Mgr de la Motte Lambert en 1660, et plus tard Mgr Pallu, constitué

---

1. Le rapprochement de cette date, 19 décembre 1660, avec celle du départ de Mgr de la Motte Lambert de Paris, le 18 juin 1660 et de Marseille le 27 novembre suivant, suffit à prouver que ce prélat ne prit pas, comme on l'a dit, la route de terre par suite de la perte du *Saint-Louis*.

2. Dans une lettre écrite à Colbert, le 2 janvier 1672, Mgr Pallu disait : « Il est bon de remarquer que le voyage du Tonkin pour le secours de cette église naissante a été le premier objet de l'établissement de la petite compagnie des Indes qui se forma, il y a 13 ou 14 ans, dont le cardinal Mazarin voulut bien être chef et dont les mémoires n'ont pas peu contribué à l'établissement de celle-ci. M. Fermanel, qui a été chargé de la conduite de ce dessein, en est parfaitement instruit. »

3. Du diocèse de Rennes, mort à Siam le 10 novembre 1693.

4. Du diocèse de Beauvais, mort en Cochinchine, au mois de décembre 1670.

des procureurs chargés de préparer les futurs missionnaires, de gérer les biens et de conduire les affaires des Missions, à Rome ou en France. Choisi par Mgr Pallu pour être Vicaire apostolique en Chine, il s'enferma exclusivement dans ce rôle et ne prit pas de part directe et active à la formation de la Société des Missions-Étrangères [1].

Dans le courant de cette même année, Mgr Pallu obtint de Louis XIV que les Vicaires apostoliques et leurs missionnaires, quelle que fût la durée de leur séjour à l'étranger, seraient considérés comme régnicoles, c'est-à-dire continueraient de jouir de tous leurs droits de Français.

Il acheta à Paris une maison [2], qui, dit-il, ne mérite pas le nom de Séminaire, et qu'il appelle « hospitium »; il y installa provisoirement les séminaristes de la Couarde. Nous ne savons en quel endroit était située cette maison, mais le domicile de M. Gazil, directeur du Séminaire et procureur des Vicaires apostoliques, ayant été jusqu'en 1663 rue Saint-Etienne-des-Grès, nous conclurions volontiers qu'elle était dans cette même rue, devenue aujourd'hui la rue Cujas.

Par un acte du 3 novembre 1661, Pallu choisit et nomma ses procureurs : trois prêtres, MM. de Meur, Fermanel et Gazil, et trois laïques, MM. de Garibal, d'Argenson et Pajot de la Chapelle, à qui il « donna tous pouvoirs pour gérer et administrer ses biens au profit et aux avantages des Missions, à la subsistance des évêques Vicaires apostoliques et de leurs missionnaires, et généralement pour l'avancement des Missions [3]. »

Jusqu'au dernier jour de sa présence en France, il

---

1. Il partit de Marseille le 3 septembre 1661, avec les deux missionnaires ci-dessus nommés et M. Fortis de Claps, gentilhomme d'Aix en Provence.
2. Arch. des M.-É., vol. 115, p. 122.
3. Arch. des M.-É., vol. 165, p. 13.

travailla avec une infatigable activité à l'organisation de l'entreprise. A Marseille, et près de s'embarquer, il donna, par une procuration du 21 décembre 1661, pouvoir à MM. Gazil, Fermanel et de Meur « d'établir à Rome une ou plusieurs personnes pour les affaires de la Mission de la Chine et du Tonkin et de ses missionnaires [1]. »

Tout était donc réglé, les Instructions de la Propagande avaient été ponctuellement exécutées, et sous certains rapports même complétées.

La nomination des procureurs et l'accord avec eux garantissaient la sûreté des informations, la régularité des correspondances et la formation des futurs missionnaires, l'association de Charité assurait la perpétuité des ressources ; la Compagnie de Madagascar et bientôt celle des Indes orientales faciliteraient les voyages.

Aucun soutien et partant aucune condition de succès ne manquait aux premiers évêques de la Société des Missions-Étrangères, et l'organisateur principal de ces œuvres mutiples, Mgr Pallu, avait donc bien le droit d'écrire à la Propagande en lui rendant compte de sa conduite : « Après les bienfaits et les bénédictions dont nous avons été comblés, nous espérons et nous vous promettons un heureux succès pour toutes nos missions, à condition que vous ne nous refuserez pas le secours de vos saintes prières [2]. »

Comme un général qui a tout préparé pour la victoire, l'évêque se rendit sur le champ de bataille. Il quitta la France le 3 janvier 1662, avec sept prêtres : MM. de Saisseval [3], Chereau [4], Brunel [5], Périgaud [6], Robert [7],

---

1. Arch. des M.-É., vol. 165, p. 15 et 16.
2. Arch. des M.-É., vol. 101, p. 117.
3. Du diocèse d'Amiens, mort en se rendant en mission.
4. Du diocèse d'Orléans,   id.   id.
5. Du diocèse de Lisieux,   id.   id.
6. Du diocèse de Rennes,   id.   id.
7. Du diocèse de Sisteron,   id.   id.

Brindeau[1], Lancau[2] et deux laïques Swertz et Philippe de Chameson-Foisy[3].

1. Du diocèse de Rennes, mort en Cochinchine au mois de janvier 1671.
2. Du diocèse de Chartres, mort à Siam le 16 mars 1690.
3. Quelques catalogues citent huit missionnaires, parce que leurs auteurs n'ont pas remarqué que Pierre de Saisseval et Pierre Dainville sont le même personnage dont le nom est Pierre de Saisseval dit Dainville ou Damville.

CHAPITRE III
1662-1664

I. Voyage des premiers Vicaires apostoliques. — Itinéraire. — A Alexandrette. — Formation de la caravane. — Alep. — Attaques des brigands. — Règlement de vie. — Médecine et chirurgie. — Bagdad. — II. Décision sur la route à suivre pour aller en Chine. — Mort de MM. de Saisseval, Périgaud, Chereau, Robert et Brunel. — A travers le sud de l'Inde. — Mort de Mgr Cotolendi, son épitaphe. — Des Indes à Ténasserim. — Arrivée à Siam. — III. Travaux en France des procureurs des Vicaires apostoliques. — Achat d'une maison. — Établissement du Séminaire des Missions-Étrangères à Paris. — Lettres patentes du roi Louis XIV. — Lettres de confirmation par l'abbé de St-Germain. — Prise de possession du Séminaire. — Acte d'association des premiers Directeurs. — Élection du premier supérieur du Séminaire. — IV. M. de Meur. — Lettre du Cardinal Chigi approuvant l'établissement du Séminaire. — Joie des Missionnaires. — Résumé de la fondation de la Société.

I

Les Vicaires apostoliques avaient entrepris un long et difficile voyage. La route de terre que la Propagande les avait engagés à prendre offrait bien des périls, mais également une grande utilité que M. de Bourges a ainsi résumée :

« Si cette route a ses incommodités, elle a aussi ses avantages ; quand il n'y aurait que ceux qui reviennent à un missionnaire, de se faire peu à peu aux fatigues des voyages, d'aller comme par poses, se délassant par intervalles dans les différents lieux et pays où l'on s'arrête, et de s'accoutumer à la diversité des climats et des aliments, comme aussi de former son jugement et son expérience par la fréquentation d'un grand nombre d'ouvriers apostoliques que l'on rencontre sur la route, que l'on peut consulter et desquels on apprend des connaissances qui sont nécessaires pour se conduire avec les étrangers, les infidèles et autres ennemis de notre religion. La voie de l'Océan, conduisant tout d'un trait les prélats et les missionnaires dans le milieu des grandes Indes, les eût privés du fruit de cette expérience laborieuse, qui leur a été si utile, et qu'ils ont acquise, pendant le courant de leur marche qui a duré plus de deux ans. »

On ne pouvait juger avec plus d'étendue et d'exactitude le profit que les premiers missionnaires de la Société retireraient de longs voyages, de conversations avec les ouvriers évangéliques déjà anciens, de l'étude nécessairement détaillée des mœurs, des coutumes et des idées de l'Orient ; c'était un noviciat où ils devaient puiser la connaissance de choses et d'hommes encore nouveaux pour eux et l'expérience nécessaire à leur apostolat.

Plus haut, nous avons indiqué à grands traits la route de Mgr de la Motte Lambert.

Il est bon de la préciser en indiquant ses différences avec celles de Mgr Pallu et de Mgr Cotolendi.

Parti de Marseille, Mgr de la Motte Lambert débarqua à Alexandrette d'où il alla à Ispahan par Mossoul et Bagdad, Mgr Pallu prit terre dans cette même ville, et se rendit également à Ispahan, mais par Erzeroum, Erivan et Tauris.

De la capitale de la Perse, tous les deux descendirent par Chiraz à Bender-Abassy, à l'extrémité du golfe Persique et de la mer d'Oman.

Au lieu de remonter jusqu'à Ispahan, Mgr Cotolendi se rendit directement d'Alexandrette à Bassorah.

Des côtes de la Perse, les trois Vicaires apostoliques gagnèrent, sur des barques arabes ou sur des navires anglais, le grand comptoir de Surate, vaste entrepôt du commerce de l'Europe, de l'Afrique et de l'Asie, et point de relâche de tous les vaisseaux qui traversaient la mer des Indes.

Situé sur la côte de Malabar, Surate offrait assez rarement des navires en partance pour l'Indo-Chine orientale ou pour la Chine ; au lieu d'en attendre ou de longer les côtes sur de petites barques et de doubler le cap Comorin, les missionnaires trouvèrent plus simple et plus expéditif de traverser tout le sud de l'Inde par Aurengabad, Golconde, et d'aller s'embarquer à Mazulipatam pour Mergui ; de là ils reprirent la route de terre, passant dans le nord de la presqu'île de Malacca jusqu'à Pipely ; et, remontant ensuite le Ménam, ils arrivèrent à Juthia, capitale du royaume de Siam [1].

Telles furent les principales étapes des voyages des Vicaires apostoliques et des premiers prêtres des Missions-Étrangères qui certes méritèrent bien le nom de voyageurs pour le Christ que le moyen âge donnait aux missionnaires. Dans une si longue route, les incidents ne manquèrent pas.

A Malte, les chevaliers reçurent Mgr de la Motte Lambert avec honneur, deux galères remorquèrent son vaisseau, le canon tonna, le peuple, accouru sur le port, le salua de ses acclamations et de ses vivats. A Alep, à quelque distance d'Alexandrette, se forma la caravane à laquelle étaient obligés de se joindre tous les voyageurs ; car, isolés, aucun d'eux n'eût achevé la seconde étape sans être attaqué et dévalisé. Assurément, la caravane n'empêchait pas l'attaque, mais souvent elle préservait du pillage. « Chaque caravane a un chef qui marque les campements, donne le signal lorsqu'il faut charger, qui fait faire halte où il lui plaît, qui a soin d'envoyer des cavaliers dans les détroits pour en examiner le danger, qui compose avec les Arabes et les douaniers, qui range les voyageurs en bataille dans les rencontres de

---

1. Le *Bulletin de l'Œuvre des Partants* a publié une étude assez détaillée et une carte du voyage des missionnaires qui suivirent la route de terre.

voleurs, qui est le juge des différends, qui châtie les coupables [1]. »

Le salut adressé au chef de la caravane qu'ils qualifient de président de république, les missionnaires quittèrent leur vêtement ecclésiastique, s'habillèrent à la turque et prirent le turban, coiffure moins commode pour les voyages que le chapeau, « mais qui donne bonne grâce [2] ». Ils ne cachèrent pas leur qualité de prêtre, qui d'ailleurs leur attira déférence et respect.

Leurs compagnons de route étaient des adorateurs du feu et du soleil, des sectateurs de Mahomet ou de Bouddha; mais tous s'inclinèrent devant les hommes de la prière, et ce respect fut une consolation pour les missionnaires sur le sol infidèle et dévasté, où chaque jour se dressaient devant eux les grands et douloureux souvenirs des communautés chrétiennes, florissantes aux premiers siècles de l'Église.

Alep leur garda une autre joie, la présence du consul le plus chrétien dont l'Asie Mineure ait gardé la mémoire, M. Picquet, si digne du titre « d'Évêque du dehors », qu'un prélat de notre siècle disait devoir être le véritable nom des consuls de France dans les pays infidèles. Plus tard, les éloges que fera de lui Mgr Pallu, engageront la Propagande à le nommer évêque de Babylone, et dans cette nouvelle fonction qu'il cumulera avec celle de consul, son zèle, son énergie, son habileté continueront d'opérer des merveilles.

Il eut pour les Vicaires apostoliques les plus délicates attentions. Dès qu'il sut que Mgr Pallu se mettait en route pour Alep, il lui envoya une escorte pour le protéger contre les voleurs kurdes; cette précaution ne fut pas inutile. Les voleurs parurent, mais, contre leur

---

1. Arch. des M.-É., vol. 135, p. 441.
2. *Mémoires de Bénigne Vachet*, vol. 1, p. 115.

attente, ils furent attaqués les premiers, et quoiqu'ils se sauvassent au grand galop, trois des leurs furent pris, conduits à Alep et empalés.

Mgr Pallu dut regretter de n'avoir plus cette escorte sur la route d'Erzeroum, lorsque, entouré par les voleurs et mis dans l'impossibilité de se défendre, il dut leur verser 50 écus pour éviter un pillage complet.

L'année précédente, M. Deydier avait été plus heureux. Des brigands lui ayant été signalés avant d'arriver à Bagdad, il prit avec lui trois cavaliers «qui témoignèrent une si bonne contenance, que les voleurs leur laissèrent le chemin libre ». Ces incidents n'inspirèrent pas aux voyageurs une haute idée de la puissance et de l'administration turque :

« Cet empire n'est pas si formidable qu'on le croit dans l'Europe, écrit de Bourges; les entretiens que j'ai eus avec des gens qui l'ont tout parcouru, et le peu que j'en ai vu m'ont fait connaître qu'il est fort faible. Sa grandeur, qui fait peur, est ce qui le rend peu redoutable. La moitié de l'empire est désert; il y a peu de places fortes. »

Néanmoins, malgré les incursions des brigands et l'incurie du gouvernement, les missionnaires ne furent pas faits prisonniers ; ils continuèrent librement leur route, dure et pénible à en juger par les descriptions qu'ils font et les impressions qu'ils ressentent, « car s'il y a un lieu au monde où il faille vivre d'adresse et avec sobriété, être sur ses gardes, dormir peu et avoir toujours l'œil ouvert et toujours du courage, c'est dans les marches de la caravane, où chacun se méfie de son compagnon comme d'un voleur, et où la différence de religion, de mœurs, de langage, de pays, fait naître de continuelles défiances. »

Ils campèrent ordinairement dans des caravansérails, hôtelleries communes fort peu confortables :

« Il faut se figurer une grande cour à l'entour de

laquelle, en dedans, il y a 25 à 30 voûtes comme des remises de carrosse où l'on se met pour se garantir des ardeurs du soleil qui, à mesure qu'il tourne, visite ses hôtes avec bien de l'incommodité. Il y a quelquefois de petites chambres derrière ces voûtes où l'on se retire, quoiqu'elles soient pleines d'ordures et d'infection aussi bien que la cour qui est remplie de paille et de fumier d'animaux. »

Dès que les missionnaires arrivaient au caravansérail, leur premier soin était « de réciter leur bréviaire, de lire trois ou quatre versets de l'*Imitation*, et de faire leurs prières ordinaires ». Ils ne s'astreignaient pas à faire ces exercices de piété en commun ou à une heure déterminée d'avance, car c'était une maxime de Mgr Pallu « que la vie de missionnaire n'est pas une vie de communauté, et que ceux qui ne sont pas capables d'agir et de se conduire d'eux-mêmes ne sont pas propres pour le service des Missions[1]. »

Leurs prières achevées, ils s'occupaient du dîner, maigre dîner, à peu près partout « composé de lait aigre, de fromage et de salade de chicorée sauvage, ou bien de biscuit, de mantèque à la mode de Turquie et de vin cuit ». Très exceptionnellement ils avaient de la viande ; mais le café leur manque rarement ; ils en décrivent, comme choses nouvelles, la préparation qui consiste à le faire bouillir « la durée d'un *Miserere* » et les propriétés « qui sont de fortifier l'estomac, de faciliter la digestion et de purifier les vapeurs de la tête. »

Ils acceptent cet ordinaire avec un laisser-aller qui ne manque ni de philosophie ni de piété. « Le défaut de provisions leur apprend que la nature se contente de peu, et qu'il ne faut pas plaindre un missionnaire, quand on sait « que l'eau et le riz ne lui manquent pas. »

1. Arch. des M.-É., vol. 135, p. 221.

Et pour mieux les disposer à l'abstinence, Mgr Pallu leur fait une conférence sur la parole de Notre-Seigneur : « *Nolite solliciti esse, dicentes : quid manducabimus.* »

Pendant ces haltes, ils distribuent des remèdes aux malades de leur caravane et des caravanes qu'ils rencontrent. Cette charité scientifique leur attire l'estime et le respect, outre qu'elle peut les aider à gagner les âmes; aussi recommandent-ils instamment à leurs successeurs « d'avoir la pratique de quelques compositions »; il n'est pas nécessaire « qu'ils soient fort habiles en médecine, mais il faut qu'ils sachent bien faire valoir leurs drogues et vanter leurs remèdes[1]. »

« Nous avons un médecin et chirurgien d'un où de deux mois, qui est incomparable et qui est écouté comme un oracle. »

Entre temps, ils rédigent leur journal de voyage, indiquent la longueur et les incidents de l'étape parcourue, les ruines aperçues, les légendes et les traditions que leur racontent leurs compagnons.

Sur la route d'Alep à Bagdad, ils visitent le tombeau de saint Jacques de Nisibe et admirent le mont Massis, plus connu sous le nom de mont Ararat.

Mossoul, avec ses murs en terre et ses petits fossés, leur inspire cette mélancolique réflexion « que les objets que nous voyons dans le lointain diminuent comme les ombres, à proportion qu'on s'en approche. »

La description de Bagdad est bientôt faite. La cité d'Abou-Giafar-al-Mansour n'offrait plus que les débris de la splendeur dont l'a ornée le poète des Mille et une Nuits; on eût dit une reine tombée en esclavage, ne gardant, de la brillante parure des beaux jours, que les oripeaux d'une mendiante.

Bagdad « peut égaler en grandeur la ville d'Orléans,

---

1. Arch. des M.-É., vol. 136, p. 130.

mais n'est pas si peuplée ; elle n'a rien de beau, si on la compare aux villes de France, sauf quelques mosquées et bazars revêtus de carreaux de terre vernis en plusieurs couleurs. Les rues sont voûtées, garnis de boutiques des deux côtés ; un pont de bateaux traverse le fleuve au pied du château. »

Dans cette ville, leur attention est surtout attirée par les travaux des religieux Capucins qui ont « bâti leur église et leur maison avec des briques enlevées à la tour de Babel », par la piété des chrétiens auxquels Mgr de la Motte Lambert donne la confirmation.

A Ispahan, ils logent également chez les Capucins, dont le Supérieur était le P. Raphaël du Mans.

Un jour, celui-ci, tout en examinant la bibliothèque du couvent, devisait avec l'évêque et ses deux missionnaires, sur les multiples difficultés de l'œuvre qu'ils tentaient : « Si jamais vous entrez dans le Tonkin, leur dit-il, je m'oblige à vous envoyer toute cette bibliothèque, je ne m'en réserverai qu'un seul bréviaire et une bible. » Prompt à la riposte, comme un vrai Méridional, M. Deydier répliqua : « C'en est trop, mon Père, et vous seriez fâché d'une telle perte. Je vous assure que si Monseigneur que voici me fait l'honneur de m'y envoyer, j'y entrerai et m'y établirai, malgré toutes les oppositions des hommes [1]. »

Dans cette ville, ils trouvèrent six Français, trois catholiques et trois protestants professant divers métiers ; il y avait deux horlogers, deux armuriers, un graveur et un négociant, M. de l'Estoile « qui a fait sa fortune dans ce pays ; il est fort honnête homme et très secourable. »

Sur les bords de l'Euphrate, Mgr Cotolendi fit la rencontre de M. Tavernier, un des voyageurs les plus célèbres du XVIIe siècle, et dont le nom est resté attaché

---

[1]. *Mémoires de Benigne Vachet*, vol. 1, p. 62.

au grand ouvrage : *Voyages en Turquie, en Perse et aux Indes*. Tous les Français leur témoignèrent une sympathie respectueuse. Les agents et les négociants anglais furent pleins de prévenances. Le sens politique et colonisateur de nos voisins commençait à s'aiguiser ; tout Européen était considéré par eux comme un pionnier de la civilisation occidentale ; à ce seul titre, il avait droit à la bienveillance et, si besoin en était, à la protection de l'Angleterre. Aussi l'agent de la Grande-Bretagne à Ispahan donna-t-il à Mgr Pallu deux lettres de recommandation, l'une pour le capitaine du premier vaisseau anglais qu'il rencontrerait, l'autre pour son collègue de Bassorah.

L'impression produite sur les Anglais par Mgr Pallu fut si vive et si durable, que quinze ans plus tard, ils se vantaient de le connaître et montraient avec fierté son portrait.

II

C'est à Ispahan que Mgr de la Motte Lambert et après lui Mgr Pallu se posèrent la grave question d'où dépendait, sans que personne s'en doutât alors, le succès de leur entreprise. Devaient-ils aller en Chine par le sud de l'Inde, le golfe du Bengale et Siam? ou bien par l'Inde septentrionale et le Thibet?

Sans les menaces des Portugais dont l'écho était arrivé jusqu'en Perse, les Vicaires apostoliques n'auraient pas hésité à se rendre directement dans le sud de l'Inde ; mais il ne leur semblait pas prudent de passer si près de leurs adversaires. Après plusieurs semaines de réflexion, Mgr de la Motte Lambert se décida quand même à s'embarquer à Bassorah pour aller à Surate ; aux dernières objections qu'on lui fit sur les périls de cette route, il se contenta de répondre : « Que l'Église lui ayant donné mission pour la Chine, c'était à lui de tout souffrir pour s'y rendre, ne doutant point que Dieu ne le garantît des oppositions dont on le menaçait. »

L'année suivante, Mgr Pallu éprouva les mêmes hésitations et les mêmes craintes ; il implora les lumières du ciel, « célébra la messe de la Trinité, et ses missionnaires celles du Saint-Esprit, de la sainte Vierge, de saint Joseph et des saints Anges. »

Tout en priant, il prit des renseignements, en fit part à ses prêtres, demanda ensuite leur vote et suivit l'opinion de la majorité, qui préféra la voie de l'Océan Indien à celle du Thibet.

Un caractère de ces débats, très digne de remarque, est l'intrépidité froide et la persévérance calme des missionnaires. Rien ne les arrête ou ne les déconcerte ; le projet de se rendre en Chine par terre, c'est-à-dire de faire à pied plusieurs milliers de kilomètres, leur paraît tout simple, et Mgr Pallu conclut ainsi ses réflexions : « Une fois arrivés à Siam, si nous ne pouvons nous rendre en Chine par mer, nous pourrons, si nous le voulons, reprendre la route de Chine par les Indes [1]. »

La résolution qu'ils avaient prise était bonne, la seule praticable et la plus féconde en résultats. Leur projet de passer par le nord des Indes et le Thibet offrait des fatigues et des dangers auxquels ils eussent probablement succombé, et même y eussent-ils échappé, leur arrivée en Chine par les provinces méridionales eût paru plus qu'étrange au gouvernement impérial, leur premier établissement dans l'empire eût été loin d'offrir les avantages de tranquillité et de facilité de relations avec l'Europe, qu'ils devaient trouver à Siam.

Les petits vaisseaux qui les transportèrent de Bassorah à Surate justifient par leur construction cette parole

---

1. Arch. des M.-É., vol. 35, p. 175.

d'un missionnaire : « Pour s'embarquer sur ces bateaux, il faut avoir fait le sacrifice de sa vie et remis son sort entre les mains de Dieu. Ils sont faits de planches médiocrement fortes, jointes ensemble sans aucun clou ni crampon de fer, mais seulement cousues avec un certain mauvais cordage fait d'écorce de palmier d'Inde, et comme ces cordages ne remplissent pas tout l'endroit par où ils passent, ces habiles charpentiers achèvent de remplir le vide qui reste avec de méchantes chevilles de bois. »

Pendant cette traversée, moururent M. de Saisseval, le 8 décembre 1662, et cinq jours après M. Périgaud, compagnons de Mgr Pallu[1]. Avant de rendre le dernier soupir, ils protestèrent de leur bonheur d'avoir embrassé la carrière apostolique, offrant un noble exemple à ceux qui mourront avant la réalisation de leurs désirs et la consommation de leurs travaux.

En traversant le sud de l'Inde, Mgr Pallu eut encore la douleur de perdre trois de ses prêtres, Chereau, Robert et Brunel.

L'évêque avait quitté la France avec sept missionnaires, il ne lui en restait plus que deux ; il jalonnait sa route avec les cadavres de ses fils premiers-nés, de ceux qu'il avait entourés d'un amour de prédilection, formés avec un soin particulier ; sa grande âme eut l'intelligence du sacrifice dans le plan divin de son œuvre ; il le dit en son énergique langage : « Voilà le pont commencé, trop heureux si nos carcasses et nos os aussi bien que ceux de nos chers frères pouvaient servir de pilotis pour l'affermir et faire un chemin plein et ouvert à de braves missionnaires et moissonneurs pour venir faire une ample récolte en ces champs si fertiles[2]. »

Si les mots, comme les hommes, avaient leur fortune,

---

1. Lettre de Mgr Pallu, janvier 1663.
2. Lettre de janvier 1664.

on pourrait graver celui-là sur la tombe des jeunes apôtres mortellement frappés aux premiers pas de leur carrière apostolique.

Mazulipatam fut l'étape finale de Mgr Cotolendi ; brisé par la fièvre et par une maladie d'entrailles, couché sur un grabat, la poitrine couverte d'un cilice, les bras et la ceinture entourés de chaînettes de fer dont la pointe entrait profondément dans les chairs, il se prépara à mourir. Conduit à Palacol, à huit kilomètres de Mazulipatam, dans un air plus pur, il se fit soutenir par MM. Hainques et de Claps, et célébra une dernière fois la messe pour les âmes auxquelles il sacrifiait sa vie : « On eût dit, raconte M. Hainques, que dans l'excès de l'amour sacré, il se détachait doucement de lui-même pour s'élancer dans le cœur de son Créateur. » Le 16 août 1662, à six heures du matin, il demanda son crucifix : « Tout va bien, dit-il, l'éternité approche, » un moment après : « Nous serons éternellement ce que nous avons été pendant notre vie, » et il expira. Il avait 33 ans d'âge, 9 ans de sacerdoce, 21 mois d'épiscopat. Il fut enterré près du village de Palacol et transporté ensuite à Mazulipatam. Sur sa tombe, on fit planter une croix et graver en latin une inscription que nous traduisons :

« Passant, arrête-toi en ces lieux où le soleil se lève, la chose en vaut la peine. Ci-gît un pasteur sans troupeau, un évêque sans diocèse, un pontife sans clergé. Son nom ? loin des siens il voulut mourir pour n'en point avoir, apprends-le cependant : c'est aux prières du serviteur de Dieu, Ignace de Loyola, qu'Ignace Cotolendi doit la naissance. Sa patrie ? la France ; sa province ? la Provence ; sa ville ? Aix...

« Son corps repose dans une terre barbare, son âme est dans les cieux.

« Après une année de séjour dans la tombe, ses restes ont été trouvés intacts, ils ont été portés à Mazulipatam, plus tard, s'il se peut, ils seront conduits à Goa.

« Il reposera près de Xavier, l'apôtre des Indes, dont l'exemple le fortifia ; au ciel, ils sont unis. C'est tout, passant. »

La carrière de Mgr Cotolendi avait été courte, son rôle sans influence sur la fondation des Missions Étrangères, sa piété et sa résignation laissèrent dans les cœurs un profond sentiment d'édification ; ce fut la part que Dieu lui réserva dans la nouvelle Société ; ceux qui jugent les choses au poids du sanctuaire la trouveront belle.

Seize ans plus tard, traversant les Indes, deux missionnaires, Bugnon et Pascot allèrent faire une visite de pieux souvenir aux tombeaux de leurs devanciers ; ils en consignèrent le récit dans leur journal, le terminant par cette phrase : « On ne connaîtrait plus ces sépultures qui ont été entièrement ruinées, s'il n'y avait une grande croix qui paraît de loin. » La croix seule restait bien à sa place sur des sépulcres d'apôtres, n'est-elle pas l'éclatante prédication qui tient lieu de toutes les autres, puisqu'elle est le tout de la vie et de la mort ?

De Mazulipatam à Ténasserim ou à Mergui, les traversées étaient rarement sans danger, par suite de la mauvaise construction des bateaux indiens ou siamois, sur lesquels s'embarquaient les missionnaires. Sans trois passagers portugais quelque peu marins, Mgr de la Motte Lambert eût péri avec ses compagnons.

L'équipage, capitaine et pilote en tête, avait d'ailleurs une étrange manière de commander et de gouverner le navire. Dès que la tempête s'éleva, leur premier soin fut de laisser le vaisseau aller au gré des vents et des flots, et de faire une procession sur le pont et dans les cabines.

Leurs prières n'obtenant pas du ciel l'apaisement de l'orage, ils s'en prirent aux missionnaires et voulurent leur faire promettre de ne pas réciter de bréviaire pendant trois ou quatre jours. Naturellement, ceux-ci refusèrent et finirent par avoir gain de cause, malgré les menaces et les insultes des païens.

« Oh ! s'écrie Mgr de la Motte Lambert, que nous eussions été heureux si nous avions souffert quelque violence pour une cause si juste [1]. »

Ils arrivèrent cependant sains et saufs à Mergui, puis après avoir traversé la presqu'île de Malacca, tantôt à pied et tantôt en barque, ils remontèrent le Menam et arrivèrent enfin à Juthia.

De la Motte Lambert y parvint le 22 août 1662, et François Pallu, le 27 janvier 1664. Leur voyage avait duré environ deux ans.

III

Ce temps, dont une partie s'était écoulée depuis le départ de Mgr Pallu, avait été employé par les procureurs des Vicaires apostoliques à établir le Séminaire tel que le comportaient leurs engagements et leurs instructions. Ils avaient acheté une maison à l'angle des rues du Bac et de la petite Grenelle ou de la Fresnaye [2], aujourd'hui rue de Babylone. Cette maison consistait en six corps de bâtiments sur jardins et quelques terrains vagues, elle appartenait à l'évêque de Babylone, Jean Duval, en religion Bernard de Sainte-Thérèse, qui l'avait reçue d'une pieuse chrétienne, Madame de Ricouart, née Dugué de Bagnols ; il avait ajouté quelques bâtiments avec l'intention d'y installer un séminaire pour soutenir les missions de Perse. Empêché par ses infirmités de réa-

---

1. Arch. des M.-É., vol. 136, p. 306.
2. Précédemment elle s'était appelée rue de la Maladrerie.

liser ce dessein, il céda cette demeure à la Société des Missions-Étrangères ainsi que tout ce qu'il possédait à Ispahan : son évêché, sa chapelle et sa bibliothèque. Le contrat de vente fut signé le 16 mars 1663, par les deux procureurs laïques des Vicaires apostoliques, de Garibal et Antoine de Bouillon, seigneur de Morangis, qui remplaçait Voyer d'Argenson.

Les conditions de cette vente furent les suivantes : les acheteurs devaient laisser à l'évêque de Babylone le logement qu'il occupait dans le Séminaire, lui payer une rente viagère de 3,000 francs; une autre rente viagère de 500 francs à son aumônier Silvestre Cazadaval, une rente égale à sa domestique Louise Chérot; verser, après sa mort, une somme de 2,000 francs à l'Hôtel-Dieu de Paris et 500 francs à l'Hôpital Général, « afin qu'il soit prié Dieu pour le repos de son âme et célébré des messes à son intention, selon la charité des administrateurs ». Une clause particulière obligeait les procureurs des Vicaires apostoliques à ne pas négliger la Mission de Perse [1].

Le même jour, un second acte passé entre les mêmes parties portait que cette cession, ainsi consentie et libérée, aurait lieu, même si l'érection légale du Séminaire ne pouvait être obtenue, et dans ce cas, la propriété serait employée à d'autres œuvres pies [2].

C'est cet acte de vente, souvent appelé donation, qui a pendant longtemps fait croire et écrire que l'évêque de Babylone fut le fondateur du Séminaire des Missions-Étrangères. On voit qu'il n'en est rien et que le simple énoncé des conditions du contrat suffit à prouver l'inexactitude de cette assertion.

De Garibal et de Morangis cédèrent le 18 mars leur nouvelle acquisition à Gazil et à Poitevin. Par cet acte,

---

1. *Teneur de l'acte de cession;* Arch. des M.-É., vol. 165, p. 17.
2. *Teneur de l'acte passé le même jour de la cession;* Arch. des M.-É., vol. 165, p. 28.

le Séminaire passait entre les mains des procureurs ecclésiastiques spécialement chargés de le diriger [1].

La reconnaissance légale, obligatoire en fait, sinon en droit à cette époque, fut facilement obtenue. La sympathie de Louis XIV et de ses ministres s'était trop hautement affirmée en faveur des Missions-Étrangères pour qu'ils hésitassent, au moment de mettre la dernière main à leur établissement.

Il suffit d'une demande adressée par quatre procureurs Gazil, Poitevin, de Morangis et de Garibal pour recevoir des Lettres patentes qui furent datées du mois de juillet 1663. Les motifs de l'autorisation exprimés dans le préambule de cette pièce sont remarquables d'esprit catholique :

« Depuis qu'il a plu à la Bonté divine de nous donner la paix si nécessaire au culte de la Religion et à la tranquillité publique, nos principales vues ont été, par la reconnaissance que nous devons aux soins de la Providence sur notre personne et notre Maison royale, de réprimer autant qu'il nous a été possible, le progrès de l'hérésie, que les misères du temps ont à notre grand regret fait tolérer dans ce Royaume, empêcher le cours des erreurs naissantes et nouvelles sectes du Jansénisme, et d'étendre la Religion catholique au delà de ses bornes ordinaires pour en porter les lumières jusque dans les extrémités du monde.

« Pour cela, nous avons procuré auprès de Notre Saint Père le Pape, d'envoyer des Évêques dans la Nouvelle France, en Perse, au Tonkin, en Chine et Cochinchine et contribué de nos libéralités royales au fonds des voyages si hasardeux et entreprises si chrétiennes et généreuses pour la conversion des âmes. »

Les Lettres patentes rappelaient ensuite le contrat passé

---

1. *Teneur de l'acte de déclaration au profit des sieurs Poitevin et Gazil;* Arch. des M.-É., vol. 165, p. 32.

entre l'évêque de Babylone et les procureurs, le but de l'institution du Séminaire dont elles spécifiaient le nom : « Séminaire pour la conversion des Infidèles dans les pays étrangers », et ordonnaient de graver ce nom sur la porte d'entrée [1].

La décision royale n'est pas tombée dans l'oubli ; aujourd'hui encore, au-dessus de la grille qui ferme l'entrée de la cour du Séminaire se dresse en fer forgé, le chiffre des Missions-Étrangères : ME, surmonté d'une croix.

Ces Lettres furent enregistrées sans modification par le parlement, le 7 septembre 1663 [2].

Louis XIV fut aussi généreux envers le Séminaire qu'il l'avait été envers les Vicaires apostoliques ; il lui assigna une rente de 15,000 francs.

L'autorité ecclésiastique témoigna une grande bienveillance. L'abbaye de Saint-Germain avait alors juridiction sur tout le faubourg et par conséquent sur le Séminaire. L'abbé commanditaire, Henri, duc de Verneuil, pair de France, autorisa, le 10 octobre 1663, « les sieurs Poitevin et Gazil et leurs associés, de faire l'établissement dudit Séminaire pour la conversion des Infidèles, pour y vivre en communauté ecclésiastique et séculière, ainsi que les autres séminaires institués dans notre ville et faubourg Saint-Germain, sous la conduite d'un Supérieur qu'ils pourront élire, lequel sera tenu de requérir et recevoir de nous ou de nos grands vicaires, prieurs de notredite abbaye de Saint-Germain, la confirmation et institution. » Il statua qu'il avait le droit de censure ou d'approbation du règlement, le droit de visite du Séminaire et d'examen des comptes, que les prêtres envoyés en Mission prendraient de lui ou de ses grands Vicaires des lettres

---

1. *Teneur des Lettres patentes*; Arch. M.-É., vol. 165, p. 37.
2. Arch. des M.-É., vol. 165, p. 41.

d'obédience, et enfin il permit de construire une chapelle sous le vocable de la Famille de Notre-Seigneur [1].

La juridiction de l'abbé de Saint-Germain s'exerça sur le Séminaire jusqu'en 1668 et passa ensuite telle qu'elle venait d'être fixée, à l'archevêque de Paris qui la conserva pendant le XVIIe et le XVIIIe siècle.

Le 27 octobre, le prieur de l'abbaye, le Père Ignace Philibert, assisté de Dom Arsène son secrétaire, installa MM. Gazil et Poitevin. La cérémonie ne manqua ni de solennité ni d'onction; « Gazil, revêtu du surplis, s'agenouilla devant le Prieur qui le nomma Supérieur, le déclara, lui et ses associés, en possession du Séminaire, et bénit la grande salle de la maison destinée à servir de chapelle [2]. »

Bossuet, déjà connu et presque célèbre, vint saluer de son éloquence l'œuvre naissante; il prêcha sur ce texte : « *Paratum cor meum, Deus, paratum cor meum.* » Son génie, s'envolant sur les ailes de la foi, entrevit-il la gloire de cette demeure alors si modeste; déroula-t-il devant ses auditeurs les beautés de la prédication apostolique; indiqua-t-il par l'étude du passé les événements de l'avenir, les peines, les combats, les martyres dont il plairait à Dieu d'orner la vie des futurs apôtres? Très probablement, comme son texte l'indique, il les exhorta à être prêts à tout supporter avec vaillance plus encore qu'avec résignation; mais nos archives et les papiers du grand évêque de Meaux ne nous livrent pas ce discours qui eût si bien décoré le frontispice de l'histoire du Séminaire des Missions-Étrangères.

La nomination du Supérieur du Séminaire par le prieur de Saint-Germain était provisoire. La plupart des prêtres appelés à prendre part à la direction de la

---

1. *Teneur des Lettres de Confirmation*, par l'abbé de St-Germain; Arch. des M.-É., vol. 165, p. 42.
2. Arch. des M.-É., vol. 8, p. 182.

maison prêchaient alors une mission en Beauce. Dès qu'ils furent revenus, ils reçurent de Gazil et de Poitevin, une déclaration en date du 10 mars 1664,[1] « que tout ce qu'ils avaient fait jusque-là, n'avait été qu'en attendant le retour de ceux avec qui ils étaient de concert pour ce dessein, — et attendu qu'ils étaient alors tous présents et que leur intention avait toujours été de les associer, — ils associent par le présent acte avec eux également, les sieurs de Meur, Bézard, Fermanel et Nicolas Lambert — pour avoir le même droit. »

La réunion générale se tint le 11 juin 1664, dans la chapelle du Séminaire, en présence de l'évêque de Rodez, Abelly. L'élection se fit à la pluralité des voix. Vincent de Meur fut nommé Supérieur, Bézard premier assistant et Fermanel économe; on nomma aussi un professeur de théologie et un Directeur spécialement chargé des séminaristes. Ces nominations étaient faites pour trois ans.

Si maintenant nous résumons les phases diverses de la fondation du Séminaire, nous voyons que les évêques l'ont préparée en demandant l'autorisation à la Propagande, qu'ils l'ont assurée en nommant leurs procureurs et en réglant avec eux, d'un commun accord, les mesures à prendre pour former les ouvriers apostoliques et soutenir les Missions, que ces procureurs ont accompli leur mandat par l'achat d'une maison, par l'obtention de la reconnaissance légale des autorités civiles et ecclésiastiques de France. Le 27 octobre 1663, le Séminaire existe, il reçoit son organisation définitive par les élections du 11 juin 1664.

---

1. *Teneur de cet acte d'association;* Arch. des M.-É., vol. 165, p. 50.

IV

M. de Meur, à qui incombait la tâche de guider les premiers pas du Séminaire des Missions-Étrangères, était né à Tonquedec, près de Lannion, en 1628 ; il était le dernier rejeton d'une antique famille de Bretagne, de la branche des Kerguz-Kerhuon [1]. Sa devise le peint tout entier ; au-dessus de son écusson « d'argent à la fasce d'azur », héritage de ses ancêtres, il avait fait graver ces mots : « Parler de Dieu ou se taire. » Il était abbé de Saint-André de la Bellière, et attaché à l'aumônerie royale. Lors de son examen de Doctorat en théologie, il avait soutenu la thèse : « que ceux qui ne reconnaissaient pas la condamnation des cinq propositions de Jansénius étaient schismatiques. »

Cette thèse lui avait valu un bref du Pape et l'inimitié des Jansénistes.

En 1657, nous l'avons dit, il avait lu à Alexandre VII la supplique qui demandait des Vicaires apostoliques.

A peine fut-il supérieur, qu'il sollicita de Rome la confirmation de l'établissement du Séminaire. Le cardinal Flavio Chigi, neveu du Souverain Pontife et son légat en France, l'accorda par la lettre suivante :

« Flavius, par la miséricorde divine, cardinal de la Sainte Église romaine, du titre de Sainte-Marie du Peuple, légat *a latere* de Sa Sainteté le Pape Alexandre VII, au prince sérénissime Louis, roi très chrétien de France et de Navarre, ainsi qu'à tout son royaume, à toutes les provinces, domaines, cités et terres à lui soumises, et à nos bien-aimés en Jésus-Christ Vincent de Meur, François Bézard, Luc Fermanel, Michel Gazil et Armand

---

[1]. *Vincent de Meur, missionnaire breton,* par Arthur du Bois de la Villerabel, p. 10 et suivantes.

Poitevin, prêtres de Paris et d'autres villes ou diocèses, maîtres en théologie, salut éternel dans le Seigneur.

« Le devoir de notre légation apostolique nous oblige à donner tous nos soins et à prendre toutes les mesures qui dépendent de nous pour conserver dans leur fermeté et dans leur intégrité les institutions autorisées par les diplômes royaux et confirmées par l'autorité ordinaire pour le progrès du culte divin, la propagation de la religion et la prospérité des communautés ou séminaires des personnes ecclésiastiques. On nous a exposé dernièrement comment, de par la congrégation de la Propagande et à l'instance des Révérendissimes Évêques envoyés chez les peuples canadiens, tonkinois et chinois pour leur conversion, vous vous êtes chargés du soin de former et d'instruire des clercs qui, devenus plus tard de bons ouvriers et de fervents missionnaires, iront dans ces pays infidèles pour prêcher l'Évangile et aider ces mêmes évêques. C'est dans ce but que, inspirés par l'esprit de Dieu et afin de faire produire à la vigne du Seigneur des fruits de plus en plus abondants, vous avez érigé, fondé et institué dans le faubourg Saint-Germain, près Paris, muni des patentes royales et de l'autorité de l'ordinaire, un établissement pour la formation de ces ouvriers; mais, désirant de fortifier autant que possible cette autorisation royale et ordinaire, vous avez voulu la mettre, avec tout ce qui concerne l'érection de ce Séminaire sous notre patronage, et vous nous avez présenté vos humbles suppliques pour cet objet.

« Désireux de tout ce qui peut contribuer au progrès du culte divin et de la religion, et plein d'affection pour ces sortes d'établissements ecclésiastiques, nous vous absolvons de toutes les censures et peines ecclésiastiques que vous pourriez avoir encourues pour assurer l'effet de ces présentes lettres, accédons à vos supplications, confirmons et approuvons, par l'autorité du Siège apostolique dont nous sommes suffisamment muni pour cet objet, par la teneur des présentes, sans préjudice de qui que ce soit, l'érection, la fondation et l'institution dudit Séminaire et les écritures qui s'y réfèrent avec ce qu'elles contiennent et tout ce qui s'ensuit, pourvu que ce soit licite, honnête et nullement contraire aux saints canons et décrets du concile de Trente, suppléant tous les défauts, tant de droit que de fait, qui pourraient être intervenus, et déclarant nul et vain tout ce qui pourrait être tenté en sens contraire, soit à bon escient, soit par ignorance, par quelque autorité que ce soit, nonobstant les constitutions et ordonnances apostoliques ou autres contraires à ces lettres.

« Donné à Paris, en l'année de l'Incarnation de Notre-Seigneur, le troisième jour des ides d'août 1664[1]. »

Cet acte donnait au Séminaire son existence dans l'Église, et lui assignait une place particulière, comme les Lettres patentes avaient affirmé son existence légale dans l'État. La nouvelle en fut aussitôt envoyée dans les Missions où elle excita la joie la plus vive.

« Lorsque les missionnaires apprirent l'établissement à Paris d'un Séminaire, dit Mgr de la Motte Lambert, ils rendirent incontinent grâces à Dieu, comme d'un des plus grands ouvrages qui se pouvait entreprendre pour sa gloire qui pourrait davantage attirer la bénédiction du Ciel sur la France[2], » et, ajoute Mgr Pallu, « ce nous fut un nouveau motif de nous appliquer avec plus de confiance que jamais aux fonctions de notre ministère[3]. »

A ce moment, la Société des Missions-Étrangères est définitivement et complètement fondée, elle a un but général et exclusif, l'apostolat dans les Missions; un but

---

1. 11 août. *Teneur de la Bulle de Confirmation*, par le Légat; traduit à la même époque. Arch. des M.-É., vol. 165, p. 52.
2. Arch. des M.-É., vol. 121, p. 703.
3. *Recueil des Missions et des voyages des Évêques français*, p. 68.

particulier nettement déterminé, la formation du clergé indigène ; des membres, évêques, missionnaires et directeurs ; un séminaire pour assurer son recrutement, perpétuer son œuvre et être le centre de son administration en France, enfin elle est reconnue par l'Église et par l'État.

Pour arriver à ce résultat, Mgr Pallu et Mgr de la Motte Lambert avaient obtenu une décision de Rome qui nommait des Vicaires apostoliques ; de Bourges, Deydier, Chevreuil, Laneau, etc., s'étaient dévoués aux Missions ; Gazil, de Meur, Fermanel, Poitevin et leurs compagnons avaient accepté la charge de procureurs des Vicaires apostoliques, et ils avaient établi et organisé le Séminaire.

« Que deux ou trois hommes, a écrit un historien contemporain, se rencontrent d'un esprit supérieur, d'une volonté inébranlable, d'un accord aussi parfait qu'il est possible de le supposer ici-bas, pour créer une œuvre, un ordre, une institution, pour inaugurer et faire prévaloir une politique, l'institution est fondée, l'œuvre est faite. Elle est de ces trois hommes, et chacun d'eux en peut réclamer sa part ; leur rencontre est la part de Dieu qui n'est pas la plus petite [1]. »

Les membres de la Société des Missions-Étrangères reconnaissaient bien haut cette intervention divine, et c'est en ce sens qu'ils déclaraient « le Christ Rédempteur et la Vierge, sa mère, leurs véritables fondateurs ». C'est inspiré par cette pensée que Mgr Pallu écrivait avec une piété plus touchante encore sous sa plume d'organisateur :

« Je suis plus convaincu que jamais que la sainte Vierge a été la principale promotrice de notre chère mission et qu'elle en veut avoir toute la direction et toute la con-

---

[1]. *Jésus-Christ*, par le P. Didon.

duite. Je vous conjure d'exposer vos cœurs à cette Mère de miséricorde pour recueillir les impressions qu'elle y enverra. Nous sommes les intendants de ses armées, consultons nos cœurs, et nous connaîtrons qu'ils sont remplis d'un saint désir de la servir, au préjudice de nos biens, de notre repos, qui d'une façon, qui d'une autre, en Europe ou en Asie, au bagage ou dans la mêlée, il ne nous importe, pourvu que nous concourions à la conquête des âmes les plus abandonnées sous la conduite de notre Généralissime.

« Oh! que cela est beau! que cela est grand! ne voilà pas de quoi remplir nos cœurs et les consumer des plus vives flammes du pur amour? »

CHAPITRE IV

1664-1665

I. L'Extrême-Orient, description physique, état politique, social et religieux. — II. Mgr de la Motte Lambert attaqué à Siam par les Portugais. — M. de Bourges envoyé à Rome. — Résultats de ses négociations. — Persécution au Tonkin et en Cochinchine. — III. Assemblée des Évêques et des Missionnaires. — Le livre des *Instructiones ad munera apostolica*. — On décide la fondation d'un Séminaire à Siam et la nomination d'un procureur. — IV. Projet d'une Congrégation apostolique. — Départ de Mgr Pallu pour Rome.

I

Les pays soumis à la juridiction de Mgr Pallu et de Mgr de la Motte Lambert, et par conséquent confiés à la Société des Missions-Étrangères, s'étendaient du Saghalien au Mékong; ils comprenaient la Corée, la Tartarie, la Chine, le Tonkin et la Cochinchine, alors désignés sous le nom d'Annam; c'était donc, hormis les royaumes de Siam et du Japon qui devaient y être ajoutés plus tard, tout cet Extrême-Orient, aujourd'hui enfin ouvert par les armées européennes, mais alors politiquement solitaire, isolé, connu seulement des missionnaires, de rares voyageurs et de quelques marchands.

Ces immenses contrées, traversées par de hautes montagnes, arrosées par de grands fleuves et sillonnées d'innombrables rivières, abondent en productions les plus variées, inférieures sous plusieurs rapports cependant à celles d'Europe : arbres utiles, fruits savoureux, grains excellents, parmi lesquels toutefois manquent presque totalement nos deux grands produits occidentaux : le froment et la vigne ; elles ne sont privées ni de parfums, ni d'épices ; elles possèdent une faune qui ne le cède en rien à la flore ; elles sont riches des minéraux les plus précieux répandus dans les vallées et dans les montagnes, houille, fer, cuivre, étain, pétrole, sel, marbre, or, argent ; à ne considérer que cette énumération, on supposerait aisément que l'Extrême-Orient est un paradis terrestre, il n'en est rien, et il suffit, pour s'en convaincre, de voir ses campagnes desséchées par un soleil brûlant, inondées par des eaux débordantes qui amènent la ruine presque aussi souvent que la prospérité, ses forêts vierges inexplorées et malsaines, ses montagnes dénudées, ses villages composés de maisons basses et pauvres, construites en paille, en terre sèche ou en briques, ses villes aux rues étroites et sales, ses routes rares et mal entretenues ; on comprend vite alors que toutes les richesses animales, végétales, minérales de ces pays sont loin d'être mises en valeur, et que par suite de la mauvaise administration, de la paresse et de la faiblesse de ceux qui les possèdent, elles restent inutiles dans la terre comme le diamant dans sa gangue.

Ces contrées sont habitées par des peuples civilisés : thibétain, tartare, chinois, coréen, annamite, cambodgien, et par des tribus sauvages laotiennes et miao-tze, toutes douées des mêmes caractères physiques : formes correctes et un peu grêles, teint mat ou olivâtre, yeux fendus en amande, pommettes saillantes, nez épaté, lèvres épaisses, visage arrondi ; possédant presque au même degré les mêmes qualités et les mêmes défauts : la patience, la sobriété, la douceur, le respect de l'autorité, la vénération des aïeux, généralement le mépris de la femme et de l'enfant, la crainte du fort et le dédain du faible, la fourberie, le talent de l'imitation plus que le génie de l'invention.

Chez toutes ces nations, excepté parmi les peuplades sauvages, les institutions offrent, dans leur organisation savante, de frappantes analogies. Le principe fondamental du gouvernement sort de la nature même, c'est l'autorité religieuse et paternelle dont un seul homme est le dépositaire. Le roi, l'empereur est le mandataire du ciel et son représentant, il est en même temps le père de son peuple.

Les ministres, les gouverneurs de province, tous les mandarins sont les délégués du maître, et leur autorité participe des qualités de sa puissance souveraine.

Ces monarchies, en apparence fort absolues, sont appuyées sur des lois, des idées et des mœurs très démocratiques. Aucun emploi n'est héréditaire, la noblesse, au Japon excepté, n'existe pas; chacun est le fils de ses œuvres et l'artisan de sa fortune. La science mène à tout, et des examens brillants permettent d'arriver à toutes les charges.

Les codes se transmettent de génération en génération, augmentés par les leçons de l'expérience, mais trop souvent hélas! réduits à n'être qu'une expression verbale passant rarement dans la pratique.

Si les institutions changent peu ou point, les gouvernements sont loin d'être immuables. La Chine actuellement gouvernée par les Tartares-Mandchoux, compte vingt et une dynasties, elle avait pour chef, en 1662, le plus illustre de ses souverains, Kang-hi.

L'Annam, sous l'autorité des Lê, compte huit dynasties sans parler des dynasties usurpatrices; il offre cette singulière anomalie d'un royaume uni en droit et séparé en fait. La dynastie des Lê étend, en effet, son autorité des frontières de Chine au Mékong; mais, faibles et indolents, les rois règnent sans gouverner et laissent le pouvoir à deux familles puissantes, qui se partagent le royaume : au Tonkin, la famille des Trinh est maîtresse souveraine, et la famille des Nguyen commande dans la Cochinchine. Les membres de ces deux familles, placés à la tête des affaires, portent le nom de Chua [1].

Le Cambodge, sous le roi Neac-ong-chan, après avoir subi plusieurs défaites, ne peut empêcher les Cochinchinois de s'emparer peu à peu de ses riches provinces méridionales.

Siam voit la plupart des règnes ensanglantés par le meurtre des fils ou des frères de ses rois ; mais les révolutions n'ont jamais pour objet des réformes gouvernementales ou administratives, elles sont simplement le fait de conquérants, d'ambitieux qui aspirent à la fortune et aux honneurs [2].

La civilisation littéraire et artistique de l'Extrême-Orient n'égale pas celle de l'Europe, elle n'est cependant pas sans mérite.

Les histoires, les encyclopédies, les œuvres d'imagination foisonnent. Les écoles sont partout, de même que les théâtres qui jouent des comédies, animées d'un esprit satyrique parfois fort aiguisé et trop souvent immoral, des tragédies, représentations ou récits des exploits amplifiés des héros et des rois.

La religion ou plutôt la superstition tient une large place dans la vie de ces peuples.

La Chine et l'Indo-Chine possèdent, avec des différences accidentelles, les mêmes théogonies, les mêmes symboles, les mêmes rites, les mêmes castes sacerdotales ; leurs cosmogonies et leurs légendes offrent à l'observateur une essence commune, un même sentiment confus et irréfléchi du divin, un même fonds de vérités à demi

---

[1]. A cette époque, le roi Lê-than-tong règne sur l'Annam ; le Chua Trinh-thac gouverne le Tonkin et le Chua Nguyen-hièn-vuong gouverne la Cochinchine.

[2]. Nous ne parlons pas du Japon que la Société des Missions-Étrangères évangélisera seulement au XIXe siècle.

voilées, innées ou héréditaires : l'immortalité et la vie future, la loi et le besoin d'expiation ; mais partout les mêmes folies et les mêmes erreurs défigurent la vérité religieuse.

Tous les habitants, sans distinction de race et de nationalité, adorent les génies, esprits tutélaires des villages, des bois, des fontaines ; tous vénèrent leurs ancêtres par des offrandes et par des prosternations faites sur leur tombe ou dans l'intérieur de la famille.

Le Bouddhisme, en pénétrant chez eux, a apporté des erreurs nouvelles, mais aucune idée fondamentale, capable de transformer leur état social et intellectuel, et c'est lui-même qui a subi une transformation et est en grande partie devenu ce que les Siamois, les Annamites, les Chinois, les Coréens ont voulu le faire.

La Chine et tous les peuples formés par sa civilisation mettent, au premier rang de leurs religions, le culte du ciel, qui a pour pontife le chef du gouvernement. Vient ensuite le culte de Confucius, purement cérémonial, dont les sectateurs n'adorent pas Confucius comme un Dieu, mais le révèrent comme un saint.

Le taoïsme, que son fondateur, Lao-tseu, avait essayé d'établir sur des principes dogmatiques, est tombé dans les incantations magiques et dans l'astrologie. Toutes ces religions sont entachées de nombreuses superstitions. Où la vraie foi n'existe pas, la superstition s'étend, semblable à ces végétations parasites qui absorbent la fécondité d'un sol abandonné par la culture.

Pratiquement d'ailleurs, ces religions sont observées et louées indifféremment comme des manifestations d'une même vérité, preuve irréfragable que leurs sectateurs n'ont point la notion exacte de la Vérité absolue, de la Justice absolue, du Bien absolu, de Dieu.

A l'époque où la Société des Missions-Étrangères se présente dans l'Extrême Asie pour y asseoir plus solidement la puissance de l'Église, la foi prêchée par les Jésuites, les Franciscains, les Dominicains, les Augustins, pénètre lentement et péniblement cette masse énorme de trois cent millions d'hommes. En Chine, les catholiques atteignent, selon les uns, le chiffre de cinq cent mille et selon les autres à peine celui de deux cent mille ; en Annam, ils ne dépassent guère cent mille ; partout, ils ont été plus d'une fois frappés et dispersés par la persécution.

Tel était l'état social, politique et religieux des pays, dans lesquels la Société des Missions-Étrangères allait déployer ses forces vives.

II

Le royaume de Siam, où les Vicaires apostoliques s'étaient arrêtés avant de passer dans leurs missions respectives, était alors le rendez-vous de tous les commerçants du monde ; il comptait dans ses villes principales et sur ses côtes des représentants de quarante-trois nations ; il recevait des Portugais, des Anglais, des Hollandais, des Grecs, des Arméniens, des Chinois, des Indiens qui venaient à l'envi y tenter la fortune ; il donnait asile à quelques centaines de chrétiens annamites et japonais chassés de leur pays par les persécutions. Il n'était pas encore soumis à la juridiction des Vicaires apostoliques, et Mgr de la Motte Lambert n'avait l'intention d'y séjourner, que le temps nécessaire à la préparation de son voyage en Chine ou en Cochinchine.

L'évêque, nous l'avons vu, arriva à Siam avec Jacques de Bourges et Deydier, dix-huit mois avant Mgr Pallu ; il y fut en butte, comme à Rome, à la haine du Portugal, et c'est chose triste à dire que ses premiers combats furent livrés contre les sujets du roi Très Fidèle.

Les Portugais, en effet, n'ayant pu fermer l'Extrême-Orient aux missionnaires français, tentèrent de les en chasser. La première réception qu'ils firent au vicaire apostolique fut bonne cependant, mais elle dura peu. A peine de la Motte Lambert avait-il, avec ses prêtres, achevé la retraite de quarante jours qui inaugura son ministère, que les Portugais jetèrent dans le public mille bruits injurieux contre lui, révoquèrent en doute son titre d'évêque, ses pouvoirs et même son identité : « Les lettres reçues de Rome et de Lisbonne, disaient-ils, ne parlent pas de ces prétendus envoyés du Saint-Siège ; qui prouve qu'on n'a pas affaire à des aventuriers, à des espions, même à des hérétiques se parant de titres usurpés pour couvrir leurs mauvais desseins ? »

Les choses en vinrent à ce point, qu'un grand vicaire de Goa, de passage à Siam, somma l'évêque de lui montrer ses pouvoirs. Mgr de la Motte Lambert s'y refusa avec une modestie pleine de fermeté, il se retrancha derrière la défense du Pape et l'impossibilité d'enfreindre ses ordres sans porter atteinte aux droits du Saint-Siège ; il ajouta que, n'étant ni sujet du roi de Portugal ni soumis à la juridiction de l'archevêque de Goa, il n'avait pas à obéir au vicaire général. Par cette première et très explicite réponse, il allait au fond de la question, et prenait immédiatement sa vraie position de défense ; néanmoins, afin d'adoucir ce que ses paroles pouvaient avoir de dur, et pour le bien de la paix, il offrit de laisser voir ses lettres d'institution au grand vicaire seul, en qualité d'ami. Celui-ci accepta, mais cette concession ne détendit pas la situation, et les Portugais poursuivirent leur campagne.

En fait, ils ne doutaient nullement de l'identité du Vicaire apostolique et de l'authenticité de ses bulles, ils ne voulaient qu'un prétexte plus ou moins plausible de l'attaquer. Ne pouvant plus se servir de celui-là, ils en inventèrent un autre, ce qui n'a jamais passé pour très difficile, et ils déclarèrent les bulles nulles et subreptices, parce qu'elles n'avaient pas reçu à Lisbonne l'exequatur royal. Les esprits s'échauffèrent, et l'évêque apprit, sans beaucoup d'étonnement, que sa vie était menacée; afin d'éviter un crime à ses ennemis, et de ne pas s'exposer inutilement, il accepta l'hospitalité que lui offrit le chef du comptoir hollandais; l'hérésie protégea les missionnaires contre les sujets du roi Très Fidèle. Dans cet asile, il célébra en grande pompe les fêtes pascales, puis, ayant trouvé une jonque chinoise dont le capitaine consentit à le recevoir, il s'embarqua le 16 juillet 1663 pour la Chine; jeté par la tempête sur les côtes du Cambodge où sa barque se brisa, il revint par terre à Siam et se fixa dans un village composé d'Annamites, situé à une lieue de Juthia[1]. Il y était à peine installé que les Portugais essayèrent de se défaire de lui par une attaque directe.

Un soir qu'il causait tranquillement avec ses missionnaires, un hidalgo, nouvellement arrivé de Lisbonne, et qui se vantait avec jactance d'être parent du roi, se présenta à la maison, accompagné d'une nombreuse escorte, et d'un air insolent : — « Qu'on avertisse l'évêque que je veux lui parler, » dit-il. — Celui-ci parut avec ses deux prêtres, et l'invita poliment à s'asseoir. — « Je ne viens pas vous faire une visite, mais vous sommer de me montrer la permission que le roi, mon maître, vous a sans doute donnée pour passer aux Indes; faute de quoi, je vais en ce moment vous saisir, vous et vos prétendus missionnaires, pour vous conduire aux pieds du trône. » — Un canot attendait, en effet, prêt à les emporter. Heureusement, des Annamites avaient entendu les menaces, ils avertirent leurs compatriotes qui accoururent armés de sabres et

---

[1]. Ce sont ces villages que dans leurs relations, les Vicaires apostoliques et les missionnaires de cette époque appellent des Camps.

de lances; un de leurs chefs se jeta sur l'hidalgo et lui aurait fait un mauvais parti, sans l'intervention des missionnaires.

La leçon ne fut pas complètement perdue, et les Portugais ne se livrèrent plus contre les prêtres français, du moins dans la ville de Juthia, à aucune voie de fait, mais ils continuèrent de déverser sur eux le mépris et la calomnie.

Cependant cet état de choses, qui compromettait la mission des envoyés du Saint-Siège, ne pouvait évidemment se prolonger. Mgr de la Motte Lambert résolut d'envoyer en Europe un de ses prêtres afin d'exposer ses difficultés au Pape, et de demander pour les Vicaires apostoliques des pouvoirs plus étendus, entre autres la juridiction sur le royaume de Siam, dont la situation géographique et la tolérance envers les chrétiens seraient d'un puissant secours.

De Bourges fut chargé de cette négociation. C'était un homme pieux, savant, modéré dans sa conduite et dans ses paroles, « un de ces esprits bien tournés à qui rien ne fait de peine, a dit son biographe, et qui n'en font à personne »; tout ce qu'il a écrit est calme, plein d'une clarté transparente et d'une grande justesse de termes. Il partit pour Madras, fit le tour de l'Afrique, arriva le 20 juillet 1665 à Londres, où il fut reçu avec la plus grande bienveillance par la Reine-mère, par le duc d'York, et se rendit ensuite à Rome. Ses démarches furent en partie couronnées de succès. Par le bref *E sublimi Sedis Apostolicæ*, le Pape accorda à Mgr Pallu et à Mgr de la Motte Lambert le droit de choisir un missionnaire qui recevrait la succession de Mgr Cotolendi[1]. Il promit d'user de tout son autorité pour affermir

---

1. Un décret de la Propagande du 21 mars 1663 avait déjà été rendu dans le même sens.

la mission des Vicaires apostoliques et pour réprimer les efforts de leurs adversaires ; la question de la juridiction sur Siam fut réservée [1].

Cependant, Mgr Pallu avait rejoint Mgr de la Motte Lambert et tous les deux se préparaient à gagner la Cochinchine et le Tonkin, lorsqu'ils apprirent, par des lettres des Pères Jésuites et par des chrétiens venus se réfugier à Siam, que la persécution désolait le royaume annamite.

Les catholiques se montraient vaillants, et ce fut une consolation pour les évêques d'apprendre la générosité de leurs fidèles. Ils ont rapporté dans leurs lettres les faits qui les touchèrent le plus :

En Cochinchine, une veuve, Marthe Phuoc, de famille riche, après avoir eu tout le corps brûlé avec des lames ardentes, avait été décapitée, neuf autres chrétiens avaient péri du dernier supplice. Au Tonkin, un édit foudroyant épouvantait les fidèles, il chassait à perpétuité les missionnaires du royaume, il prescrivait aux mandarins et aux chefs de village de rechercher et de brûler tous les chrétiens, enfin il ordonnait à tout le peuple de dénoncer les catéchistes et de les livrer aux tribunaux.

Les Vicaires apotoliques jugèrent avec raison que dans ces circonstances critiques, leur présence ne serait pas sans danger et pourrait causer un redoublement de persécution. Mais le salut de leurs chrétiens leur était trop cher pour ne pas chercher un autre moyen de le procurer.

Dans l'espoir qu'un prêtre passerait plus facilement inaperçu qu'un évêque, Mgr de la Motte Lambert envoya le plus pieux de ses compagnons, M. Chevreuil, recon-

[1]. M. de Bourges obtint encore, en date du 13 janvier 1665, d'autres décrets : sur le change des viatiques des missionnaires, sur les ordinations par les Vicaires apostoliques sans lettres dimissoriales des vicaires généraux portugais de San Thomé, de Macao, etc., sur la purification du calice et des doigts du prêtre avec l'eau seule. Voir *Collectanea constitutionum*, etc. N° 140, p. 83 ; n° 790, p. 350 ; n° 450, p. 219.

naître l'état des choses en Cochinchine ; Mgr Pallu écrivit aux fidèles tonkinois, une lettre pastorale très forte, les exhortant à confesser généreusement Jésus-Christ mort pour eux sur la croix, les avertissant que participer aux superstitions païennes serait trahir leur conscience, se rendre coupable d'apostasie et s'exposer à la damnation éternelle. Ce témoignage de sollicitude donnée à ses fidèles ne satisfit pas l'évêque : « Me sentant pressé, écrit-il, du désir ardent de secourir au péril de ma vie cette église, vers laquelle j'étais envoyé, et qui me paraissait avoir un si grand besoin de la présence de son évêque, ne pouvant résister aux justes mouvements qui m'animaient alors, je crus qu'il était de mon devoir de faire tous mes efforts pour entrer au Tonkin et de m'abandonner sans réserve à la Providence de Dieu qui m'avait amené à travers tant de dangers si proche du lieu où je devais consommer mon sacrifice[1]. » Il conçut le projet de se rendre aux Philippines, espérant trouver un navire à Manille, qui était en fréquentes relations commerciales avec le Tonkin.

On le prévint du danger de se hasarder chez les Espagnols, assez mal disposés pour les missionnaires français. Le conseil était bon et la crainte fondée ; l'avenir le prouvera. Il résolut alors, malgré la longueur et les dangers du chemin, de passer par le Laos. Un voyage à travers cette large bande de terre inconnue, que nos plus intrépides explorateurs n'avaient pas encore osé entreprendre il y a vingt ans, n'effrayait pas Mgr Pallu ; mais le gouvernement siamois, redoutant les complications politiques qu'engendrerait la présence d'un Européen, lui refusa l'autorisation ; force fut donc aux deux Vicaires apostoliques de rester à Siam ; ce contre-temps servit plus qu'il ne nuisit à leur ministère.

1. Arch. des M.-É., vol. 199, p. 64.

III

Avant de quitter la France, ne possédant ni la connaissance des missions, ni l'expérience de la vie apostolique, ils ne s'étaient pas fixé de règle de conduite et n'en avaient tracé aucune aux compagnons de leurs travaux; maintenant, instruits par leur voyage et leur séjour à Siam, ils étaient en état de résumer leurs observations et d'en tirer des conclusions. Les armées ont leur discipline, leurs principes de stratégie, leur ordre de bataille; les missionnaires, combattant le paganisme qui, par tous les moyens, s'oppose à leur action, devaient savoir les habiletés de l'attaque et les secrets de la défense.

Les Vicaires apostoliques communiquèrent cette pensée à leurs prêtres, Deydier, Hainques, Brindeau et Laneau, « afin que ces règlements étant faits d'un commun accord, chacun observât plus facilement les lois qu'il aurait lui-même proposées ou du moins approuvées. »

Ils cherchèrent d'abord leur inspiration dans la retraite et la pénitence, prièrent et jeûnèrent pendant plusieurs jours, ouvrirent la réunion par la célébration d'une messe du Saint-Esprit, distribuèrent les matières « à traiter, recommandant à chacun d'en appuyer toutes les maximes et toutes les décisions sur l'Écriture, sur les saints canons, sur les constitutions des Souverains Pontifes, la doctrine des Pères, les exemples des Saints et surtout de saint François Xavier ». De ces travaux réunis et coordonnés sortit un livre intitulé : *Instructiones ad munera apostolica rite obeunda, perutiles missionibus Chinæ, Tunchini, Cochinchinæ, atque Siami, accomodatæ a missionariis Congregationis de Propaganda Fide, Juthiæ Regia Siami congregatis* [1].

[1]. Imprimé pour la première fois à Rome en 1669.

Instructions pour remplir convenablement les fonctions apostoliques, très utiles aux Missions de Chine, du Tonkin, de Cochinchine, de Siam, par les Missionnaires de la Propagande, réunis à Juthia, capitale de Siam.

Il est plus connu sous le nom de *Monita ad Missionarios : Instructions aux Missionnaires*. Trois idées dominent cet ouvrage, suggérant les détails et illuminant l'ensemble : la sanctification de l'apôtre par le salut des chrétiens, la conversion des infidèles et l'organisation des Églises. A qui veut connaître dans ses grandes lignes la nature de l'Évangélisation en Extrême-Orient, sa méthode, ses moyens d'action, la constitution des chrétientés, l'étude de ce livre est indispensable, mais elle suffit.

L'histoire des missions de la Société des Missions-Étrangères ne sera que l'application, dans des circonstances et des temps différents, sous d'autres cieux et par d'autres hommes, de ces règles posées par les premiers Vicaires apostoliques. En les analysant, nous trouverons par avance un tableau de la vie des ouvriers évangéliques et de leurs œuvres.

L'ouvrage se divise en dix chapitres : le premier [1] traite d'abord des tentations que les missionnaires doivent combattre, du soin excessif du corps, auquel il faut opposer la pénitence qui est une arme contre soi et contre le démon, de la présomption et du désir de la gloire. Le démon met devant les yeux du missionnaire la gloire de Dieu et de Jésus-Christ, le grand nombre d'âmes abandonnées et prêtes à être moissonnées, la religion chrétienne qu'il faudrait répandre sur toute la terre ; il lui représente les diverses qualités de nature et de grâce dont il est doué ; trompé par cet éclatant mirage, l'apôtre se jette dans une foule d'imprudences,

---

1. *Instructiones*, etc., ch. I, p. 3-20.

peu à peu il omet ses exercices accoutumés, l'oraison, l'examen particulier, il oublie le recueillement; toujours distrait par les choses extérieures, plus attentif aux autres qu'à lui-même, il en arrive à s'abandonner entièrement; de telle sorte que, privé des secours abondants de la grâce et du Saint-Esprit, il se laisse percer par les traits de la vaine gloire; il se livre à ce qu'il croit de grandes choses, méprise les petites, secoue le joug de l'obéissance et affecte de ne se consacrer qu'à des entreprises héroïques. La conséquence est facile à prévoir : il sera bientôt accablé par une foule de chagrins, tombera dans de nombreuses fautes et des péchés multiples.

Sur l'avarice, on donne ce conseil que les besoins des missions et la pénurie des ressources rendent facile à suivre :

« Ayant la nourriture et le vêtement, soyons contents; gardons la propreté dans les habits, mais évitons le luxe. Que le missionnaire ne montre pas dans ses meubles les recherches mondaines, ni la belle architecture dans sa maison, qu'il observe la simplicité chrétienne et la pauvreté riche de mérites pour le ciel. S'il ne manque de rien et qu'on lui apporte des aumônes, il doit les distribuer aux indigents; enfin, selon les temps et les lieux, il pourra déposer, chez des chrétiens honnêtes, l'argent dont il dispose, pour le faire servir uniquement aux nécessités des Missions. Ainsi, exempt du soin des choses terrestres, tout entier à Dieu, il se livrera complètement aux fonctions du saint ministère et à l'extension de la gloire du divin Maître. »

Ce premier chapitre se termine par l'indication des moyens qui facilitent la victoire sur les tentations : la prière et l'oraison.

Dans le chapitre second[1], les Vicaires apostoliques

---

[1]. *Instructiones*, etc., ch. 2, p. 20-35.

examinent quelle préparation doit précéder la prédication de l'Évangile : d'abord faire une retraite, jeûner et prier plus que de coutume, lutter contre ses défauts et contre le démon sous toutes ses formes, bien connaître l'état de la mission, étudier la langue et la bien parler :

« Dieu n'envoya ses Apôtres pour prêcher par toute la terre qu'après les avoir doués du don des langues. Ainsi le missionnaire, qui veut remplir le ministère apostolique, doit nécessairement se vouer à l'étude des langues; car Dieu a sagement prévu les moyens de propager la foi. La foi, en effet, vient de l'entendement, et l'entendement se produit par la parole du Christ. Ainsi quelque pénible que soit l'étude des langues, le missionnaire doit l'entreprendre avec ardeur, sans relâche, sans se laisser troubler par l'exemple de ceux qui, vaincus par les difficultés, demeurent comme des ouvriers inutiles au milieu de la moisson. »

Le chapitre troisième [1] traite de l'usage des moyens humains dans le saint ministère ; il défend le commerce, indigne de tout prêtre, plus indigne encore d'un homme apostolique ; l'emploi de la force plus nuisible qu'utile pour la conversion des âmes ; l'étude des arts et des sciences, quand ils font oublier à l'ouvrier évangélique que son premier devoir est de prêcher ; et si « parfois la mission paraît souffrir de ce que l'on ne se sert pas des moyens purement humains, ne pas succomber à la tentation d'en user, ne pas se désespérer, bénir ceux qui maudissent, aimer ceux qui persécutent et tout attendre de la justice et de la bonté de Dieu. »

Les cinq chapitres suivants [2] expliquent quels doivent être les enseignements des missionnaires aux païens, enseignements par le bon exemple qui édifie, par la

---

1. *Instructiones*, etc., ch. 3, p. 35-60.
2. *Instructiones*, etc., ch. 4-8, p. 60-185.

charité qui attire, par la prudence et la modération qui font éviter de froisser les bien disposés. L'enseignement par la parole procède ainsi : on apprend l'existence de Dieu et ses attributs, le dogme des récompenses et des châtiments éternels, la beauté et la pureté de la religion chrétienne comparée aux infamies du paganisme, et plus tard lorsque les catéchumènes sont assez instruits, le péché originel, la Trinité, l'Incarnation, la divinité de l'Évangile, la constitution de l'Église.

L'article second du chapitre neuvième [1] contient en quelques pages, merveilleuses d'esprit de conduite sage et prévoyante, d'étonnante précision, les règles du gouvernement des paroisses. C'est à ces règles encore observées aujourd'hui que des groupes de chrétiens, perdus parmi les païens, sans prêtre, sans église, persécutés par les uns, méprisés par les autres, ont dû de conserver non seulement la foi, mais aussi les pratiques religieuses et souvent de croître en ferveur.

« Dans les paroisses privées de prêtre, il importe de choisir selon le nombre des chrétiens, un ou deux hommes remarquables par leur instruction religieuse, leur ardente piété et leur vie exemplaire. Après avoir fait entre les mains du missionnaire, si le Vicaire apostolique est absent, leur profession de foi, et avoir promis de ne jamais détourner les aumônes pour leur propre usage ou pour des usages profanes, ces hommes seront nommés chefs des chrétientés ; ils auront soin des oratoires où les fidèles se réuniront chaque dimanche et chaque jour de fête.

« Là, après avoir récité les actes de foi, d'adoration et d'actions de grâces, les prières du matin, ils aideront les chrétiens à assister par la pensée au Saint-Sacrifice, à faire la communion spirituelle. Le formulaire des prières

---

1. *Instructiones*, etc., p. 214 et suivantes.

qu'ils réciteront sera approuvé par la Sacrée Congrégation ou par l'évêque. Selon la parole de l'Apôtre qui ordonne des oraisons, des supplications, des prières, des actions de grâces pour tous les hommes, pour les rois et ceux qui sont constitués en dignité [1], ils avertiront les fidèles, les dimanches et fêtes, de réciter, avant de se retirer de l'église, trois fois l'Oraison Dominicale et la Salutation Angélique pour la propagation de la foi et l'extension de l'Église; pour le Souverain Pontife romain, l'évêque et les autres pasteurs des âmes ; pour les princes et les magistrats; pour les pécheurs, afin qu'ils obtiennent de Dieu leur pardon, et que, détournés du mauvais chemin, ils marchent dans la voie du Seigneur ; pour les hérétiques, afin qu'ils obéissent à l'Église catholique; pour les infidèles, afin qu'ils abandonnent l'erreur et s'attachent à la foi de Jésus-Christ; pour les défunts et spécialement pour ceux qui reposent dans leur église, afin qu'ils soient délivrés des peines du purgatoire; pour la prospérité des nations et la préservation de tout malheur.

« De plus, afin de nourrir les âmes des fidèles, ils leur feront une pieuse lecture prescrite par le Vicaire apostolique, soit sur les principes de la foi, soit sur les autres choses nécessaires au salut.

« Ils les avertiront aussi des fêtes, des jeûnes et des vigiles qui pourraient se rencontrer dans la semaine, et de ce qu'ils doivent faire pour accomplir les préceptes de la religion chrétienne.

« Ils annonceront les mariages et rechercheront les empêchements qui pourraient exister.

« Ils publieront aussi les ordres des évêques, et donneront les avis nécessités par les circonstances. Toutes ces choses se feront le matin.

---

1. Ire épître à Timothée, chap. 2, vers. 1 et 2.

« Dans l'après-midi, s'il se peut, ils réuniront de nouveau les fidèles pour réciter des prières, faire l'examen de conscience et la prière du soir.

« Ils devront surtout avoir soin de baptiser les petits enfants et les adultes qui demandent le baptême et se trouvent en danger de mort.

« Ils prendront un soin particulier des malades, assisteront charitablement les mourants, enseveliront les morts et les recommanderont aux prières de la paroisse; c'est alors qu'ils s'efforceront d'inculquer la dévotion des âmes du Purgatoire, afin d'enlever par là tout prétexte aux païens de calomnier la religion, en prétendant qu'eux seuls rendent un culte solennel aux ancêtres.

« Ils enseigneront la religion catholique et la piété aux enfants selon le mode et l'usage prescrits, persuadés que l'œuvre de l'éducation de la jeunesse est des plus importantes.

« Ils prendront sous leur protection les orphelins, les veuves chrétiennes et même les veuves païennes.

« Ils ne se mêleront jamais aux procès des chrétiens, pour décider les questions; ils prendront cependant toutes les mesures de prudence utiles à la paix.

« Les mariages seront célébrés devant eux et devant deux témoins qu'ils s'adjoindront.

« Et, afin que les choses saintes se traitent saintement, il leur sera prescrit des règles pour le baptême des enfants et des adultes, pour l'assistance des mourants, pour la sépulture des morts, pour les funérailles, pour la recommandation des défunts, pour la proclamation des bans, pour la célébration des mariages et tout ce qui les concerne, selon les lois de l'Église.

« Ils auront aussi un ouvrage renfermant les raisons qui ont autorisé chaque fête de l'Église, et les prières particulières à ces fêtes.

« Ils auront un livre d'exhortations sur les principaux

points de la religion chrétienne, sur les péchés capitaux, sur les conseils évangéliques et sur les quatre fins dernières.

« Ils auront, dans leur maison, le calendrier des fêtes composé par les missionnaires.

« Ils tiendront en ordre les registres des baptêmes, des confirmations, des morts et des mariages, et les conserveront dans leur maison ou dans une maison voisine, s'il y a plus de sûreté.

« Si ces chefs de chrétientés ne peuvent suffire à tous ces besoins, les missionnaires leur donneront des aides. Ainsi : premièrement, pour instruire les procès des fidèles, on désignera deux ou trois personnes notables qui engageront les plaideurs, avant de porter leurs différends au magistrat, à s'en remettre à leurs avis paternels, et à se réconcilier par de mutuelles concessions. Mais afin de ne pas donner d'ombrage aux païens, ces arbitres éviteront de paraître vouloir dresser un nouveau genre de tribunaux.

« Deuxièmement, il sera nécessaire de former des maîtres d'école chrétiens, qui donneront à la jeunesse catholique et même païenne, un enseignement en rapport avec les coutumes du pays, essaieront de se concilier la bienveillance des indigènes et répandront partout la renommée de notre sainte religion ; ils élèveront les enfants chrétiens dans tous les devoirs de la charité.

« Il faudra aussi choisir des femmes chrétiennes pieuses, pour exercer les fonctions de sage-femme, afin qu'elles ne laissent mourir sans baptême aucun enfant, même né de parents païens. Enfin, ces chefs enverront fréquemment des récits détaillés de l'état de la religion dans les paroisses qui leur auront été confiées. »

A ces avis succédèrent d'importants conseils adressés aux catéchistes[1]. Les catéchistes sont tour à tour

---

1. *Instructiones*, etc., ch. 10, p. 223-233.

secrétaires, sacristains, maîtres d'école, juges instructeurs, avocats, pharmaciens, philosophes, baptiseurs, en un mot véritables factotums, ils sont les aides nécessaires du missionnaire et un des principaux instruments de l'apostolat; sans eux, le zèle le plus efficace reste en partie stérile; avec eux, beaucoup de choses deviennent faciles; le prêtre est la tête, le catéchiste est le bras, mais un bras intelligent qui sait agir selon les circonstances; ordinairement c'est près de lui que le missionnaire trouve des renseignements qui le mettent à même de bien savoir les choses qu'il doit faire et de bien juger les hommes qu'il doit conduire; et, ses avis basés sur une profonde connaissance des mœurs, des coutumes, des idées, des faiblesses de ses compatriotes offrent de précieuses indications. Par conséquent, il importe de les choisir avec soin. Voici les grandes qualités qu'on désire en eux :

« Les catéchistes, en tant que coopérateurs, étant des ouvriers évangéliques, doivent surpasser les autres en probité et en régularité; il faut donc élire ceux-là seuls qui se sont montrés pieux et vertueux depuis leur baptême, ou qui, après quelques égarements, se sont entièrement convertis à Dieu et donnent l'espoir fondé d'une vie toujours sainte.

« On écartera de cette charge les orgueilleux, les irascibles, les avares, les ivrognes, les joueurs, et dans certains pays, cette passion du jeu est portée à un tel degré, que celui qui en est possédé joue non seulement tout son argent, mais sa liberté; ils doivent être chastes, sobres, justes, d'une bonne renommée, ils doivent briller surtout par la patience, la douceur et l'humilité qui est la première vertu des chrétiens.

« Ayant une guerre continuelle à soutenir contre les démons, dont plusieurs ne se chassent que par la prière et le jeûne, ils s'appliqueront à allumer en eux la ferveur de la piété par des méditations assidues, ils aimeront l'oraison, la mortification et surtout la communion.

« Qu'ils enflamment et excitent leur zèle en considérant que Jésus-Christ ayant eu pitié de nous, nous devons avoir aussi compassion des autres et les amener à la véritable lumière.

« Leur devoir étant d'enseigner les autres, il est indispensable qu'ils soient versés dans la doctrine de l'Évangile, afin de la transmettre pure et intacte aux catéchumènes. Dès le début, ils combattront les erreurs des infidèles, et pour cela il est à désirer qu'ils connaissent les caractères de leurs livres, afin d'étudier les fables, les contes, les superstitions. Il leur serait aussi utile de savoir les points principaux de la religion païenne qui concordent avec la nôtre. Ainsi armés, ils pourront facilement réfuter les infidèles par leurs propres raisons ou par des arguments tirés de leurs ouvrages et prouver la vérité du christianisme.

« Qu'ils aient une méthode claire et précise pour exposer simplement mais solidement les mystères, et rendre raison de la foi prêchée à quiconque veut demander des explications.

« Qu'ils gardent le célibat, de peur que les soucis des choses de ce monde ne les distraient du ministère sacré; toutefois, les hommes mariés, dignes de cette charge, ne doivent pas être complètement écartés.

« On ne doit pas considérer comme aptes à cet office ceux qui, à cause de quelque difformité corporelle, exciteraient le rire, provoqueraient le mépris ou ne s'exprimeraient pas facilement.

« Lors même que quelques-uns seraient doués de toutes ces qualités, ils ne devraient pas cependant s'engager dans ce ministère, avant d'avoir reçu, avec une approbation spéciale, un district particulier, où ils travailleront sous la direction d'un missionnaire ou d'un ancien catéchiste.

« Quant aux élèves des séminaires, il sera aisé de reconnaître s'ils possèdent les qualités convenables pour remplir l'office de catéchiste; on pourra facilement, en effet, observer leurs talents, leur science, éprouver leur caractère et leur vertu.

« Comme ceux qui prennent la charge d'instruire sont redevables aux savants et aux ignorants, les catéchistes devront être instruits de la manière dont il leur faut se comporter envers les uns et envers les autres.

« Dès qu'ils seront jugés suffisamment formés par le Supérieur du séminaire, ils commenceront à instruire des catéchumènes plus simples, jusqu'à ce qu'ils aient assez d'expérience pour s'occuper des savants, résoudre les objections et être chargés de l'administration d'un district. »

Le dernier article du dixième chapitre couronne la série des hauts enseignements qu'offrent les *Monita;* il traite du sacerdoce et des prêtres indigènes, qui seront choisis parmi les catéchistes.

« Lorsque des catéchistes, doués de toutes les vertus que nous venons d'énumérer, auront pendant de longues années travaillé sous la direction des missionnaires, on leur enseignera les premiers éléments du latin et on les élèvera successivement aux ordres; quand ils seront diacres, on leur enseignera tout ce qui concerne le Saint-Sacrifice de la Messe, la matière, la forme et l'administration des Sacrements; on exigera qu'ils soient habiles à décider un cas de conscience, à élucider les empêchements de mariage, et surtout on n'oubliera pas que la piété est la base essentielle de toute vie sacerdotale.

« Chaque jour, ils feront une méditation d'une heure au moins, pour puiser dans l'oraison ce qu'on n'apprend pas dans les livres, afin que, Dieu aidant, ils puissent accomplir sans péril les redoutables fonctions de leur ministère.

« Chaque jour, Notre-Seigneur s'offre, entre leurs mains, en holocauste agréable au Père Tout-Puissant ; que chaque jour aussi, ils s'offrent eux-mêmes en sacrifice, dans une union étroite de volonté, avec le divin Sauveur, pour la plus grande gloire de Dieu et le salut des âmes. »

Tels sont les *Monita* composés par les premiers Vicaires apostoliques il y a 227 ans.

Depuis cette époque, chaque prêtre de la Société des Missions-Étrangères les emporte avec son bréviaire, comme l'ouvrage le plus important qu'il puisse posséder et le plus utile pour guider son zèle d'apôtre.

Certains parfums d'Orient éclairent par leur flamme et fortifient par leur arôme ; tel ce livre, parfum de la sainteté de nos pères, éclaire et fortifie l'âme, le cœur et l'intelligence.

Il n'est pas la constitution particulière d'une Société religieuse ou ecclésiastique, mais le directoire où tous les missionnaires, quels que soient les pays qu'ils évangélisent et la Congrégation à laquelle ils appartiennent, peuvent puiser des conseils de piété, de zèle, de conduite, propres à assurer le succès de leurs travaux.

L'assemblée discuta ensuite la fondation d'un séminaire, chose qui naturellement ne souleva aucune objection, puisque le Pape et la Propagande l'avaient ordonnée et qu'elle était l'unique moyen d'atteindre le but de la Société des Missions-Étrangères. Le petit nombre des missionnaires, les travaux d'évangélisation, les persécutions ne permettaient pas de songer à instituer plusieurs maisons de ce genre ; il n'en fallait qu'une seule, mais où la mettre ?

Cette question subsidiaire fut résolue à l'unanimité, et on décida de la placer dans le royaume de Siam. Les raisons de cette décision étaient péremptoires.

Pour être bien établi, facile à diriger, à recruter, en état de produire tous les résultats attendus, le séminaire exigeait la stabilité et la liberté, c'est-à-dire la paix religieuse.

Or, Siam était en ce moment le seul royaume d'Extrême-Orient qui accordât au catholicisme une entière tolérance, permît l'entrée et le séjour des étrangers de toute nationalité, entretînt avec la Cochinchine, le Tonkin et la Chine de fréquentes relations commerciales indispensables pour l'envoi et le retour des séminaristes.

Il fut également décidé que, dans cet établissement, on achèverait la formation des missionnaires européens « qui devaient y recevoir le dernier trait et comme le sceau aux dispositions qui leur sont nécessaires. »

L'assemblée concevait le séminaire « comme une école de vie parfaite qui représente la communauté des Apôtres sous la discipline de Jésus-Christ, lorsqu'il les préparait à l'apostolat. »

Sans entrer dans le détail du règlement applicable à cette maison, elle indiqua à grands traits le genre de vie et les principaux exercices qu'on y observerait. Cet établissement, admettant des élèves de toutes les Missions confiées à la Société, fut communément appelé séminaire ou collège général; transféré en différents pays par suite de guerres ou de révolutions politiques, il sera toujours entretenu avec soin et restera une des œuvres principales des Missions-Étrangères.

Une mesure nécessaire à l'administration temporelle termina cette première période des séances de l'assemblée : la nomination d'un procureur général obligé de résider au séminaire de Siam et chargé de la gestion des ressources que le Séminaire de Paris recueillerait et enverrait aux Missions. Cette institution d'un procureur général se perfectionnera avec le temps et deviendra, comme nous le verrons, un des éléments les plus importants de l'administration de la Société.

Par les *Monita*, par la création du séminaire, l'assemblée n'avait eu en vue que l'organisation des Missions et la vie des missionnaires en tant qu'ouvriers évangéliques, Mgr de la Motte Lambert souleva une autre question sur la constitution de la Société, ou, comme on le disait alors, du petit corps des Missions-Étrangères.

IV

Les Vicaires apostoliques, une fois nommés et sacrés évêques, s'étaient contentés d'appeler à eux des prêtres séculiers, d'emmener les uns en mission pour prêcher et convertir, et de laisser les autres en France pour gérer leurs intérêts et former des missionnaires.

Nous qui voyons les choses deux siècles plus tard, qui constatons leur similitude avec celles d'autrefois, nous avons pu écrire qu'après la création du Séminaire de Paris, la Société des Missions-Étrangères était définitivement établie, mais les Vicaires apostoliques qui n'étaient pas des fondateurs au sens strict et absolu du mot, et n'en avaient pas par conséquent les grâces de vision ou d'intuition, qui ne pouvaient, comme nous, vérifier les résultats et être assurés de la stabilité de leur œuvre, s'inquiétaient de l'avenir.

Ni eux, ni leurs collaborateurs n'étaient engagés par vœu ou par promesse; ils n'étaient soumis à aucun supérieur général; leur volonté appuyée sur la grâce de Dieu était le seul lien qui les unît ensemble et les attachât à leur vocation. Ce lien était-il suffisant? Ne pouvait-on, avec raison, redouter la fragilité des intentions, l'inconstance des sentiments, le dégoût et la lassitude d'une vie de luttes et de périls? Fonder une institution durable sur de telles bases, n'était-ce pas simplement une utopie? Il faut avouer que, si l'expérience n'était venue démontrer la possibilité et même la prospérité d'une institution semblable, bien des hommes sages y croiraient fort peu. Mgr de la Motte Lambert fut de ceux-là. En face des forces immenses du paganisme, des obstacles dressés par les Portugais, de la dispersion forcée des missionnaires, il crut nécessaire de resserrer l'union dans la nouvelle armée qui se formait, tout en agrandissant ses cadres. Oubliant un peu que la Société des Missions-Étrangères avait pour but de fonder des églises sur le modèle des églises établies, qu'elle devait par conséquent se rapprocher, dans son organisation et dans son action, du clergé séculier chargé de ces églises, il conçut le plan d'une vaste congrégation, soumise à un règlement sévère, à des pratiques nombreuses de piété et de pénitence, composée de prêtres, de religieuses et de laïques [1].

Un supérieur général, revêtu d'une autorité absolue, était placé à la tête de cette congrégation, dont tous les membres contractaient l'obligation de s'appliquer, dans leur sphère particulière, à la conversion des païens, à l'enseignement des enfants et au soin des malades.

Tous devaient faire des vœux dont la formule reflète la piété profondément humble, la mysticité savante et un peu subtile de son auteur.

« Nous très vils pécheurs, les derniers de tous, envoyés cependant aux nations par un choix admirable de Dieu pour leur prêcher l'Évangile du Christ, nous n'ignorons pas que ce même Dieu nous appelle à une perfection en rapport avec un état si sublime. C'est pourquoi, pleins de confiance dans le secours de Notre-Seigneur et appuyés sur Lui, nous promettons et nous vouons à ce Dieu très bon et très grand, la pauvreté religieuse, la chasteté et l'obéissance, et surtout ce qui est signifié par ces trois

1. Arch. des M.-É., vol. 201, p. 268.

vœux, c'est-à-dire le détachement complet de l'âme et de ses puissances, le renoncement absolu à leur libre usage ainsi qu'à toute jouissance qui peut venir d'une chose créée ou même des dons célestes, enfin et en tant qu'il nous sera donné d'En-Haut, une soumission entière à l'inspiration et à la direction du Saint-Esprit. Nous vouons également une obéissance complète au Pontife romain, que nous reconnaissons comme le seul Vicaire du Christ sur la terre, de telle sorte que nous sommes prêts à lui obéir et à aller partout où il voudra, et de la manière qu'il lui plaira, pour gagner des âmes à Dieu et propager la foi chrétienne. Nous promettons en outre de ne rechercher aucun bénéfice, aucune prélature, aucun office de quelque genre qu'il soit, directement ou indirectement, ni d'en accepter aucun, même s'il nous est offert, avant d'avoir consulté notre Supérieur et d'avoir obtenu sa permission. Nous promettons toutes ces choses de la façon dont elles sont expliquées plus longuement dans les règlements [1]. »

Ces vœux ne satisfirent pas encore de la Motte Lambert, la logique de son esprit ne savait pas s'arrêter à mi-chemin dans le service de Dieu, il voulut ajouter les promesses de faire trois heures d'oraison chaque jour, de jeûner pendant toute la vie, tous les jours, même le dimanche, de s'abstenir de vin excepté aux fêtes de Pâques, de Noël, de la Pentecôte et pendant les voyages, de ne prendre aucun remède et de toujours coucher sur la dure. Il donnait d'un mot la raison de ces austérités extraordinaires, rendues plus pénibles par les travaux d'évangélisation :

« Je considère que nous sommes dans nos missions au premier siècle du christianisme, que nous devons faire revivre la pureté de vie qu'on admirait dans l'Église

---

[1]. Arch. des M.-É., vol. 201, p. 275.

naissante ; nous tenons la place des Apôtres et des disciples de Jésus-Christ, ne devons-nous pas suivre et enseigner la voie étroite où ils ont marché[1] ? »

D'un caractère plus doux, d'un esprit moins absolu, croyant davantage à la vertu de la charité et à la force de la volonté affermie par la grâce, plus intimement pénétré de la fin de la Société des Missions-Étrangères, et mieux instruit des pensées de la Propagande, Mgr Pallu refusa d'abord de consentir au projet de Mgr de la Motte Lambert ; si tous les missionnaires l'avaient désiré, il eût accepté, quoique sans enthousiasme et sans croire à leur nécessité, les vœux ordinaires de religion et la congrégation apostolique ; il jugeait exagérées et impraticables la plupart des dernières prescriptions ; mais respectueux de la grande vertu et de la haute intelligence de Mgr de la Motte Lambert, frappé sans doute par une argumentation d'autant plus rigoureuse et persistante qu'elle soutenait une thèse, sans trop se préoccuper de l'hypothèse, il finit par se rendre. Peut-être se souvenait-il de cette condescendance lorsque plus tard il écrivait : « Mgr l'évêque de Béritlie obtient une grande influence sur tous ceux qui l'approchent, et il leur persuade tout ce qu'il veut. »

Cependant, malgré la valeur des raisons qui semblaient militer en faveur de ce projet, il était nécessaire de le soumettre à Rome avant de l'exécuter sur une large échelle.

Les Vicaires apostoliques désiraient également rendre compte de l'état du christianisme dans les Missions, selon l'ordre qu'on leur en avait donné ; obtenir l'approbation des *Monita ;* recevoir des déclarations nouvelles, très précises, de leurs droits et de leur indépendance vis-à-vis du Portugal, des règles de conduite sur divers

---

[1]. Lettre du 21 janvier 1665.

points de discipline, la juridiction sur les royaumes de Siam et du Pégou et enfin appeler à eux de nouveaux ouvriers apostoliques.

Il était difficile de traiter toutes ces questions par lettres, presque aussi difficile de les faire traiter par un simple missionnaire ; Mgr Pallu s'offrit à retourner en Europe, on accepta, et il partit le 19 janvier 1665 en laissant échapper ce cri du cœur : « Je me sentais attaché à ma mission vers les nations qui m'étaient commises, et dont je me voyais si proche ; les liens du devoir et de la compassion pour ces pauvres âmes abandonnées faisaient sur moi une vive impression, et mon cœur ne pouvait s'en éloigner sans une extrême violence. J'avais encore présente à mon esprit la suite des difficultés et des fatigues étranges que j'avais souffertes durant mon voyage, dont je ne faisais que de me délasser et auxquelles il fallait m'exposer de nouveau. Je prévoyais les divers jugements qu'on ferait de mon retour en France et à Rome. Enfin je n'envisageais partout que des obstacles à ma résolution. Cependant, considérant le pressant besoin de nos missions, je fermai les yeux à tout, pour ne regarder que les ordres de Dieu qui m'étaient déclarés par la bouche de ses serviteurs que je respectais comme ses organes[1]. »

---

[1]. *Relation abrégée des Missions et des voyages des Évêques français*, par M. F. Pallu, p. 43.

CHAPITRE V

1665-1670

I. Phra-naraï, roi de Siam. — Audience royale accordée aux Missionnaires. — Guérison du frère du roi. — Requête de Mgr de la Motte Lambert. — Don d'une propriété à Mahapram. — Conversion d'un talapoin. — Seconde audience royale. — Conversion d'un mandarin. — II. M. Chevreuil en Cochinchine. — Martyrs annamites. — M. Chevreuil au Cambodge, il est arrêté par les Portugais et conduit à Goa. — M. Hainques en Cochinchine. — III. M. Deydier au Tonkin. — Le premier séminaire du Tonkin. — Conversions. — IV. Guerre contre les Mac. — Mgr de la Motte Lambert au Tonkin. — Le synode de Dinh-hien. — Les Amantes de la Croix. — Lettre de Mgr de la Motte Lambert aux Amantes de la Croix. — V. Mgr de la Motte Lambert en Cochinchine.

I

Les missionnaires de la Société des Missions-Étrangères, jusqu'à présent renfermés dans la préparation de leurs travaux, vont maintenant passer à l'action.

Après le départ de Mgr Pallu pour l'Europe, Mgr de la Motte Lambert hâta la fondation du séminaire de Siam.

L'arrivée des évêques avait fait bruit à Juthia, et la nouvelle de leur présence s'était répandue à la cour. Le roi Phra-naraï ayant désiré les voir, ils se rendirent à son invitation; cette visite n'était pas officielle, puisque, d'après les coutumes siamoises, le roi n'avait le droit d'admettre en audience publique que des ambassadeurs, mais telle qu'elle était, elle pouvait puissamment aider les ouvriers apostoliques en grandissant leur rôle et leur dignité aux yeux du peuple.

Assassin de ses frères, vainqueur d'un de ses oncles qui lui avait disputé le trône, Phra-naraï[1] régnait paisiblement; esprit ouvert, ami de la civilisation européenne, affable envers ses sujets, bienveillant pour les étrangers, politique habile mais trop aventureux, il eut un règne glorieux et prospère qui finit dans une catastrophe. Il reçut les missionnaires avec distinction, et écouta, avec une bienveillance marquée, Mgr de la Motte Lambert le remercier de la bonté qu'il leur témoignait en leur permettant de rester dans ses États, et de la faveur qu'il leur accordait de paraître en sa présence. Après avoir posé plusieurs questions sur l'étendue de la France, sur son commerce, ses richesses et ses armées, il changea de conversation, et demanda aux missionnaires quel dessein les avait amenés dans son royaume. « Pensez-vous, demanda-t-il, que votre religion soit meilleure que celle des Siamois? »

Sans donner une réponse directe qui eût blessé le royal interlocuteur, l'évêque lui expliqua les principales vérités du christianisme; en entendant le récit des miracles faits par Jésus-Christ et les Apôtres, le roi l'interrompit :

« J'ai un frère perclus de ses bras et de ses jambes, dit-il, si vous obtenez sa guérison, nous embrasserons votre religion; et il congédia les missionnaires.

De retour chez lui, le Vicaire apostolique assembla les

---

1. Phra-chao-prasat-thong, en mourant (1655) laissa la couronne à un de ses fils nommé Chao-fa-xai, qui fut tué peu après par Phra-naraï et son oncle Sutham-Raxa. Cet oncle régna quelques mois seulement. Car ayant tenté de violer la sœur de Phra-naraï, celui-ci se révolta, le battit et le fit mourir. Phra-naraï devenu roi, fit mourir ses deux frères qui méditaient une révolte. *Description du royaume Thaï ou Siam*, p. 88, par Mgr Pallegoix.

fidèles, leur répéta la demande et la promesse du souverain, les exhorta à se joindre à lui, à veiller, à jeûner, à prier, à demeurer prosternés au pied de l'autel, jusqu'à ce que par leurs supplications et par leurs larmes, ils eussent obtenu de Dieu une grâce si profitable aux intérêts de la foi.

Pendant trois jours et trois nuits, évêque, prêtres, fidèles restèrent en prières devant le Saint-Sacrement exposé. Enfin, à l'aurore du quatrième jour, des mandarins entrèrent dans la chapelle; avec un empressement joyeux mêlé de respect, ils se prosternèrent devant Mgr de la Motte Lambert et lui annoncèrent que le prince sentait ses bras et ses jambes se ranimer et pouvait facilement les mouvoir, ce dont il était incapable depuis plusieurs années.

A cette nouvelle, il y eut dans l'assistance un frémissement d'enthousiasme, l'évêque le calma, et, s'adressant aux mandarins, prononça avec une religieuse gravité ces paroles : « Dites au roi qu'à la prière de l'Église, Dieu lui a en partie accordé la grâce qu'il désirait. S'il exécute sa promesse, je ne doute pas que Dieu ne donne au prince une guérison et une santé parfaites ; mais s'il y manque, qu'il craigne la justice du Tout-Puissant, qui laissera retomber son frère dans son infirmité[1]. »

Les officiers rapportèrent fidèlement la réponse du vicaire apostolique au roi qui en fut frappé, et, dit-on, parut pendant quelques jours inquiet et rêveur. Il envoya des élèves étudier près des missionnaires et voulut revoir Mgr de la Motte Lambert et s'entretenir avec lui ; il lui avoua ses hésitations à tenir sa promesse ; il avait, disait-il, beaucoup de précautions à prendre et de ménagements à garder envers les grands et les mandarins plutôt hostiles que favorables au christianisme. La nécessité

---

[1] Arch. des M.-É., vol. 199, p. 141, 142.

politique, ce prétexte des faiblesses, des indifférences ou des inimitiés, était connue à Siam, et, comme en beaucoup d'autres pays, elle entravait le travail de la grâce.

Cependant, l'évêque voulut mettre à profit les bonnes dispositions extérieures du souverain, et demanda la concession d'un terrain pour la Mission, par une requête du 29 mai 1665, dont il envoya ensuite au Séminaire des Missions-Étrangères la traduction suivante [1] :

Sire,

« L'Évêque de Bérithe, un des grands prêtres du Dieu Tout-Puissant, Créateur du ciel et de la terre, et un des princes de son Église, accompagné de quatre ecclésiastiques d'un mérite et d'une vertu singulière, tous Français de nation, ne pouvant pas rendre leurs respects en personne à votre Majesté, par une disgrâce qui est commune à tous les étrangers, vous supplient de les recevoir par écrit.

« Nous sommes non seulement obligés à ce devoir par les témoignages d'affection et l'extrême liberté que nous avons reçus en votre royaume, mais encore plus particulièrement, parce que nous regardons votre personne royale comme une image vivante de la divinité.

« Outre ces raisons, qui sont les plus grandes qu'on puisse avoir, la faveur que Votre Majesté nous a faite de nous envoyer dix de ses sujets pour leur enseigner les sciences d'Europe, exige de nous une nouvelle reconnaissance et nous fait penser à l'établissement d'un collège, si Votre Majesté le trouve bon, soit dans sa ville royale, soit ailleurs où il vous plaira, afin qu'ils y apprennent les sciences nécessaires à un grand État et capables de le rendre recommandable chez toutes les nations de la terre.

Arch. M.-É., vol. 8.

« Cette proposition, Sire, ne vous sera nullement suspecte. Vous savez que nous n'avons quitté notre patrie, nos parents, nos amis et nos emplois que pour mieux exécuter un commandement de la loi que nous professons, qui nous oblige d'aimer chaque homme en particulier comme nous-mêmes, sans en excepter nos ennemis. C'est dans cette vue que, ne pouvant pas donner à vos sujets des marques plus évidentes et plus avantageuses de notre amour, qu'en leur communiquant les connaissances et les lumières que nous avons reçues de Dieu, nous offrons à Votre Majesté d'avoir toujours dans son royaume deux missionnaires français continuellement occupés à cet emploi.

« Mais parce qu'il est important que Votre Majesté soit informée de la fin principale de notre religion et de notre genre de vie, nous lui déclarons que nous ne prétendons autre chose en ce monde que d'adorer, aimer et servir Dieu de tout notre cœur et aimer notre prochain comme nous-mêmes, que nos âmes étant immortelles, nous croyons qu'elles recevront une récompense ou un châtiment immortel, selon leurs bonnes ou leurs mauvaises œuvres. C'est pourquoi, nous croyons que celui qui aura pour Dieu l'amour le plus fervent, pour son prochain la plus vive charité, qui aura fait le plus grand nombre de bonnes actions, jouira du bonheur le plus pur pendant toute l'éternité. C'est dans cette pensée que nous menons une vie austère, continuellement pénitente, que nous ne nous mêlons point des affaires d'État, ni des choses temporelles, si ce n'est de secourir les pauvres, de visiter les prisonniers et d'assister les malades.

« Voilà, Sire, les motifs qui nous ont conduits en ces quartiers; si Votre Majesté agrée l'offre que nous lui faisons de nos services, nous espérons de sa magnificence royale, et c'est la seule grâce que nous lui demandons, qu'elle nous donne un temple pour y faire les exercices de notre religion et y prier chaque jour le Dieu Tout-Puissant que nous adorons, pour la conservation de la santé de Votre Majesté et la prospérité de ses États. »

A cette supplique inspirée par l'esprit de foi et dictée par la connaissance des habitudes siamoises, Phra-naraï répondit en accordant une propriété dans le village de Mahapram, à une lieue de Juthia, et tous les matériaux nécessaires à la construction d'une église et d'un séminaire.

Ce premier établissement de la Société en Extrême-Orient fut placé sous la protection de saint Joseph, en reconnaissance des grâces que les missionnaires avaient obtenues par son intercession. Tout d'abord, on reçut dans cette maison des jeunes gens qui paraissaient avoir les qualités et les vertus requises pour le sacerdoce; c'était la première œuvre indiquée par Rome, le but premier de la Société, on n'avait garde de l'oublier. Ensuite, plusieurs familles de la cour offrirent leurs enfants, afin qu'on leur enseignât les langues et les sciences d'Europe, et le roi paya la pension d'une dizaine de fils de mandarins.

Cette activité charitable des missionnaires attira à eux et à la foi catholique plusieurs hommes intelligents et désireux de la vérité religieuse. Un talapoin, prêtre des idoles, abjura ses croyances dont Laneau lui avait prouvé l'erreur et l'inanité.

Les conversions rencontrent partout des obstacles. Le grand obstacle à la conversion des Siamois est, avec leur apathie naturelle, leur éducation.

Tout jeune garçon siamois doit passer plusieurs années dans une pagode, au milieu des prêtres des idoles, recevoir leurs enseignements, suivre leurs exemples; dans cet atmosphère, il imprègne nécessairement son intelligence, son cœur, sa conscience de l'essence même du paganisme; on comprend les entraves que cette formation met au changement de religion; mais combien plus fortes encore ne sont-elles pas, quand il s'agit de la conversion des prêtres eux-mêmes, arrivés jusqu'à l'âge d'homme en vivant de ces idées, de ces habitudes qu'ils avaient reçues et qu'à leur tour ils ont transmises.

La grâce de Dieu, l'énergie et l'intelligence du néophyte de M. Laneau triomphèrent néanmoins de ces difficultés; le talapoin reçut le baptême et, dès lors, devint apôtre; par son exemple et ses prédications ardentes, il gagna au catholicisme plusieurs centaines de ses compatriotes.

Pendant ce temps, le séminaire était construit; après l'achèvement, Phra-naraï donna une seconde audience à Mgr de la Motte Lambert, et le questionna de nouveau sur la religion catholique.

L'évêque lui offrit un recueil d'images en taille-douce représentant tous les mystères de la vie et de la passion de Notre-Seigneur, les portraits des Apôtres, des Évangélistes, des fondateurs d'Ordre, des plus illustres saints de l'Église. Sur des feuillets intercalés, M. Laneau avait écrit en langue siamoise l'explication de chaque gravure. Après avoir lu ce livre, le roi le communiqua à ses mandarins les plus lettrés. Ceux-ci l'étudièrent, le discutèrent et finalement, interrogés par leur souverain sur ce qu'ils en pensaient, ils dirent :

« Cette religion est belle, mais la religion du roi l'est autant. »

Scepticisme et flatterie se révélaient dans cette réponse si souvent enregistrée dans l'histoire des cours. Cette exposition des dogmes catholiques impressionna plus vivement le frère du roi, encore sous l'influence du souvenir de sa guérison; il affirma qu'il ne reconnaissait qu'un seul Dieu créateur du ciel et de la terre, et l'adorait plusieurs fois chaque jour. Un mandarin fut plus logique et plus heureux. Attaqué d'une maladie mortelle, il reçut le Baptême, la Confirmation, l'Eucharistie, l'Extrême-Onction et mourut « avec de si grands sentiments de foi et de piété, dit le narrateur de ce fait, qu'il n'y a pas lieu de douter que sa mort n'ait été aussi précieuse devant le Seigneur qu'édifiante pour les chrétiens. »

Insondable profondeur des jugements divins!

Trois hommes étudient une même doctrine sous un même maître : un roi, un prince, un mandarin : le roi se contente de sourire à une flatterie; le prince croit sans pratiquer; seul le mandarin, qui voit la vie à la lueur des torches funèbres, croit et pratique. Les souffrants, les malheureux, les moins élevés dans la hiérarchie sociale vont plus vite et plus courageusement à Dieu; sa loi les effraie moins; que renferme-t-elle en effet de pénible pour eux? n'est-elle pas faite au contraire pour alléger le fardeau de leur existence terrestre, vivifier et réchauffer leurs espérances en la vie future? Pour s'y soumettre ou la garder, non loin des frontières de Siam, d'obscurs chrétiens annamites avaient supporté la prison, enduré la torture et même sacrifié leur vie.

II

Les combats et les victoires des néophytes de Cochinchine furent longuement racontés à Mgr de la Motte Lambert par M. Chevreuil, récemment expulsé de sa mission et revenu à Siam :

A Dinh-cat, dans la province du Quang-tri, plusieurs fidèles avaient été décapités ou étranglés.

A Hué, sept chrétiens avaient été décapités, et quatre autres, Caïus, Raphaël, Etienne et une jeune fille nommée Jeanne, exposés aux éléphants. D'eux-mêmes, ces derniers avaient quitté leur village et leurs parents apostats, et s'étaient réunis aux confesseurs emmenés au prétoire.

En prenant congé du missionnaire, ils l'avaient salué de cette sublime parole : « Nos parents sont demeurés sur la terre, nous, nous allons au ciel. » Les catholiques qu'ils accompagnaient leur achetèrent des vêtements de soie ; le martyre est partout une fête, on revêt pour s'y rendre la parure des beaux jours. Caïus, le premier, fut livré à l'éléphant et immédiatement foulé aux pieds ; on porta ses membres brisés auprès de Jeanne et de ses deux frères, espérant que la vue de ces chairs sanglantes les effraierait. Les confesseurs les contemplèrent en silence, sans que leur visage trahît ni trouble ni crainte. Etonné, le mandarin appela Jeanne. La jeune fille s'avança, de la main droite elle fit le signe de la croix, de la main gauche elle continua d'agiter doucement son éventail, quand elle fut au milieu de la cour, l'éléphant se précipita sur elle, et, d'un seul coup de ses défenses, lui traversa la poitrine. Raphaël et Étienne eurent le même sort.

A Faï-fo, plusieurs chrétiens moururent dans les supplices.

Hien-vuong, qui gouvernait la Cochinchine, ne voulut cependant pas verser le sang des prêtres, il se contenta de les chasser, ne faisant exception que pour M. Chevreuil et deux Pères Capucins de passage.

Mais les Portugais, jaloux de la faveur accordée au missionnaire français, réussirent, par leurs intrigues et leurs calomnies auprès des mandarins, à obtenir son expulsion.

Ces malheureux étaient tellement aveuglés par la passion et par les haines politiques, qu'ils préférèrent voir les fidèles sans prêtre, et eux-mêmes privés de tout secours religieux, plutôt que de laisser un missionnaire d'une autre nation jouir de la liberté.

M. Chevreuil quitta donc la Cochinchine ; il emporta la tête d'une jeune martyre, nommée Lucie, fille et petite-fille de martyrs, et la remit à Mgr de la Motte Lambert qui la déposa dans l'église Saint-Joseph à Juthia.

Si le roi [1] de Cochinchine avait cru triompher des missionnaires par l'exil, il s'était trompé; à peine le Vicaire apostolique eut-il appris de la bouche de M. Chevreuil les détails de la persécution, qu'il le fit repartir avec un autre prêtre, Antoine Hainques, et donna à tous les deux des lettres de provicaires.

Ils débarquèrent près de Ba-ria, sur la frontière du royaume de Ciampa; arrivé dans un petit village de la côte, Chevreuil tomba dangereusement malade; ne voulant pas retarder le voyage de son compagnon, il insista pour lui faire continuer sa route.

Celui-ci obéit; le soldat qui tombe exhorte son camarade à combattre, au lieu de lui demander des soins, c'est de l'héroïsme, fleur des champs de bataille et des champs de l'apostolat. Heureusement, le malade fut secouru par une famille chrétienne, qui reconnut dans cet étranger abandonné un maître de religion; elle le reçut dans sa barque et le soigna avec une charité filiale.

Le missionnaire guérit, mais trop faible pour entreprendre de traverser à pied le Ciampa et une partie de la Cochinchine, il se dirigea vers le Bas-Cambodge, où s'étaient cantonnés de nombreuses colonies annamites et plusieurs groupes de chrétiens. Sa principale paroisse fut un village de quatre cents personnes, composée de Portugais, de Cochinchinois, de Chinois et de Malais; deux prêtres portugais âgés et infirmes la desservaient, ils prièrent M. Chevreuil de les remplacer et se retirèrent. Celui-ci accepta, après avoir spécifié qu'il tenait ses pouvoirs de Mgr de la Motte Lambert, son vicaire apostolique, et non de l'archevêque de Goa.

1. Le véritable titre du chef de la Cochinchine à cette époque est Chua, qui n'a pas d'équivalent en Français; nous le traduisons par le mot roi qui d'ailleurs répond à la réalité.

La guerre s'étant élevée entre le Cambodge et le roi de Cochinchine avide d'agrandir ses États, la plupart des chrétiens furent massacrés et la paroisse à peu près anéantie. Chevreuil songea alors à retourner en Cochinchine ; le souverain du Cambodge s'y opposant, il commença l'évangélisation du peuple Khmêr. La tâche, bien ingrate aujourd'hui, ne l'était guère moins à cette époque ; pendant trois ans, le missionnaire n'obtint à peu près aucune conversion ; enfin, quelques centaines de baptêmes récompensèrent sa persévérance.

Ce succès chèrement acheté n'eut pas de lendemain ; il réveilla la jalousie d'un prêtre portugais, qui habitait avec ses compatriotes un village des environs.

Chevreuil fut saisi par trahison (1670), emmené à Macao, où il demeura cinq mois en prison, puis à Goa, où il fut déféré au tribunal de l'inquisition, comme suspect dans la foi et les mœurs ; son crime était de s'être permis de venir, sur l'ordre du Pape, prêcher l'Évangile aux païens, sans avoir l'*exequatur* du roi de Portugal. Ce fut tout ce que l'on put prouver contre le saint missionnaire auquel un jésuite, le P. Rocha, rendait ce témoignage : « M. Chevreuil travaille incessamment dans sa mission, et cependant il jeûne tous les jours ; il ne reçoit rien des chrétiens ; il a baptisé en un seul jour soixante idolâtres. C'est un homme très exemplaire, qui mérite mieux le nom et la qualité d'apôtre, que ne le méritent plusieurs qu'on honore de ce titre, au Portugal et dans les Indes [1]. »

Ses vertus ne lui firent pas trouver grâce devant le tribunal portugais ; il fut retenu à Goa, qu'il n'eut la permission de quitter qu'après une captivité de plus d'une année ; il revint à Siam en 1672, mais la mission du Cambodge demeura abandonnée.

Cependant, après avoir quitté son compagnon, Hain-

---

[1]. Lettre au P. Faure.

ques s'était rendu directement dans la chrétienté de Faï-fo, dont les apostats n'avaient pas encore été réconciliés à l'Église. Ignorant leurs intentions, il leur envoya d'abord une lettre circulaire, pour leur remontrer la grandeur de leur crime.

Ces pauvres gens, qui avaient péché uniquement par faiblesse, demandèrent tous à rentrer en grâce avec Dieu, et après avoir accompli les pénitences imposées, ils furent admis de nouveau aux sacrements ; mais un ou deux catéchistes, coupables de lâcheté, perdirent irrévocablement leur charge, et ce fut un point de discipline dont on ne se départit plus à l'avenir.

Hainques parcourut alors plusieurs provinces du royaume [1], baptisant les catéchumènes et s'efforçant de faire revivre, partout où il passait, les vertus chrétiennes et la fréquentation des sacrements.

Persécuté par les Portugais, principalement par un interprète nommé Jean de la Croix, dénoncé aux catholiques comme imposteur, au roi comme fauteur de troubles et agent de l'étranger, il se vit à la veille d'être chassé de Cochinchine. Heureusement le souverain ne manquait ni de perspicacité ni de bon sens, il entrevit la fourberie jalouse de l'interprète, et à une seconde requête de Jean de la Croix, il répondit « que ses soldats n'étaient pas pour servir de gendarmes aux Portugais ». M. Hainques profita de cette tranquillité relative et prépara au sacerdoce deux catéchistes indigènes, Joseph et Luc, qui furent ordonnés à Siam par Mgr de la Motte Lambert. Il reçut en 1669 un collaborateur, Pierre Brindeau, licencié de Sorbonne. Envoyé en Chine dans le courant de l'année 1666, Brindeau avait eu le malheur de relâcher à Macao. Les autorités l'avaient aussitôt fait conduire devant l'inquisition de Goa, qui ne lui avait permis de partir qu'après

---

1. Particulièrement les côtes qui s'étendent du Quang-tri au Phu-yen.

deux années d'un quasi emprisonnement. Il aida M. Hainques à dresser les procès-verbaux de quarante-neuf martyrs indigènes et à faire le catalogue des chrétiens. On en compta quinze mille, sans comprendre dans ce chiffre les néophytes baptisés par les Jésuites pendant les deux dernières années de leur séjour (1663-1664). En ajoutant ceux que la crainte, la négligence ou l'esprit de parti tenaient encore éloignés des missionnaires français, le nombre total des fidèles en Cochinchine pouvait donc s'élever à cette époque environ à vingt mille [1].

III

Au Tonkin, François Deydier était plus heureux encore ; il fut d'ailleurs le plus heureux des ouvriers apostoliques de cette époque. Etait-il plus habile, ou le terrain, sur lequel il travaillait, plus fertile ? Il était né à Toulon en 1634 ; petit, maigre, de manières aisées, avec un regard de flamme, un tempérament hardi, il avait toutes les vigueurs physiques et morales; à quinze ans, il maniait le fleuret comme un maître d'armes et le gouvernail d'un bateau comme un pilote [2]; doué d'un esprit vif, d'un jugement sûr, d'une raison sévère qui comprimait l'exubérance de sa riche nature et la rendait plus résistante en la condensant, il était fait pour la difficile mission qui lui incombait. Il rencontra sur sa route la jalousie des Portugais, les défiances des catéchistes, l'ignorance des chrétiens, les mauvaises dispositions des apostats, la haine des païens; il triompha de tout.

Arrivé au Tonkin en 1666, il trouva la situation de cette

---

1. C'est là un chiffre que confirment plusieurs catalogues très exactement dressés, quelques années plus tard. Arch. des M.-É., vol. 779.
2. *Mémoires de Bénigne Vachet*, vol. 1, p. 59.

mission beaucoup moins brillante qu'on ne se plaisait à le dire. Depuis trois ans que les missionnaires avaient été chassés, la persécution, ordonnée par le roi Lê-huyen-tông-muc et le chua Trinh-thac, avait, sous ses formes les plus captieuses ou les plus cruelles, frappé les chrétiens et éclairci leurs rangs[1]. N'ayant plus de prêtres pour les diriger, pas même de prêtres indigènes, les catéchistes avaient cependant essayé de résister, mais plusieurs d'entre eux avaient été entraînés par le torrent. Près des apostats véritables qui étaient en petit nombre, il y avait bien des tièdes et des négligents.

« De dix mille chrétiens qui avaient ci-devant embrassé la foi dans la province de Nghe-An, écrivait Deydier à Mgr Pallu, il n'en restait pas deux mille qui eussent persévéré. »

Que ces abandons n'étonnent pas. Baptisés de la veille, privés de pasteurs, d'absolutions, de sacrifice, vivant au milieu du paganisme dont ils avaient partagé les erreurs, comment n'auraient-ils pas été vaincus? D'ailleurs, et c'est une remarque qu'il importe de ne pas oublier, ces abandons étaient loin d'être une apostasie réelle. C'étaient souvent quelques paroles équivoques dont se contentaient les mandarins ; d'autres fois, un acte de faiblesse plus accentué, par exemple, marcher sur la croix ou sur les saintes images, mais jamais ou presque jamais, les malheureux qui commettaient ces fautes n'offraient de sacrifices ou d'encens aux idoles, comme aux premiers siècles de l'Église. D'ailleurs, on ne le leur demandait même pas, on se contentait d'une renonciation des lèvres, dont les juges, les premiers, connaissaient le peu de valeur, puisqu'il n'était pas rare de les entendre dire aux

---

1. Dans *Les premiers Prêtres indigènes de l'Église du Tonkin*, par E.-C. Lesserteur, p. 5-6, on lit une page très exacte sur les causes qui amenèrent, à cette époque, la désorganisation de la Mission du Tonkin ; une des principales causes fut le manque de prêtres indigènes.

fidèles : « Affirmez que vous renoncez à votre religion, puis, revenus chez vous, vous irez trouver vos prêtres, vous prierez votre Dieu et tout vous sera pardonné. »

Il n'est donc pas étonnant qu'après de telles démonstrations, coupables à la vérité, mais simplement extérieures, les fidèles vinssent en toute hâte vers les missionnaires afin d'obtenir l'absolution de leurs fautes, témoin les néophytes de Faï-fo qui rentrèrent dans le bercail à la parole de M. Hainques.

Pour remédier à cette situation et obéir aux instructions de son évêque, Deydier commença par essayer de gagner la confiance des catéchistes, prévenus par les Portugais contre les Vicaires apostoliques et leurs prêtres. Caché à Héan[1], dans la maison d'un chrétien nommé Raphaël, interprète des Hollandais, il adressa aux fidèles une lettre pour les informer de son arrivée et inviter les catéchistes à venir le voir; les sept plus anciens parmi ces derniers répondirent à son appel.

Il leur lut ses patentes de grand vicaire de Mgr Pallu, et les voyant peu disposés à reconnaître ses pouvoirs, il leur exposa les motifs de la venue des Vicaires apostoliques et de sa présence, et il conclut en leur annonçant son intention de choisir les plus pieux et les plus habiles d'entre eux pour les élever au sacerdoce.

Il leur remit ensuite une lettre de Mgr de la Motte Lambert qui les exhortait à le recevoir, à le reconnaître comme Supérieur et à se rendre au séminaire de Siam, où il leur conférerait les saints ordres, et les renverrait dans leur pays, pour devenir les Pères spirituels de l'Église qui les avait enfantés à Jésus-Christ.

Cette lecture finie, Deydier reprit la parole : « Vous voyez, ajouta-t-il, que notre mission n'a d'autre vue que

---

[1]. Cette petite ville, comptoir des Européens, était située sur la rive gauche du fleuve Rouge au point où une des branches de ce fleuve descend vers Nam-dinh.

de procurer votre avantage, votre honneur, l'accroissement de la foi et la gloire de Dieu ; vous ne pouvez vous opposer à un si louable dessein, sans vous rendre rebelles au Saint-Siège, et responsables du salut de tant d'âmes qui meurent sans sacrements faute de prêtres, et peut-être de la ruine entière de votre Église, qui, n'ayant point de pasteurs parmi ses enfants, sera détruite par les persécutions, comme on a vu détruire celle du Japon [1]. »

Au Tonkin comme à Siam, les prêtres des Missions-Étrangères commençaient donc par travailler au but de leur institution, à la fin pour laquelle le Souverain Pontife les avait envoyés, au premier besoin des Églises qu'ils venaient établir ; former le clergé indigène était leur grande préoccupation, et partout la Société restait fidèle à elle-même ; ni les persécutions, ni les hostilités, ni les défiances n'arrêtaient son dessein.

Les catéchistes s'inclinèrent devant les paroles si pleines de bonté et de sagesse de M. Deydier, et déclarèrent se soumettre entièrement aux Vicaires apostoliques et à leur délégué. Peu de jours après, vingt autres catéchistes plus jeunes suivirent l'exemple de leurs aînés. Afin de les affermir dans ces dispositions, le missionnaire leur prêcha une retraite, dans des conditions dont le pittoresque et la pauvreté rehaussent la piété.

« La difficulté de trouver un lieu d'assemblée, où l'on pût se dérober aux recherches des officiers du roi, fit souvenir M. Deydier que Jésus-Christ avait souvent prêché et instruit ses disciples dans la barque de saint Pierre et dans celles de ses autres Apôtres. » Cette pensée e détermina à donner rendez-vous, le 11 octobre, à tous les catéchistes dans la jonque qui les avait amenés et qui leur appartenait. Tous s'y rendirent au jour assigné.

---

[1]. *Histoire abrégée des progrès de la Religion chrétienne dans les Indes orientales*, ch. III, § XIV (*manuscrit*).

Les exercices de piété commencèrent par la célébration de la messe qui fut suivie d'une exhortation sur ces paroles de l'évangile : *Pacem relinquo vobis*, je vous laisse la paix.

Le commentaire de ce texte permettait d'entrer dans le vif de la question qui agitait les esprits, et de frapper un coup sûr au cœur des Annamites, toujours émus d'un argument basé sur la foi.

En entendant la grave parole du prêtre dont ils connaissaient maintenant l'autorité et pressentaient les vertus, les assistants éclatèrent en sanglots, lui promirent de nouveau une complète obéissance, et se demandèrent mutuellement pardon des conseils de résistance qu'ils s'étaient donnés.

Chaque jour, Deydier leur fit des instructions sur la manière d'annoncer l'évangile aux païens, d'enseigner la jeunesse, de conférer le baptême, de ramener les apostats, de retenir les fidèles dans la voie de la vertu; et de peur que ces avis si nécessaires ne vinssent à s'effacer de la mémoire des catéchistes, il leur remit un court abrégé des *Monita* pour tenir lieu de constitution, leur apprendre à vivre saintement, à exercer leur ministère selon les lois et l'esprit de l'Église, et leur ordonna d'en prendre copie.

De leur côté, les catéchistes rendirent compte de leurs travaux et de l'état du catholicisme dans le royaume.

Depuis le bannissement des Jésuites, ils avaient baptisé 5,500 personnes; il était échappé à la fureur des païens seulement 70 églises ou salles d'assemblée publique, et 200 oratoires chez divers particuliers; le nombre des chrétiens s'élevait selon eux de 30 à 35,000,[1] parmi lesquels on en voyait un certain nombre qui, par la

---

[1]. Nous ne savons si ce chiffre indique le nombre total des chrétiens ou ceux de certaines provinces. Nous avons, jusqu'à présent, étudié cette question sans pouvoir la résoudre.

crainte de la persécution ou par la corruption de leur cœur, avaient abandonné les pratiques religieuses, contracté des mariages nuls ou illicites, dressé dans leurs maisons des tablettes superstitieuses. Ces déclarations furent faites d'un aveu unanime.

Ils présentèrent ensuite au missionnaire un inventaire de tous les biens, meubles et immeubles qu'ils possédaient, et qu'ils avaient mis en commun, à l'exemple des premiers fidèles.

A la fin de la retraite, Deydier assigna un poste à chacun d'eux, plaçant les plus jeunes sous la direction des plus âgés. Il garda près de lui Benoît Hien, Jean Hué et cinq autres catéchistes qu'il destinait au sacerdoce, et dans ce bateau qui venait de leur servir de cloître pendant la retraite, il établit le premier séminaire du Tonkin. Cachées dans les anses du fleuve Rouge ou près des rivages solitaires, les barques tonkinoises remplaçaient les catacombes romaines.

M. Deydier a raconté lui-même, avec franchise, naturel et humilité, les débuts de ce séminaire qui, de tous les séminaires des Missions d'Extrême-Orient, devait être le plus fécond en prêtres indigènes :

« Dès ce jour, écrivit-il à son évêque, nous commençâmes à mener une vie de communauté et, qui plus est, une vie apostolique ; nous mangions ensemble, chacun lisait et servait à table à son tour ; je ne m'en exceptais pas plus que mes jeunes séminaristes. Ils s'y opposèrent d'abord, mais quand je leur eus apporté l'exemple de Notre-Seigneur, qui avait poussé l'humilité jusqu'au point de laver les pieds du traître et abominable Judas, ils ne surent que répliquer et furent obligés de se rendre, quoique avec une peine extrême, parce que cela est sans exemple parmi les Tonkinois, chez qui les femmes mêmes ne mangent d'ordinaire qu'après leurs maris.

« Nous faisions nos autres exercices ensemble. Je mis

aussitôt mon viatique et ce que les catéchistes m'avaient confié entre les mains de M. Raphaël, choisi pour être notre trésorier et notre économe. Tout ce que les chrétiens me donnaient en aumônes et pour dire des messes, lui était envoyé sans passer par mes mains.

« Ainsi nous sommes, par la miséricorde du bon Dieu arrivés à l'état des premiers chrétiens dont l'Écriture dit :

« *Erat cor unum et anima una, erant illis omnia communia* [1]. »

Laissant ensuite ses écoliers à eux-mêmes, il commença la visite de la mission, il parcourut les provinces de Nam-dinh, de Ninh-binh, de Thanh-hoa et remonta vers Son-tây ; debout avant l'aurore [2], il célébrait d'abord la messe à laquelle assistaient tous les chrétiens, prêchait trois fois par jour, le matin, à trois heures après-midi, et le soir; entre temps, il établissait l'ordre recommandé par les *Monita*, nommait les chefs de chaque paroisse et composait un abrégé de la doctrine chrétienne ; il passait une partie des nuits à entendre les confessions ; à Ke-nam, il baptisa plus de 600 personnes et en confessa 2,500 ; à Ke-song, il baptisa également de nombreux néophytes [3]. Il travaillait dans l'ombre et le mystère, car il avait tout à redouter de la surveillance des mandarins, de l'espionnage des soldats, de la susceptibilité des mauvais chrétiens repris et condamnés pour leur conduite, de l'orgueil de quelques lettrés souvent très froissés de ce qu'on leur imposait un stage de plusieurs semaines avant le baptême.

C'est ainsi qu'une mère de famille qui n'avait pu

---

1. *Les premiers prêtres indigènes de l'Église du Tonkin*, par E.-C. Lesserteur, p. 9, 10.
2. Un décret de la Propagande permettait aux missionnaires de célébrer la messe trois heures avant l'aurore, *13 janvier 1665*.
3. *Relation des Missions des Évêques français (1674). Journal manuscrit de la Mission du Tonkin*, Arch. des M.-É., vol. 656. *Lettres du Tonkin*, Arch. des M.-É., vol. 650.

obtenir la permission de fréquenter les sacrements, parce qu'elle avait marié deux de ses filles à des païens, dénonça le missionnaire. Moyennant un présent offert par l'interprète Raphaël, un mandarin para le coup; il expliqua au roi que l'homme accusé d'être un prédicateur de religion n'était autre qu'un Français habitant naguère Siam et venu au Tonkin pour se joindre à une ambassade dont on annonçait la prochaine arrivée; ce Français, ajouta-t-il, ne possédant aucun objet digne d'être offert à Sa Majesté, n'a osé paraître en sa présence; cependant il est très désireux de rester dans ce royaume.

Le souverain s'informa de la force et des richesses de la France, de ses relations avec les Hollandais dont le comptoir de Héan était très florissant.

« La France, répondit le mandarin, est le plus puissant royaume de l'Europe, et les Hollandais y achètent tout ce qu'ils apportent ici de plus précieux. »

Cette raison suffit au roi; plus tard et sous différents règnes, elle sera également donnée en Annam avec succès, car la tolérance religieuse eut longtemps pour base l'intérêt commercial.

Échappé à un danger, le missionnaire retombait dans un autre; il faillit être dénoncé par un capitaine de la garde royale qui voulait être immédiatement baptisé sans instruction préalable. Pendant un de ses voyages, il rencontra la flotte royale, et pour éviter toute perquisition, il la suivit comme s'il avait appartenu au cortège.

Une autre fois, il fut obligé de se faire passer pour le domestique d'un Hollandais.

Dieu aidait ses travaux par des grâces particulières dont l'effet avait du retentissement dans tout le pays, et dont les annalistes de la mission du Tonkin nous ont conservé le souvenir. La veuve d'un lettré, nommée Dieou et fort en crédit près du roi, avait deux de ses petites filles dangereusement malades. Sous toutes les latitudes, il y a de mystérieuses affinités et un amour puissant entre l'aïeul et l'enfant. Dieou n'avait rien épargné pour sauver celles qu'elle aimait tant, mais les consultations des médecins les plus habiles et des bonzes les plus renommés avaient été inutiles. La pauvre femme entendit parler des chrétiens et de la puissance de leur Dieu; elle fit appeler un catéchiste, et lui montrant ses petites-filles :

« Priez pour elles, lui dit-elle, baptisez-les, faites ce que vous voudrez, mais sauvez-les. »

Sur les routes de la Judée, le Christ avait senti son cœur tressaillir aux accents d'une douleur maternelle, et le fils de la veuve de Naïm était sorti vivant du cercueil. Du haut du ciel, il entendit et exauça les vœux de la femme annamite et les prières des fidèles, il rendit la santé aux deux enfants. La tendresse heureuse de l'aïeule ne fut point ingrate; elle reconnut le souverain maître de toutes choses, l'adora et reçut le baptême avec ses petites-filles, entraînant par son exemple une autre dame de la cour et une belle-sœur du roi.

La grâce divine fut encore plus efficace dans la province de Thanh-hoa. Le missionnaire y baptisa 758 infidèles presque tous adultes.

Un catéchiste, nommé Martin, qui prêchait depuis treize mois dans la province de Nghe-an et dans le Bô-chinh[1], vint lui rendre compte des bénédictions répandues sur ses travaux. Il avait ramené les chrétiens aux exercices de la religion et baptisé, avec le secours d'un catéchiste de second ordre, environ 3,000 personnes. Le zèle des autres catéchistes n'avait pas été sans fruit. « Je trouve, dit M. Deydier, que 7,080 personnes, dont j'ai les noms, ont reçu, cette année, le baptême. J'en ai baptisé 1,500 pour ma part. (1667) »

---

1. Partie septentrionale de la province du Quang-binh.

Tantôt les bienfaits, tantôt les châtiments accéléraient les progrès de la foi ; un chrétien et sa femme furent frappés d'une maladie étrange et inconnue, aussitôt après avoir marié leur fille à un païen ; un conseiller du roi qui avait sollicité et obtenu un édit de persécution fut cassé de sa charge, son fils et sa fille moururent de malemort. Sur les lèvres des païens eux-mêmes, on rencontrait l'aveu de la puissance divine. « Le Maître du ciel vous a bien protégés, disait à ses derniers instants un dénonciateur des missionnaires, je n'ai rien négligé pour vous perdre, et il vous a délivrés de tout. »

IV

La guerre civile changea le cours des travaux de M. Deydier, mais sans l'arrêter. Une famille puissante, celle des Mac, après avoir rendu de grands services à son pays, avait été comblée d'honneurs ; peu à peu son ambition grandissant avec le succès, elle avait envahi toutes les charges du royaume. En 1527, son chef, Mac-dang-dong franchit le dernier degré qui conduisait au trône, il déclara que la maison des Lê avait cessé de régner et se proclama roi. Entre les usurpateurs et les partisans du prince légitime, la première lutte dura 66 ans ; enfin en 1593, Lê-the-tông rentra dans sa capitale, conduit par le général vainqueur Trinh-tong. Les Mac se retirèrent vers le nord ; on leur laissa la province de Cao-bang, d'où ils continuèrent à ravager les provinces tonkinoises voisines de leurs possessions. Afin de briser cet ennemi sans cesse renaissant, Trinh-thac qui gouvernait sous le règne de Lê-huyen-tong-muc, pénétra dans la province de Cao-bang en 1667 et en 1668, la parcourut en vainqueur et en chassa le dernier descendant des Mac[1].

Pendant cette guerre qui laissait le delta en paix, Deydier revint à Héan, fit partir pour Siam ses deux principaux catéchistes, Hien et Hué, en priant Mgr de la Motte Lambert de leur conférer les saints ordres.

Dans la lettre qu'il écrivit à l'évêque, il lui cita les curieuses paroles du roi du Tonkin à propos de l'ordination des prêtres indigènes : « Je ne puis m'empêcher de vous dire la plainte que le roi a souvent répétée, de ce que toutes les autres nations se servent des Tonkinois pour en faire des prêtres de leur Dieu, chacune selon sa religion, et qu'il n'y a que les seuls Portugais qui ne veulent pas les élever à cette dignité dans la leur[2]. » C'est chose assez singulière de rencontrer la même pensée chez le Pontife romain et dans l'esprit d'un souverain païen, et peut-être jugera-t-on que le reproche adressé par ce dernier n'est pas sans force pour prouver l'utilité du clergé indigène.

Le Vicaire apostolique plaça au séminaire les catéchistes de M. Deydier, les instruisit et les ordonna au mois de Mai ou de Juin 1668. Ils furent avec les deux prêtres cochinchinois, choisis et préparés par Hainques, les premiers nés du clergé annamite, la première de ces nombreuses générations de prêtres indigènes que nous retrouverons courageux, habiles, zélés, vertueux, vrais soutiens de leurs églises et de leurs compatriotes, aux heures les plus sombres de la persécution, en un mot, dignes, à de rares exceptions près, de cette parole que l'évêque avait prononcée sur leurs fronts inclinés au jour de leur consécration : « Vous êtes la race choisie, le sacerdoce royal, la nation sainte, le peuple conquis, afin

---

1. *Histoire ancienne et moderne de l'Annam*, p. 129, 168.
2. *Journal de la Mission du Tonkin*.

que vous annonciez les grandeurs de Celui qui vous a appelés des ténèbres à son admirable lumière. »

Après leur retour au Tonkin, ils aidèrent Deydier dans les travaux de son apostolat de plus en plus fécond, surtout dans les paroisses de Dong-chuoi, de Kien-lao, de Tra-lu et de Lang-lang.

En apprenant cette extension de l'Église tonkinoise, de la Motte Lambert pensa que le moment était venu de régler l'organisation des paroisses et des districts et d'affermir le bon ordre et la paix. En l'absence de Mgr Pallu, cette charge lui revenait.

Au mois de juillet 1669 [1], accompagné de M. de Bourges récemment revenu d'Europe, et d'un nouveau missionnaire, Bouchard [2], il s'embarqua sur le vaisseau d'un marchand originaire de Bourgogne, Junet. A l'entrée du fleuve Rouge, il fit prévenir Deydier de son arrivée. Hélas ! le moment était loin d'être propice. La persécution occasionnée par le zèle peu modéré d'un officier de la cour, et par l'arrivée de religieux portugais durait depuis quelques mois ; elle n'était pas violente, mais elle révélait assez les mauvaises dispositions du gouvernement. Deydier avertit l'évêque, en même temps que deux gardes montaient sur le navire français, pour empêcher le débarquement des marchandises, avant l'examen qu'en devaient faire les mandarins.

La situation devenait embarrassante.

Le Vicaire apostolique craignait d'être découvert et de causer un redoublement de persécution ; les objets du culte étaient également compromettants ; pour les soustraire aux regards du mandarin, Junet s'avisa d'un statagème de marin, il invita les soldats annamites à

---

1. Le 23 juillet ; il arriva au Tonkin le 30 août suivant après avoir touché à l'île de Haï-nan.
2. Du diocèse d'Evreux, licencié de Sorbonne, mort à Faï-fo, le 14 février 1682.

souper, et leur servit plusieurs bouteilles de son meilleur vin. Les soldats regardèrent comme un devoir de faire honneur à la générosité du capitaine, et, dit le chroniqueur, « ils burent assez pour avoir besoin de dormir. »

On fit alors passer les objets, qu'on voulait dérober aux perquisitions mandarinales, dans la barque d'un prêtre indigène qui les mit en lieu sûr.

Dès que le vaisseau fut arrivé en vue de Héan, deux officiers le visitèrent minutieusement, relevèrent le détail de sa cargaison, demandèrent ce qu'il venait faire au Tonkin, et s'il y avait des prêtres à bord. Le capitaine répondit que, selon la coutume des Français, il y avait un aumônier, et il leur présenta Mgr de la Motte Lambert qui seul avait gardé le costume ecclésiastique : « Le navire, ajouta-t-il, appartient à la nouvelle compagnie de France, qui désire fonder un comptoir commercial à Héan. »

On transmit cette réponse au roi qui s'en montra satisfait, et défendit d'inquiéter ou de punir ce prêtre, venu dans son royaume sans connaître sa défense. Toutes les difficultés eussent été aplanies, si les Portugais et les Hollandais, redoutant la concurrence commerciale des Français, n'avaient eu l'audacieuse infamie de dénoncer nommément l'évêque et les missionnaires.

Une nouvelle visite, plus sévère que la première, n'amena heureusement la découverte d'aucun objet compromettant; mais les mandarins soupçonneux menacèrent de mort Junet et de Bourges, maltraitèrent de la Motte Lambert, et établirent autour du navire une surveillance rigoureuse.

Les chrétiens conseillèrent alors au Vicaire apostolique d'adresser une requête au roi et de lui offrir des présents. Un eunuque chrétien, Tuyên, exposa au prince les avantages du commerce avec la France, dont la puissance était sans égale en Europe, les marchandises les meilleures et les commerçants les plus probes. « Puisqu'il en est ainsi, répliqua le prince, que les Français viennent dans mon royaume, je leur accorderai de plus grands privilèges qu'aux Hollandais, et dès maintenant, s'ils le désirent, je leur donnerai un terrain pour y établir une factorerie. »

Il permit à l'équipage de descendre à terre, l'invita même à assister à la revue de son armée et aux exercices de ses éléphants de guerre. Les officiers et les matelots s'empressèrent d'aller voir défiler les bataillons annamites, tandis que Mgr de la Motte Lambert appelait près de lui les catéchistes, se faisait reconnaître par eux pour leur évêque légitime, en choisissait sept et les ordonnait prêtres [1].

Peut-être un docteur de Sorbonne eût-il trouvé ces prêtres insuffisamment versés dans les subtilités de la philosophie, incapables de soutenir une thèse sur plusieurs questions théologiques, absolument ignorants en physique, en chimie, en astronomie ; mais ils possédaient des qualités plus nécessaires à leur état et que la science n'aurait pas remplacées : un grand bon sens, beaucoup de tact dans la conduite des choses et des hommes, une foi vive et une humble défiance d'eux-mêmes. En les choisissant, de la Motte Lambert et Deydier s'étaient inspirés des traditions apostoliques ; les élus étaient des hommes pieux, prudents, réservés et sûrs comme les *Seniores* des premiers siècles de l'Église. Tous, d'ailleurs, sauf le P. Vite Van Tri, dont l'extraordinaire vertu méritait cette exception, étaient avancés en âge.

---

1. Décrets de la Propagande sur le clergé indigène, — pour leur patrimoine, *23 novembre 1665; Collectanea*, etc., n° 141, p. 83, — pour titre d'ordination, *13 mars 1665; Collectanea*, n° 782, p. 345, — pour les lettres dimissoriales, *13 janvier 1665; Collectanea*, n° 790, p. 750.

Martin Mat avait.	66	ans
Antoine Van Hoc	56	—
Philippe Nhum	50	—
Simon Kien	60	—
Jacques Van Chu	46	—
Léon Thu	45	—
Vite Tri	30	—

L'évêque conféra ensuite les ordres mineurs à dix catéchistes, la tonsure à vingt autres.

C'était un grand point, sans doute, de posséder après quelques années de travail, neuf prêtres indigènes, trente lévites, des catéchistes nombreux et fidèles; mais une chose non moins importante restait à accomplir : donner à ce clergé et à ses auxiliaires des règles de conduite. Chargés d'établir un nouvel ordre de choses, les Vicaires apostoliques devaient être des organisateurs plutôt que des ouvriers. Jetant les bases d'un édifice qu'ils n'achèveraient pas, ils devaient indiquer la raison, l'agencement des différentes parties dans un plan complet que leurs successeurs n'auraient plus qu'à suivre. C'est pourquoi, le 14 février 1670, Mgr de la Motte Lambert tint à Dinh-hien, province de Kit-nam, aujourd'hui de Nam-dinh, le premier synode du Tonkin, dont les statuts, au nombre de trente-trois, renouvelèrent, en les appliquant à des cas particuliers, la plupart des dispositions contenues dans les *Monita*.

Les principales décisions nouvelles furent : la division du Tonkin en neuf districts et la tenue chaque année d'une réunion synodale. Les actes du synode de Dinh-hien furent approuvés par le Pape Clément X, le 23 décembre 1673, dans la bulle *Apostolatûs officium*.

Après avoir fixé des règles de gouvernement à son clergé naissant, de la Motte Lambert tourna ses regards vers une autre portion de ses ouailles. Évêque envoyé pour fonder des églises et évangéliser les nations païennes, il voulut offrir à ces églises tous les moyens d'action et tous les éléments de succès, à ces nations le spectacle de toutes les splendeurs et de toutes les noblesses du catholicisme.

Près du prêtre combattant au grand jour, il plaça la religieuse, la vierge priant au fond de son cloître, se dépensant au chevet des malades, se dévouant à l'instruction des enfants.

« La virginité est la fleur de la pudicité, elle en est le rayon le plus pur, le parfum le plus délicat. Les peuples les plus corrompus l'ont tous tenue en singulière estime [1]. » Rome avait ses vestales au long vêtement blanc; la Gaule ses druidesses au front couronné de verveine et de gui sacré; l'Extrême-Orient possède des institutions analogues; Siam a ses talapouines, l'Annam et la Chine leurs bonzesses auxquelles la continence est imposée. La pudeur est donc en honneur, elle exerce sur la vie publique et sur la législation un incontestable empire. Le mariage est un rit religieux, l'adultère est puni par la mort ou par l'esclavage, l'honneur de la femme n'est pas un vain mot, et la mère a quelque droit au respect de ses fils.

Mais mêlées à ces dernières lueurs que l'âme de l'homme a gardées, vestiges du soleil éclatant qui l'illumina à son origine, que d'ombres ou plutôt que de ténèbres! Pour n'être absolument ni dégradée, ni avilie, la femme d'Extrême-Orient n'est nulle part, au sens chrétien du mot, la compagne de l'homme. Elle est ordinairement traitée en inférieure par son mari, ne sait ni lire ni écrire, ne connaît que sa cuisine et quelques prières qu'elle marmotte sans les comprendre; la polygamie est dans les hauts rangs de la société et le divorce trop fréquent [2].

---

1. *Les Vierges Martyres*. Martin.
2. Nous ne parlons ici qu'en général, car nous savons qu'il y a de nombreuses exceptions.

L'Église avait trouvé le monde grec et le monde romain dans un état de corruption sans doute plus profonde; pour le renouveler, elle avait relevé la femme, l'avait purifiée, avait agrandi et ennobli son rôle jusqu'à en faire un instrument de régénération sociale par la chasteté conjugale et la virginité.

Tertullien, saint Cyprien, saint Grégoire, saint Ambroise avaient proclamé les vierges le plus précieux joyau de l'Église et sa plus belle couronne. De la Motte Lambert suivit ces exemples. Des veuves et des jeunes filles s'étaient déjà réunies, désireuses de mener une vie plus chrétienne; il voulut les former en un véritable Institut, et il composa pour elles des règlements dont les principaux points furent : les vœux de chasteté, de pauvreté et d'obéissance, la méditation quotidienne, la prière fréquente, la discipline trois fois par semaine, et le jeûne la veille de toutes les fêtes. Il les exhorta par des instructions spéciales :

1° A unir continuellement leurs oraisons, leurs pénitences et leurs larmes aux prières, aux douleurs et au sang du Sauveur, afin d'obtenir de Dieu la conversion des infidèles de l'univers, particulièrement du Tonkin et des royaumes confiés aux Vicaires apostoliques;

2° A s'appliquer à l'éducation des jeunes filles, afin qu'en leur apprenant ce que les personnes de leur sexe doivent savoir, elles aient l'occasion d'expliquer aux chrétiennes et même aux païennes les principes de la religion; il leur recommanda de n'interrompre ces instructions que pendant les plus rigoureuses persécutions;

3° A prendre soin des filles et des femmes malades, soit chrétiennes, soit infidèles, et à joindre à leurs soins charitables des entretiens sur l'importance du salut éternel;

4° A convertir celles qui mènent une vie scandaleuse, et à baptiser les petits enfants en danger de mort.

Les autres articles du règlement se rapportent à ces quatre points fondamentaux, et les derniers sont les commentaires de ces paroles de saint Paul : « Que le dessein du Fils de Dieu, en mourant pour tous les hommes, a été de les obliger à mourir à eux-mêmes, à ne vivre que pour lui et pour imiter sa charité : *pro omnibus mortuus est Christus, ut qui vivant, non jam sibi vivant, sed ei qui pro ipsis mortuus est.* »

A ces nouvelles religieuses, de la Motte Lambert donna le nom significatif d'Amantes de la Croix. Pauvres et saintes filles, elles l'ont bien mérité ce nom, elles ont supporté tout ce qu'il exprime de douleurs, d'angoisses, d'amertumes humaines; mais aussi elles ont savouré tout ce qu'il prophétise de joie céleste et d'amour divin. Elles ont mené une vie de pauvreté, de travail, d'humiliation, parcourant tous les chemins de l'Annam, visitant ses bourgades et ses villes, afin de régénérer les enfants dans les eaux du baptême; au péril de leur vie, elles ont caché les prêtres pendant les persécutions; elles ont porté le pain des forts aux martyrs, jusque dans leur cachot; et pour couronner tant de vertus et tant d'héroïsme, elles ont confessé le nom de Jésus-Christ dans les tourments et dans la mort.

Les Amantes de la Croix et plus tard les Vierges chinoises, dont l'institution est due à un autre évêque de la Société, ont montré à l'Extrême-Orient la grandeur de l'humilité, la gloire de l'obéissance, la splendeur de la virginité.

Ainsi, sept ans après sa fondation définitive, la Société des Missions-Étrangères avait réussi dans l'exécution d'une œuvre que beaucoup jugeaient impossible, elle avait choisi des lévites, elle les avait instruits et élevés au sacerdoce, elle avait posé les règles fondamentales de l'organisation des églises, et enfin, ne redoutant pas de faire ce que d'aucuns eussent facilement traité de superflu, elle avait orné ces églises des fleurs du jardin que Jésus se réserve à lui seul.

Lorsque Mgr de la Motte Lambert quitta le Tonkin pour retourner à Siam, il fut arrêté par les vents contraires à l'embouchure du fleuve Rouge, il profita de ces jours d'attente pour adresser cette lettre aux religieuses :

« Pierre Lambert à nos chères Sœurs Agnès et Paule :

« Mon embarquement précipité ne me permit pas le jour des Cendres de vous parler sur la perfection à laquelle Dieu a daigné vous appeler. Je vous écris pour vous avertir que vous étant données à Jésus-Christ, vous n'êtes plus à vous.

« Vous ne devez plus vivre que pour méditer ses souffrances, imiter sa vie crucifiée, croître chaque jour dans la connaissance et dans l'amour de ce céleste Époux, et pour tâcher de lui plaire par une exacte fidélité à toutes vos obligations. C'est à quoi je vous exhorte autant que je le puis, sachant les grands avantages que vous en retirerez et qui rejailliront sur toute l'Église. Je vous recommande aussi très particulièrement le soin de vos compagnes ; ce sont des dépôts sacrés que Dieu a placés entre vos mains ; mettez-leur souvent devant les yeux que la fin principale de votre état est de continuer la vie souffrante de Jésus-Christ, et de lui demander la conversion des infidèles et des mauvais chrétiens par vos oraisons, par vos jeûnes et par vos larmes ; mais surtout prenez garde qu'il importe extrêmement de faire tous ces saints exercices comme si nous tenions la place de Jésus-Christ.

« Dans l'état de gloire où il est entré, il ne peut plus les faire lui-même comme voyageur sur la terre ; mais il se sert de certaines âmes choisies qu'il remplit de son esprit pour continuer sa vie mortelle et sacrifiée jusqu'à la consommation des siècles. Vous voyez par là, mes sœurs, quelle est la grandeur de votre dessein. Vous comprenez que vous devez être entièrement mortes au monde et à vous-mêmes, c'est-à-dire aux sens, à la nature corrompue, à la raison purement humaine, pour ne plus vivre que de la vie de Jésus-Christ, en suivant ses maximes les plus élevées. Faites, je vous prie, des réflexions continuelles sur ces vérités, et ne m'oubliez pas devant Dieu.

« A la barre du Tonkin, 26 février 1670. »

V

Mgr Lambert était rentré à Siam depuis quelques mois, lorsque deux prêtres et deux catéchistes cochinchinois se présentèrent devant lui, et, prosternés à ses pieds, lui dirent en pleurant : « Ayez pitié de vos enfants demeurés comme des orphelins sans père et sans mère. Vous seul, par votre présence, pourriez nous consoler de la perte que nous avons faite; mais si vous ne pouvez venir avec nous, envoyez-nous au moins d'autres missionnaires, nous vous en supplions, au nom des chrétiens, dont nous vous apportons les lettres. »

L'évêque lut les lettres et interrogea les messagers; il apprit d'eux que Hainques et Brindeau étaient morts au commencement de 1671, empoisonnés par leur domestique, et, affirment plusieurs narrateurs, à l'instigation des Portugais.

Pendant son apostolat, Hainques avait baptisé 6,000 Annamites. Après sa mort, le mouvement des conversions continua. Cette abondante moisson et l'absence de tout prêtre décidèrent Mgr de la Motte Lambert à partir pour la Cochinchine, accompagné de deux missionnaires, Mahot et Vachet.

Né en Normandie, non loin d'Argentan, Mahot se distinguait par son humilité et son désintéressement, alliés à une pureté si grande, que son biographe n'a pas craint de dire qu'il est mort vierge.

Doué d'une imagination exubérante, d'un jugement plus hardi que sûr, Vachet, natif de Bourgogne, fut successivement missionnaire en Cochinchine, professeur au séminaire de Siam, interprète d'ambassade, et mourut au Séminaire des Missions-Étrangères en 1720. Il a laissé de nombreux mémoires sur les origines de la Société, sur ses premiers évêques et ses premiers prêtres, sur la révolution de Siam en 1688 et sur le ministre de Siam, Constance Phaulcon. Ces mémoires dont on a publié [1] un seul fascicule sont écrits d'une plume alerte, colorée, qui ne recule ni devant le mot à l'emporte-pièce, ni devant le trait acéré, mais qu'il est peut-être bon de ne consulter qu'avec une certaine réserve.

Une tempête assaillit les voyageurs sur les côtes du Binh-thuan; les matelots épouvantés redoutaient à tout instant d'être englouti, calme comme dans sa demeure, Mgr Lambert récitait son bréviaire, Vachet s'étonna : « L'état où nous nous trouvons, repartit l'évêque, est une suite de notre engagement. Tout ce qui doit nous occuper, c'est que nous sommes dans l'ordre de Dieu. » Après deux mois d'une navigation périlleuse, ils abordèrent au Binh-dinh que Mahot fut chargé de desservir.

Les chrétiens accoururent de toutes parts pour saluer le Vicaire apostolique et parmi eux, le quan Bô ou chef du service administratif qui le pressa de visiter le Tong-doc (gouverneur général de la province), païen favorable à la religion. Cette proposition fit trembler les fidèles, peu confiants dans les dispositions du mandarin; le prélat les rassura, et un capitaine chrétien, chef d'une

---

[1]. Cette publication a été faite par les soins de M. Rousseille, directeur du Séminaire des Missions-Étrangères.

compagnie de soldats, répéta à cette occasion le mot de l'apôtre saint Thomas : « Allons, et s'il le faut, mourons avec lui. »

Ces craintes ne se réalisèrent pas ; le gouverneur témoigna un vrai respect à l'évêque ; il lui rendit sa visite, mais pendant la nuit, dans la crainte de quelque indiscrétion, il promit qu'il n'arriverait rien de fâcheux, pourvu que les chrétiens fussent prudents et ne tinssent pas de réunions trop nombreuses. Si néanmoins, la persécution s'élevait, il offrait au prélat un asile dans sa maison, où personne n'aurait la pensée de venir le chercher. En se retirant, il lui remit un passeport écrit de sa main et scellé de son sceau.

De la Motte Lambert, accompagné de M. Vachet, partit ensuite pour la province de Nha-ru, le Phu-yen actuel. Le gouverneur était chrétien, mais encore faible dans la foi, et selon l'habitude de beaucoup de mandarins, il avait, outre sa femme légitime, plusieurs femmes de second rang. Il reçut néanmoins le vicaire apostolique avec honneur, et, le lendemain, le pria de célébrer la messe dans sa maison ; l'évêque s'en excusa, il lui fit comprendre que le Dieu de toute pureté ne pouvait habiter, ne fût-ce qu'un instant, dans une maison souillée ; et il profita de l'occasion pour représenter à son hôte le désordre honteux dans lequel il vivait et l'exhorter vivement à se corriger.

Le mandarin sembla s'humilier sous la remontrance de son premier pasteur ; il se confondit en protestations et en promesses selon la coutume annamite, mais pendant que ses lèvres sollicitaient le pardon de ses fautes, son cœur songeait à la vengeance.

Il prépara pour ses deux visiteurs une magnifique collation, dont tous les mets étaient empoisonnés. Heureusement les missionnaires ne touchèrent qu'à deux oranges confites ; à peine descendus dans leur barque, ils se sentirent frappés, l'évêque plus gravement atteint dut recevoir l'Extrême-Onction, et attendre plus d'un mois avant de continuer son voyage.

A quelque temps de là, le feu prit par accident à la chambre à coucher de ce mandarin, et le malheureux, à moitié dévoré par les flammes, confessa publiquement son crime, et reconnut le châtiment de Dieu.

Tout à coup, des bruits sinistres se répandirent sans motif bien apparent : la persécution avait éclaté dans la province du Quang-ngai où venait d'arriver l'évêque ; on n'attendait qu'une réunion nombreuse pour mettre la main sur celui-ci et s'emparer des nouveaux chrétiens ; ailleurs on avait déjà commencé et emprisonné plus de trente fidèles. Les deux sœurs de la reine, qui étaient baptisées, envoyèrent dire aux missionnaires de se cacher soigneusement et d'interdire les assemblées.

Le Vicaire apostolique se retira dans la maison d'une pieuse veuve nommée Lucie Ky, où il demeura enfermé le plus secrètement possible pendant environ six semaines. Il profita de ce temps pour établir dans cette maison un couvent d'Amantes de la Croix, comme il l'avait fait au Tonkin l'année précédente.

Le calme étant revenu, il voulut aller dans la chrétienté de Binh-sung, prier sur la tombe de son ancien provicaire, M. Hainques. Par suite de la vénération que les chrétiens de cette paroisse avaient gardée pour leur missionnaire, ils s'étaient avisés d'introduire son nom dans les litanies des saints. Si le sentiment n'avait, par certains côtés, rien de blâmable, le fait ne pouvait être toléré, Mgr de la Motte Lambert le défendit et enseigna aux fidèles comment ils devaient honorer le prêtre dont ils avaient conservé un si pieux souvenir. Après avoir rendu cet hommage à son dévoué collaborateur, il prit la route de Faï-fo ; comme on se défiait, et pour cause, des Portugais, il se réfugia dans une petite île écartée, où il logea dans une misérable cabane faite de quelques pieux recouverts de paille. Aux chrétiens qui s'excusaient de le recevoir si mal, il répondit en souriant que le fils de Dieu était encore plus mal logé à Bethléem.

Son premier soin fut de convoquer auprès de lui tous les catéchistes et les chefs de chrétientés, pour entendre leurs rapports sur l'état de la mission, leur donner ses instructions et surtout rétablir la paix parmi eux. L'historien de la *Cochinchine religieuse* [1] a indiqué en traits légers, mais précis, les troubles de la situation qui avaient attristé les Vicaires apostoliques à Siam, Deydier au Tonkin, Chevreuil au Cambodge, et que Mgr de la Motte Lambert retrouvait devant lui : « A l'exemple des premiers fidèles de l'Église de Corinthe, dit-il, dont les uns étaient pour Apollon, les autres pour Paul, oubliant qu'il n'y a dans l'Église qu'un seul pasteur, qui est le Christ, les catéchistes annamites s'étaient partagés, les uns tenant pour les anciens missionnaires qui leur avaient apporté la foi; les autres, pour les nouveaux envoyés du Saint-Siège; les intrigues des Portugais avaient envenimé la querelle et fomenté par toute la mission l'esprit de division et de schisme; un certain nombre de chrétientés, depuis l'exil des Jésuites, en 1665, se tenaient à l'écart des missionnaires envoyés par la Propagande, et les regardaient comme des intrus. »

Afin d'apaiser ces dissentiments, l'évêque fit traduire en annamite et publier les bulles apostoliques qui l'établissaient Vicaire du Saint-Siège en Cochinchine; il usa envers tous d'une douceur et d'une modération qui ramenèrent beaucoup d'égarés; mais les germes de cette division restèrent pendant plusieurs années encore au fond des âmes, toujours prêts à se développer et à porter

---

1. *La Cochinchine religieuse*, par Louvet, vol. 1, p. 292.

des fruits empoisonnés de négligence, de tiédeur, d'inconduite et parfois d'apostasie.

Pour l'honneur du Portugal, nous voudrions croire qu'il ne se rendait pas compte des funestes conséquences que sa conduite pouvait avoir, qu'il ignorait les excès de ses agents, leurs fourberies et leurs violences ; mais il est trop certain, au contraire, que ces derniers étaient encouragés par Macao, Goa, et plus encore par Lisbonne. Celui qui cherche les causes providentielles de l'état actuel du Portugal, ne peut oublier qu'il existe pour les peuples une justice distributive, qui rend ses arrêts et les applique dès ce monde, à une époque ou à une autre, abaissant ou élevant les nations selon qu'elle leur doit des récompenses ou des châtiments, c'est-à-dire selon que ces nations ont observé ou violé la loi divine.

Mgr de la Motte Lambert remit ensuite aux prêtres indigènes et aux catéchistes copie des statuts du synode du Tonkin ; il y ajouta quelques règlements particuliers, puis il repartit avec une douzaine de séminaristes et M. Vachet, pour le royaume de Siam, où de bonnes nouvelles de la Société l'attendaient.

CHAPITRE VI
1665-1670

I. Etat et esprit du Séminaire des Missions-Étrangères en 1665. — Conseils de Mgr Pallu. — Adresse au clergé de France. — II. Union du Séminaire des Missions-Étrangères de Paris et du Séminaire de Québec. — III. Effet de l'arrivée de Mgr Pallu en Europe. — Mgr Pallu à Rome. — Bref de Clément IX à Louis XIV. — Projets coloniaux de Mgr Pallu. — Ses espérances de l'apostolat par la France. — IV. Mort de M. de Meur. — Différence d'opinions sur les vœux. — Mgr Pallu et M. Gazil à Rome. — Appréciation des vœux par le cardinal Bona. — La Propagande refuse d'approuver les vœux. — Approbation des Instructions ou *Monita*. — V. Pouvoirs accordés aux Vicaires apostoliques. — Juridiction sur Siam. — Mgr Pallu faussement accusé de Jansénisme. — Son départ.

I

Le sort de la Société et la prospérité des Missions qui lui étaient confiées dépendaient en grande partie de l'état du Séminaire ; si cet établissement avait des élèves nombreux et bien formés, s'il trouvait des ressources pour soutenir les Vicaires apostoliques et leurs collaborateurs, la Société s'étendrait et s'affermirait, les Missions seraient plus vite et plus solidement organisées ; les directeurs le comprirent et s'attachèrent à leur œuvre avec zèle et persévérance.

Tout séminaire est une maison de prière, de méditation, de hautes études, de sobriété, de simplicité, de solitude bénie et aimée qui ouvre à l'âme les perspectives des combats futurs de la vie et des mystères redoutables de l'éternité ; c'est dans cette demeure que le lévite apprend à s'armer, à se façonner, à devenir un être à part détaché du monde, respirant aux pieds des autels l'atmosphère des forts. Le Séminaire des Missions-Étrangères devait être tout cela et quelque chose de plus encore. Sans doute, les séminaristes qui entraient dans cette maison étaient préparés, puisque, dès avant leur arrivée, la plupart d'entre eux étaient prêtres; mais des vertus sacerdotales ordinaires, un zèle ordinaire, faciles à entretenir dans un pays catholique, ne suffiraient pas dans des contrées païennes, en face de périls plus pressants et de difficultés plus ardues. Il fallait donc perfectionner cette préparation première, remplacer l'enthousiasme, flamme brillante et passagère, par le feu concentré et durable d'une volonté longuement et savamment exercée. « La fin principale du Séminaire des Missions, a dit un écrivain du xviiie siècle, est d'inspirer à ses élèves l'esprit apostolique, je veux dire qu'il est particulièrement établi pour former des ecclésiastiques qui renoncent à toutes les liaisons du sang et de l'amitié, à tous les agréments de la vie, à toutes leurs espérances temporelles et à leur patrie ; des ecclésiastiques qui se sacrifient sans réserve à la prédication de l'Évangile et au salut des âmes, qui, au premier commandement du Pape ou des autres supérieurs, volent aux extrémités de la terre pour y travailler à la conversion des peuples, dont la cruauté fait souvent périr ceux qui cherchent à les sauver; des ecclésiastiques qui ne tiennent point à la terre, qui portent le désintéressement jusqu'à ne rien demander, ne rien recevoir de ceux qu'ils enrichissent des trésors du ciel, qui ne vivent d'aumônes que par nécessité, ou pour pratiquer la pauvreté dans toute sa perfection et qui mettent leur gloire et leurs délices dans une vie pauvre et laborieuse ; des ecclésiastiques qui ne craignent ni les glaces du septentrion, ni les ardeurs brûlantes du midi, ni les fatigues, ni les dangers dans les voyages par terre, ni les écueils, ni les tempêtes sur les mers, ni les prisons, ni les chaînes, ni le glaive, ni les gibets, ni les flammes, ni la mort parmi les barbares; enfin, des ecclésiastiques qui, par leur charité, leur courage, leur détachement de toutes choses, leurs travaux et leurs souffrances, fassent revivre en eux le zèle des Apôtres, et soient toujours prêts à combattre et à mourir pour Jésus-Christ[1]. »

Les conseils de Mgr Pallu n'étaient pas sans contribuer puissamment à la direction générale du Séminaire, à l'acquisition et à la conservation des qualités et des vertus exigées dans les séminaristes. « Au nom de Dieu, dit-il dans une de ses lettres[2], que le principal soin des directeurs soit de bien établir l'intérieur des séminaristes par l'exercice de l'oraison, des lectures spirituelles, des conférences, afin qu'on ne manque jamais d'y donner tout le temps ordonné dans les règles. Qu'on fasse cas, pour la matière de tous les exercices, des conseils du Fils de Dieu et du divin Évangile tels qu'on les voit dans le *Chrétien intérieur*. Si vous voulez faire des missionnaires, il faut faire des saints; ils trouveront toujours des moyens admirables de se sanctifier davantage, et quoique travaillant pour eux-mêmes, ils travailleront très utilement pour la formation des infidèles; autrement, chose certaine, ils décherront bientôt et il est à craindre qu'à la fin ils ne viennent à se perdre. »

Aux préceptes, on joignit la pratique. Plusieurs fois chaque année, des directeurs, accompagnés d'une partie des élèves, donnaient des missions à Paris ou dans les provinces, principalement en Beauce, en Bretagne, en Bourgogne, en Berry, en Champagne. Les séminaristes préludaient à ces travaux par des conférences faites devant les directeurs, qui appréciaient le fond et la forme de leurs discours, le ton, le geste, la tenue. De préférence, on choisissait pour leurs prédications les villages

---

1. *Hist. de Pr. de la Rel. chrét. aux Indes orient.* (man.), p. 71.
2. Arch. M.-É., vol. 101, p. 373.

les plus abandonnés et « non pas ceux où était la plus brillante compagnie ». Arrivés aux lieux désignés, ils s'enquéraient des coutumes des habitants, ils visitaient les malades, instruisaient les enfants, puis ils commençaient à prêcher. Lorsqu'ils recevaient la visite des ecclésiastiques des communes voisines, ils avaient avec eux de longues conversations sur l'administration et sur le retour des pécheurs à Dieu; la régénération des chrétiens de France devenait ainsi une préparation à la conversion des païens de l'Extrême-Orient. Revenus à Paris, les séminaristes reprenaient leurs études et les directeurs leurs relations. Le Supérieur, M. de Meur, présidait les réunions mensuelles chez la duchesse d'Aiguillon, il réchauffait le zèle et avivait la générosité en racontant les nouvelles des Missions; il ne se contentait pas de s'adresser aux particuliers, il intéressait à la Société les corps constitués et particulièrement le clergé de France auquel il écrivit en 1665 la lettre suivante[1] : « Messeigneurs, La conversion des idolâtres et l'établissement de notre sainte Foi chez les nations infidèles étant l'ouvrage le plus important de l'Église, il est aussi le plus digne des soins et du zèle des saints évêques qui ne se contentent pas d'en faire ressentir les effets à leurs diocèses, mais, imitant la charité du Sauveur du monde, se proposent de les répandre en tous les lieux où le nom de Dieu peut être invoqué et trouver des adorateurs.

« La Providence, Messeigneurs, pour honorer la France d'un témoignage particulier de sa bonté, a voulu que, depuis quelques années, on se soit adressé à elle, afin que, par son entremise et son concours, on obtînt l'envoi de trois évêques aux royaumes de la Chine. Vos Grandeurs montrèrent alors quelle part elles voulaient prendre au succès de ce glorieux dessein, par les instances qu'elles

---

1. Arch. M.-É., vol. 4, p. 131, 132, 133.

firent envers le Saint-Siège pour en obtenir l'exécution. Et ainsi, Messeigneurs, l'envoi de trois évêques français qui, depuis cinq ans, sont partis de France pour les églises naissantes du vaste empire de Chine, étant un fruit de votre zèle et comme une extension du clergé de France, il est juste d'informer vos Grandeurs de l'état où se trouve leur Mission et des succès qu'on en peut attendre. » Puis après avoir sobrement résumé les voyages et les premiers travaux des Vicaires apostoliques, que nous avons racontés en détail, il concluait : « Et cette Mission est d'autant plus importante, qu'elle a pour objet l'établissement solide de ces nouvelles Églises par celui de la puissance épiscopale, qui seule peut leur donner la stabilité, qu'elle est sur le point de s'accroître, plusieurs ecclésiastiques s'offrant pour ce dessein, que même il a plu au Roi de permettre l'érection d'un séminaire pour la conversion des infidèles; c'est pourquoi elle espère, Messeigneurs, que vous lui ferez ressentir de nouveaux effets de votre protection, et voudrez bien continuer à soutenir les susdits évêques au milieu de leurs travaux. »

La sympathie du clergé français était, on l'a vu plus d'une fois, acquise à la Société des Missions-Étrangères et à l'œuvre qu'elle entreprenait; elle s'affirma de nouveau par un subside de 4,000 francs qui se répéta souvent dans la suite.

II

En dehors de l'Extrême-Orient qui était son plus vaste et son véritable champ de bataille, la Société n'avait pas voulu refuser d'aller sur un autre terrain, où des moyens lui étaient fournis d'atteindre son but principal : la formation d'un clergé indigène; et elle donna son concours au Nouveau Monde.

Le Vicaire apostolique du Canada, Mgr de Laval, avait

contribué à la fondation du Séminaire de Paris, puisqu'il avait signé la supplique demandant l'autorisation de l'établir, il était uni de cœur et d'âme à Mgr Pallu, à Mgr de la Motte Lambert, à leurs missionnaires et à leurs procureurs.

Son immense Vicariat comprenait les colonies françaises d'Amérique, c'est-à-dire tout le territoire depuis le cap Breton jusqu'au lac Supérieur, et du lac Supérieur jusqu'au golfe du Mexique et à la baie de Mobile; il avait commencé à l'organiser en créant une officialité, en confiant les missions sauvages aux Jésuites et la colonie canadienne aux prêtres séculiers; il avait ensuite fait la visite pastorale de la côte de Beaupré et des communautés de Québec. Un conflit avec l'autorité civile au sujet de la vente de l'eau-de-vie l'avait forcé de revenir en France.

Dès le temps de Champlain, une passion extrême pour les liqueurs fortes s'était manifestée chez les sauvages. Les Anglais avaient favorisé ce vice, afin d'acheter à vil prix les fourrures apportées par les chasseurs algonquins. Les gouverneurs français firent des ordonnances pour défendre ce commerce immoral et dangereux; la cupidité des trafiquants brava la loi; le désordre, servi par une contrebande audacieuse, prit des proportions effrayantes.

Un témoin oculaire nous transmet les détails suivants sur ce qui se passait à Québec à cette époque [1].

« Il y a dans ce pays des Français si misérables, qu'ils perdent tous nos nouveaux chrétiens, leur donnant des boissons très violentes pour tirer d'eux des castors. Ces boissons perdent tous ces pauvres gens, les hommes, les femmes, les garçons et les filles même, car chacun est maître dans sa cabane quand il s'agit de manger et de boire; ils sont pris tout aussitôt et deviennent comme

---

1. *Histoire du Canada*, par de Baudoncourt, p. 96.

furieux. Ils courent nus avec des épées et d'autres armes et font fuir tout le monde, soit de jour, soit de nuit ; ils courent par Québec sans que personne puisse les empêcher ; il s'ensuit de là des meurtres, des violements, des brutalités monstrueuses.

« C'est une chose déplorable de voir les funestes accidents qui naissent de ces trafics. »

Les sauvages eux-mêmes le comprenaient :

« Ononthio [1] nous tue, disaient-ils, en permettant de nous donner ces boissons de feu. »

Le gouverneur, baron d'Avaugour, d'abord fort sévère, puisqu'il avait fait fusiller trois soldats coupables d'avoir enivré des sauvages, donna tout à coup dans l'excès opposé.

Mgr de Laval, après avoir employé les moyens de persuasion pour combattre le fléau, eut recours aux moyens de rigueur, défendit de donner l'absolution aux trafiquants et finit par les excommunier.

Le gouverneur, se sentant atteint, se vengea en soutenant les traitants. On n'écouta ni évêque, ni prédicateurs, et rien n'arrêtant plus le mal, le Vicaire apostolique résolut d'aller lui-même porter ses plaintes au pied du trône ; il gagna sa cause.

Louis XIV ordonna de prendre des mesures pour mettre un terme rapide à la vente des alcools ; il témoigna l'estime personnelle qu'il portait à Mgr de Laval en assurant l'érection de l'évêché de Québec, et donna à cet évêché l'abbaye de Maubec en Berry. La fondation d'un séminaire étant une conséquence naturelle de l'érection de l'évêché, Mgr de Laval la décréta, par une ordonnance datée de Paris, du 26 mars 1663.

Dans sa pensée, le séminaire était tout à la fois une maison d'éducation classique, de formation ecclésiastique

---

1. Le gouverneur.

et le centre d'une grande organisation qui comprenait tout le clergé séculier. Il devait être un lieu de réserve d'où il pût tirer les sujets dont il aurait besoin pour l'administration de son diocèse, et où il fut loisible de les renvoyer quand il le jugerait à propos [1]; en un mot, il le concevait comme l'âme de la Nouvelle-France, qui devait imprimer partout la même direction, le même mouvement et la même vie [2].

Ne possédant pas assez de prêtres et de ressources pour assurer la perpétuité de cet établissement, il songea naturellement à le confier à la Société des Missions-Étrangères qu'il connaissait si bien, il commença des pourparlers avec MM. Gazil et Poitevin, les Directeurs provisoires du Séminaire; mais avant d'arriver à une conclusion définitive, il voulut prendre l'avis de son conseil et poser les premiers fondements de l'institution qu'il projetait; c'est ce qu'il fit aussitôt après son retour à Québec, et le 20 août 1664, il écrivit aux Directeurs de Paris et les pria d'étendre leur œuvre dans son diocèse [3].

« J'ai appris avec joie, dit-il, l'établissement de votre Séminaire des Missions-Étrangères, que les bourrasques et les tempêtes dont il a été agité dès le commencement n'ont servi qu'à rendre plus ferme et plus inébranlable. Je ne puis assez louer votre zèle, lequel, ne se pouvant contenir dans les bornes et limites de la France, cherche à se répandre dans toutes les parties du monde et aller au delà des mers dans les régions les plus éloignées, ce que considérant, j'ai cru ne pouvoir procurer un plus grand bien à notre nouvelle Église, plus à la gloire de Dieu et au salut des peuples que Dieu a confiés à notre conduite, qu'en contribuant à l'établissement d'une de vos maisons dans Québec, lieu de notre résidence, où vous

---

1. *Vie de Mgr de Laval*, par M. Gosselin, vol. 1, p. 370.
2.   *Id.*   vol. 1, p. 361.
3.   *Id.*   vol. 1, p. 388.

seriez comme la lumière posée sur le chandelier, pour éclairer toutes ces contrées par votre sainte doctrine et l'exemple de vos vertus.

« Puisque vous êtes le flambeau des pays étrangers, il est bien raisonnable qu'il n'y ait aucune région qui ne ressente votre charité et votre zèle. J'espère que notre Église sera l'une des premières qui auront ce bonheur, d'autant plus qu'elle possède déjà une partie de ce que vous avez de plus cher.

« Vous y trouverez un logement préparé et un fonds suffisant pour commencer un petit établissement qui ira toujours en croissant, je l'espère [1]. »

Heureux de l'influence et du développement que l'accomplissement de ce projet procurait à la Société, les Directeurs répondirent à cette invitation en sollicitant de l'évêque, une permission officielle de fonder une maison dans la ville de Québec, « afin de pouvoir travailler aux Missions du pays, conformément au but de leur institution. »

Le 6 octobre suivant, Mgr de Laval agréa leur demande, « parce que, leur écrivit-il, il n'y a rien de plus avantageux pour maintenir le christianisme dans sa pureté et lui faire faire tous les jours de nouveaux progrès, que d'avoir de bons missionnaires, lesquels éclairent et enseignent les peuples par l'exemple de leurs vertus et par leur saine doctrine. »

Il donne ensuite aux membres du séminaire, « à perpétuité, le pouvoir d'enseigner les peuples en tout ce qui regarde la vie et les vertus chrétiennes, par des prédications, des catéchismes, des conférences, des retraites spirituelles », etc.; il leur permet d'aller en mission dans tous les lieux du diocèse.

Il déclare que les Supérieurs du séminaire de Québec

---

1. *Vie de Mgr de Laval*, par M. Gosselin, vol. I, p. 388.

« seront choisis et nommés par MM. du Séminaire de Paris, suivant leurs règlements, et recevront ensuite la bénédiction de l'évêque avant d'entrer en charge. Ils seront tenus d'élever dans le séminaire et de former à l'état ecclésiastique les jeunes gens doués des qualités nécessaires et possesseurs du revenu exigé par les lois de l'Église. »

L'évêque et le séminaire de Québec nommèrent, pour leurs procureurs à Paris, MM. Poitevin et Lescot qui, en leur nom, signèrent le 29 janvier 1665, l'acte d'union entre les deux séminaires; celui de Paris était représenté par MM. de Meur, Bézard, Fermanel, Gazil et Nicolas Lambert.

« On voit donc, conclut le cardinal Taschereau, que le séminaire de Québec était à la fois séminaire épiscopal et diocésain, et comme tel soumis à l'évêque selon les canons du concile de Trente, et séminaire des Missions-Étrangères dépendant de celui de Paris pour le temporel et pour la nomination de ses supérieurs [1]. »

Dès lors, la Société dirigea plusieurs de ses prêtres vers le Canada jusqu'à la prise de Québec par les Anglais en 1759; les uns passèrent leur vie dans l'enseignement, et les autres se consacrèrent à l'évangélisation de l'Acadie et de la Louisiane; entre leur situation dans la Société et celle des missionnaires d'Extrême-Orient, il y eut toujours ces deux différences : ils étaient libres d'accepter ou de refuser d'aller au Canada, et ils ne recevaient pas la patente qui associait directement aux Missions-Étrangères; tandis que les missionnaires d'Asie devaient, sous peine d'exclusion, accepter la mission qu'on leur désignait, et étaient incorporés dès leur départ.

---

1. *Histoire manuscrite du Séminaire de Québec*, par le cardinal Taschereau, p. 19.

III

L'union que Mgr de Laval venait de conclure prouvait sa confiance dans l'avenir de la Société et du Séminaire des Missions-Étrangères; beaucoup étaient loin de partager ses sentiments, et chaque incident excitait des inquiétudes ou soulevait des critiques.

L'arrivée en Europe de Mgr Pallu produisit sur ses amis et sur ses adversaires un double effet également fâcheux. Les premiers incomplètement renseignés sur les obstacles auxquels se heurtaient les Vicaires apostoliques, et sur les questions importantes qu'ils avaient à résoudre, virent avec un étonnement mêlé de tristesse un retour si prompt, que rien ne leur semblait motiver. La place de l'évêque, pensaient-ils, était à la tête de ses missions, et s'il avait des affaires à traiter en France et à Rome, il devait en charger ses procureurs.

Ses adversaires s'écrièrent que leurs prévisions étaient justifiées; à peine rendus sur le théâtre de leurs travaux, les Vicaires apostoliques l'abandonnaient; c'étaient bien là l'enthousiasme et l'inconstance français; c'était bien aussi le résultat d'une œuvre dont les bases n'étaient pas assez solidement établies. Ces bruits parvinrent aux oreilles de Mgr Pallu, qui, tout en essayant de rassurer les directeurs du Séminaire, ne s'émut pas outre mesure. Il avait la conscience de remplir son devoir et la foi vive en la Providence; quelques censures n'étaient pas pour le troubler.

« On me mande, lisons-nous dans une de ses lettres, que mon retour en Europe fait bien parler du monde et surprend mes amis. J'ai appris par la grâce de Dieu à ne pas m'étonner du bruit et à me soucier fort peu de ce qu'on dit de moi, pourvu que je sois dans l'ordre de ma vocation. Ma seule peine est celle que je cause à mes frères et à tous ceux qui me font l'honneur de m'aimer. Je me sens obligé de faire tout mon possible pour les en relever, sans néanmoins m'en occuper par trop, mais je vois que ce n'est pas une petite affaire, car ils sont préoccupés et prévenus de certaines pensées qu'il ne sera pas aisé de détruire; j'espère néanmoins que le temps fera tout avec la grâce de Notre-Seigneur. J'écris à ce sujet plusieurs choses dont j'abandonne l'effet au Saint-Esprit, auquel il appartient seulement de convaincre ou de persuader en ces sortes d'affaires[1]. »

Sans se défendre davantage, Mgr Pallu alla directement à Rome, et dans un premier mémoire, il exposa l'état des missions qu'il avait traversées, les travaux des religieux, leurs souffrances, leur pauvreté, et sollicita des secours particulièrement pour les églises d'Alep, où « plusieurs congrégations travaillaient avec une union de cœur et une harmonie de conduite dignes de servir de modèle. »

La mort du Pape Alexandre VII, sur lequel il comptait, puisque ce Pontife avait nommé les Vicaires Apostoliques, suspendit bientôt toutes les affaires.

Clément IX lui succéda le 20 juin 1667.

Dès que les fêtes de l'exaltation furent terminées, l'évêque demanda et obtint une audience, et développa les raisons qui l'avaient obligé à revenir en Europe. Le pape l'accueillit favorablement, et l'adressa aux cardinaux de la Propagande, à qui revenait la tâche d'examiner ses demandes, consignées dans plusieurs longs mémoires, et dont le triple but était : 1° de montrer la nécessité de confirmer et d'amplifier les pouvoirs qu'Alexandre VII avait accordés aux Vicaires apostoliques, et d'étendre leur juridiction sur le royaume de Siam ; 2° de prouver l'importance d'établir des règles de discipline, afin de

---

1. Arch. des M.-É., vol. 57, p. 316.

réformer ou de prévenir les abus auxquels le grand éloignement de Rome exposait les églises d'Extrême-Orient ; 3° d'obtenir l'approbation du livre des *Monita* ainsi que la ratification des vœux et du projet de Congrégation.

« Quelques soins que je me donnasse, écrivait-il à de la Motte Lambert, en huit mois de travaux et de sollicitations, je ne pus que mettre les affaires en état d'être examinées, et en bien instruire le cardinal Casanata, préfet de la Sacrée Congrégation. Cet illustre cardinal, rempli de zèle pour la propagation de la foi, m'ayant promis de les proposer dans la première assemblée qui se tiendrait, et s'étant chargé obligeamment de les faire examiner et décider, je jugeai que ma présence n'était plus nécessaire à Rome, et j'en partis pour aller à Paris, où j'espérais travailler plus utilement pour la Mission. » A son départ, le Pape lui donna pour Louis XIV, le bref suivant, qui devait attirer d'une manière spéciale l'attention du souverain sur la personne de Mgr Pallu et sur ses projets.

A notre très cher Fils en Jésus-Christ, Roi très chrétien de France,

CLÉMENT, pape.

Notre très cher fils en Jésus-Christ, salut.

L'Évêque d'Héliopolis, notre vénérable frère, Vicaire apostolique dans le Tonkin et dans les provinces adjacentes, après avoir donné des preuves des vertus chrétiennes et d'un zèle excellent, de retour à Rome où l'appelaient les exigences de son ministère, a reçu les marques de notre bienveillance et de notre charité. Or, pour que son retour dans ces régions lointaines ait lieu dans les meilleures conditions, nous avons voulu lui donner des lettres pour Votre Majesté, dans lesquelles nous appuyons et recommandons son œuvre si remarquable et si pieuse. Mais nous désirons avant tout, et nous demandons à Votre Majesté, de soutenir et de protéger le Séminaire des Missions-Étrangères dont sont déjà sortis tant de bons et vaillants ouvriers de la vigne du Seigneur, afin qu'affermi et pourvu de toutes les ressources nécessaires, il puisse élever et façonner d'autres hommes, qui, comme les premiers, embrasés de l'amour divin, répandent, parmi les peuples assis à l'ombre de la mort, la lumière salutaire de la doctrine chrétienne. Ils feront ainsi briller, même dans cette partie de l'univers, la gloire illustre de la piété et de la munificence de Votre Majesté.

« Puissent par la grâce de Dieu nos vœux être exaucés. Nous bénissons Votre Majesté avec les sentiments les plus affectueux et les plus habituels à notre cœur paternel.

« Donné à Rome, près Sainte-Marie-Majeure, sous l'anneau du Pêcheur, le 3 décembre 1667, première année de notre Pontificat. »

Au mois de février 1668, Pallu remit ce bref au roi, avec un mémoire dans lequel il avait tracé le plan des missions catholiques françaises, conçu à Juthia et exposé à Rome, et dont les points fondamentaux consistaient à placer à Siam le séminaire général, la procure générale, la résidence principale des Vicaires apostoliques, et à établir une procure à Bantam, dans l'île de Java, afin de faciliter le passage des missionnaires et les relations avec l'Europe.

A ce premier mémoire, il en joignit un second, que nous n'avons pas retrouvé, mais dont nous connaissons l'idée dominante, et dont les notes et les lettres très nombreuses de l'évêque nous laissent saisir les grandes lignes. Il traitait de la fondation des comptoirs français en Extrême-Orient.

Le royaume de Siam lui semblait très avantageusement situé pour y fixer le plus important de nos comptoirs. De Siam, la France toucherait au sud les îles de Sumatra, Bornéo, Java; à l'ouest, elle rayonnerait jusqu'à ses stations des Indes et à Madagascar; elle serait à portée de fonder et de soutenir les établissements de l'est, en Cochinchine, au Tonkin, en Chine et au Japon. Tel était le projet de Mgr Pallu, et je ne sais si jamais colonisateur en conçut de plus grandiose et de plus juste.

Le moment était favorable pour faire écouter ces propositions par Louis XIV. Mondevergue avait été nommé gouverneur de Madagascar, Caron directeur général de nos comptoirs dans les Indes, La Boullaye le Gouz envoyé à la cour de l'empereur Aureng-Zeb, la Compagnie des Indes-Orientales possédait 26 vaisseaux, enfin, on préparait la flotte qui, sous le commandement de M. de la Haye, devait victorieusement promener notre pavillon sur l'océan Indien. Aussi le roi accepta avec satisfaction les mémoires de l'évêque, lui promit de les lire, et lui assura sa protection pour les Missions qui lui étaient confiées.

Pallu adressa ensuite sous le titre « Advis pour MM. les Directeurs de la Compagnie royale des Indes-Orientales [1] » un mémoire composé de quinze articles sur le choix et la conduite des officiers et des administrateurs des factoreries, sur les points stratégiques et les ports qu'il serait bon d'occuper, sur le mode d'administration religieuse des comptoirs; il insistait particulièrement sur les recommandations suivantes : Ne se porter à aucune exaction envers les indigènes, ne pas permettre l'escla-

---

1. Arch. des M.-É., vol. 107.

vage au delà d'une certaine limite d'âge, et ordonner à tous les propriétaires de marier leurs esclaves afin de former des villages, qui resteront inviolablement attachés à la religion et au bien de la Compagnie, obliger tous les Français habitant les lieux où la Compagnie aura des factoreries à se soumettre à celle-ci, pour le civil et pour le criminel.

Les deux articles 6 et 7 sont particulièrement remarquables. On y retrouve les mêmes idées émises si souvent dans les lettres et les mémoires de Blot, de Baron, de La Boullaye le Gouz, qui conseillaient de « n'épargner ni poudre ni boulets pour abattre l'orgueil des Hollandais. »

« Les Hollandais, les Anglais et les Danois, disait Pallu, ont jugé si nécessaire d'avoir sur la côte de Coromandel quelque fort dont ils fussent les maîtres, qu'ils y en ont fait construire chacun un, pour la sûreté de leur négoce ; les premiers celui de Palicate, les autres celui de Madraspatan, et les derniers celui du Tranquebar. Ceux-ci, voyant les affaires de leur Compagnie en déroute, l'ont abandonné, il y a plus de vingt-cinq ans, et depuis, ils n'y ont envoyé aucun vaisseau. Il n'y a plus dedans que deux familles de Danois ; l'une desquelles commande dans la forteresse, y entretient une garnison à ses dépens, fait contribuer ceux qui passent le fort à envoyer tous les ans un ou deux vaisseaux au Macassar.

« Il semble qu'il ne serait pas difficile de traiter de cette forteresse ou de s'en rendre maître. Elle est sur le 10° ou le 11° degré, dans un lieu fort avantageux pour le commerce des toiles, elle a quatre bastions et a été entourée de fossés, elle commande à un grand village qui la touche, qui est enfermé de murailles, où il y a une église de Portugais qui s'y sont réfugiés de Ceylan, de Négapatam et d'autres lieux. Il faut seulement prendre garde qu'elle ne soit hypothéquée à quelques créanciers danois [1].

« La Compagnie de Hollande est engagée à de si grands frais dans les Indes, qu'elle ne peut pas subsister sans les grands gains qu'elle a faits jusqu'à présent, et comme ils sont beaucoup diminués par l'établissement de la Compagnie royale, elle ne peut éviter de se voir déchoir et affaiblir, à proportion que celle-ci croîtra et se fortifiera. Les plus entendus croient qu'il y va de sa perte et de sa ruine totale. Il n'est pas difficile de se persuader que les Hollandais n'y consentiront pas aisément, et que sentant déjà le mal dont ils sont menacés, ils ne fassent tous leurs efforts pour en ôter la cause. Pour moi, je ne fais aucun doute qu'on ait bientôt à démêler avec eux, surtout si on veut aller goûter la cannelle de Ceylan, ou le clou de girofle d'Ambouin, ou la noix muscade de la petite île de Banda.

« C'est à quoi il faut se préparer, tenant toujours quelques bons vaisseaux de guerre dans les Indes, et même y en faisant construire. Il ne sera pas besoin de s'écarter pour cela de l'île Dauphine [2], pourvu qu'il y ait de bons ouvriers. Si les Hollandais sont longtemps occupés en Europe, comme ils l'ont été ces dernières années, ils ne feront pas grand bruit dans les Indes; c'est là où il les faut tenir en bride pour les empêcher de regimber. »

Un autre article demande la nomination dans toutes les factoreries de chapelains, qui « doivent être tels que la Compagnie puisse prendre créance sur eux, personnes de tête et de conseil pour certaines affaires dans lesquelles les simples négociants se trouvent embarrassés. »

La nomination de ces chapelains doit être approuvée

---

1. Les Danois avaient acheté Tranquebar au rajah de Tanjore en 1616, ils l'ont revendu aux Anglais en 1845.
2. Madagascar.

par le supérieur du Séminaire des Missions-Étrangères.

L'exécution de cette dernière condition eût donné à la Société des Missions-Étrangères une influence considérable dans la Compagnie des Indes-Orientales, et peut-être aux missionnaires une entrée plus facile dans les pays païens, sous le couvert du commerce si fort apprécié de ces peuples.

Mgr Pallu avait, il est facile de le conclure de ces citations, le désir que partagent les cœurs chrétiens et généreux de voir la foi être l'inspiratrice de la politique, l'Église et la société civile s'unir, afin de s'aider mutuellement à étendre le règne de Dieu sur la terre, pour le plus grand bonheur de l'humanité.

Ce désir n'est pas plus juste et plus fondé en raison aujourd'hui qu'il ne l'était alors, mais, dans les conditions de l'ancienne société, il pouvait paraître moins chimérique, quoiqu'à toute époque il ait été rarement et difficilement réalisé, si toutefois il l'a jamais été.

D'ailleurs, Pallu, doué d'un sens aussi pratique que ses conceptions étaient vastes, ne voulait que des choses possibles ; il se contentait d'une protection morale, telle que la France la donnait aux chrétiens du Levant, moins complète, par conséquent, que la protection accordée aux missionnaires de l'Amérique du sud par l'Espagne et aux apôtres des Indes par le Portugal. Cependant, l'exercice efficace d'une protection, même aussi réduite, exigeait que la France fut représentée en Asie par ses forces maritimes, par son commerce et par sa diplomatie, comme elle l'était en Turquie, en Syrie, et en Perse ; c'est pourquoi l'évêque posait comme base de ses projets l'extension coloniale de son pays ; puis il concluait en ces termes pleins de zèle et de raison :

« Qui sait si Dieu ne veut point se servir de la France pour la réforme des Indes, ayant inspiré au Roi le dessein d'établir une Compagnie, et à nous la pensée de nous y venir victimer, étant nécessaire que l'un et l'autre se rencontrent, et qu'ils soient très unis pour travailler à ce dessein ; au moins peut-on dire que c'est le seul moyen qui se présente maintenant pour porter quelques secours dans beaucoup de lieux des Indes, où tout est dans une épouvantable corruption [1]. »

La France eût, en effet, par sa présence et son influence, fortifié l'action des missionnaires et hâté les progrès de l'Évangélisation, en échange elle eût été royalement payée par les services que les ouvriers évangéliques lui eussent rendus. Partout où l'apôtre pénètre, il porte la connaissance et l'amour de sa patrie, il attache ses néophytes à elle par l'union d'une commune foi, et quand les circonstances s'y prêtent, par les liens du commerce ou par ceux de la politique.

La France de Louis XIV, tranquille au dedans, respectée au dehors, eût pu aisément, par des opérations coloniales réglées et suivies, faire de riches et solides établissements dans les contrées ouvertes par ses missionnaires à ses entreprises commerciales et à son génie civilisateur.

Nous nous reprocherions d'exagérer l'influence que les idées de Mgr Pallu eurent sur la politique coloniale de la France ; mais en 1668 il avait signalé Tranquebar, et en 1669, il fut fortement question dans les conseils de Louis XIV d'acheter cette ville, il avait demandé la réunion, sous l'autorité de la Compagnie des Indes, des Français établis partout où la Compagnie avait des comptoirs, et en 1670, la Hollande s'engagea par un traité à laisser les Français, qu'elle employait dans ses factoreries, libres de passer dans la Compagnie française. Il avait indiqué que les côtes des Indes possédaient de bons mouillages, où se fortifiaient les nations européen-

---

[1]. Arch. M.-É., vol. 68, p. 409.

nes, et en 1672, la flotte française s'empara de San-Thomé, de l'île du Soleil et de l'île Caron dans la baie de Coteary; en 1673, Bourreau-Deslandes fonda Chandernagor; en 1674, Martin fonda Pondichéry. Plus tard, en 1686 et les années suivantes, la France envoya des troupes à Siam. C'était l'accomplissement d'une partie des projets de l'évêque.

IV

La mort de M. de Meur, le premier supérieur du Séminaire, attrista le séjour à Paris de Mgr Pallu, mais, en même temps, elle l'édifia profondément. Appartenant à une Société dont les membres quittaient leur famille et leur patrie pour aller jusqu'aux extrémités du monde convertir des infidèles, placé à la tête du Séminaire des Missions, chargé du grand devoir de préparer des apôtres, de Meur fut jusqu'à son dernier jour, par son zèle, son dévouement, son amour des âmes, un exemple vivant des vertus qu'on était en droit d'attendre d'un homme occupant cette situation. Il était parti au mois de mai 1668 pour prêcher une mission à Vieux-Château en Brie, dont était seigneur une bienfaitrice du Séminaire, Madame d'Aligre. En arrivant dans le village, il se sentit très faible; il commença néanmoins ses prédications; ses forces trahirent son courage, et il tomba gravement malade.

Il témoigna une joie extrême d'être près de la mort et il voulut, raconte son biographe [1], qu'on « récitât le *Te Deum* pour remercier Dieu. Il serait difficile de bien exprimer les sentiments chrétiens de ce vertueux prêtre pendant qu'il fut alité, et jusqu'à ses derniers moments, son amour pour les souffrances, sa soumission à la

1. M. de Meur, etc., p. 92.

volonté divine, son humilité, sa patience et son détachement de toutes les choses de la terre. Il ne parla ni de sa famille, ni de son pays, s'occupant uniquement de Dieu et de l'éternité. Pendant deux jours, il se trouva tourmenté de grandes peines intérieures, mais bientôt le calme succéda à l'orage. Son espérance se ranima plus vive, sa confiance en Jésus-Christ et en la Sainte Vierge lui rendit la paix; il disait que Marie était sa bonne Mère et sa Maîtresse, qu'elle l'avait conduit et qu'il lui devait le peu de bien qu'il avait fait. Sa communion en viatique fut accompagnée des marques de la contrition la plus sincère et d'une ferveur admirable. Le dernier jour de sa maladie, il perdit assez souvent la connaissance, mais elle lui revenait promptement, et malgré son accablement extrême, il conservait toute sa présence d'esprit pour les choses de Dieu. Lorsqu'il fut près de sa fin, on lui lut la Passion de Jésus-Christ, et comme on finissait cette lecture, il s'endormit dans la paix du Seigneur. »

C'était le mardi, 26 juin 1668. De Meur n'avait pas encore 49 ans. Comme son saint ami le P. Maunoir, le missionnaire avait spécifié qu'au lieu où l'arbre tomberait, il resterait, il fut donc enterré dans le cimetière de Vieux-Château. Les directeurs du Séminaire ne pouvaient renoncer entièrement à la possession de ces restes vénérés; ils transportèrent son cœur dans leur maison; et, en 1683, le déposèrent, dans la crypte de l'église, sous une plaque de marbre, portant cette inscription :

« *Domini Vincentii de Meur cor planè apostolicum* [1] »
pieux memento qui renferme dans sa concision le plus éloquent panégyrique du premier supérieur du Séminaire des Missions-Étrangères.

Cette mort était d'autant plus sensible qu'entre Mgr

---

1. Cœur pleinement apostolique de Vincent de Meur.

Pallu et les directeurs du Séminaire, s'agitait la grave question de l'établissement de la Congrégation apostolique avec les vœux formulés par Mgr de la Motte Lambert, et que pour l'étude et la solution de cette affaire, les lumières du vénéré défunt eussent été bien précieuses.

Malgré le respect qu'ils portaient aux Vicaires apostoliques, et la confiance qu'ils avaient en leurs lumières, les directeurs ne partageaient pas leur opinion.

« Le vœu d'obéissance, disaient-ils, n'est pas convenable à la dignité épiscopale, puisque l'évêque, qui l'a professé dans l'état religieux, en est dispensé aussitôt qu'il est élevé à l'épiscopat. »

Le vœu de pauvreté ne leur paraissait pas moins inconciliable « avec l'état d'évêque, puisque, en cette qualité, étant père des pauvres, il doit toujours pourvoir à leurs besoins. Or, comment le ferait celui qui ne peut disposer de quoi que ce soit? »

Et de plus, une Société qui avait pour but la fondation et l'organisation des églises sur le modèle de celles qui existaient, ne devait-elle pas autant que possible se rapprocher de la constitution du clergé qui gouvernait et dirigeait ces églises?

Étudiant ensuite les obligations annexées aux vœux, et que nous avons énumérées, ils les trouvaient plus incompatibles encore avec les fonctions laborieuses des Missions, opposées à la pratique des Apôtres qui avaient vécu de la vie commune, capables d'effrayer même les prêtres les plus robustes et les plus fervents.

Ils partageaient l'avis de M. de Bourges qui, après avoir appris le dessein de Mgr de la Motte Lambert, l'avait caractérisé par ces mots très justes : « Si on avait rencontré un grand nombre de saints Paul et de saints François Xavier, on aurait pu composer une congrégation vraiment apostolique et lui donner ces idées pour règles. »

Il leur semblait que la Société des Missions-Étrangères, telle qu'elle se dessinait dans ses grandes lignes, avait une constitution très conforme à sa fin et n'en devait pas changer.

Aucune objection n'ébranla Mgr Pallu, qui repartit pour Rome au mois de septembre 1668.

Par leur rôle de procureurs des Vicaires apostoliques, les Directeurs du Séminaire ne paraissaient pas destinés à prendre part au débat ; mais par leur titre de membres de la Société, et plus encore, par leur situation particulière qui les appelait à former les missionnaires, à traiter beaucoup d'affaires importantes, à transmettre la plus grande partie des ressources, ils avaient de graves motifs de ne pas laisser les négociations s'achever sans eux. Ils écrivirent à M. de Lesley, leur chargé d'affaires à Rome[1], de s'opposer à ce que la congrégation apostolique et les vœux fussent approuvés par la Propagande et par le Souverain Pontife. Mais craignant que celui-ci, étranger à la Société, n'en connût pas suffisamment l'esprit pour la défendre avec succès, ils envoyèrent à Rome M. Gazil, nommé supérieur du Séminaire après la mort de M. de Meur.

Gazil était le compatriote et l'ami particulier de Mgr Pallu ; sous un air de bonhomie parfaite, il cachait un sens fin et aiguisé, une étonnante souplesse d'esprit, il jugeait les hommes très bien et très vite, les caractérisait de même et les maniait avec une rare dextérité.

Cependant cette différence de vues et d'appréciations n'avait en rien altéré la bonne harmonie entre les Vicaires apostoliques et les directeurs du Séminaire. Séparés dans la recherche des moyens de parvenir au bien, ils se retrouvaient dans le désir de l'atteindre. Gazil alla

---

1. De 1659 à 1672.

demeurer avec Mgr Pallu. Rien ne fut changé dans leurs relations; ils priaient et se promenaient ensemble; ils se communiquaient toutes leurs démarches, se racontaient les refus ou les adhésions des cardinaux qu'ils visitaient, et ce fut un spectacle nouveau, mais non sans édification, que l'union de ces deux solliciteurs dont l'un voulait l'approbation et l'autre le rejet d'un même projet.

Ce projet avait été soumis à plusieurs théologiens éminents, entre autres au R. P. Bona, abbé du monastère de Saint-Bernard-aux-Thermes, consulteur du Saint-Office, et depuis Cardinal, qui avait donné par écrit cet avis motivé [1] :

« Je reconnais, d'accord avec le très docte abbé Ricci, que vos vœux ne contiennent rien de blâmable, ni rien qui puisse être frappé de censure théologique. En effet, le dépouillement complet de l'âme, le renoncement à tout ce qui n'est pas Dieu, même aux douceurs que procurent les dons célestes, la parfaite soumission à la direction et à l'inspiration du Saint-Esprit, ne sont, si on comprend bien la chose, qu'une disposition et une préparation de l'âme à la plus grande perfection de la vie chrétienne. Tout cela, en effet, éloigne les empêchements selon la doctrine de saint Thomas, 2-2. — *Quæst. 184, art. 2;* où il enseigne que la perfection ici-bas consiste non seulement à éloigner tout ce qui est contraire à la charité, mais encore tout ce qui pourrait empêcher l'âme de se diriger totalement vers Dieu. Or, rien n'empêche que toutes nos affections ne se tournent vers Dieu, comme d'avoir une chose entre Dieu et nous, que ce soit l'amour de quelque créature, ou même une adhésion quelconque, si petite qu'elle soit, aux vertus et aux dons surnaturels. La raison en est que cette affection est comme une chaîne qui retient l'âme et

---

[1]. Arch. des M.-É., vol. 201, p. 59.

l'empêche d'aller droit à Dieu, à qui elle ne peut être complètement unie, si elle ne se débarrasse, autant que notre condition mortelle le comporte, de toute attache terrestre. Et comme d'un côté, selon la parole de l'Apôtre « *qui adhæret Deo unus spiritus est* »; et que d'un autre, l'union ne se peut faire qu'entre choses semblables, il est aisé de voir combien grande doit être la pureté d'une âme qui tend à l'union mystique avec Dieu. Aussi, saint Denis (*Théol. myst. chap. I*) avertit Timothée d'abandonner les aspirations de l'intelligence, les voies sensibles et intellectuelles, tout ce qui n'est pas et tout ce qui est.

« Personne, dit-il, ne peut être élevé à un rayon de cette lumière surnaturelle et divine, s'il n'a conquis une complète liberté et indépendance, en renonçant à cet état sublime, si grande que soit sa sainteté et son esprit intérieur, s'il n'est attiré de Dieu. Toutefois, avec l'aide du Seigneur, nous pouvons et nous devons éloigner tout ce qui serait obstacle à une grâce aussi grande. »

Malgré ces éloges, Bona ne pensait pas qu'il fût sage de faire ces vœux. Tel fut l'avis de la Propagande dans une assemblée générale, tenue le 13 août 1669. Le 6 septembre suivant, le Pape approuva cette décision; tous les vœux furent déclarés nuls, sans qu'on voulût cependant en noter aucun en particulier. On se contenta de donner cette raison générale : « Les vœux de pauvreté, de chasteté et d'obéissance intérieures, tels qu'ils ont été expliqués, ne sont faits que dans de rares hypothèses, ne peuvent jamais servir de fondement à une Société religieuse. Quant aux autres sur les observances extérieures, il faut simplement les considérer comme de bonnes résolutions, et encore de telles résolutions conviennent peu à des missionnaires, surtout s'ils les prennent en commun. »

Mgr Pallu reçut ce jugement avec le calme d'une parfaite soumission : « sachant, dit-il, que l'obéissance est préférable au sacrifice; le jour même que le Souverain

Pontife approuva ce que la Sacrée Congrégation avait décidé, je mangeai de la viande et bus du vin ». Il écrivit ensuite à Mgr de la Motte Lambert : « J'aimerais mieux mourir que de m'écarter d'un iota des bornes qui nous ont été prescrites, quand ce ne serait que pour marquer le respect et l'obéissance que je dois et veux rendre toute ma vie au Saint-Siège. »

Pressé de tracer à ses missionnaires la ligne de conduite à suivre, il disait dans une lettre à Deydier : « Je ne crois pas qu'on puisse plus travailler et agir que j'ai fait pour la défense de tous les vœux. Cela m'a fait tort et en France et à Rome. J'ai avec moi tout ce que j'ai écrit sur toutes ces matières et tous les sentiments des plus doctes et spirituels qui soient à Rome, que j'ai consultés tous en particulier et que j'ai depuis nommés au Pape pour leur commettre l'examen des vœux.

« Bref, il faut nous tenir à ce qui a été réglé, sans donner liberté à nos esprits de faire la moindre réflexion sur le passé, demeurer dans l'état et dans les dispositions où nous étions avant de penser à faire ces vœux, tendre de toutes nos forces à la perfection et nous employer entièrement à la sanctification des peuples dont nous sommes chargés. Pour le surplus, tâchons de vivre dans une grande indifférence et dans une sainte liberté qui établissent nos âmes dans la paix, qui les tiennent soumises au Saint-Esprit et qui les rendent toujours susceptibles des plus purs mouvements de la grâce.

« Cependant, mon très cher frère, il ne faut point regretter ce que nous avons fait dans cette rencontre, puisque nous avons agi simplement et sincèrement, ne recherchant que Dieu seul et sa sainte volonté dans la perfection de notre état. Je vous confesse pour mon particulier, que je n'ai jamais éprouvé plus de grâce et de miséricorde et une protection de Dieu plus sensible, que depuis le moment où je me suis engagé dans ces vœux. A Dieu ne plaise que je veuille par là justifier notre conduite et maintenir ce qui a été très justement censuré. Je vois fort bien en quoi nous avons excédé et ce qu'il y a à retenir et rejeter [1]. »

L'idée de la congrégation apostolique, dont les vœux étaient la base, tombait d'elle-même par ce refus.

C'est à cet arrêt du Pape et de la Propagande qui une fois de plus affirmait son autorité sur les Missions-Étrangères, que la Société doit d'être restée ce qu'elle fut à son origine : une association de prêtres séculiers, réunis entre eux, et consacrés aux Missions par l'acte unique et continuel d'une volonté libre. Sa constitution, quelque différente qu'elle soit de la constitution des autres Sociétés religieuses ou ecclésiastiques, a subi, sans faiblir, l'épreuve du temps, et fait dire à un des grands évêques de l'Inde :

« Plus je voyage, plus je réfléchis, plus j'estime notre Société dans sa forme présente et malgré ses défauts. Je me convaincs de plus en plus, que notre institution est la meilleure, la plus apte à faire le bien dans les missions, et celle qui a le moins d'inconvénients essentiels.

« Si je pouvais parler, je le démontrerais facilement ; je le ferai peut-être un jour. Perfectionnons-nous donc, mais ne nous changeons point [2]. »

Ce fut le seul refus que Mgr Pallu éprouva à toutes ses demandes.

Les Institutions ou *Monita* furent également examinées par Bona qui les déclara « remplies de l'esprit apostolique, conformes à la foi orthodoxe et nécessaires aux prêtres occupés à la conversion des infidèles. »

D'après ce rapport, le Pape les approuva avec éloge, et la Propagande les fit imprimer à ses frais.

---

1. Arch. des M.-É., vol 107. p. 100.
2. Mgr Laouënan, Arch. des M.-É., vol. 1002, p. 1334.

V

Ces deux questions terminées, l'évêque poursuivit l'obtention des autres demandes qu'il était venu faire à Rome.

N'étant point, en sa qualité de Vicaire apostolique, soumis au droit ecclésiastique ordinaire, il reçut pour lui, pour Mgr de la Motte Lambert et pour leurs successeurs, des pouvoirs spéciaux très étendus ; il serait trop long de reproduire le texte intégral des décrets rendus à cette occasion, nous voulons au moins donner la substance des plus intéressants :

Autorisation au Vicaire apostolique voisin d'une mission dont l'évêque vient de mourir, d'administrer cette mission et de commander au prêtre supérieur intérimaire [1].

Permission de conférer les ordres *extra tempora* et sans conserver les interstices régulièrement exigés ; de dispenser les ordinands dans tous les cas d'irrégularité [2] ; de ne pas tenir compte des castes et des races pour l'admission des élèves dans les séminaires ou dans les noviciats ; de célébrer deux messes le même jour, lorsque la situation des chrétiens le demande ; de réciter le rosaire au lieu du bréviaire ; de placer à la tête des paroisses des religieux à défaut de prêtres séculiers, mais seulement avec le consentement de leurs supérieurs ; de dispenser et d'absoudre des vœux simples ; d'absoudre de l'hérésie, de l'apostasie, du schisme et de la plupart des cas réservés ; d'accorder des indulgences plénières à tous les hérétiques, le jour de leur abjuration, et à tous les fidèles à certaines fêtes.

---

1. 22 mars 1669.
2. 13 juin 1669.

Pouvoirs, pour quinze ans, de dispenser de l'empêchement de disparité de culte, des empêchements de consanguinité ou d'affinité à tous les degrés, excepté le premier ; de confirmer le mariage entre un chrétien et une païenne [1].

Ce décret n'était que le corollaire d'un décret du 22 janvier 1668, qui déclarait permis pour des raisons graves, le mariage entre chrétiens et païens, à condition toutefois que l'époux infidèle laissât à l'épouse fidèle et vice versa toute liberté de pratiquer la religion [2].

Permission au nouveau converti de prendre pour épouse, celle de ses femmes qu'il voudrait, si la première ne consentait pas à se convertir.

D'autres décisions furent rendues concernant les sacrements, et en particulier la Confirmation, que les évêques purent permettre à leurs prêtres d'administrer.

Mgr Pallu fit nommer patron des Missions un saint dont la gloire commençait à rayonner par le monde entier et dont la vie, toute consacrée à Jésus, offrait aux hommes apostoliques un modèle de charité, de pureté et de travail, saint Joseph.

Il obtint enfin par un décret du 4 juillet, l'extension de la juridiction des Vicaires apostoliques sur le royaume de Siam.

Aussitôt que furent portés ces décrets, qui affermis-

---

1. 8 janvier 1669.
2. Ces décrets n'étaient que la conséquence de deux constitutions antérieures, l'une de Pie V, et l'autre de Paul IV.
De très nombreux décrets et plusieurs constitutions furent rendus en 1669, concernant les Missions et presque tous sur la demande de Mgr Pallu. Voir *Collectanea constitutionum, etc.* Extensions de la Juridiction des Vicaires apostoliques, p. 12, d l'administration, p. 29. — Communications avec le Saint-Siège, p. 57, 58. — Destination des missionnaires, p. 70. — Des pouvoirs des missionnaires, p. 72. — Des vertus des missionnaires, p. 76, 77. — Conduite en dehors des affaires politiques, p. 82. — De l'exercice de la chirurgie, p. 96. — Des sacrements et de leur administration, p. 140, 141, 161, 164, 170, 177, 181, 206, 218, 226, 228, 244, 323, 381, 481. — Des processions, etc., etc.

saient son autorité et en facilitaient l'exercice. Mgr Pallu voulut aussi, ce qui était tout naturel de la part du représentant le plus élevé du Pape en Extrême-Orient, voir s'établir des relations directes entre Rome et les souverains de ces contrées lointaines; il pria donc Clément IX d'envoyer des présents et une lettre autographe au roi de Siam. Le fait avait plus d'un précédent dans l'histoire de l'Église, et le Pape n'hésita pas à accéder à la demande.

Après cette dernière faveur, Pallu rentra en France, visitant sur sa route la plupart des évêques de la Provence, du Languedoc, de la Guyenne et du Poitou. A Paris, il s'entendit avec les directeurs sur l'usage des pouvoirs nouvellement reçus de Rome, et sur la conduite envers les Portugais. « parce que, dit-il, si nous voulons réussir et continuer avec bénédiction et heureux succès ce grand œuvre de la conversion des gentils, il est nécessaire que nous entretenions, avec les directeurs du Séminaire, une entière confiance et une parfaite correspondance. »

Les conclusions de leurs mutuelles réflexions furent signées en présence de l'évêque de Rodez, Abely, du P. César Pallu, frère de l'évêque, et de M. Duplessis-Montbard.

Sur le point de partir, Mgr Pallu alla à Versailles prendre congé de Louis XIV, qui lui fit don de 2,000 écus, promesse d'une pension viagère de 3,000 francs, et lui remit une lettre pour le roi de Siam. Il devenait ainsi l'ambassadeur presque officiel du Pape et du Roi.

En vertu de cette double dignité, la Mission des Vicaires apostoliques revêtait aux yeux du roi de Siam et de ses peuples, comme aux yeux de toutes les nations d'Extrême-Orient, prêtes à admirer la force et la grandeur d'où qu'elles viennent, une consécration particulière, qui lui assurait un accueil plus favorable, un respect plus vrai, et lui offrait une garantie plus certaine de succès.

L'évêque repartait heureux, quand une calomnie le frappa au cœur.

Se défendre contre des rois persécuteurs ou contre des mandarins malveillants, lui semblait chose naturelle ; combattre contre des Portugais ambitieux, à la rigueur il s'y résignait ; mais être accusé en France, par des prêtres français, et accusé de Jansénisme, c'est-à-dire d'erreur dans la foi, de désobéissance au Saint-Siège, lui qui sacrifiait sa vie pour porter aux infidèles la pure lumière de l'Évangile, et revenait à Rome, après un voyage de plusieurs milliers de lieues, uniquement pour soumettre ses desseins au Pape, cette calomnie le remplit d'amertume.

Et pourquoi donc cette accusation était-elle jetée à la face de l'évêque ? Parce qu'un jour, traversant Alet, il avait cru de son devoir d'aller saluer Mgr Pavillon. En français, cet acte s'appelle politesse ou convenance ; la haine parle une autre langue ; elle forge des armes avec des mots ; elle accable ceux qu'elle n'aime pas, par des dénonciations vagues et mal définies, qu'elle cache sous une formule retentissante ; elle raconte des faits, en leur donnant la couleur et l'explication qui lui plaisent. Mgr Pallu, disait-on, avait été chez Mgr Pavillon pour lui donner son approbation au refus des évêques de signer le formulaire de 1665 ; on ajoutait qu'il avait aussi, par ses paroles et ses écrits, autorisé plusieurs choses contraires aux décrets d'Alexandre VII contre le Jansénisme.

Ces dires ne contenaient pas un mot de vrai, néanmoins ils firent tant de bruit qu'avant de s'embarquer, Pallu se crut obligé, pour mettre sa foi hors de tout soupçon, d'écrire à un de ses amis et de le prier de rendre sa lettre publique. Après avoir mis dans leur véritable jour les faits qui avaient donné lieu à l'accusation portée contre lui, il faisait les déclarations suivantes dont l'orthodoxie ne laissait aucune prise à ses accusateurs :

« Premièrement, je tiens avec saint Fulgence, comme une vérité très assurée que celui qui se sépare de l'unité de l'Église, et de la dépendance légitime de son chef visible, qui est notre Saint-Père le Pape, ne peut avoir aucune part au salut éternel, quelques bonnes œuvres qu'il fasse, et quand bien même il répandrait son sang pour la confession du nom de Jésus-Christ, s'il ne se remet à son devoir en se réunissant à l'Église et en obéissant à son Chef.

« Deuxièmement, je tiens pour très certain que, lorsque l'Église juge de la doctrine enseignée par quelque auteur, et que trouvant cette doctrine contraire à l'Écriture ou à la Tradition, elle le condamne comme hérétique, tous les fidèles sont obligés en conscience de se soumettre à son jugement comme très certain, et de condamner sincèrement ce qu'elle condamne.

« Troisièmement, je tiens pour très certain que l'Église oblige pareillement tous les fidèles de se soumettre à son jugement, lorsqu'elle condamne une telle doctrine, soit que cette doctrine ait été enseignée ou soutenue de vive voix par celui qui en est l'auteur, soit qu'il l'ait rédigée par écrit dans quelque livre, l'Église ayant assez de lumière et d'autorité pour juger de l'une comme pour juger des autres.

« Quatrièmement, je tiens aussi pour très certain que comme l'Église peut avec certitude connaître quel est le vrai et propre sens de l'Écriture contenue dans un livre, elle peut aussi, avec la même certitude, déclarer si le sens de cette doctrine est bien ou mal exprimé dans les propositions tirées du même livre.

« Cinquièmement, l'Église ayant donc condamné la doctrine du livre de Jansénius dans les cinq propositions qui en ont été tirées, ou bien ayant condamné les cinq propositions comme contenant un véritable extrait de la doctrine de Jansénius, je tiens pour indubitable que tout fidèle est obligé en conscience de se soumettre à son jugement et de condamner ce qu'elle condamne, et comme le formulaire ne renferme autre chose qu'une déclaration sincère de cette soumission, je tiens pareillement que ceux, que le Pape oblige de souscrire ledit formulaire, sont obligés en conscience de le souscrire purement et simplement, et que s'ils refusaient de le faire, ils se rendraient coupables d'un très grand péché devant Dieu ; et ils sont dignes d'être traités par l'Église comme désobéissant à ses ordres.

« Voilà quels sont mes véritables sentiments sur ce sujet, dans lesquels j'ai toujours été, et dans lesquels je veux, avec la grâce de Dieu, persévérer toute ma vie, et non seulement je consens, mais aussi je vous prie de le faire connaître aux personnes et aux lieux, comme vous jugerez expédient pour la gloire de Dieu et le service de son Église. »

La cause était entendue et jugée, les sentiments du Vicaire apostolique hors de toute critique, ses ennemis se turent; et le 11 avril 1670, accompagné de six missionnaires : Maguelonne de Courtaulin [1], Sevin [2], Lotteaux [3], Chandebois de Falandin [4], Forget [5],

---

[1]. Jean de Maguelonne, sieur de Courtaulin, de Limoux au diocèse de Narbonne, missionnaire en Cochinchine.

[2]. Charles Sevin, de Paris, fit deux fois le voyage de Siam, en 1670 et 1676, et fut renvoyé deux fois en Europe pour affaires de la Société ; Directeur du Séminaire de Paris, Procureur à Rome; mort le 20 janvier 1707.

[3]. Louis Lotteaux, de Châteaubriant au diocèse de Nantes, bachelier de Sorbonne, mort à Madagascar, au mois de février 1671 en se rendant en mission — 34 ans.

[4]. Claude Chandebois de Falandin, de Mortagne au diocèse de Séez, provicaire apostolique de Siam, mort en décembre 1687 — 47 ans.

[5]. René Forget, du diocèse du Mans, missionnaire à Siam et en Cochinchine, provicaire apostolique, mort à Nha-trang le 22 octobre 1700 — 60 ans.

Gayme [1] et de trois laïques [2], Mgr Pallu quitta pour la seconde fois la France.

La Société des Missions-Étrangères avait été affermie en Europe et en Extrême-Orient par le voyage et les négociations du premier de ses évêques ; la décision de Rome sur les vœux, et, par contre-coup, sur la Congrégation apostolique avait éclairé les doutes sur la constitution qu'elle devait avoir, elle avait arrêté toute tentative sérieuse d'innovation ; les liens entre les Vicaires apostoliques, les missionnaires et le Séminaire avaient été resserrés et les rapports entre eux précisés ; les Missions avaient été augmentées par la réunion de Siam, fortifiées par l'approbation des *Monita* et par la publication de nombreux décrets, honorées par les lettres de Clément IX et de Louis XIV à Phra-naraï. En Europe et en Orient, la Société se présentait dès lors, comme un corps plus ferme, plus stable, plus uni, dont chaque organe avait un jeu plus facile et plus normal, comme une association d'ouvriers apostoliques sur lesquels l'Église avait le droit de compter.

1. Claude Gayme, de Chambéry au diocèse de Grenoble, missionnaire à Siam, procureur général des Missions, perdu en mer, en 1682, avec le vaisseau l'*Orient* en conduisant en France les ambassadeurs du roi de Siam — 40 ans.
2. Michel Cochard, de Lille, chirurgien, travailla à Siam, mort à Siam en 1678 — 36 ans. Pierre Le Tellier, d'Angers, chirurgien, travailla à Siam, mort en 1678 — 35 ans. Michel Le Moine, de Gascogne, tailleur, travailla à Siam, se fit pilote et mourut en mer à la côte de Coromandel en 1684.

CHAPITRE VI

1670-1673

I. Plans de Mgr Pallu. — Le P. Lopez. — Conduite envers les religieux — Projet d'établissement au Tonkin. — Éloge de Blot et de Baron. — Moyen de soustraire les Français à la puissance portugaise. — Demandes d'aumôniers à bord des navires de l'État. — II. Bref d'éloges de Clément IX à Mgr de la Motte Lambert. — Brefs qui exemptent les Vicaires apostoliques de la juridiction des Ordinaires portugais. — III. Vachet, Mahot Bouchard et de Courtaulin en Cochinchine. — IV. Deydier et de Bourges emprisonnés. Leurs succès. — Les prêtres indigènes. — V. Élection de Mgr Laneau. — Les Vicaires apostoliques demandent des collaborateurs à Saint-Sulpice, aux Dominicains et aux Franciscains. — VI. Répartition des missionnaires et des ressources. — Rôle des directeurs du Séminaire de Paris. — VII. Audience solennelle accordée par le roi de Siam aux Vicaires apostoliques. — Lettres de Clément IX et de Louis XIV au roi de Siam. — Conversions à Siam. — Raisons de la conduite des Vicaires apostoliques.

I

La Société des Missions-Étrangères, fondée pour l'organisation des églises et la conversion des infidèles, fut, dès son origine, composée de prêtres français; aussi n'est-il point étonnant de la voir s'intéresser à toutes les questions, qui de près ou de loin touchent à l'avancement des Missions et aux progrès de l'influence française. Pallu fut, chez elle, pendant le XVII° siècle, le représentant et le propagateur le plus actif de ce double courant d'idées. Son nouveau voyage de France en Extrême-Orient dura trois années. Aucun moment de sa vie ne fut peut-être aussi complètement rempli par la conception et l'étude de plans qu'il adresse au Pape, à la Propagande, à Louis XIV, à Colbert, à la Compagnie des Indes-Orientales pour l'expansion de la puissance nationale, par l'exposé de sages conseils à ses missionnaires, de pieux enseignement, à ses chrétiens pour l'extension de la foi catholique.

Nous analyserons ses principaux mémoires, écrits du cap de Bonne-Espérance, de Madagascar et de Surate, moins pour montrer la haute intelligence de l'évêque ou élucider une page d'histoire, que pour mettre en lumière des projets dont l'exécution eût été féconde en résultats.

A Madagascar, Pallu rencontra le célèbre dominicain Navarette ; il eut avec lui de longs entretiens sur l'état des missions de Chine et sur les difficultés soulevées par la question des Rites. C'est par le P. Navarette qu'il connut le P. Lopez, dominicain chinois, dont le zèle, les talents et les vertus provoquaient l'admiration, il le tint en si haute estime, qu'il écrivit à la Propagande pour solliciter sa nomination épiscopale, à condition toutefois, qu'il fût soumis à l'autorité d'un évêque européen. Cette proposition, la première partie d'un vaste plan d'administration, que Mgr Pallu développera dans la suite, fut appuyée par le P. Navarette, pendant son séjour à Rome, et admise huit ans plus tard.

Ces entrevues avec le dominicain firent sur le vicaire apostolique une impression profonde, dont il rendait compte en ces termes :

« Cette rencontre nous a donné le moyen de nous entretenir de tous les besoins de nos Missions de la Chine ; je me trouve bien éclairé des entretiens de ce bon religieux et des mémoires que j'en ai dressés. »

L'évêque porta ensuite sa pensée vers le Tonkin, et redoutant que la diversité des Sociétés apostoliques qui y travaillaient ne nuisît à la bonne entente et à l'harmonie si nécessaires au bien, il adressa à Deydier et à de Bourges des conseils pratiques qui peuvent se résumer en ces quatre points : Montrer envers les religieux beaucoup de bonté et de prudence ; — leur prouver la légitimité des pouvoirs des Vicaires apostoliques ; — laisser leurs Supérieurs leur notifier les ordres du Souverain Pontife ; — en référer à Rome dans les cas difficiles. La conclusion était de la plus douce charité.

« Vous vous étudierez particulièrement à gagner les cœurs, à vous concilier l'affection de ceux que vous verrez être les mieux disposés, et qui témoignent le plus de zèle pour la gloire de Dieu et le salut des âmes, vous les traiterez comme vos frères et tâcherez par leur moyen de gagner les autres [1]. »

Des Missions, le regard de l'évêque se tourna vers la France et l'agrandissement de son commerce ; mais il est à remarquer que dans ces mémoires, comme dans ceux que nous avons cités, et que nous citerons plus tard, Pallu n'engage jamais le gouvernement français à la conquête des royaumes infidèles, il ne parle que de négociations en vue d'obtenir des traités avantageux ou des autorisations pour établir des comptoirs et des factoreries ; il veut uniquement des relations pacifiques également utiles à la France et aux autres pays, au bien des âmes et à la gloire de l'Église ; il répond d'avance par ses actes à ceux qui accuseront les missionnaires d'être des agents politiques, appelant leurs compatriotes et les aidant à subjuguer les contrées qu'ils évangélisent.

Le 2 janvier 1672, il soumit à Colbert le projet d'établir un comptoir au Tonkin. « Mgr de la Motte Lambert y a si bien disposé les choses, disait-il, qu'il a obtenu du roi pour deux de ses ecclésiastiques, qui étaient déguisés en habit de marchands, le pouvoir d'y demeurer et de faire

---

[1]. Arch. M.-É., vol. 102, p. 211.

bâtir une maison, en un beau lieu qui leur fut assigné, dans l'espérance qu'il donna que la Compagnie française y pourrait bien venir prendre un établissement. Il en a écrit à MM. les Directeurs généraux et leur a envoyé des mémoires très instructifs du négoce qu'on y peut faire.

« Je vous supplie, Monsieur, pour l'intérêt de la foi, d'où dépend celui de la Compagnie, et pour l'honneur et la gloire du roi très chrétien, de porter MM. les Directeurs généraux à disposer incessamment tout ce qui est nécessaire pour l'établissement d'un comptoir en ce royaume ou au moins pour y faire un voyage. Cette affaire ne peut être que très avantageuse à la Compagnie[1]. »

En passant à Surate, il fit écrire par Blot et Baron, une lettre au roi de Siam pour lui demander sa protection, et une autre au roi d'Annam, pour lui témoigner le désir d'installer une factorerie au Tonkin, et le prier d'agréer quelques présents[3]. Étudiant de près les hommes avec lesquels il avait affaire, il se défiait de Caron, qui avait quitté les Hollandais pour devenir directeur de la Compagnie des Indes-Orientales, et qui mourut accusé de trahison ; mais il devina la valeur de Blot et de Baron, « qui ont chacun leurs talents et leurs qualités particulières, et étant bien unis ensemble comme ils sont, paraissent tous d'eux si nécessaires au gouvernement présent, que si l'un deux venait à manquer à l'autre, l'on pourrait dire qu'il ne serait pas sans quelque défaut. Je laisse aux plus éclairés à vous en faire une juste peinture ; il me suffit, Monsieur, de vous assurer que vous pourrez dorénavant dormir en repos sur les affaires de la Compagnie des Indes, si ce n'est pour leur faire toucher au plus tôt un fonds considérable pour essuyer

1. Arch. M.-É., vol. 107, p. 84.
2. Directeurs de la Compagnie dans les Indes.
3. La lettre est du 10 février 1672.

les dettes, qu'on y a ci-devant contractées, et leur donner le moyen d'acheter à temps des marchandises pour les envoyer dans les missions ordinaires[1]. »

Le sort des Français dans les Indes éveille son attention ; il cherche le moyen de les rendre indépendants des Portugais, temporellement et spirituellement. Temporellement, ils seraient soumis aux chefs des comptoirs de la Compagnie française ; et afin de pourvoir à leurs besoins spirituels, on établirait des chapelains dans les factoreries.

« Comme il est très important, écrivait-il[2], que les nations de l'Europe n'aient aucune dépendance les unes des autres, non seulement pour le temporel, mais aussi pour le spirituel, dans les terres qui sont de la domination des princes infidèles, où tous les étrangers sont également libres, le roi de France ayant permis à ses sujets d'établir une Compagnie pour aller négocier dans les Indes, où ils ont déjà plusieurs loges ou comptoirs, et sachant que les évêques des Indes, qui sont de la nomination du roi de Portugal, et les inquisiteurs qui ont leur tribunal à Goa, prétendent avoir juridiction sur tous ces lieux, ayant même en quelques endroits, ceux-là des églises et des vicaires, et ceux-ci des commissaires, qui les reconnaissent et qui leur sont soumis ; le roi, dis-je, suppliera Sa Sainteté d'ordonner que les chapelains, soit religieux, soit ecclésiastiques, dont on aura soin, que tous les loges et les comptoirs des Français soient toujours bien pourvus, aient toute l'autorité et les moyens nécessaires pour dire la sainte messe, prêcher, catéchiser, administrer les sacrements, en un mot pour faire toutes les fonctions parochiales à l'égard des Français qui se trouveront sur les lieux, engagés au ser-

---

1. Arch. des M.-É., vol. 107, p. 80, 81.
2. Arch. des M.-É., vol. 107, p. 95.

vice de la Compagnie ou non, et de tous leurs domestiques qui seront chrétiens, à quelque nation qu'ils appartiennent, tant qu'ils seront attachés à leur service, en sorte que les fidèles soumis à ces chapelains forment une véritable paroisse². »

Les matelots français embarqués à bord de navires dépourvus d'aumôniers, excitèrent également la charité chrétienne de Mgr Pallu qui écrivit à Colbert en lui exprimant le désir de voir un prêtre sur chaque vaisseau.

II

Après avoir porté sa vigilance sur tout ce qui intéressait la France, l'évêque revenait invariablement aux Missions.

Il reçut à Surate des lettres de Mgr de la Motte Lambert qui lui racontait ses travaux et ses luttes; car il lui fallait tout à la fois travailler et combattre.

La lutte était toujours engagée contre les mêmes ennemis, les Portugais, qui essayaient de retremper de nouvelles armes quand les anciennes s'émoussaient. Mais vieilles ou nouvelles, ces armes n'ébranlaient ni le sang-froid, ni le courage de Mgr de la Motte Lambert.

Dans l'histoire de la fondation des Vicariats apostoliques en Extrême-Orient, œuvre de la Société des Missions-Étrangères, la part de de la Motte Lambert est autre que celle de Mgr Pallu, mais elle n'est pas moins importante. Aidé de dix ou douze missionnaires, il ne recule jamais, il va de Siam au Tonkin et en Cochinchine, revient à Siam, qu'il choisit pour centre, parce qu'il y jouit de la liberté, qu'il peut y diriger son séminaire général et conserver la facilité de ses rapports avec l'Europe; il travaille, il surveille, il fait des fondations que le temps a respectées; il ne redoute pas la force et ne s'émeut pas de la calomnie. Après l'avoir accusé de n'être ni évêque ni vicaire apostolique, on change de tactique, on lui jette à la tête l'épithète de Propagandiste, dont on veut faire une injure, tandis qu'elle est un titre d'honneur; on découvre ou on invente, pour le battre en brèche, les opinions théologiques les plus singulières, jusqu'à prétendre que les prêtres portugais ont le droit de conférer les ordres mineurs; et lorsqu'il déclare fausses cette proposition et plusieurs autres, le représentant à Siam de l'inquisition de Goa lance contre lui l'excommunication et fait afficher sa sentence à la porte d'une des églises de Juthia. En face de ces attaques, de la Motte Lambert reste impassible; il a été avocat, et avocat au parlement de Rouen, la capitale de la Normandie, il sait qu'il est des procès qu'on gagne seulement en dernier ressort, il sait mieux encore que les âmes ont tout à perdre dans le spectacle des contestations ecclésiastiques, et il défère ces opinions extraordinaires au Saint-Office qui, dans la séance du 3 septembre 1671, les note comme fausses et téméraires. Ensuite, pour rétablir l'honneur du Vicaire apostolique, et réparer le scandale que l'excommunication avait causé parmi les chrétiens et parmi les infidèles, le Pape la déclare nulle, absolument invalide, et ordonne de publier et d'afficher cette sentence dans tous les lieux où la première a été publiée et affichée, d'instruire l'évêque par un bref de tout ce qui a été prescrit et défini, d'envoyer également ce bref au Nonce du Portugal, pour le transmettre à l'Inquisiteur de Goa, qui le fera afficher à Siam; il défend en même temps à l'Inquisiteur d'employer à aucune fonction le commissaire qui a porté l'excommunication, et lui commande de le rappeler. Le Vicaire apostolique reçut en 1672, ce bref si honorable et si consolant pour lui, avec cette lettre du cardinal Antoine Barberini, préfet de la Propagande, qui louait sa promptitude à recourir au Saint-Siège et sa docilité à lui obéir :

« Illustrissime et Révérendissime Seigneur et Frère,

« La Sacrée Congrégation a reçu avec une extrême joie vos lettres datées du mois de septembre 1669. Le progrès que fait la religion catholique à la Cochinchine et au Tonkin, le nombre de prêtres indigènes que vous avez déjà ordonnés, leur zèle, leurs travaux, leurs vertus, nous ont extrêmement réjouis.

« Nous vous exhortons par Jésus-Christ, à multiplier autant que vous le pourrez les bons ouvriers évangéliques, afin que la vigne du Seigneur, plantée dans l'Orient avec tant de peine, y prenne des accroissements durables. Soyez persuadé que vos travaux et ceux de vos missionnaires, les contradictions que vous éprouvez, la triste situation et les misères des chrétiens confiés à vos soins, touchent très vivement le cœur du Souverain Pontife et de tous les Pères qui composent la Sacrée Congrégation.

« Rien de plus agréable pour nous que vos succès, rien de plus affligeant que vos tribulations ; nous prenons part à vos consolations et nous mêlons nos larmes aux vôtres. Le grand éloignement ne nous permet pas toujours d'apporter un prompt remède aux maux dont vous souffrez ; mais ne vous découragez pas. Ne cessez point de vous appliquer à la prière et à la dispensation de la divine parole ; gardez-vous de suivre l'exemple de ceux qui négligent les avis du Saint-Siège, qui veulent se conduire par leur propre esprit, et qui tombent d'égarement en égarement. Suivez avec fidélité, comme vous l'avez fait jusqu'à ce jour, les voies saintes tracées par le Saint-Siège. Vous obtiendrez par votre obéissance le salut de votre âme et une couronne immortelle dans le ciel, pourvu que vous persévériez généreusement et constamment jusqu'à la fin.

« Pour vous faciliter l'exécution des ordres que vous recevez du Saint-Siège, donnez-nous souvent occasion de vous rendre quelque service, afin que nous puissions vous faire connaître quel est le fond inépuisable d'estime et d'affection que le Saint-Père et le Sacré Collège ont pour vous, pour vos missionnaires et pour tous les chrétiens dont vous êtes le pasteur. Lisez au peuple de Dieu ce qui est renfermé dans cette lettre, afin que tous comprennent que l'Église romaine se fait toute à tous, qu'elle se réjouit avec ceux qui sont dans la joie, qu'elle pleure avec ceux qui pleurent, qu'elle donne des secours, lorsqu'elle le peut, à ceux qui sont dans l'oppression, qu'elle partage leurs souffrances, lorsqu'elle ne peut les en délivrer, et ne cesse de recommander à l'Époux céleste les enfants qu'elle lui donne et qu'elle élève avec tant de douleurs et de fatigues. Publiez ces vérités, et, par de douces remontrances, faites connaître aux fidèles que jamais l'amour que la nature inspire aux pères et aux mères ne fut aussi tendre que ne l'est la charité du Saint-Père pour tous les enfants de l'Église. C'est dans ces sentiments que Sa Sainteté vous donne la bénédiction apostolique, et que nous vous souhaitons toutes sortes de prospérité et de bonheur. »

Les ordres du Pape ne furent qu'imparfaitement obéis. Pallu, encore à Surate, mais instruit de tout ce qui se passait, en demanda de plus formels; pour les obtenir plus promptement, il envoya à Rome un de ses missionnaires, Charles Sevin,[1] et le 10 novembre 1673, Clément X, accentuant les décrets de la Propagande et ses premiers commandements, signa un bref qui exemp-

---

[1] Il remit à M. Sevin de longues instructions sur les demandes à faire et la conduite à tenir pour les obtenir. Arch. M.-E., vol. 102, p. 394.

tait les Vicaires apostoliques de la juridiction de l'archevêque et de l'inquisition de Goa :

« Par la suprématie que Notre-Seigneur Jésus-Christ nous a confiée sur son Église universelle, et pour écarter à l'avenir tout empêchement à la propagation de la foi, nous déclarons entièrement exempts de la juridiction de Goa, dans les régions qui ne sont pas sujettes au domaine temporel du roi de Portugal, tous les Vicaires apostoliques et leurs missionnaires déjà envoyés, ainsi que ceux qui seront envoyés en Chine, en Cochinchine, à Siam, au Cambodge, et dans les autres régions orientales. Nous vous commandons, par l'autorité apostolique, de vous abstenir absolument d'exercer contre eux, soit par vous, soit par vos mandataires, aucun acte de juridiction, sous quelque prétexte ou en vertu de quelque privilège que ce soit. En agissant contre la volonté expresse du Saint-Siège, vous résisteriez gravement à l'obéissance filiale que vous lui devez. »

Le même jour, des brefs analogues furent adressés aux catéchistes du Tonkin et de Cochinchine ; le 22 décembre, à l'inquisition de Goa ; le lendemain, 23 décembre, fut expédiée aux Vicaires apostoliques la constitution *Decet Romanum*, qui précisait de nouveau leur juridiction et leur permettait de se rendre en Extrême-Orient sans passer par Lisbonne. Les ordinaires de Goa, de San-Thomé, de Malacca et de Macao reçurent communication des mêmes ordres par un bref du 7 juin 1674.

III

Cet appui si vigoureux, donné par Rome aux Vicaires apostoliques, était une nouvelle victoire pour la Société des Missions-Étrangères, d'autres triomphes lui paraissaient néanmoins plus glorieux, d'autant qu'elle n'y rencontrait aucun mélange d'amertume ; ils étaient remportés par ses prêtres en Cochinchine, au Tonkin, à Siam, ils avaient pour objet le bien des âmes, la seule chose qui réjouisse complètement le cœur de l'apôtre.

En Cochinchine, le chua Hien-vuong n'était pas favorable aux chrétiens, il se défiait des missionnaires, les faisait surveiller et entravait par cet espionnage les conquêtes de l'Évangile. Vachet fut chargé par Mgr de la Motte Lambert de lui porter des curiosités d'Europe ; les enfants ne sont pas les seuls que l'on gagne par des présents ; le missionnaire partit pour la Cochinchine, au mois de mars 1673. Débarqué au Quang-ngai, dans le district de Mahot, il fut assailli et maltraité par les satellites d'un haineux mandarin, et tomba si gravement malade, que Mahot dut à sa place se rendre à Hué.

Hien-vuong reçut avec plaisir les cadeaux que le premier ministre lui présenta ; il se fit lire les lettres de l'évêque, admira les belles choses qu'il lui envoyait, et fut si satisfait, qu'il déclara que le prélat pourrait, à son gré, venir dans le royaume, y demeurer, y bâtir des églises, des résidences et des collèges. M. Mahot expédia aussitôt une circulaire aux chrétiens pour leur apprendre ces bonnes nouvelles, et ordonner des prières d'actions de grâces. En même temps, il fit connaître ses succès apostoliques et diplomatiques à Mgr de la Motte Lambert et l'engagea à venir en Cochinchine. Celui-ci, retenu à Siam par les affaires qu'il avait à traiter avec Mgr Pallu, récemment arrivé, envoya immédiatement deux missionnaires, MM. Bouchard et de Courtaulin (juin 1674). Il donna à ce dernier des lettres de provicaire, en remplacement de M. Guyard, qui venait de mourir, épuisé des fatigues endurées en visitant toutes les chrétientés du royaume, nu-pieds, déguisé en marchand, et exerçant son ministère presque toujours pendant la nuit, de peur d'être reconnu et de compromettre les fidèles.

Un grand nombre de païens, connaissant le changement survenu dans les dispositions de Hien-vuong, se présentèrent au baptême. L'imprudence d'un missionnaire et la méchanceté d'un interprète des Portugais faillirent tout mettre en péril. M. de Courtaulin avait de grandes qualités, malheureusement gâtées par un esprit absolu, écoutant peu ou point les conseils.

Ignorant les précautions qu'il fallait prendre, il résolut de bâtir une grande église, pour y réunir publiquement les chrétiens. Il exécuta son projet, malgré les représentations des missionnaires et des principaux chrétiens; mais à peine les travaux achevés, un riche marchand chinois, à l'instigation de l'interprète Jean de la Croix, que nous avons déjà vu jouer un rôle perfide au temps de M. Hainques, adressa une requête au roi pour transformer cette église en pagode.

Cette supplique fut repoussée.

Plus habile et plus haineux, Jean de la Croix présenta lui-même au roi un placet, dans lequel, mêlant le faux et le vrai, il dénonçait l'arrivée de nouveaux prêtres français et la présence à Siam de plusieurs jeunes Cochinchinois, qu'on avait, disait-il, enlevés furtivement et fait sortir du royaume, ce qui, d'après la loi annamite, était un crime capital. Comme on était alors en guerre avec le Tonkin, Jean de la Croix rapprochait astucieusement le voyage de Mgr de la Motte Lambert au Tonkin en 1670, et sa présence en Cochinchine en 1671, accusait le Vicaire apostolique et ses missionnaires d'être venus observer les endroits faibles du royaume et d'en avoir donné avis à la cour de Ke-cho[1]. Le délateur terminait son factum en témoignant de sa fidélité au roi, qu'il avertissait, protestait-il, afin qu'on ne pût lui imputer les malheurs de l'État et la perte du royaume, si on laissait faire les prêtres français.

1. Aujourd'hui Ha-noi.

Cette accusation suffisait pour perdre toute la mission. Le prince, autrefois mieux inspiré, remercia Jean de la Croix de ses bons avis et commanda à ses ministres de faire saisir et torturer les matelots qui avaient conduit les élèves à Siam et introduit les nouveaux missionnaires dans le pays. Heureusement, deux d'entre les mandarins instructeurs étaient chrétiens, et le premier ministre favorisait Vachet, qui, par sa spirituelle franchise, avait réussi à se concilier son amitié. Ils firent au roi un rapport très favorable : ils exposèrent que les matelots ayant été jetés par la tempête sur les côtes du Cambodge, et ne pouvant, pendant la mousson contraire, revenir en Cochinchine, s'étaient décidés à aller à Siam ; un évêque français les avait bien traités, et leur avait donné deux barres d'argent, pour emmener en Cochinchine deux de ses prêtres envoyés au secours de M. Vachet, alors dangereusement malade ; enfin, que les missionnaires n'avaient eu aucun rapport avec le Tonkin et que Jean de la Croix était un calomniateur. Ce rapport changea les sentiments du roi, qui loua l'évêque d'avoir pris soin de ses sujets ; il se contenta de menacer les matelots de peines graves, si jamais ils osaient introduire des étrangers dans le pays, et, pour les dédommager de leur détention et de leurs souffrances, il les exempta d'impôts et de corvées pendant trois ans.

Ce procès heureusement terminé, le premier ministre fit appeler M. Vachet. « Tant que je vivrai, lui dit-il, vous n'aurez rien à craindre ; si vous êtes encore menacé, avertissez-moi promptement. Retournez bien vite à Fai-fo, où vos amis sont sans doute dans de grandes alarmes. Je vais vous y faire conduire avec honneur, afin que tous, Portugais, Japonais, Chinois et Annamites, sachent que vous ne m'êtes pas indifférent. »

Le missionnaire profita de cette bienveillance pour

tenter l'évangélisation des sauvages, habitant les montagnes et les forêts de l'ouest, à sept journées de marche de Fai-fo, connus aujourd'hui sous le nom générique de Mois, et sous des dénominations particulières selon leur tribu. « Il y trouva, dit-il, un peuple assez nombreux, qui diffère des Cochinchinois par les mœurs, les habits et même par les traits du visage. Toute leur religion consiste à adorer le ciel et à honorer les morts. Dieu les rendit dociles à la parole de vérité. Plusieurs furent instruits et baptisés. » La foi y aurait peut-être fait des progrès plus considérables, si la maladie n'avait forcé le missionnaire de revenir à sa résidence.

Après sa guérison, il repartit pour Hué avec Mahot, et se présenta chez le premier ministre, pour traiter quelques affaires relatives à ses chrétiens. Ce dernier avait, ce jour-là, assemblé chez lui une trentaine de bonzes, afin d'offrir un sacrifice solennel; il invita Vachet à entrer dans la salle de réunion, et lui demanda d'expliquer les articles fondamentaux de sa religion. A en juger par les nombreuses répliques que nous connaissons de lui, Vachet devait avoir une très grande facilité de parole, il se recueillit quelques minutes, adressa à Dieu une fervente prière, puis il pria les bonzes, s'il ne parlait pas la langue des lettrés, ou s'il ne se servait pas assez élégamment du langage ordinaire, de lui pardonner en faveur de sa nationalité étrangère. Cette modestie obligée du début de tout discours annamite impressionna favorablement l'assistance. L'orateur, entrant immédiatement dans le fond de la question, expliqua longuement la nécessité de reconnaître un seul Dieu, infiniment sage, puissant, saint, juste, être parfait, existant par lui-même, principe et fin de toutes choses, créateur de l'univers. « Tirez vous-mêmes la conséquence, ajouta-t-il en terminant, et voyez, si nous autres chrétiens, nous n'avons pas raison de rapporter à Dieu le bien que nous recevons de tous les êtres, au lieu que vous rapportez aux choses créées le bien que Dieu vous fait par elles ; vous adorez les bienfaits, et vous méconnaissez le bienfaiteur. »

Les bonzes n'avaient ni une science philosophique assez étendue, ni un esprit assez métaphysique pour suivre M. Vachet dans les considérations qu'il leur présentait ; laissant de côté les principes et la logique de l'argumentateur, ils essayèrent de rester dans le domaine des faits matériels et objectèrent que personne n'avait jamais vu le Dieu dont parlait le missionnaire, qu'on ne connaissait ni sa taille, ni sa couleur, ni sa figure, qu'il était difficile que, du haut du ciel, il pût à son gré gouverner toutes les choses de la terre. S'il n'était pas embarrassant de répondre à ces objections, de montrer par des exemples l'existence d'êtres que les bonzes n'avaient point vus et auxquels ils croyaient, la réalité de choses mystérieuses dans leurs causes et apparentes dans leurs effets, il n'était pas aisé de convaincre et surtout de toucher les prêtres des idoles. Aux nouvelles explications de M. Vachet, ils ne firent aucune réponse ; le premier ministre adressa quelques paroles flatteuses au missionnaire, et à la suite de cette conférence qui avait duré deux heures, ministre, mandarins et bonzes allèrent assister au sacrifice en l'honneur des génies protecteurs.

Une seconde conférence eut encore lieu le lendemain sans aboutir à plus de résultat. Les disciples de Socrate ou de Platon, livrés à de sublimes contemplations, illuminés des clartés du génie, palpitants des angoisses du doute, pouvaient s'inquiéter des destinées de l'âme et du monde, chercher la solution des problèmes philosophiques ; les Annamites, disciples de Confucius, n'étaient pas de cette race de chercheurs opiniâtrement attachés à la poursuite des idées ; ils ne s'élevaient guère au-dessus du monde matériel et mettaient en pratique la parole de Kang-hi : « Est-il possible, disait celui-ci aux prédicateurs de l'Évangile en Chine, est-il possible que vous soyez toujours occupés d'un monde où vous n'êtes pas encore, et que vous comptiez presque pour rien celui où vous vivez présentement? Croyez-moi, chaque chose a son temps ; usez mieux de ce que le ciel met entre les mains, et remettez après la vie tous ces soins qui ne sont bons que pour les morts. Pour moi, ajoutait-il, en raillant, je ne m'intéresse guère à toutes ces affaires de l'autre monde, et je ne me mets pas en peine de décider tous les procès de ces esprits invisibles[1]. »

L'année 1674 se continua dans la paix, et comme pour dédommager les missionnaires du Saint-Siège des peines que d'indignes catholiques leur avaient prodiguées, Dieu leur envoya dans les derniers mois de cette année près de 4,000 infidèles disposés à recevoir le baptême.

IV

Au Tonkin, Deydier et de Bourges rivalisaient de zèle et de vaillance avec leurs frères de Cochinchine. Habitant la ville de Hean ou Hien, cachés sous l'habit de marchands, ils n'avaient pour célébrer la sainte messe qu'un seul ornement ; ils instruisaient en secret plusieurs séminaristes, qui passaient pour leurs domestiques, et adressaient leurs instructions aux prêtres indigènes dispersés dans l'intérieur du pays. En s'entourant de mille précautions, ils avaient réussi à n'exciter les soupçons d'aucun mandarin, lorsqu'un apostat, l'interprète Benoît, les dénonça en 1671. Ils furent arrêtés, frappés, traînés par les cheveux et conduits enchaînés

---

1. *Mémoires* du P. Lecomte, vol. 2, p. 398.

au gouverneur. Un soldat, le sabre nu à la main, menaça de couper la tête à M. de Bourges. « Tu n'auras pas l'honneur de faire un martyr, » dit doucement le missionnaire. Séminaristes et domestiques furent saisis en même temps et livrés au mandarin, qui les menaça des plus rudes châtiments, s'ils n'avouaient pas que leurs maîtres étaient des chefs de religion. Ces jeunes gens se contentèrent de répondre qu'eux-mêmes étaient chrétiens. Le mandarin en condamna quatre à la prison et en laissa trois près de M. de Bourges, enfermé au prétoire, en lui disant : « Je vous fais grâce, mais pour votre compagnon, je l'ai déjà traité comme il le mérite, et je le mettrai en un lieu d'où il ne m'échappera pas. » En effet, il condamna Deydier aux fers ; quelques jours après, il prononça contre lui et contre quatre séminaristes une sentence de mort, qu'il n'osa cependant exécuter sans l'autorisation royale. Il se rendit à la capitale pour l'obtenir. Au premier mot qu'il prononça : « Je ne veux pas, répondit le roi, qu'on les punisse de mort ; mais si quelqu'un est convaincu d'avoir commis de grands désordres dans la province, tu peux lui faire couper la main, ou plutôt je t'ordonne de me l'envoyer et j'en userai comme je jugerai à propos. » Le mandarin avait espéré un autre jugement ; il voulut sortir de cette affaire avec les honneurs de la guerre. Il ordonna à de Bourges de transporter sa maison dans le quartier chinois. Le missionnaire répondit que le roi, lui ayant donné le terrain qu'il occupait actuellement, serait mécontent de le voir s'établir ailleurs, que du reste il n'avait pas de ressources suffisantes pour une seconde installation.

Croyant être plus heureux avec Deydier, il lui offrit la liberté, s'il consentait à lui demander pardon. Celui-ci s'excusa, il n'avait rien fait contre les ordres du prince, jamais manqué de respect au mandarin ; il ne voyait donc pas de quoi il devait demander pardon. Ces paroles lui valurent une aggravation de peine ; par bonheur, un mandarin, visiteur des vaisseaux étrangers, passa par Hean avec sa femme, fervente chrétienne :

« Pourquoi donc, dit celle-ci au mandarin, retenez-vous M. Deydier en prison après que le roi vous a ordonné de l'élargir? J'avertirai Sa Majesté de la manière dont vous obéissez à ses ordres. » Intimidé, le préfet se déclara prêt à relâcher le captif, s'il lui fournissait une caution. De Bourges s'offrit; le mandarin, visiteur des vaisseaux, fit de même, et, secouru par ce double dévouement, M. Deydier sortit définitivement de prison le 5 novembre 1671.

En terminant la relation de ses souffrances, le missionnaire écrivait ces belles paroles confirmées par le baptême de 5.300 chrétiens en cette seule année : « Ce sont des roses qui croissent parmi les épines. Malgré les édits du roi, la perte des biens, les bastonnades, les prisons, il se fait tous les jours de nouveaux chrétiens par un miracle continuel de la grâce. Le soleil de justice fait éclater sa lumière de ces nues menaçantes qui devraient l'obscurcir. Les païens découvrent, reçoivent et conservent cette divine lumière aux dépens de leur vie. La cruauté des tyrans et la vigueur des tourments, loin de ralentir leur ferveur, augmentent encore l'estime et l'amour de la religion [1]. »

Ces progrès de la foi étaient dus en grande partie aux prêtres indigènes, qui, par leur zèle et leur fermeté, se montraient chaque jour plus dignes de leur sainte vocation. Une lettre écrite du Tonkin, en 1672, fait en ces termes, l'éloge de celui d'entre eux, qui le premier alla au ciel recevoir la récompense de ses travaux : « Jean

---

[1]. *Histoire abr. des Prog. de la Rel. dans les Indes-orientales* p. 268.

Van-Hue, chargé du district de Kien-lao, était un homme puissant en œuvres et en paroles, son âge peu avancé et son tempérament robuste le rendaient propre à soutenir longtemps les fatigues du ministère ; mais le mardi de la Semaine-Sainte, il fut subitement attaqué d'une violente douleur de tête, qui l'emporta en six jours. Après sa mort, on vit paraître sur son cou, sur sa poitrine et sur ses côtes, des taches que l'on prit pour des indices de poison. Dire quelle a été la cause de la mort si surprenante d'un ouvrier si cher à Dieu et si nécessaire à cette église, c'est ce qui n'est pas facile. Le jour du Seigneur développera ce mystère. »

Quelques mois plus tard, un autre prêtre, Léon Thu, fut accusé par un apostat de tramer une révolte contre le roi. Le gouverneur de la province de Thanh-hoa, auquel il fut dénoncé, le fit saisir et jeter en prison ; mais, ne découvrant aucune preuve de cette prétendue rébellion, il jugea que c'était une calomnie ; il condamna néanmoins l'accusé à une amende pécuniaire pour avoir été convaincu d'enseigner la loi du Seigneur du ciel.

Réunis aux catéchistes, les prêtres indigènes du Tonkin écrivirent en 1672 à la Propagande pour remercier le Saint-Siège de leur avoir envoyé des missionnaires qui établissaient des séminaires, un évêque qui leur conférerait les saints Ordres, et pour rendre un compte très détaillé de la situation de leur église, ajoutant « que les chrétiens témoignaient être infiniment redevables à la miséricorde divine de leur avoir donné des prêtres de leur nation. »

V

Ces chances diverses de fortune dues à la haine de mauvais chrétiens, aux visées ambitieuses d'officiers subalternes, à l'attachement des fidèles, aux bons sentiments des païens, si fréquentes en Cochinchine et au Tonkin, ne se présentaient pas pour les missionnaires de Siam. Leur ciel était uniformément calme, un peu bas et lourd; de quelque côté qu'on l'observât, on n'y voyait pas de nuage sombre précurseur de la tempête, pas davantage d'éclaircie lumineuse annonçant les beaux jours.

Le roi était bienveillant, les mandarins tolérants, le peuple à peu près indifférent. On crut un moment que les lettres de Clément IX et de Louis XIV amélioreraient ces dispositions générales et secoueraient de sa torpeur l'âme apathique des Siamois.

Mgr de la Motte Lambert avait annoncé à Phra-naraï que Mgr Pallu, le prélat parti huit ans auparavant, venait d'arriver, chargé de lui offrir des lettres et des présents de la part du Père commun des catholiques et du roi de France. Le prince se montra enthousiasmé, il voulut recevoir l'ambassadeur avec une magnificence et des honneurs extraordinaires. Mais des difficultés d'importance majeure, à Siam, s'élevèrent au sujet du cérémonial de l'audience. Le premier ministre insistait, afin que selon l'usage ordinaire, les Européens se présentassent pieds nus et le visage prosterné contre terre. Ceux-ci refusaient de se soumettre à une coutume qui leur semblait incompatible avec leur caractère d'évêque, leur qualité de Français et de quasi ambassadeur du Pape et du roi de France.

Les pourparlers durèrent plusieurs mois ; mais, on s'en doute bien, ils n'absorbèrent pas toute l'activité des Vicaires apostoliques qui, pendant cet intervalle, procédèrent à l'élection d'un évêque sous le titre de Métellopolis, selon les pouvoirs que le Souverain Pontife leur avait accordés. Mgr de la Motte Lambert proposa Laneau, et Mgr Pallu préféra Chevreuil; après avoir beaucoup prié et réfléchi, convaincus tous les deux de la valeur de leur candidat, ils ne voulurent point l'abandonner, et, suivant l'exemple des Apôtres, consultèrent Dieu par la voie du sort.

« Ils n'ignoraient pas que cet exemple n'est point passé en règle ; mais ils jugèrent avec raison qu'ils se trouvaient dans une de ces conjonctures, dans lesquelles saint Augustin et saint Grégoire approuvent la voie extraordinaire du sort. Ils se prosternèrent et élevant les yeux au ciel : « Seigneur, dirent-ils, vous qui connaissez les cœurs, montrez lequel de ces deux prêtres vous avez choisi pour le ministère épiscopal. » Après cette courte prière, ils firent deux billets ; dans l'un était écrit le nom de Chevreuil, et dans l'autre le nom de Laneau. Les ayant mis dans une boîte, Mgr de la Motte Lambert les présenta à Mgr Pallu. Celui-ci tira le premier qui tomba sous sa main, l'ouvrit et parut surpris d'y trouver le nom de Laneau. Mgr de la Motte Lambert, qui s'aperçut de sa surprise, lui dit de replier son billet et de le remettre dans le scrutin. Il le replia, le remit et retira le même nom ; alors, il se jeta à genoux, remercia Dieu et consentit que Laneau fût choisi [1]. »

Cette élection était très heureuse, et Dieu avait pris soin de l'œuvre entreprise par la Société des Missions-Étrangères à Siam, et que M. Chevreuil, fatigué par une longue maladie, eût peut-être difficilement soutenue. Sans avoir les hautes qualités qui distinguaient les deux premiers Vicaires apostoliques, Laneau était un missionnaire remarquable ; il parlait le portugais, l'espagnol, l'annamite, connaissait à fond la langue et la religion de Siam qu'il avait étudiées pendant près d'une année avec les bonzes les plus savants de Juthia ; il avait publié un catéchisme en siamois et en bali, la langue sacrée du pays ; plus tard, il composa une grammaire,

---

[1]. Luquet, *Lettres à Mgr de Langres*, p. 69.

un dictionnaire siamois-latin ; il jouissait d'une haute estime à la cour, d'un grand crédit parmi les mandarins, et dans le peuple d'une réputation universelle de sainteté.

Nommer des évêques était nécessaire, trouver des missionnaires l'était également, car l'Extrême-Orient en avait un extraordinaire besoin, et la Société des Missions-Étrangères était loin de pouvoir répondre à toutes les demandes des chrétiens, car elle comptait à peine une vingtaine de prêtres français répartis dans le Tonkin, la Cochinchine, Siam. A comparer leur petit nombre avec leurs travaux, leurs multiples entreprises, leur influence, on est bien obligé de reconnaître la grâce d'une Providence particulière, qui leur donne l'ardeur, le courage, avec ce sang-froid dans le gouvernement que rien n'altère et ne déconcerte ; mais encore cette Providence veut-elle des instruments en assez grande quantité.

Le XVII° siècle nous apparaît très chrétien, peut-être l'était-il moins qu'on ne l'écrit parfois, oubliant que les années comme les prismes embellissent les choses ; il était assurément loin d'avoir l'esprit apostolique qui distingue notre temps. Afin de trouver les prêtres nécessaires aux missions, les deux évêques s'adressèrent à plusieurs congrégations, pour les prier de diriger vers eux quelques-uns des ecclésiastiques qu'elles formaient, ou même plusieurs de leurs propres sujets, et tout d'abord ils en demandèrent à cette sainte maison de Saint-Sulpice dont Fénelon disait : « Je ne connais rien de plus vénérable et de plus apostolique. »

Le Séminaire des Missions-Étrangères était d'ailleurs dans les meilleures relations avec Saint-Sulpice, et à plusieurs reprises, Mgr Pallu remercie M. de Bretonvilliers et plus tard M. Tronson « de ce qu'ils ont toujours la bonté d'aider les directeurs de leurs conseils, dont ceux-ci se trouveront si bien qu'ils conserveront une parfaite correspondance entre les deux séminaires. »

Aussi, le 4 septembre 1673, les Vicaires apostoliques écrivaient à M. de Bretonvilliers, une lettre dans laquelle, après avoir succinctement raconté leurs travaux, ils disaient[1] : « Toutes ces entreprises nous étant d'obligation, nous mettent dans la nécessité d'y pourvoir; mais comme nous ne le pouvons pas par nous-mêmes, ni par le peu d'ouvriers qui travaillent avec nous, considérant d'ailleurs que le Séminaire des Missions-Étrangères ne peut nous en fournir qu'un petit nombre, en comparaison de celui qu'il nous faudrait, nous ne croyons pas de remèdes plus efficaces en cette rencontre, que de publier les besoins où nous sommes et de pousser tous les ecclésiastiques qui voudraient bien se consacrer à ses divins emplois de nous venir secourir, comme firent autrefois les Apôtres qui, ne pouvant tirer à bord leurs filets, à cause de la multitude des poissons qu'ils avaient pris, firent signe à leurs compagnons.

« C'est pourquoi, jetant les yeux de notre sollicitude de tous côtés, nous les avons particulièrement arrêtés sur vos séminaires, qui, portant tous les caractères de leur fondateur de très sainte et très heureuse mémoire, et recevant tous les jours part des impressions de ce même zèle qui vous a fait entreprendre la mission du Canada, sont remplis d'un très grand nombre d'ecclésiastiques, que vous avez cultivés avec soin, non seulement dans les sciences, mais aussi dans l'exercice des plus hautes vertus, pour les rendre capables de toutes les fonctions apostoliques. Nous savons qu'ils sont tellement morts à eux-mêmes et soumis à vos volontés, dans lesquelles ils ne regardent que celle de Dieu, qu'il ne vous faut dire qu'une seule parole, et qu'on verra aussitôt sortir de

---

1. Arch. des M.-É., vol. 118, p. 552 et suivantes.

ces célèbres foyers autant d'ouvriers qu'il nous en faut pour nous aider à recueillir la moisson abondante, exposée à nos yeux et commise à nos soins.

« Ces réflexions, Monsieur, nous obligent de vous prier, avec toutes les instances possibles, de nous secourir en nous envoyant au plus tôt un bon nombre de missionnaires ; nous vous les demandons, par le précieux sang de Notre-Seigneur qu'il a versé pour tous les hommes, au nom de sa très sainte Mère, qui est la fondatrice de nos missions, et du glorieux saint Joseph, qui en est le patron et le protecteur ; nous vous en sollicitons, au nom de tant de milliers d'âmes qui périssent tous les jours faute de missionnaires ; nous vous en conjurons, pour les intérêts de l'Église universelle, au service de laquelle vous vous êtes dévoué, et qui peut, par votre moyen, accroître ses limites jusqu'aux extrémités du monde ; nous vous prions, pour l'honneur du clergé de France, auquel nos missions appartiennent par beaucoup de titres, ayant fourni de son corps tous les évêques et autres missionnaires, qui les ont remplis jusqu'à présent, ayant notablement contribué à leur subsistance temporelle dans toutes ses assemblées, et leur faisant l'honneur de les considérer comme une extension de lui-même. Nous finissons nos instances, par le respect que vous avez pour les desseins et les désirs de feu M. l'abbé Olier, qui, épanchant son cœur dans celui de l'évêque d'Héliopolis, peu de temps avant sa mort, lui protesta qu'il se tiendrait heureux s'il pouvait aller passer le reste de ses jours dans le service de la mission du Tonkin.

« S'il nous était permis d'ajouter quelque chose à tous ces grands motifs, nous vous en supplions, Monsieur, pour la consolation et le soulagement des trois évêques [1],

---

1. Quoiqu'il soit ici question de trois évêques, Pallu, de la Motte Lambert et Laneau, la lettre n'est signée que des deux premiers.

qui gémissent et gémiront toujours, tant qu'ils se trouveront dépourvus du secours qu'ils vous demandent.

« Fait en la ville royale de Siam, en la paroisse de Saint-Joseph, le 4 septembre 1673. »

Les Sulpiciens accédèrent, autant qu'il leur fut possible, à ces pressantes sollicitations; ils décidèrent plusieurs prêtres, qui avaient fait leurs études chez eux, à se consacrer aux missions. Cette affection pour l'apostolat des Missions-Étrangères est devenue une tradition dans la pieuse Compagnie, qui, avec la plus haute science ecclésiastique, inculque à ses élèves un ardent amour pour les âmes et ne croit avoir assez fait qu'en préparant, avec des professeurs aux séminaires et des pasteurs aux paroisses et aux églises de France, des ouvriers évangéliques, aux pays infidèles.

Mgr Pallu et Mgr de la Motte Lambert s'adressèrent également aux religieux de Saint-Dominique et de Saint François de la province de Manille, et chargèrent M. Bouchard de cette négociation. Le missionnaire se rendit dans les Philippines; il fut mal reçu par les autorités espagnoles, qui le soupçonnèrent d'être un espion, mais bien accueilli par le clergé. Les Dominicains promirent des prêtres au plus tôt, les Franciscains permirent immédiatement de partir au P. Louis de la Mère de Dieu, « homme plein de zèle et de charité, qui fut employé pendant plusieurs années à diriger la seconde classe du séminaire de Siam. »

Un jacobin vint plus tard, et fut placé avec M de Chandebois dans une paroisse proche de Juthia. Persuadés que l'abstinence si rigide des Minimes et le zèle des religieux de la Charité envers les malades édifieraient extrêmement les indigènes et les porteraient à embrasser le christianisme, les Vicaires apostoliques sollicitèrent plusieurs fois les supérieurs de ces deux Ordres de leur accorder des sujets.

Ces demandes de missionnaires faites à différentes Congrégations sont l'un des signes les plus clairs de l'idée que les Vicaires apostoliques se faisaient de leur vocation et du plan que la Société des Missions-Étrangères était appelée à exécuter.

Fortement pénétrés de la pensée que la Société devait fonder des églises nouvelles sur la base la plus large et semblables aux églises établies en Occident, autant du moins que le comportait la situation, ils appelaient à leur aide toutes les générosités sans distinction d'habit; ils donnaient ainsi un libre essor à l'esprit apostolique, espérant que la charité et l'amour du bien seraient un lien suffisant entre tous les ouvriers, qui offriraient aux peuples païens le spectacle d'une religion toujours une dans la variété de ses dévouements. Ils agissaient en mission comme un évêque, qui, dans son diocèse dépourvu de prêtres et de ressources, cherche des collaborateurs étrangers.

VI

Tout en prenant des mesures pour augmenter le nombre de leurs prêtres, les évêques n'oubliaient pas leurs propres missionnaires, « ceux qui étaient de leur corps. »

En 1664 et en 1665, ils avaient posé les bases d'une première organisation en nommant un procureur général qui administrait les biens des missions. En 1673, ils constituèrent un *modus vivendi* plutôt qu'un règlement, qui établissait la communauté des biens. Les missionnaires, en effet, sans se dépouiller complètement et absolument de leurs biens, devaient mettre en commun leurs pensions et tous les revenus de leur patrimoine et de leurs bénéfices. C'est ce que l'on appela la désappropriation. On y ajoutait les fondations et les aumônes faites aux missions; le tout formait la caisse générale. On prélevait sur ces sommes ainsi réunies les frais généraux de la procure, et on divisait le reste en trois parts égales : la première pour Siam, la deuxième pour la Cochinchine, la troisième pour le Tonkin; on décida aussi que les missionnaires seraient envoyés en nombre égal dans chacune des ces trois missions. Plus tard, lorsque les Vicaires apostoliques seraient fixés en Chine ou dans d'autres contrées, les ressources devaient être divisées en autant de parts qu'il y aurait de missions.

Le Procureur général, résidant à Juthia, était chargé, sous la direction du Vicaire apostolique de Siam, de la double répartition des missionnaires et des ressources. Cette convention n'était que provisoire et fut abandonnée après expérience faite, elle a cependant laissé des traces dans les missions du Tonkin [1].

Ne négligeant aucun rouage de l'organisation de la Société, Mgr Pallu, de concert avec Mgr de la Motte Lambert, étudia le rôle du Séminaire des Missions-Étrangères et des évêques Vicaires apostoliques, il le traça en traits larges, mais assez précis, dans cette lettre aux directeurs [2] :

« Il y a suffisamment de travail, Messieurs, leur écrivait-il, pour vous occuper, si vous voulez vous remuer autant qu'il faut pour chercher des ouvriers, vous appliquer avec toute la vigilance nécessaire à nous former des ministres de l'Évangile, et procurer en même temps toutes les affaires spirituelles des missions. La direction actuelle regarde les personnes des Vicaires apostoliques qui ont titre et grâce pour cet effet. Ils y sont appliqués par Dieu même qui les y a appelés, et

---

1. Les Missions du Tonkin occidental et méridional sont encore organisées sur le modèle d'une communauté.
2. Arch. des M.-É., vol. 168, p. 14.

l'Église les a munis de tous les facultés et pouvoirs nécessaires ; ainsi vous pouvez vous reposer sur eux pour cette direction, d'autant plus que vous savez qu'ils en font toute leur application, et que Dieu les a toujours favorisés de ses grâces, qu'il a béni leur entreprise, et rendu inutiles toutes les oppositions que leurs adversaires ont suscitées contre eux de toutes parts. Voilà, Messieurs, notre partage dans l'obligation commune que nous avons ; car je crois que nous sommes chargés, et chargés en commun, du soin de la conversion des infidèles de ces quartiers, chacun à sa façon et suivant l'emploi où Dieu l'a appliqué, vous en Europe et nous ici.

« Cela n'empêche pas que comme nous pouvons vous dire nos pensées et vous donner nos avis, pour l'institution des missionnaires et pour la conduite de toutes nos affaires, auxquels vous déférerez autant que vous croirez pouvoir le faire devant Dieu, vous ne puissiez aussi, comme nous vous en prions, nous donner tous les conseils que vous jugerez convenables, que nous recevrons toujours avec estime et que nous suivrons autant que nous pourrons. Cependant vous ne trouverez pas étrange, s'il vous plaît, si nous nous en éloignons quelquefois, lorsque le bien de nos affaires et les circonstances, où nous pouvons nous trouver, nous y obligeront. »

Dans une lettre précédente[1], Pallu avait exposé la grandeur et l'importance de la vocation des directeurs du Séminaire, indiqué la raison dernière de leurs travaux. Cette lettre touche aux plus hauts sommets de la spiritualité ; elle est forte, précise, de tous points admirable. Aujourd'hui que la Société des Missions-Étrangères a grandi, qu'elle a multiplié ses séminaires et ses collèges, la parole de l'évêque ne s'adresse plus seulement aux

---

1. Arch. des M.-É., vol 102 p. 439.

directeurs du Séminaire de Paris, mais aux directeurs des séminaires de toutes les Missions.

« Si un chrétien, pour s'affectionner à son état et pour être fidèle à ses obligations, doit toujours estimer et croire fermement qu'il ne peut rien faire de meilleur, qui soit plus glorieux à Dieu et plus avantageux pour le bien de son âme, que ce qu'il pratique dans l'étendue de sa vocation, vous trouverez toujours, dans la considération de la vôtre, les plus puissants motifs pour y donner tout votre cœur et vous y attacher inviolablement, puisque non seulement il n'y a rien de meilleur pour vous, mais aussi parce que cette haute et sublime vocation surpasse beaucoup toutes les autres dans sa dignité, dans son importance et dans sa nécessité. Si les emplois apostoliques ont tant de mérites, s'ils sont tant estimés de tous les sages, quelle opinion ne doit-on pas avoir de ceux qui ont pour objet de faire des ministres de l'Évangile. La vie apostolique est une continuation de celle des Apôtres ; la vôtre imite et continue la vie de Notre-Seigneur Jésus-Christ, qui semble n'avoir point eu d'autre dessein. Tout ce qu'il a dit et pratiqué, durant les trois dernières années de sa vie, a eu pour but de former, instruire et exercer ses apôtres et ses disciples, pour les envoyer ensuite prêcher son Évangile à toutes les nations du monde.

« Voilà, Messieurs, tout ce que vous prétendez dans votre Séminaire, voilà quelle est toute votre application, et vous trouverez votre paradis dans la contemplation de ce divin Maître que vous avez continuellement devant les yeux pour bien réussir dans ce grand et important dessein ; sans sortir de votre Séminaire, vous irez dans toutes les parties du monde où vos séminaristes sont envoyés, vous prêcherez continuellement par leurs bouches, et ensemencerez les terres stériles des infidèles de la parole de vie, dont vous les avez pourvues ; vous répandrez en tous les lieux la bonne odeur de Jésus-Christ par l'exemple des plus éminentes vertus, qu'ils ont apprises auprès de vous, et vous ne cesserez point d'enfanter à Jésus-Christ, de nourrir et de perfectionner tous ceux qu'ils ont le bonheur de régénérer dans les eaux du baptême et de repaître du corps et du sang de notre divin Sauveur.

« Mais ce que vous devez par-dessus tout estimer dans l'élévation où met cette noble et illustre vocation, c'est la nécessité qu'elle vous impose d'être de très grands saints et de tendre continuellement au degré d'amour et de perfection qui lui soit proportionné. Si les saints Pères relèvent tellement l'obligation que tous les ministres de l'Évangile ont d'être parfaits, que ne doit-on pas dire et penser de ceux qui, par état, doivent continuellement être appliqués à former des ministres, autant et beaucoup plus par leurs exemples que par leurs instructions. Il faut assurément que cette perfection imite de plus près celle de Jésus-Christ en qualité de Maître. »

VII

Pendant que ces mesures d'organisation étaient prises, et que ces conseils pieux et sages étaient donnés, les négociations continuaient leur cours avec les ministres siamois. Ceux-ci, malgré leur désir de voir leur prince entrer en relations avec les souverains d'Europe, ne diminuaient pas les exigences de leur cérémonial. Le roi, informé des objections émises par les Vicaires apostoliques, décida qu'on dérogerait pour eux à l'étiquette ordinaire, et qu'on observerait les usages des ambassadeurs européens.

L'audience fut fixée au 18 octobre 1673. La veille, Laneau, accompagné de tous les missionnaires alors à

Siam et de sept autres Français, porta les lettres de Clément IX et de Louis XIV dans un palais spécialement affecté au dépôt des lettres des princes étrangers. Des mandarins vinrent les prendre, les placèrent séparément dans des corbeilles d'or et les portèrent à la salle du conseil, où le premier ministre et beaucoup d'officiers les attendaient. Devant eux, Laneau traduisit les deux missives qui furent déposées sur un trône et respectueusement portées par deux officiers entre une double haie de soldats jusqu'au palais du roi.

Le lendemain, vers cinq heures du matin, une barque pavoisée de drapeaux et d'oriflammes, montée par cinquante rameurs et suivie de quatre petits canots, vint chercher les évêques à leur résidence. Ceux-ci se rendirent au palais, en grand costume épiscopal, et traversant au son des hautbois, tambours, trompettes et tam-tams, quatre cours remplies de soldats en armes et de mandarins en tenue officielle, ils entrèrent dans un pavillon extérieurement recouvert de lames en cuivre doré. Phra-naraï parut aussitôt, vêtu d'une robe de soie jaune et rouge brochée d'or, éclatante de pierres précieuses; il s'assit sur son trône, tandis que le premier ministre et les grands de la cour se prosternaient, « ayant en tête le bonnet national, en figure d'un pain de sucre relevé d'or. »

Les évêques firent trois inclinations profondes et s'assirent en face du prince sur des tapis de soie, brodés d'or et d'argent. Alors un grand mandarin lut à haute voix la lettre du Pape dont voici la traduction[1] :

« Sérénissime Roi, salut et lumière de la grâce divine. Nous avons appris avec plaisir que votre royaume, toujours comblé de richesses et de gloire, ne fut jamais aussi florissant qu'il l'est sous le règne de Votre Majesté. Ce

---

1. *Histoire abr. des Progr. de la Relig.* etc., p. 301.

qui touche encore plus sensiblement notre cœur, c'est la clémence, la justice et les autres vertus royales, qui vous portent non seulement à traiter avec votre équité générale, mais encore à favoriser avec une bonté singulière les prédicateurs évangéliques, qui pratiquent et qui enseignent à vos sujets les lois de la véritable religion et de la solide piété. La renommée a publié dans toute l'Europe la grandeur de votre puissance et de vos forces, l'élévation de votre génie, la sagesse de votre gouvernement et mille autres qualités éclatantes de votre auguste personne.

« Mais nul n'a publié plus hautement vos louanges en cette ville que l'évêque d'Héliopolis. C'est de sa bouche que nous avons appris que votre Majesté a donné à notre vénérable frère l'évêque de Bérythe, un terrain et des matériaux pour bâtir une maison et une église, et que votre libéralité a ajouté à ce bienfait d'autres grâces signalées, que nos missionnaires qui travaillent depuis si longtemps dans vos États n'avaient jamais obtenues. Mgr d'Héliopolis, plein de reconnaissance et brûlant d'un saint zèle pour le salut des âmes, nous demande de retourner dans votre royaume. Nous lui accordons volontiers cette permission, et nous vous conjurons de protéger et de mettre ces deux vénérables évêques à couvert de la haine des méchants, et des insultes de leurs ennemis, par votre autorité, par votre justice et par votre clémence. Ce prélat vous offrira de notre part quelques présents; ils ne sont pas d'un grand prix; mais je vous demande de les recevoir comme des gages de la parfaite bienveillance et de la grande estime que j'ai conçue pour vous. Il vous dira que nous prions jour et nuit le Dieu Tout-Puissant, et que, dans ce moment même, nous lui adressons nos prières dans toute l'effusion de notre cœur, pour obtenir de sa bonté et de sa miséricorde qu'il répande sur vous la lumière de la vérité, et que par ce moyen, après vous avoir fait régner longtemps sur la terre, il vous fasse régner éternellement dans le ciel [1]. »

La lettre de Louis XIV disait la même chose en d'autres termes; nous la citerons cependant, parce qu'elle est le premier acte important des relations entre la France et Siam, et le point de départ d'une série de rapports diplomatiques auxquels la Société des Missions-Étrangères fut constamment mêlée [2].

« Très haut, très excellent, très puissant Prince,
notre très cher et bon ami.

« Ayant appris le favorable accueil que vous avez fait à ceux de nos sujets, qui, par un zèle ardent pour notre sainte religion, se sont résolu de porter les lumières de la Foi et de l'Évangile dans l'étendue de vos États, nous avons pris plaisir de profiter de l'occasion du retour de l'évêque d'Héliopolis pour vous en témoigner notre reconnaissance, et vous marquer en même temps, que nous nous sentons obligés du don que vous lui avez fait, et à Mgr l'évêque de Bérythe, non seulement d'un champ pour leur habitation, mais encore de matériaux pour construire leur église et leur maison; et comme ils pourront avoir de fréquentes occasions de recourir à votre justice, dans l'exécution d'un dessein si pieux et si salutaire, nous avons cru que vous aurez agréable que nous vous demandions pour eux et pour tous nos autres sujets toutes sortes de bons traitements, vous assurant que les grâces que vous leur accorderez nous seront fort chères, et que nous embrasserons avec joie les occasions de vous en marquer notre gratitude, priant Dieu, très haut,

---

1. La lettre était du 4 août 1669.
2. *Histoire abrégée des Progr. de la Relig.* etc., p. 302.

très excellent, très puissant Prince, notre très cher et bon ami, qu'il veuille augmenter votre grandeur avec fin heureuse.

« Votre très cher et bon ami
                                  « Louis. »

Cette lecture finie, Mgr Pallu s'excusa de ne pas apporter au roi les présents qui lui étaient envoyés par Clément IX et par Louis XIV, il en avait été empêché par la difficulté des communications qui l'avaient obligé de les laisser à Bantam.

Phra-naraï le remercia en lui disant qu'il recevrait ces cadeaux avec plaisir quand ils arriveraient ; il affirma sa haute estime et sa vive sympathie pour le Souverain Pontife et pour le roi de France et promit sa protection aux missionnaires. Puis, s'adressant à Mgr de la Motte Lambert : « C'est vous, lui dit-il, qui avez commencé cette agréable liaison, ce sera à vous aussi de trouver le moyen de l'entretenir. » Le roi se tut, un mandarin fit un signe, et les musiciens jouèrent leurs airs les plus variés, pendant que les officiers présentaient aux prélats, dans des coupes d'or, l'arec et le bétel ; que les serviteurs apportaient des confitures et des fruits sur des plateaux d'or. Après le goûter, le roi offrit deux vêtements de soie violette à Mgr Pallu et à Mgr de la Motte Lambert, et un vêtement de soie noire à Mgr Laneau qui n'était pas encore sacré. Les Vicaires apostoliques furent ensuite reconduits chez eux avec les mêmes honneurs qu'à leur arrivée.

Cette première audience fut suivie de deux autres dans la résidence royale de Louvo ; elles durèrent plusieurs heures, à la grande surprise des mandarins, et au vif mécontentement des Hollandais, jaloux de la faveur dont jouissaient les missionnaires français. Le roi interrogea les évêques sur la famille royale de France, sur le chiffre et l'armement des troupes, sur les guerres de Louis XIV en Hollande et dans les Indes. Sa curiosité satisfaite sur ce sujet, qui, nous le verrons, intéressait également les souverains du Tonkin et de la Chine, il voulut connaître la nationalité du Pape, la grandeur de ses États et le nombre de ses villes, la puissance des rois et des royaumes chrétiens, les différences et les analogies de leurs croyances religieuses ; les évêques répondirent assez longuement à toutes ces questions ; puis, d'eux-mêmes, ils racontèrent la conversion de l'empereur Constantin ; le prince les écouta attentivement mais sans répondre, et il les congédia en les comblant d'affectueuses marques de politesse.

Quelque temps après, il leur témoigna de nouveau publiquement sa bienveillance. Le jour de la fête des Eaux, une des plus grandes fêtes religieuses de Siam, Phra-naraï, dans tout l'éclat de sa puissance, suivi de sa cour, à la vue d'un peuple immense accouru à Juthia pour la solennité, ordonna à ses rameurs de quitter la voie ordinairement suivie et de le conduire à la résidence des évêques. Arrivé en face du séminaire, il s'arrêta, considéra l'édifice et le jardin qui l'entourait, remarqua leur exiguïté, y ajouta une vaste propriété voisine, et annonça son intention très arrêtée de faire bâtir une église magnifique. La démarche du roi devint naturellement le sujet de toutes les conversations et de plus d'un étonnement. De mémoire d'homme, et même aussi haut que les traditions pouvaient remonter, on ne se souvenait pas que le cortège royal eût changé la route fixée par le rituel et que les représentants d'une religion étrangère eussent été traités avec tant d'honneurs.

L'impression fut profonde, et comme il arrive toujours en pareil cas, elle hâta les conversions. Plusieurs oratoires furent élevés, de nouvelles paroisses créées, entre autres celle de Ténasserim sur le golfe de Bengale.

Les missionnaires profitèrent de ces heureuses circonstances pour solliciter l'autorisation explicite et officielle de prêcher la foi dans tout le royaume, car jusqu'alors s'ils étaient acceptés à Juthia et dans quelques ports, ils n'étaient que tolérés à l'intérieur. Phranaraï acquiesça à cette demande, il déclara solennellement devant ses officiers, qu'il accordait aux prêtres français la liberté la plus entière de faire connaître leur religion, et à ses sujets la permission de l'embrasser. Il promit secrètement à Mgr de la Motte Lambert de confirmer par un édit sa promesse verbale. Des conversions nombreuses semblèrent se préparer. « Dieu réservait cette moisson au temps présent, écrivait alors un missionnaire ; les talapouins et les mandarins aussi bien que les pauvres gens, et même des villages entiers demandent le baptême avec grande ardeur, tous courent à la prédication avec une faim et une soif qui nous ravissent. » Le missionnaire qui signait ces lignes était récemment arrivé à Juthia, il avait encore l'espérance facile des esprits jeunes et des cœurs riches d'illusions ; Siam ne vit jamais mûrir la moisson que l'on disait en fleurs. Quelques épis furent cependant cueillis, rendus plus abondants par la bienveillance du roi, qui inclinait les sympathies de la foule vers les prêtres catholiques. Cet accroissement des fidèles était le vrai but de toute la conduite des évêques et des prêtres des Missions-Étrangères. En établissant des rapports directs entre Rome et les souverains de l'Orient, en obtenant leurs entrées à la cour et en multipliant leurs relations avec les ministres et avec les mandarins, ils ne faisaient qu'imiter les évêques des Gaules, de Germanie, d'Angleterre qui s'étaient montrés tout à la fois hommes de prière et hommes de gouvernement, qui avaient employé les moyens offerts par la Providence, pour arriver plus rapidement et plus complètement au terme vers lequel tendent les actes de tout ouvrier apostolique : l'extension du règne de Jésus-Christ. Ce sont des exemples qu'il est bon, à certaines époques principalement, de ne pas oublier et dont il est utile de méditer la haute portée.

CHAPITRE VIII

1674-1681

I. Départ de Mgr Pallu pour le Tonkin. — Son arrestation aux Philippines. — Son départ pour l'Europe. — II. Mgr de la Motte Lambert en Cochinchine. — Son retour à Siam. — Travaux des missionnaires. — III. Mgr Pallu en Espagne. — Lettres des directeurs du Séminaire et du comte de Medellin. — Mort de la duchesse d'Aiguillon. — Mgr Pallu à Rome. — IV. Plan de Mgr Pallu pour l'organisation des églises d'Extrême-Orient. — Décret de nomination d'évêques Vicaires apostoliques et d'administrateurs généraux. — Projet d'alliance avec la Russie. — V. Conseils pour l'établissement d'une procure à Rome. — Le serment d'obéissance aux Vicaires apostoliques imposé à tous les missionnaires. — Estime de Mgr Pallu pour les Jésuites. — Opposition de Louis XIV à la prestation du serment. — Mgr Lamego ambassadeur du Portugal, ses mémoires en faveur du patronage portugais. — VI. Mort, rôle et éloge de Mgr de la Motte Lambert. — Bref du Souverain Pontife à Mgr de la Motte Lambert et à Mgr Laneau. — Départ de Mgr Pallu pour l'Extrême-Orient.

I

La Société des Missions-Étrangères ne s'éloignait pas des cours et ne dédaignait pas les négociations, mais elle ne s'y prodiguait et ne s'y attardait pas ; dès qu'elle avait obtenu quelque avantage, elle essayait d'en profiter. Le bruit de la réception brillante que le roi de Siam avait faite aux missionnaires s'était répandu dans toute l'Indo-Chine. En aucun pays privé de la vapeur et du télégraphe, les nouvelles ne vont plus vite et ne sont plus facilement grossies. Voyageant beaucoup, causant davantage, les Orientaux se racontent les uns aux autres, aussitôt qu'ils se rencontrent, tout ce qu'ils savent. Ils en ressentent une assez vive impression augmentée encore par les nombreux et fantaisistes commentaires dont ils ornent leurs récits.

Mgr Pallu, qui n'ignorait pas ce côté de leur caractère, pensa que les honneurs, qu'il avait reçus à Siam, lui serviraient de recommandation au Tonkin dont il était le Vicaire apostolique depuis 1658 et qu'il n'avait pas encore visité. Craignant néanmoins la jalousie ou la défiance du roi Le-gia-tong-mi, et plus encore du chua Trinh-thac, qui le prendraient peut-être pour un espion de Phra-naraï, il interrogea MM. de Bourges et Deydier sur le parti à prendre. Les deux missionnaires commençaient à avoir quelque crédit à la cour, et étaient par conséquent en situation de donner un avis motivé ; ils répondirent que l'évêque serait bien accueilli, et que d'ailleurs il devait venir, pour élever au sacerdoce ou aux ordres sacrés vingt-cinq de leurs séminaristes.

Après s'être muni de présents pour le roi, Pallu s'embarqua le 20 août 1674, sur le navire d'un Français, M. du Hautmesnil, qu'il avait sauvé de la ruine lors de son passage à Surate. A la hauteur de Hué, il fut assailli par une tempête, emporté sur les côtes des Philippines, et le 19 octobre, il entra dans le port de Cabite, à quelque distance de Manille. Son arrivée jeta l'émoi dans la population et dans le gouvernement. La guerre entre la France et l'Espagne était sur le point d'éclater ; aux Philippines, on la croyait déjà entamée, et excités par la peur toujours habile à faire prendre des fantômes pour des réalités, les Manillois racontaient qu'une flotte avait été envoyée par Louis XIV, afin d'attaquer la capitale des possessions espagnoles, et que Mgr Pallu venait se rendre compte des forces et des préparatifs de défense. Les craintes populaires vont vite à l'extrême, et se traduisent facilement en actes. Un officier représentant le gouverneur vint à bord, à la tête d'un peloton de soldats, et ordonna au Vicaire apostolique de descendre à terre, pendant qu'on mettait sous scellés tout ce qui lui appartenait. Ses papiers furent examinés par les magistrats, ils faisaient foi de sa qualité d'évêque; on le traita respectueusement, mais on le garda prisonnier.

Il fut conduit au collège des Jésuites et n'eut la permission de communiquer avec aucun habitant ou aucun étranger hors de la présence d'un de ces religieux. La charité chrétienne adoucit, autant qu'il était en son pouvoir, les amertumes de cette injuste détention. Pallu trouvait d'ailleurs dans sa foi en la Providence, le courage de supporter cette douloureuse épreuve :

« Dieu ne demande pas de nous le succès de nos affaires, écrivait-il à ses amis; il faut que nous tâchions de toujours trouver notre soutien dans son bon plaisir.

« Confions-nous au Seigneur qui ne nous abandonnera jamais, tant que nous lui serons fidèles, et notre œuvre ne manquera pas par le défaut de temporel : *Quærite primum regnum Dei et hæc omnia adjicientur vobis*[1]. »

Et ailleurs, il résumait son état d'âme habituel par ces mots :

« Dieu me donne la patience et la paix du cœur dans l'acquiescement à son bon plaisir[2]. »

Au mois de janvier 1675, il écrivit au gouverneur cette lettre qui peint bien son caractère doux et fort :

« Déjà trois mois se sont écoulés depuis que dure ma détention, déjà est arrivé un temps propice à notre navigation, et comme je vois votre Altesse peu soucieuse de ma délivrance, malgré mes fréquentes rélamations,

---
1. Arch. des M.-É., vol. 60, p. 265.
2. Arch. des M.-É., vol. 60, p. 238.

je me vois forcé de protester, et c'est devant votre Altesse que je proteste pour la défense de mon innocence. Je me déclare donc innocent de toutes les pertes, de tous les dommages et injures, que ma détention prolongée dans cette ville causera au Souverain Pontife, au Roi Très Chrétien et à Sa Majesté Catholique elle-même, au capitaine de notre vaisseau et aux négociants qui l'ont chargé de leurs marchandises. Tout mon crime, si crime il y a, est d'avoir été poussé dans le port de Cabite par la violence d'horribles tempêtes, et là, manquant d'eau et dans la dernière pénurie, d'avoir demandé humblement qu'il me fût permis d'acheter les choses nécessaires à la vie, et de rester dans un coin du port jusqu'à un temps favorable à la navigation. C'était là toute mon ambition, et je n'ai pas négligé, très puissant prince, de vous prier de lire et de méditer les lettres authentiques qui font ma recommandation, les deux surtout que m'ont octroyées le Pape Clément IX par un bref, et le Roi Très Chrétien comme sauf-conduit. Car le Souverain Pontife, si bien appelé, non content d'avoir amplement répondu par le cardinal, son neveu, a voulu m'expédier un bref, pour témoigner de la protection et de l'assistance spéciale dont il m'entourait, selon les termes mêmes du bref.

« Le roi Très Chrétien, de son côté, bien que non chargé du soin de nos Missions, après avoir accueilli ma demande, a fait expédier des lettres de recommandation en ma faveur, dans lesquelles il exprime que je ne suis pas seulement envoyé par le Souverain Pontife, mais par Sa Majesté pour le service du Saint-Siège apostolique, et qu'à ce nouveau titre, il prend en main mes intérêts et ma défense. Que votre Altesse considère donc si elle n'a rien à craindre de ma détention, et si la foule des calamités, dont j'ai parlé plus haut, ne pourrait pas retomber sur sa tête, ce qu'à Dieu ne plaise. Ainsi donc, très grand seigneur, que l'issue de ma cause, que j'abandonne en toute liberté à la divine Providence, soit telle que d'autres ne souffrent point à mon occasion, c'est là ma très vive prière, et que je ne voie pas plus longtemps la détention du capitaine du navire et des autres marchands. Que votre Altesse reçoive donc ces lettres d'un cœur doux et bienveillant, comme du reste je les ai écrites, et je vous souhaite de longs et heureux jours [1]. »

Le gouvernement et les magistrats de Manille étaient fort embarrassés de cette cause que le code n'avait pas prévue; ils étaient désireux de respecter les droits du Saint-Siège et la dignité de l'évêque; d'un autre côté, ils voulaient concilier ces droits avec ce qu'ils croyaient les intérêts de l'Espagne. Les uns opinaient pour relâcher purement et simplement Pallu; d'autres, s'armant d'un mémoire sur la compagnie des Indes-Orientales, trouvé dans ses papiers, parlaient de le juger avec sévérité.

A la fin, ils prirent un moyen terme qui, comme plus d'un moyen terme, les sauvegardait eux-mêmes et blessait l'équité. Ils rendirent, le 4 avril, 1675 un arrêt qui renvoyait Mgr Pallu au Conseil souverain des Indes siégeant à Madrid, et le laissait maître d'aller lui-même plaider sa cause.

Le prélat accepta, espérant pouvoir ainsi recouvrer sa liberté; le premier juin, il quitta Cabite pour le Mexique sur un galion commandé par don Antonio Rieto.

II

L'autorisation que Pallu avait en vain demandée au gouverneur de Manille, pour se rendre au Tonkin, de la Motte Lambert la demandait au roi de Siam

---

1. Arch. des M.-É., vol. 103, p. 57.

afin d'aller en Cochinchine. Phra-naraï ne l'accordait pas; imbu des préjugés de son pays, il ne comprenait qu'imparfaitement le but des Vicaires apostoliques, et malgré sa confiance en eux, redoutait toujours de les voir se transformer en agents disposés à le desservir près des rois ses voisins.

C'était un sentiment analogue à celui des Espagnols et qui se manifeste souvent dans l'Europe du moyen âge et même du XVIIe siècle. Aujourd'hui, nous avons quelque peu changé ces idées sur les relations internationales. Beaucoup d'habitants d'Extrême-Orient les ont encore. Ils ne conçoivent pas que le désir de voyager et de s'instruire soit une raison suffisante de quitter son pays et d'en parcourir un autre. Le commerce seul leur paraît un motif valable. La fréquence des guerres, la faiblesse des armées, la facilité des trahisons, et par-dessus tout, leur patriotisme peu scrupuleux sont les causes générales de cette façon de comprendre et d'agir.

La question se complique pour les missionnaires, que leurs enseignements et leurs occupations assez incompréhensibles pour des païens rendent plus suspects. Aussi le roi de Siam, qui avait permis à Mgr Pallu d'aller au Tonkin, peut-être parce qu'il était mieux disposé, peut-être parce que le Tonkin était plus éloigné, refusa à Mgr de la Motte Lambert un passeport pour la Cochinchine. Cependant, après réflexion, il dépêcha un mandarin pour sonder les vues du prélat, et chercher à pénétrer le mobile de son voyage. L'évêque n'en avait d'autre que le bien des âmes; il le dit, ajoutant que si le prince voulait publier un édit proclamant la liberté de conscience et réprimer les tracasseries des bonzes envers les néophytes, il partagerait sa vie entre Siam et la Cochinchine.

L'officier rendit compte de son entrevue; le roi appela l'évêque et l'interrogea à son tour; il ne consentit pas à publier l'édit, alléguant que son peuple le prendrait pour un commandement, d'où naîtrait une source de difficultés, mais il fit devant toute sa cour, en faveur du christianisme, une déclaration qu'il termina, en proclamant de nouveau la liberté religieuse. Quant au passeport, il regrettait de le donner, parce que, disait-il, il avait jeté les yeux sur Mgr de la Motte Lambert pour accompagner les ambassadeurs qu'il méditait d'envoyer en Europe.

Raison ou prétexte, le coup était droit, Mgr de la Motte Lambert le para avec une exquise politesse et d'excellentes raisons :

« Sire, répliqua-t-il, quoique je sois peu propre à remplir dignement l'emploi honorable que Votre Majesté me destine, je suis prêt à tout entreprendre et à sacrifier ma vie pour le service et la gloire de Votre Majesté. Mais vos ambassadeurs ne peuvent partir pour l'Europe pendant que la France et la Hollande seront en guerre. Avant que la paix soit conclue, je serai de retour de Cochinchine, où je ne puis me dispenser d'aller sans désobéir à Dieu et au Pape, je vous demande seulement quelques mois, et je vous donne ma parole d'honneur, qu'avec l'aide de Dieu, je me rendrai aux ordres de Votre Majesté en moins d'un an. »

A bout de motifs, et peut-être rassuré par cette promesse, le roi délivra le passeport, et l'évêque partit à la fin du mois de mai 1676 pour Faï-fo.

Cette fois, il n'eut plus besoin de se cacher, les bons rapports des missionnaires avec les ministres et les mandarins l'exemptaient de toutes précautions; il fut solennellement conduit à Hué, où il alla d'abord saluer le premier ministre dont l'influence s'exerçait en faveur des chrétiens, il sollicita ensuite une audience du chua Hien-vuong; accablé par la mort de son fils qui l'avait surpris au milieu de ses triomphes sur les Cambodgiens, celui-ci remit l'audience à la fin du séjour de Mgr de la Motte Lambert en Cochinchine; il lui fit transmettre quelques gracieuses paroles de bienvenue et lui permit de parcourir librement le royaume.

L'arrivée du Vicaire apostolique et l'accueil qu'il avait reçu à la cour furent bientôt connus dans toutes les chrétientés; de toutes parts, les fidèles accoururent voir leur pasteur et recevoir les sacrements. Pendant son séjour à Hué, il confirma plus de 10,000 néophytes. Il commença ensuite la visite des provinces du nord; le Quang-binh et le Quang-tri le possédèrent pendant environ quatre mois. Il y eut autour de lui un incroyable concours de catholiques. A chaque instant, arrivaient des députations des villages éloignés, venant le saluer, et le suppliant avec larmes de les visiter. On ne pouvait accéder à toutes les demandes de ces pauvres gens, « bien qu'on en fît beaucoup plus que les forces humaines ne permettaient. » Ce fut, au rapport des missionnaires, un des plus heureux temps de l'histoire religieuse de la Cochinchine. Jamais, on ne vit en si peu de jours, tant d'idolâtres baptisés, tant de pécheurs convertis, tant de fidèles sanctifiés par la réception des sacrements.

Deux faits merveilleux racontés dans les relations de l'époque redoublèrent cet élan. Un jour, on apporta à Mgr de la Motte Lambert un enfant de dix mois qui ne donnait aucun signe de vie, et dont les membres étaient froids et rigides. Le prélat, touché des larmes des parents, prit l'enfant, le plaça sur l'autel, et, s'étant mis en prières, le rendit à sa mère, en lui disant de l'allaiter. Aussitôt ce petit cadavre, se ranimant, ouvrit les yeux, et souriant, comme s'il n'eût jamais été malade, prit le sein maternel.

Dans le même voyage, il délivra une femme possédée du démon en lui envoyant sa croix pectorale. Comme le catéchiste qu'il députait, lui demandait d'y aller lui-même, ou d'appeler la possédée en sa présence, il s'y refusa doucement, en disant : « Il n'est pas dans l'ordre qu'un ministre de Jésus-Christ reçoive la loi du démon ; c'est à nous à la lui faire. Le démon sortira sans que je m'y transporte ; ou plutôt, allez, il est déjà sorti, et la femme est délivrée. » En effet, à ce moment même, la femme, qui était dans une maison éloignée, fit connaître que le démon l'avait quittée, et depuis elle conserva une paix entière.

Après avoir terminé ses travaux, l'évêque demanda au roi une audience publique, qui lui fut accordée. Accompagné de ses missionnaires, il se rendit au palais en rochet et en camail. Dans une harangue que rehaussait le génie emphatique des langues d'Orient, il mêla l'éloge et la reconnaissance, remercia le prince de lui avoir permis de visiter les provinces, et le pria de toujours regarder les chrétiens comme des sujets dévoués, disposés à verser leur sang pour l'honneur et la défense de leur patrie. Hien-vuong promit de donner la liberté religieuse et tint parole. La persécution qui, sur un point ou un autre de ses États, durait depuis près de trente ans, ne se renouvela plus sous son règne ; l'église de Cochinchine eut alors une période de vingt années de tranquillité.

De retour à Siam, Mgr de la Motte Lambert continua d'user de son influence, afin d'arriver s'il était possible à la conversion du roi et à celle du peuple. Ses efforts ne furent pas sans succès. Phra-naraï, ayant appris que Louis XIV avait reçu ses lettres et qu'il avait promis de traiter avec honneur les envoyés siamois, en éprouva une joie telle, que par reconnaissance pour les évêques, ou dans l'espoir de cimenter plus sûrement une alliance avec la France, il défendit à tous ses sujets d'aller aux temples des idoles, exprima le désir d'avoir plusieurs entretiens avec Mgr de la Motte Lambert et Mgr Laneau, fit achever une des ailes du séminaire, offrit une chaire dorée à l'église Saint-Joseph, et ordonna à ses ministres de choisir parmi les mandarins ceux qu'ils jugeraient le plus aptes au rôle d'ambassadeurs en France et à Rome.

« Si on n'avait connu la profonde politique de ce prince, dit Mgr Pallegoix, on se serait persuadé qu'il était déterminé à embrasser la religion chrétienne[1]. » Il en était bien éloigné, et sa défense d'aller aux pagodes ne fut qu'une de ces paroles qu'il prononçait volontiers, mais dont ses sujets, sachant ce qu'il en fallait penser, ne tenaient compte que selon leur volonté; c'était néanmoins une preuve de plus de sa bienveillance envers les missionnaires et une affirmation nouvelle du droit qu'il reconnaissait à son peuple d'embrasser le catholicisme.

A cette époque, Langlois fondait définitivement la chrétienté de Phitsilock ; Charbonneau, chirurgien français venu avec les vicaires apostoliques, se faisait une éclatante réputation dans le vaste hôpital que le roi avait fait bâtir à Juthia, et confié aux missionnaires. Presque chaque jour, Mgr Laneau se rendait à cette maison, où son humilité et sa charité trouvaient un aliment dans le soin et l'instruction des malades. De Chandebois, à la tête d'une paroisse voisine de Bangkok, soignait et guérissait un nombre incalculable de malades réputés incurables. « Le bruit s'en répandit dans tout le royaume, et on amenait chez lui des malades des provinces les plus éloignées. Ce don des guérisons était en quelque sorte la récompense de sa vie austère et laborieuse. Peu de missionnaires ont égalé sa pénitence, son zèle et ses travaux. »

---

1. *Description du royaume Thaï ou Siam*, vol. 2, p. 164.

III

Les puissances catholiques arrêtaient les ouvriers apostoliques, les puissances païennes les protégeaient, et toutes faisaient l'œuvre de Dieu et contribuaient dans une mesure plus ou moins importante à l'affermissement de la Société des Missions-Étrangères. C'est une des grandeurs de l'histoire de montrer comment le plan divin se dégage des événements les plus contraires, et par quel enchaînement des faits il se continue et s'achève. Mgr Pallu exprimait ainsi cette pensée : « La divine Providence nous sert par sa bonté plus que nos ennemis ne nous desservent par leur malice ; nous ne saurions lui rendre assez d'actions de grâces de prendre en main nos affaires et de les faire tourner à la confusion de nos adversaires ; elle n'a certainement permis mon arrestation à Manille, et mon retour en Europe que pour le plus grand bien de notre Mission. »

Ces dernières paroles de Pallu faisaient allusion à l'envoi, à Rome, d'un ambassadeur portugais extraordinaire, au moment où lui-même quittait Manille pour l'Europe; le Portugal, en effet, ne se résignait pas au maintien des Vicaires apostoliques et tentait de les faire rappeler. C'était une fois encore le but, et, par conséquent, l'existence de la Société des Missions-Étrangères mise en question. Le premier de ses évêques arriva en Europe juste à temps pour gagner cette nouvelle bataille. Débarqué à Acapulco au mois de décembre 1675, Pallu reçut une lettre de l'archevêque de Mexico qui lui intimait l'ordre de se rendre à pied au couvent franciscain de Xalopa, à vingt lieues de la Vera-Cruz, et d'y rester pendant qu'on examinerait ses papiers. L'examen fait, l'archevêque déclara hautement l'innocence du prélat, lui fit remettre des secours et voulut qu'on le traitât avec honneur jusqu'à son départ.

A la Havane, Pallu consola une soixantaine de prisonniers français, et enfin arriva à Cadix, au mois de novembre 1676. Il était peut-être le premier voyageur qui eût fait le tour du monde en allant de l'est à l'ouest. Immédiatement il écrivit au roi et à la reine d'Espagne, au comte de Medellin, président du conseil souverain des Indes, pour protester de son innocence; au Nonce, pour le prier d'envoyer à Rome ses lettres et ses mémoires, et de demander au Souverain Pontife comment il devait se conduire dans une affaire, où les droits du Saint-Siège étaient lésés.

Profondément émus de cet événement, qui pouvait causer un si grand dommage à la Société, les directeurs du Séminaire, dès qu'ils avaient connu l'arrestation de Mgr Pallu, s'étaient adressés à la Propagande, à Colbert, à Louvois, à Letellier, à l'archevêque de Paris, au général des Dominicains, à tous ceux qui, par leur position, pouvaient aider à obtenir sa liberté.

Voici la lettre à Colbert datée du 5 mai 1676 [1].

« Monseigneur Colbert est très humblement supplié d'informer le roi que le sieur François Pallu, évêque d'Héliopolis, et non le sieur Pierre de la Motte Lambert, évêque de Bérythe (comme on l'avait cru), après avoir présenté les lettres de Sa Majesté au roi de Siam, s'en allant au Tonkin, les vents l'ont porté à Manille, capitale des Philippines, où le gouverneur l'a fait arrêter, l'ayant trouvé chargé des mémoires d'un projet pour l'établissement de la Compagnie royale des Indes dans le royaume du Tonkin. Et, comme il est à craindre que les Espagnols ne consentent pas facilement à la liberté d'un missionnaire de cette qualité, qu'ils croient être

---

[1]. Arch. des M.-É., vol. 6, p. 105.

informé des affaires des Indes, s'ils n'y sont forcés par quelque grande considération, il semblerait à propos de retenir, par deçà, quelque prisonnier de conséquence, soit ecclésiastique ou autre, pour l'échanger contre ledit sieur François Pallu, évêque d'Héliopolis.

« C'est la très humble supplication que l'on ose faire à Monseigneur, dans la conjoncture de cette triste nouvelle, que l'on n'a sue avec assurance que depuis peu, par une lettre de Bantam du 29 septembre 1675. »

Ils avaient joint à cette supplique, ainsi qu'à celle qui était adressée à l'archevêque de Paris, un récit des principales circonstances de l'arrestation et de la détention de Mgr Pallu. Le gouvernement espagnol se douta-t-il de l'émotion anxieuse et profonde qu'avait soulevée l'acte étrange de son représentant à Manille? toujours est-il qu'il se montra extrêmement bienveillant. Le 24 novembre, le comte de Medellin adressa au captif cette lettre très respectueuse.

« Illustrissime Seigneur,

« Monseigneur, j'ai reçu avec beaucoup de respect la lettre de votre Seigneurie Illustrissime, du douzième de ce mois, et j'ai appris son heureuse arrivée en ce royaume, avec d'autant plus de joie, que j'ai su avec douleur que les ministres de Sa Majesté dans les Philippines n'ont pas eu toute la considération qu'ils devaient à la dignité de son caractère, au mérite de sa personne, et au zèle ardent qui lui fait essuyer depuis tant d'années de si grands travaux pour le service de Dieu, et pour amener au sein de l'Église catholique des âmes qui se perdent hors de la lumière de la vérité. Les avis, que la cour de Rome m'a donnés de toutes ces choses, augmentent ma vénération pour votre Seigneurie Illustrissime,

1. Arch. des M.-É., vol. 193, p. 366.

et son voyage en Espagne me donne bien du plaisir, par l'occasion qu'il me fait naître de lui rendre mes services et de pouvoir lui baiser les mains, pour lui marquer mon respect. Je ne puis assez dire à Votre Seigneurie Illustrissime la passion que j'ai de faire quelque chose qui lui soit agréable, et je prie Dieu qu'il la conserve en toutes sortes de félicités durant plusieurs années.

« A Madrid, le vingt-quatrième de novembre 1676. Illustrissime Seigneur, je baise les mains à Votre Seigneurie Illustrissime, et suis son très humble serviteur.

« LE COMTE DE MEDELLIN. »

Malgré ces protestations, Pallu fut conduit à Séville, et placé sous la garde d'un prêtre qui avait ordre de le surveiller, mais avec tout le respect dû à son caractère. Au mois de janvier, il fut appelé à la capitale; dès son arrivée, il fut reçu par le roi Charles II; le Conseil souverain des Indes s'assembla immédiatement, et rendit un arrêt qui reconnaissait d'une façon éclatante l'innocence de l'évêque, ordonnait la mise en liberté du capitaine du Hautmesnil, ainsi que de tout l'équipage, mais retenait le navire et la cargaison considérés comme prises de guerre, puisqu'ils appartenaient à un Français dont le pays était en état d'hostilité avec l'Espagne. Cette dernière partie du jugement provoqua une réclamation de Mgr Pallu, qui fit observer que lors de l'entrée dans le port de Cabite, la guerre n'était pas commencée; malgré la justesse de cette réflexion, l'arrêt fut maintenu. Dans sa sentence, le Conseil fit cette importante déclaration que ni l'Espagne, ni le Portugal n'avaient le droit d'exercer une juridiction ecclésiastique sur les pays qui ne leur étaient pas temporellement soumis.

Pallu reçut du roi 500 écus pour subvenir aux frais de son voyage à Rome, il trouva dans la duchesse d'Arcos une bienfaitrice, dont la générosité lui rappela la duchesse d'Aiguillon, morte au mois d'avril 1675. Jusqu'à la fin de sa vie, Madame d'Aiguillon n'avait pas faibli un instant dans son dévouement pour les Missions. Jacques Charles de Brisacier, un ami du Séminaire, qui devait en être directeur ou supérieur pendant 60 ans, paya une partie de la dette de reconnaissance que la Société avait contractée envers elle, en prononçant, dans la chapelle du Séminaire, son oraison funèbre, éloquent résumé de ses vertus et de ses bienfaits.

De Madrid, Pallu se rendit à Rome. Son arrivée en cette ville fut, dit-il « un véritable coup du ciel. »

Comme nous l'avons expliqué, le Portugal recommençait la lutte contre les Vicaires apostoliques. Il avait envoyé à Rome ambassadeurs sur ambassadeurs. « Les derniers n'ont répété que ce que les premiers avaient écrit. Ils ont feuilleté les archives les plus anciennes de leur État, ils ont eu leurs entrées favorables dans toutes les Congrégations; ils n'ont épargné ni promesses, ni menaces, ni bienfaits pour déterrer leurs droits prétendus. On ne leur a refusé aucune audience; on a ouï, examiné, pesé tout ce qu'il leur a plu d'alléguer[1]. » Le Portugal offrait même ce que sa pauvreté lui défendait de donner : la fondation et la dotation de Vicariats apostoliques en nombre suffisant pour le gouvernement des Missions et la création d'un clergé indigène.

En 1677, son ambassadeur à Rome était l'archevêque de Braga, Mgr Lamego, homme hardi, résolu, légèrement infatué de sa personne, décidé à tout pour faire triompher son gouvernement.

Cette politique, qui ne prouvait pas absolument le bon droit du Portugal, était à Rome et à Paris racontée en ces termes :

---

1. Arch. des M.-É., vol. 129, p. 196.

« Les dernières nouvelles secrètes de Rome, écrivait Fermanel, portent que les Portugais ont offert tout récemment au Pape de reconnaître les Vicaires apostoliques dans la Chine et autres lieux, et de s'y soumettre absolument, quant au spirituel, pour obéir au Saint-Siège, pourvu que l'on n'envoie plus en ces pays d'évêques et de missionnaires tirés de France ; parce que, disent-ils, il est à craindre que comme ces derniers ont plus converti de monde que les autres missionnaires, ceux qui sont déjà chrétiens ou qui le deviendront dans la suite par leur moyen, ne s'attachent trop à eux, et n'éloignent enfin peu à peu de leurs ports et de leur trafic les marchands des autres pays d'Europe, pour rendre les Français seuls maîtres du négoce, par la liaison étroite qui se forme nécessairement entre ceux qui embrassent la foi catholique et ceux qui la leur annoncent [1]. »

Mgr Lamego avait présenté plusieurs mémoires à la Propagande. Le plus important renfermait 19 chapitres et plusieurs centaines de pages ; il reprenait par le début la question du patronage du Portugal ; il fut remis à Mgr Pallu, qui y répondit point par point, avec le calme et la hauteur de vues qui caractérisaient la nature de son esprit.

Ce que nous avons dit dans notre premier chapitre de la question du patronage portugais, nous dispense d'y insister ; il nous suffit de constater que le Portugal fut encore une fois débouté de ses demandes.

IV

Pallu profita de son séjour à Rome, pour présenter à la Propagande son projet sur l'administration des Missions

[1]. Arch. des M.-É., vol. 7, p. 272.

par les évêques indigènes sous l'autorité de plusieurs Vicaires apostoliques, qui eux-mêmes seraient soumis à des administrateurs généraux. La création des évêques était et est encore la conséquence de la formation du clergé indigène à laquelle se consacraient avec tant d'énergie au Tonkin, en Cochinchine et à Siam, les prêtres de la Société des Missions-Étrangères.

Dans ce plan, comme dans plusieurs autres, on sent que Mgr Pallu a étudié l'état de l'Église aux premiers siècles, qu'il s'est rendu compte de la constitution des diocèses dans les pays qu'il a parcourus, aussi leur emprunte-t-il un certain nombre d'idées pratiques, en y apportant les modifications réclamées par une contrée, dont la civilisation était différente et la population plus compacte.

La nomination des évêques indigènes, en théorie fort bonne, et aujourd'hui comme alors très désirable, mais rendue très difficile par des obstacles, dont l'expérience seule pouvait faire sentir la grandeur, était le premier objet de ses demandes. Elle était entourée de précieuses garanties, aussi bien que l'exercice de la juridiction épiscopale.

« L'érection de ces évêques naturels, disait-il [1], est le plus grand avantage que puissent recevoir ces missions, principalement pour donner le moyen de fortifier les néophytes dans la foi par le sacrement de confirmation, et pour accréditer d'autant plus les Vicaires apostoliques, tant auprès des catéchistes, lesquels, par ce motif, seront plus animés pour faire leur devoir et à se rendre capables de l'état ecclésiastique comme aussi près du peuple et même auprès des infidèles, lesquels verront par là, l'estime que l'on fait de ceux de leur nation, outre que cela aidera à ôter les ombrages et les soupçons que les princes et leurs ministres peuvent avoir que les missionnaires,

---

[1]. Arch. des M.-É., vol. 130, p. 285.

sous le voile de la religion veulent, se rendre maîtres de leur État et les assujettir aux rois de l'Europe; on ne sait que trop que par de tels inconvénients est venue la ruine totale de plusieurs florissantes missions, et ce sera encore un moyen efficace pour fermer la bouche aux adversaires des Vicaires apostoliques.

Le principe posé, il passait à la pratique et demandait quatre évêques indigènes pour le Tonkin, deux pour la Cochinchine, le Cambodge et le Ciampa, un pour Siam, et six pour la Chine, avec un Vicaire apostolique européen pour chacun de ces pays. »

« Ces évêques seraient comme étaient anciennement les chorévêques et serviraient aux vicaires apostoliques comme font aujourd'hui les évêques accordés par le Saint-Siège à certains archevêques et évêques, comme l'a observé ledit évêque d'Héliopolis à Séville et à Tolède, où lesdits archevêques et évêques sont aidés par ces autres évêques pour l'administration des sacrements de confirmation, et dans les autres fonctions pontificales qui leur sont principalement commises. [1] »

Cette combinaison répondait, aussi victorieusement que le comportait l'état des choses, aux objections que l'on pouvait soulever contre la nomination d'évêques indigènes, appartenant à des races relativement faibles, encore insuffisamment instruits de la discipline ecclésiastique et trop éloignés du centre de l'unité catholique. Elle ne fut jamais appliquée telle que Pallu l'avait conçue et ne peut, par conséquent, être jugée sur ses résultats.

Ce premier degré de hiérarchie était complété et affermi par les dispositions suivantes [2] :

« Afin de donner auxdits Vicariats apostoliques toute

---

1. Arch. des M.-É., vol. 130, p. 287.
2. Arch. des M.-É., vol. 130, p. 292.

la forme dont ils sont capables, pour un gouvernement conforme aux règles canoniques, il semble être convenable et même nécessaire que l'on commette à un des Vicaires apostoliques des susdits Vicariats, quelque sorte de surintendance sur tous les autres, et auquel on puisse recourir pour certaines choses, et en de certains cas particuliers.

« Si vos Éminences ont pour agréable cette proposition, elles pourraient commettre cet office à l'évêque de Bérythe pour les Vicariats de Siam, de la Cochinchine et du Tonkin, lesquels ont été par lui établis et où il est allé en personne, y laissant de très belles règles dans les synodes qu'il a faits.

« Quant à la Chine, qui se divise en deux grands Vicariats, et qu'il est nécessaire qu'ils soient d'un gouvernement séparé, l'évêque d'Héliopolis s'offre à la Propagande pour en prendre soin. »

Ce plan fut soumis à une congrégation composée des Cardinaux Altieri, Cibo, Ottobono, Azolini, Alberici, Casanata et Colona, qui, après en avoir pris connaissance, désirèrent de plus amples informations.

« On a travaillé dans les deux dernières séances, écrivait Mgr Pallu aux directeurs du Séminaire[1], à établir la subordination que doivent avoir les évêques indigènes vis-à-vis les Vicaires apostoliques. On m'a obligé de faire une nouvelle écriture sur ce sujet, et d'en venir jusqu'aux derniers détails des choses dans lesquelles ils doivent être indépendants, et des autres dans lesquelles il semble qu'ils doivent être soumis aux Vicaires apostoliques. Ne croyez pas pour cela qu'ils seront supérieurs à nos prêtres. Cela les soulagera pour étudier les choses dans lesquelles ils doivent prendre leurs résolutions et donner leurs instructions. »

---

1. Arch. des M.-É., vol. 102, p. 141.

Cependant les Cardinaux, empêchés par des travaux qu'ils jugeaient plus pressants, n'étudiaient point le projet avec autant d'activité que l'eût désiré Mgr Pallu, qui en avertit le Souverain Pontife en ce touchant langage :

« Je lui dis que j'étais comme ce pauvre paralytique qui se trouvait toujours prévenu quand l'ange remuait l'eau, n'ayant personne qui l'y portât. Ce que je fis non pour me plaindre, mais pour la grande multitude d'affaires qui les occupent. »

Le Pape donna des ordres, et le mémoire fut rapidement et sérieusement examiné ; l'idée générale du projet fut conservée mais modifiée sur divers points.

Par une série de décrets, la Propagande divisa les Missions d'Extrême-Orient en six grands Vicariats, et assigna à chacun son Vicaire apostolique ; elle préposa à la Chine septentrionale composée de six provinces le P. Grégoire Lopez, dominicain chinois, évêque de Basilée ; à la Chine méridionale renfermant neuf provinces et toutes les îles, Mgr Pallu ; aux royaumes du Tonkin et du Laos, MM. Deydier et de Bourges ; aux royaumes de la Cochinchine, de Ciampa et de Siam, Mgr de la Motte Lambert ; au Japon et aux royaumes voisins, Mgr Laneau [1].

Elle établit deux administrateurs généraux : Mgr Pallu, qui fut placé à la tête de toutes les missions de la Chine et eut pour coadjuteur le P. Bernardin, franciscain, évêque d'Argoli ; Mgr de la Motte Lambert fut chargé des autres pays avec M. Mahot pour coadjuteur [2]. L'érection de ces six Vicariats apostoliques et la nomination de ces huit évêques étaient de véritables événements pour les églises d'Extrême-Orient qu'elles constituaient ;

---

1. Arch. des M.-É., vol. 108, p. 95 et 96.
2. Arch. des M.-É., vol. 108, p. 97.

tandis que l'élection de deux administrateurs généraux, directement dépendants de la Propagande, resserrait leurs liens avec Rome, unifiait leur gouvernement et préparait l'établissement de la hiérarchie.

On était loin du temps où Pallu et de la Motte Lambert ne réussissaient qu'après des démarches multipliées à faire nommer trois Vicaires apostoliques, où la Société des Missions-Étrangères était obligée de combattre pour faire recevoir deux de ses évêques en Extrême-Orient, et pour délivrer ses prêtres du joug des Portugais. L'œuvre qu'elle avait commencée à promouvoir vingt ans auparavant avançait, s'étendait, devenait plus forte sous les assauts répétés qu'elle subissait, semblable à ces arbres vigoureux qui croissent au souffle de la tempête, et enfoncent plus profondément leurs racines à chaque rafale qui menace de les emporter.

La nomination d'un évêque indigène à la tête d'une partie de la mission de Chine pouvait être également grosse de conséquences. Le nouvel élu, Grégoire Lopez, semblait par ses talents, son activité, son dévouement et la pureté de sa vie, digne de cet honneur. Peut-être néanmoins, comme l'avait demandé Mgr Pallu, aurait-il mieux valu le placer directement sous l'autorité d'un premier Vicaire apostolique européen, car il manquait de la pondération et de la sagesse nécessaires dans le commandement; il ne réussit pas aussi complètement qu'on le souhaitait, et son insuccès enleva à l'apostolat une de ses forces.

Les évêques indigènes, en effet, intermédiaires entre les Vicaires apostoliques européens et le peuple dont ils comprenaient les ignorances, connaissaient les faiblesses, partageaient certains préjugés, qui en soi n'ont rien de mauvais et de condamnable, eussent apporté peut-être un élément adoucissant dans l'application des règles et des observances de la discipline; ils eussent aidé ainsi au développement tranquille de l'Église, car c'est toujours une chose assez scabreuse d'établir une nouvelle société, fût-ce une société chrétienne, sur une table rase et par un mécanisme rationnel.

Les prêtres et les évêques des premiers siècles de l'Église étaient pris parmi leurs concitoyens, dont ils avaient les goûts, les idées, les coutumes; et cette harmonie de sentiments facilitait leurs prédications et augmentait leur ascendant.

Les prêtres européens ont à se défaire de leurs propres préjugés, et à triompher des méfiances de ceux qu'ils prêchent; et c'est là, pour le dire en passant, une des difficultés de l'apostolat dont il faudra toujours tenir compte dans l'appréciation des événements religieux en Extrême-Orient, surtout quand on les compare avec ceux d'Occident.

Ce premier projet sanctionné, Mgr Pallu, dont le génie clairvoyant ne laissait rien échapper, sollicit. et obtint pour le Vicaire apostolique de Siam, la juridiction sur les royaumes d'Ava et de Pégou, afin d'essayer de nouer des communications entre l'Indo-Chine, les provinces occidentales de la Chine et le Thibet.

Le plan conçu il y a deux siècles par le grand évêque, a tenté plus d'un prêtre de la Société des Missions-Étrangères. Dans la seconde moitié du xviii° siècle, M. Gleyo, qui travailla à l'évangélisation du Yun-nan, espérait atteindre la Birmanie. En 1854, Mgr Boucho, Vicaire apostolique de Malacca, conseillait à la Société d'accepter la mission de Birmanie afin d'envoyer par ce pays les missionnaires destinés à la Chine; en 1858, Mgr Bigandet, vicaire apostolique de Birmanie, se rendait à Bahmo[1] et y prenait toutes les informations désirables; en 1883, Mgr Simon, alors simple missionnaire et aujour-

---

1. En Birmanie, non loin des frontières du Yun-nan.

d'hui à la tête de la Birmanie septentrionale, parcourait la route de Bhamo à Taly-fou, grande ville du Yun-nan.

Tous ont constaté que cette voie était périlleuse, du moins pour des missionnaires voyageant suivis seulement de quelques chrétiens, elle offre cependant d'assez grands avantages politiques et commerciaux pour qu'une nation ait pris la résolution de l'ouvrir.

L'Angleterre, aujourd'hui maîtresse de la Birmanie, cherche à relier ce pays avec le Yun-nan, ses ingénieurs et ses commerçants ont commencé des études et des tentatives qui ont des chances d'aboutir, mais dont l'issue heureuse ne saurait encore se prévoir avec certitude.

Ce n'est pas le seul projet de Mgr Pallu que nous ou nos petits-neveux verrons exécuter.

A cette époque, la Russie avait envoyé aux souverains d'Europe des ambassadeurs, chargés de nouer avec eux des relations commerciales ; on ne fit aucune attention à cette ouverture ; on se dispensa même d'y répondre. La cour romaine ne partagea point ce dédain, elle entrevit tout d'abord dans ces rapports un moyen de ramener les Russes à l'unité catholique, « et comme la politique sacrée a plus de lumières que la prudence humaine », elle comprit l'obligation où elle se trouvait d'y répondre « en qualité de mère et maîtresse des Églises [1]. » Dans ce but, seule de toutes les cours de l'Europe, elle se prêta aux désirs du Tsar, en lui députant un représentant du Siège apostolique.

Mgr Pallu ne laissa pas échapper cette occasion, et dans l'espoir que les missionnaires pénétreraient plus aisément en Chine par la Russie que par l'Indo-Chine ou par l'Océan, il engagea Colbert à conclure une alliance avec ce pays, il appuyait ses vœux sur cette opinion devenue un fait palpable, que « la nation des Moscovites,

---

1. Luquet.

alors à peine connue en Europe, jouerait un rôle considérable en Asie et chercherait à y acquérir la prépondérance. Nous devions donc, suivant lui, nous allier à l'empire des Tsars, et, avec son aide, résister à la Hollande et à l'Angleterre, les deux peuples dont la suprématie maritime était redoutable pour nous [2]. » Il pensait que nous pouvions nous assurer le monopole d'un immense trafic, au moyen de caravanes qui partiraient de Pékin et se rendraient à Moscou, établir des communications régulières entre la Chine et le Tonkin, et de cette manière, relier ce dernier pays avec l'Europe. Les missionnaires accompagneraient ces caravanes, et, avec elles, pénétreraient sans trop de périls au cœur de la Haute-Asie.

Les esprits étaient trop peu préparés à ces vastes entreprises, pour attacher une attention soutenue aux idées de Mgr Pallu, il était bon néanmoins de les noter, ne fût-ce que pour relever les jalons posés longtemps à l'avance par un évêque de la Société des Missions-Étrangères, sur la route que l'Europe est en train d'ouvrir par la construction des chemins de fer sibériens, chinois et tonkinois.

V

Des plans les plus grandioses, Pallu passait aisément aux détails de l'administration de la Société; il obtint pour le Séminaire la faveur de l'autel privilégié, les indulgences spéciales de la fête de l'Épiphanie, et des Quarante-Heures. Dans les Instructions de 1659, la Propagande avait prescrit aux Vicaires apostoliques de fonder une procure à Rome; les circonstances et les ressources n'a-

---

2. *Bulletin de la Société académique indo-chinoise.* Années 1882-1883, p. 83.

vaient pas encore permis de le faire, l'évêque s'en occupa activement ; un de ses amis, M. de Pons, possesseur d'une grande fortune, lui fit part de son désir d'acheter une maison de procure et d'assurer un revenu au titulaire. Dans la pensée de Mgr Pallu, ce titulaire devait être un directeur du séminaire des Missions-Étrangères ; mais il craignait de rencontrer une certaine répugnance chez celui qu'on prierait d'accepter cette fonction, et qui serait obligé de vivre éloigné de tous les membres de la Société et chargé d'une assez lourde responsabilité.

« Ma grande peine, disait-il, le 22 novembre 1678[1], sera de trouver des sujets propres qui veuillent bien venir à Rome, y prendre le soin de nos Missions, et, s'il était possible, qui ne leur fussent point à charge ; et ma plus vive sollicitude est de donner un bel air au corps de notre procure, qui la fasse connaître et estimer de tous pour ce qu'elle est ; d'y établir une police et un gouvernement réglé, dont on ne se départe point, et qui détermine les emplois du procureur à l'égard de la cour romaine, des Congrégations, des Vicaires apostoliques, de leurs missionnaires, du Séminaire de Paris et autres semblables, ainsi que les bornes qui ne doivent jamais être franchies avec les uns et les autres, sous peine de s'exposer à de graves inconvénients.

« Je ne sais si mes amis, qui maintenant composent le Séminaire, se laisseront facilement persuader que c'est là leur grâce, qu'ils sont appelés aux emplois de la procure, comme les Vicaires apostoliques et leurs prêtres le sont aux emplois des Missions, qu'ils doivent en faire leur principale occupation, et ne pas souffrir aisément d'en être distraits, par ce qui ne les regarde pas absolument et dont Dieu ne leur demandera pas compte. »

Les vœux de Mgr Pallu ne se sont pleinement réalisés

Arch. des M.-É., v. 104. p. 311.

que de nos jours (1866). Cependant on peut, dès la fin du xviie siècle, constater un progrès dans l'organisation de la procure de Rome, puisque ses titulaires, au lieu d'être des prêtres étrangers, ce qui eut lieu pendant plusieurs années, sont généralement des membres de la Société : directeurs du Séminaire, missionnaires, ou même évêques.

Au nombre des autres questions traitées à Rome à cette époque, il faut citer celle du serment, tranchée par une bulle du 10 octobre 1678. Cette bulle obligeait tous les missionnaires alors dans les Indes orientales, ou qui plus tard y seraient envoyés, à quelque Ordre, Société, ou Congrégation qu'ils appartinssent, à prêter serment d'obéissance aux Vicaires apostoliques. La formule de ce serment exprimait : la reconnaissance du pouvoir absolu et universel du Souverain Pontife, la promesse de ne faire aucun office ecclésiastique dans les lieux soumis aux Vicaires apostoliques, sans leur permission, de ne pas se retrancher derrière les privilèges, de ne pas discuter les Constitutions apostoliques et les décrets de la Propagande, et particulièrement la bulle *Decet Romanum* du 23 décembre 1673, qui confirmait les brefs et les décrets antérieurs en faveur des Vicaires apostoliques.

Elle se terminait par ces paroles [1] : « J'obéirai fidèlement et intégralement non seulement à toutes les constitutions susdites et à tous les sentences et décrets de la Sacrée Congrégation de la Propagande, mais à tous les Constitutions et décrets faits à l'avenir en faveur des Vicaires apostoliques. J'observerai inviolablement toutes et chaque chose précitée et les accomplirai sans tergiverser. Mais si (que Dieu m'en préserve) je venais jamais à y contrevenir, je me soumets de bon cœur et librement,

---

1. Arch. des M.-É., v. 248, p. 25.

aussi souvent que cela arrivera, aux peines imposées aussi bien par les Constitutions susdites que par le décret de la Sacrée Congrégation approuvé par le Pape Innocent XI, par qui est prescrite la présente formule de serment. Ainsi les mains sur les saints Évangiles, je le promets, voue et jure. »

Ce décret souleva les réclamations des religieux qui jugèrent contraire à leurs règles de prêter serment d'obéissance entre les mains d'un évêque étranger à leur Ordre, il servit de base d'accusation à ceux qui prétendaient que les Vicaires apostoliques voulaient traiter les religieux d'une façon trop autoritaire, sans égard pour leurs mérites, leurs travaux, et les congrégations illustres auxquelles ils appartenaient. Aussi fut-il adouci dès 1680, à la demande même de Mgr Pallu qui supplia le Souverain Pontife d'en enlever les dispositions les plus rigoureuses.

L'administrateur général des missions en Chine avait l'esprit trop large et le cœur trop haut pour imposer sa volonté par des moyens extrêmes; il professait d'ailleurs pour les religieux beaucoup d'estime, comme le prouve cette lettre écrite à M. Deydier avec un accent où la charité s'allie si bien à la franchise :

« Je suis persuadé que le Général des Jésuites ne sera pas longtemps sans être convaincu que non seulement les évêques français qui sont dans les Indes, mais aussi tous nos missionnaires sont très affectionnés à sa Compagnie. Je puis assurer devant Dieu que j'ai toujours eu cette application dans le choix que j'ai fait de n'en admettre aucun qui fût entaché de cet esprit d'anti-régulier, qui infecte plusieurs de nos ecclésiastiques en France, et que je n'en sache précisément aucun qui n'ait toujours eu des affections tendres pour elle, et qu'assurément les Jésuites de ces quartiers éprouveront toujours, pour peu qu'ils veuillent faire des avances de leur côté, ou plutôt souffrir celles que nous serons toujours disposés de faire de notre part [1]. »

Louis XIV lui-même s'opposa à la prestation du serment sous prétexte qu'il attaquait son autorité en donnant aux évêques un pouvoir absolu sur quelques-uns de ses sujets. Il refusa pendant trois mois de recevoir Mgr Pallu à son retour à Paris, et lui permit seulement de traiter les affaires des Missions avec les ministres.

Peu à peu, cependant, il se calma et permit aux missionnaires de prêter le serment, à condition toutefois de déclarer qu'ils le prêtaient avec la permission du roi.

La formule de cette déclaration fut composée par Mgr Pallu [2] :

« Nous soussignés missionnaires apostoliques, déclarons à tous ceux à qui il appartiendra, que M. l'évêque d'Héliopolis, avant notre départ pour les missions de la Chine, nous a communiqué le décret des Cardinaux de la Congrégation de la Propagation de la Foi, en date du 29 janvier 1680, approuvé du Pape, par lequel ils ordonnent : que tous les missionnaires de la Chine prêteront le serment contenu au dit décret avant que de pouvoir faire aucun exercice de leur ministère ; et comme il nous a en même temps informés des intentions de Sa Majesté sur ce sujet, désirant faire paraître en toute rencontre le respect et l'obéissance que nous devons et voulons toujours rendre au Roi, nous reconnaissons par ce présent acte, que Sa Majesté, nous donnant la permission et le congé d'aller aux Missions, a aussi trouvé bon et consenti que nous prêtions ledit serment, ainsi que nous sommes résolus et disposés de le faire entre les mains de l'évêque d'Héliopolis. »

L'imposition du serment ne dura que quelques années

---

1. Arch. des M.-É., vol. 102, p. 271.
2. Arch. des M.-É., vol. 136, p. 603.

et, en même temps qu'elle, tomba la nécessité de cette déclaration.

Louis XIV reçut ensuite l'administrateur général, entendit de sa bouche l'exposé de la situation des Missions, et témoigna sa satisfaction en lui accordant 15,000 fr. pour les frais de son voyage, et 20,000 fr. pour offrir des présents aux souverains de Siam et du Tonkin auxquels il adressa des lettres analogues aux premières que nous avons citées.

Il accorda à tous les prêtres des Missions-Étrangères revêtus de la dignité de notaires apostoliques, le titre de notaires royaux, par une ordonnance du 8 janvier 1681, « voulant, explique-t-il, traiter favorablement lesdits évêques et les missionnaires français qui se sont si généreusement dévoués au salut des infidèles, dans des pays si éloignés, et contribuer en tout ce qui dépend de nous pour faciliter ce succès d'une résolution si chrétienne et si glorieuse à la nation.

« Pour ces causes, de notre grâce spéciale, pleine puissance et autorité royale, nous avons permis et permettons à tous ceux desdits ecclésiastiques missionnaires desdits royaumes de la Chine, Cochinchine, Tonkin, Siam et autres lieux des pays orientaux, qui sont notaires apostoliques dans lesdits pays, d'y faire pareillement toutes fonctions de notaire pour les affaires temporelles, tant générales de ladite maison que particulières desdits évêques et des missionnaires français et leurs domestiques, les commettant à cet effet avec tout le caractère et le pouvoir qu'ont les notaires que nous avons établis dans les lieux de notre obéissance; voulons et nous plaît que tous les actes, contrats, testaments qui seront par eux passés dans lesdits pays seulement, seront aussi valables tant pour l'hypothèque que pour l'exécution, que s'ils étaient passés devant le notaire de notre royaume, et que foi y sera ajoutée en justice et partout ailleurs où besoin sera, comme étant acte authentique pourvu, qu'ils soient signés de deux d'entre eux, ou de l'un d'eux avec deux témoins [1]. »

VI

Pendant que Mgr Pallu redoublait d'efforts pour assurer le maintien de l'institution des Vicaires apostoliques, l'entourer de toutes les garanties nécessaires à son bon fonctionnement, et perfectionner l'administration de la Société des Missions-Étrangères, son compagnon d'armes, Mgr de la Motte Lambert, mourait à Juthia, le 15 juin 1679, âgé de 55 ans.

En face de la mort, tous les dissentiments se turent, toutes les haines s'apaisèrent, amis et ennemis s'unirent dans un même sentiment de respect et d'admiration pour l'homme si fort et si humble, qu'aucune attaque n'avait vaincu.

Catholiques, protestants et païens s'assemblèrent autour de son cercueil.

Français, Anglais, Hollandais, Portugais, Japonais assistèrent à ses funérailles. Le roi de Siam s'y fit représenter par ses principaux officiers.

Dès qu'ils apprirent cette nouvelle, les chrétiens de la Cochinchine et du Tonkin s'imposèrent un jeûne de neuf jours, payant par des prières et des pénitences le tribut de leur reconnaissance et de leur filial amour.

Mgr de la Motte Lambert méritait bien ces hommages et ces regrets. — Après avoir, de concert avec Mgr Pallu, sollicité et obtenu la création des Vicariats apostoliques et préparé la fondation du Séminaire, il le laissa tracer les grandes lignes de l'organisation des Missions-Étran-

[1]. Arch. des M.-É., vol. 8, p. 237.

gères, exposer au Souverain Pontife et aux Congrégations romaines les besoins spirituels des Missions ; à Louis XIV, à la France entière, leurs besoins matériels ; pour lui, il se dévoua corps et âme à leur organisation particulière ; il passa de Siam au Tonkin, du Tonkin en Cochinchine, consacrant des prêtres, recevant les vœux des catéchistes, donnant aux vierges le voile des épouses du Christ, formant les paroisses et les districts, soutenant ses missionnaires en contact avec les Portugais qui les conduisaient dans les prisons de Goa, ou déchaînaient contre eux les chrétiens. Dans ce rôle ardu, il déploya d'éminentes qualités que Mgr Pallu a dépeintes dans des termes où l'éloge n'est que stricte justice [1] :

« Tout autre que Mgr de Bérythe aurait succombé à la tâche ; mais il a si bien su ménager les esprits et modérer toutes choses par sa douceur, par sa patience et sa longanimité, par l'exemple d'une vie très sainte, toujours semblable à elle-même, sans s'ébranler jamais en aucune façon, mais particulièrement par ses instantes prières auprès de Notre-Seigneur, qu'enfin il a ramené tous les esprits écartés ; il s'en est rendu le maître et en dispose tout comme il lui plaît. Tous ceux qui connaissent Mgr de Bérythe savent qu'il serait difficile de trouver une personne plus propre que lui pour la commission qu'il exerce.

« C'est à lui, après Dieu, que l'on doit les établissements de Siam, de la Cochinchine et du Tonkin, dans lesquels il a fallu surmonter beaucoup de difficultés et soutenir de très grandes bourrasques. Il a si bien muni les deux dernières missions contre le schisme, qui y était tout ouvert, qu'elles sont toujours demeurées sur leur pied jusqu'à présent, qu'elles se sont beaucoup fortifiées et notablement accrues, nonobstant l'envie et les efforts continuels de nos émules.

---

1. Arch. des M.-É., vol. 102, p. 508.

« Dieu lui a donné un esprit intrépide qui ne sait ce que c'est que de se rendre, ni même de mollir, tant qu'il voit la raison de son côté. Il sait néanmoins céder au temps quand il faut, et donner quelque chose pour avoir le principal.

« Il est admirable surtout dans les expédients qui ne lui manquent jamais. Enfin, il n'a rien entrepris ici de considérable dont il ne soit venu à bout. Il a eu pour adversaires les Portugais, les Hollandais, les Anglais, et plusieurs autres personnes de qualité, Maures, Chinois et Siamois, qu'il a tous surmontés et obligés de se rendre, sans jamais les offenser et cela sans jamais sortir de sa chambre, sinon fort rarement, ni paraître se remuer pour ainsi dire. »

Tel était l'homme qui, pendant sa vie, eut à braver tant de colères, à supporter tant de calomnies, et qui, au jour de sa mort, reçut de solennels hommages. Le commencement de l'éternel repos fut en même temps pour lui l'heure de la justice sur la terre ; à voir le vide causé par son absence, on sut mesurer avec plus d'équité la grande place qu'il avait tenue.

Le 4 octobre de la même année, presque au lendemain de cette mort qu'il ignorait, le Pape adressa un bref d'éloges à Mgr de la Motte Lambert, couronne funèbre déposée sur la tombe de l'illustre défunt[1].

« Les lettres que vous nous avez écrites de Siam nous ont été d'autant plus agréables qu'elles on été plus de temps à nous parvenir, si toutefois ont peut appeler long le temps qu'elles mettent à venir de si loin. Outre le respect que vous professez envers notre personne, non à cause de nos mérites personnels, mais parce que la divine Providence nous a préposé à ce Siège pour le gouvernement de l'Église, nous avons éprouvé une très

---

1. Arch. des M.-É., vol. 269, p. 167.

grande joie en apprenant la moisson abondante dont, de nos jours, le champ du Seigneur s'enrichit dans ces régions lointaines. Assuré que nous sommes, que vous travaillez avec ardeur pour cette œuvre admirable, et que vous êtes embrasé du zèle de propager la foi catholique, dans le sentiment le plus intime de notre charité paternelle, nous vous embrassons dans le Seigneur, et soyez assuré que notre secours secondera toujours les pieux efforts que vous ne cessez de faire, pour atteindre votre noble but et acquérir la récompense qui vous est préparée dans le ciel. Vous n'ignorez pas non plus les décisions qui ont été prises par les cardinaux préposés à la Congrégation de la Propagande, et qui ont été manifestées à notre vénérable frère l'évêque d'Héliopolis, et par lesquelles nous prions Dieu de répandre sur vous les dons de sa grâce, et nous vous donnons affectueusement la bénédiction apostolique. »

Ces actes répétés de bienveillance du Pape auxquels s'adjoignaient l'estime et l'affection de Louis XIV, du clergé et des âmes pieuses de France, comblaient de joie Mgr Pallu, qui écrivait en ces termes à M. Desfontaines, ancien chargé d'affaires des Missions-Étrangères à Rome[1] :

« Comme cette lettre sera apparemment la dernière que je vous écrive de France, je dois, en prenant congé de vous, vous rendre mes très humbles actions de grâces de toutes vos bontés et des fatigues que vous avez prises dans la poursuite de nos affaires ; vous avez tout sujet d'en être content ; quoiqu'en apparence nous n'ayons pas tout ce que nous avons demandé, néanmoins dans le fond tout est bien, et nous ne pouvons pas désirer nos affaires en une meilleure assiette, ayant obtenu en cour de Rome tout ce que nous prétendions et ayant trouvé le

---

1. Du 17 février 1671.

moyen de nous réconcilier avec nos émules, le roi s'estant aussi monstré très favorable à nos desseins avec toute la cour, et j'ose dire tout Paris et la France entière. Je suis accompagné de dix ou onze ecclésiastiques et je laisse notre Séminaire bien établi et une semence abondante d'ouvriers qui se préparent en plusieurs lieux [1]. »

Lors de son embarquement (1681)[2], Pallu fut reçu à Port-Louis avec les honneurs militaires, les canons du fort et ceux des navires le saluèrent de salves répétées. La France, comprenant que d'éminents services donnent droit à la gloire, et que gloire vaut noblesse, traitait en prince l'administrateur général des missions de Chine [3].

Ce second voyage de Mgr Pallu, à la suite de son arrestation à Manille, produisit, en effet, dans notre pays une

---

1. *Notes historiques* (manuscrit), p. 16.
2. Mgr Pallu emmenait avec lui dix missionnaires dont les noms suivent :
Artus DE LYONNE, du diocèse de Paris, missionnaire à Siam et en Chine, évêque de Rosalie, vicaire apostolique du Su-tchuen en 1697, sacré en 1699, mort à Paris le 2 août 1713. — 58 ans.
Jean PIN, du diocèse de Nevers, docteur de Sorbonne, vicaire apostolique du Tche-Kiang, et du Kiang-si, en Chine, mort à Congo dans la Perse, le 11 mai 1692. — 49 ans.
Charles MAIGROT, de Paris, docteur de Sorbonne, vicaire apostolique du Fo-Kien en 1687, évêque de Conon en 1697, sacré en 1699, banni à perpétuité de la Chine par l'empereur Kang-hi en 1706, mort à Rome le 21 février 1730. — 78 ans.
François LEFEBVRE, du diocèse de Rouen, vicaire de la paroisse Saint-Sulpice à Paris, alla au Tonkin porter au roi les présents de Louis XIV en 1682, il fut ensuite envoyé à Rome comme procureur par l'évêque d'Héliopolis.
Annet LE COURT DE MONDORY, du diocèse de Clermont, bachelier de Sorbonne, missionnaire à Siam, mort en septembre 1687. — 31 ans.
Louis SARRANTE, de Tartas au diocèse de Dax en Gascogne, missionnaire au Tonkin, mort le 14 février 1687. — 34 ans.
Claude SICART, du diocèse d'Aix en Provence, prêtre de l'Oratoire.
Jacques DE L'ESPINASSE, du diocèse d'Auxerre en Bourgogne missionnaire à Siam, se noya le 31 août 1685 dans le Me-nam. — 29 ans.
Gabriel DE LAVIGNE, de Vernon au diocèse d'Evreux, missionnaire au Tonking procureur général de la Société à Pondichéry en 1688, directeur du Séminaire de Paris en 1698, mort à Paris le 10 mai 1710. — 54 ans.
Nicolas GERVAISE, de Paris, simple clerc âgé de 16 ans.

sensation profonde ; une voix éloquente nous a transmis les sentiments de sympathie et d'admiration qui accueillirent le saint missionnaire et le souvenir ému qu'on garda de lui : « Nous l'avons vu, s'écriait Fénelon, dans son discours sur l'Épiphanie, prononcé dans la crypte de l'église des Missions-Étrangères, nous l'avons vu cet homme simple et magnanime, qui revenait tranquillement de faire le tour entier du globe terrestre. Nous avons vu cette vieillesse prématurée et si touchante, ce corps vénérable courbé non sous le poids des années, mais sous celui de ses pénitences et de ses travaux, et il semblait nous dire à nous tous, qui ne pouvions nous rassasier de le voir, de l'entendre, de le bénir, de goûter l'onction et de sentir la bonne odeur de Jésus-Christ qui était en lui, il semblait nous dire : « Maintenant me voilà, je sais que vous ne verrez plus ma face. » Nous l'avons vu qui venait de mesurer la terre entière. Mais son cœur plus grand que le monde était encore dans ces contrées si éloignées. L'Esprit l'appelait à la Chine, et l'Évangile qu'il devait à ce vaste empire était comme un feu dévorant au fond de ses entrailles, et qu'il ne pouvait plus retenir. Allez donc, saint vieillard, traversez encore une fois l'Océan étonné et soumis ; allez au nom de Dieu ; vous verrez la terre promise ; il vous sera donné d'y entrer, parce que vous avez espéré contre l'espérance même. »

CHAPITRE IX

1681-1684

I. Coup d'œil sur les rapports du Séminaire des Missions-Étrangères avec le Séminaire de Québec. — Seconde union en 1675. Acte de donation en 1680 ratifié en 1682. — II. La Société des Missions-Étrangères dans la Perse. — Mgr François Picquet. — MM. Roch et Sanson, leurs travaux. — Conseils aux prêtres des Missions-Étrangères dans la Perse. — III. M. de Brisacier. — Construction du Séminaire des Missions-Étrangères. — Pose de la première pierre de l'église. — Mort de missionnaire. — Publications des Relations des Missions. — IV. Première ambassade siamoise envoyée en France. — Conseils de Mgr Pallu à M. Gayme, interprète des ambassadeurs. — Naufrage. — Faveurs de Phra-naraï aux missionnaires. — Constantin Phaulcon. — V. Au Tonkin. — Lettre de Louis XIV au roi du Tonkin. — VI. Mgr Mahot, vicaire apostolique de Cochinchine. — Synode de Faï-fo. — État général des Missions de la Société. — VII. Avis aux missionnaires envoyés au Laos. — Nomination de quatre procureurs. — Comment s'organise la Société. — VIII. Départ de Mgr Pallu pour la Chine. — Sa mort. — IX. Appréciation du rôle des deux premiers Vicaires apostoliques.

I

Les grands personnages et les pieux fidèles de France, qui avaient sous leurs yeux l'institution centrale de la Société des Missions-Étrangères, le Séminaire, n'étaient pas les seuls à lui témoigner estime et bienveillance.

Du Canada, Mgr de Laval suivait le développement d'une association à laquelle l'attachaient des liens particuliers; et il ne perdait aucune occasion de montrer ses sentiments d'affection et de reconnaissance, soit en remerciant les directeurs de Paris des services qu'ils lui rendaient, soit en faisant l'éloge des missionnaires qu'ils lui envoyaient.

Il disait des directeurs de son séminaire de Québec, recrutés presque tous aux Missions-Étrangères : « Ils sont peu nombreux, mais grâce à leur activité, ils font face à tous leurs devoirs; le détachement dont ils font profession, la charité qui les unit, l'assiduité qu'ils ont au travail et la régularité qu'ils s'efforcent d'inspirer à tous ceux qui sont sous leur conduite, m'ont donné une très sensible consolation. »

« Je sais, écrivait-il au Saint-Père, que le Séminaire de Paris est très agréable à Votre Sainteté, ainsi qu'à la Sacrée Congrégation de la Propagande. »

Cet éloge n'était point une parole banale, il était confirmé par les faits. En 1668, Mgr de Laval confia aux prêtres de son grand séminaire la direction du petit séminaire de Saint-Joachim. En 1675, après sa nomination comme titulaire au siège épiscopal de Québec, il renouvela avec les Missions-Étrangères l'acte d'union signé dix ans auparavant. « Nous avons estimé, dit-il, à présent que nous sommes évêque en titre de la ville de Québec et de la Nouvelle-France, et que nous avons droit d'y exercer tous les pouvoirs d'évêque diocésain, ne pouvoir faire chose plus conforme aux intentions de Sa Majesté, ni plus solidement pourvoir à la conservation de notre maison de Québec dans le même esprit ecclésiastique et des missions, que de lui procurer la continuation du même gouvernement, que nous avons déjà éprouvé si utile, en l'unissant et annexant au Séminaire de Paris. »

Les principaux articles de ce second traité d'union sont analogues à ceux du premier : Défense aux directeurs du séminaire de Québec de vendre ou d'aliéner ses propriétés, sans l'autorisation du Séminaire de Paris; nomination par le Séminaire de Paris du supérieur de l'établissement de Québec, qui devait demander la bénédiction de l'évêque diocésain, avant d'entrer en charge, et lui être soumis « en toutes les fonctions ecclésiastiques qui regardent l'assistance et l'instruction du prochain ». Un mandement de Mgr de Laval annonça cette union définitive des deux séminaires, et l'acceptation des directeurs fut signée à Paris, le 19 juin 1675.

Durant les quatre années qui suivirent, Mgr de Laval continua « de travailler à assurer l'avenir de son séminaire qui paraissait être l'objet le plus constant de ses vœux. » En 1678, il posa les fondations d'un nouvel édifice assez vaste pour loger cent personnes et destiné à renfermer tout le personnel du grand et du petit séminaire, ainsi que le clergé de la ville, le dédia à la Sainte-Famille, puis, après en avoir délibéré avec ses prêtres, il ordonna qu'on y suivrait à perpétuité, ainsi que dans tout le diocèse, le cérémonial avec le bréviaire et le missel romains.

Afin d'assurer l'avenir, Mgr de Laval fit à Paris, le 12 avril 1680, en faveur du Séminaire des Missions-Étrangères, un legs général de sa fortune, pour être employé à l'entretien du séminaire de Québec.

« Cette donation fut ratifiée au Canada l'année suivante ; mais la distance des lieux rendant le recours à Paris souvent impossible, et les délais pouvant nuire aux affaires, le Séminaire de Paris accorda, à celui de Québec, par acte public du 6 juin 1682, la faculté de disposer de ces biens et de se choisir un supérieur, à la charge d'en demander la confirmation à Paris. »

Ces dernières dispositions furent observées jusqu'à la convention qui suivit la prise de Québec par les Anglais (1759)[1].

Ce fut le dernier acte important de Mgr de Laval dans ses rapports avec le Séminaire des Missions-Étrangères.

---

1. Naturellement, le traité de 1763 qui laissait le Canada à l'Angleterre en fit que confirmer cet état de choses.

En 1684, le vénérable prélat, accablé par les infirmités, revint en France apporter au roi sa démission [1].

Il est à remarquer que les Vicaires apostoliques d'Extrême-Orient ne prirent aucune part, du moins officielle, à ces négociations entre le Séminaire de Paris et celui de Québec; ils ne furent pas davantage mêlés à celles qui eurent lieu entre le Séminaire de Paris et le nouvel évêque de Babylone, François Picquet, et qui aboutirent à l'envoi, dans la Perse, pendant une quinzaine d'années, de prêtres de la Société des Missions-Étrangères.

II

Le contrat conclu en 1663 entre les directeurs du Séminaire et Bernard de Sainte-Thérèse, portait, en outre des conditions de vente, le désir exprimé par le vendeur de voir le Séminaire prendre soin de la mission de Perse et y envoyer des prêtres.

Jusqu'alors, les besoins d'Extrême-Orient et du Canada avaient absorbé tous les ouvriers apostoliques; mais les directeurs n'avaient cependant pas délaissé ce pays dont l'évêque avait été leur ami, et dont leurs premiers missionnaires, en le traversant pour aller dans les Indes, leur avaient fait un tableau si touchant. Pendant plusieurs années, ils s'étaient appliqués à transmettre aux apôtres de la Perse les secours que la Propagande leur faisait tenir par l'intermédiaire du procureur à Rome; à obtenir pour eux les décrets et les brefs qu'ils sollicitaient; à faire des démarches pour la nomination d'un coadjuteur de l'évêque de Babylone.

---

[1]. Il retourna ensuite au Canada et y mourut le 6 mai 1708 à l'âge de 85 ans.

Le prêtre qu'ils présentèrent ne fut pas agréé, et la Propagande désigna, on ne sait trop comment, dom Placide Duchemin qui ne se rendit jamais dans sa mission et mourut en 1682.

La Sacrée Congrégation n'attendit pas sa mort pour lui nommer un remplaçant.

Cette fois son choix fut de tous points heureux. François Picquet [1], préféré par elle, était célèbre dans le Levant par ses vertus et son habileté. Nous avons dit plus haut son dévouement pour Mgr Pallu, pour Mgr de la Motte Lambert et leurs compagnons. Il était né à Lyon en 1626, et avait été longtemps consul à Alep, en Syrie, où il avait rendu de tels services à la religion catholique, qu'on le regardait, quoique laïque, comme un véritable missionnaire. Estimé des pachas à cause de sa prudence et craint à cause de sa fermeté, il aidait les chrétiens, tantôt de sa fortune, tantôt de son crédit. Son mérite et ses talents étaient relevés par un caractère heureux, par une piété aimable et solide. Pendant un voyage en Europe, il alla à Rome et fut accueilli de la manière la plus flatteuse par le Pape et par la Propagande, avec laquelle il avait entretenu une correspondance pour le bien de la religion catholique en Perse. De retour en France, il entra dans les ordres et reçut le prieuré de Grimaud, en Provence.

Proposé en 1674, par les directeurs du Séminaire, comme Vicaire apostolique de Babylone, il fut agréé par la Propagande; mais plein d'une humilité qui le faisait s'ignorer lui-même, il refusa d'accepter, et dans une lettre adressée au Nonce du Souverain Pontife à Paris, il répondit « avec beaucoup de respect que, quoiqu'il fût très sensible à l'honneur que la Sacrée Congrégation lui

---

1. *Vie de Messire François Picquet, consul de France et de Hollande à Alep, ensuite évêque de Césarople, puis de Babylone.* Paris, 1732, chez la veuve Mergé.

faisait, il était néanmoins obligé de la remercier, parce qu'il n'avait ni la piété, ni le savoir nécessaires pour remplir dignement cet emploi, et qu'il était d'ailleurs d'une santé fort valétudinaire; mais que si elle lui ordonnait d'aller au Levant comme simple missionnaire, il ferait voir par sa prompte obéissance combien il déférait à ses ordres [1]. »

Le Nonce vit dans ce refus une raison de plus pour insister, et après avoir pris de plus amples informations, il avertit la Propagande que M. Picquet, « ayant une déférence aveugle pour les ordres de ses supérieurs, aurait obéi sans résistance, si on lui eut commandé en termes précis d'accepter le poids du simple Vicariat; que MM. les directeurs des Missions-Étrangères, avec lesquels il en avait conféré, l'avaient assuré que quoiqu'il ne fût pas, à la vérité, d'une complexion robuste, il était pourtant encore en état d'agir, et que s'il n'avait pas un savoir éminent, la bonté de son esprit, l'expérience et la connaissance des coutumes de ces peuples suppléeraient à ce défaut; qu'il serait même convenable de joindre au Vicariat quelque titre d'évêché *in partibus*, afin que la dignité épiscopale lui attirant plus de respect, il pût y faire de plus grands fruits; qu'à l'égard des appointements, on lui donnerait ce que la Congrégation avait proposé, et que pour la dépense du voyage, on espérait trouver quelques secours en France dans la bourse des personnes charitables. » Le Nonce ajoutait enfin « que MM. les directeurs des Missions-Étrangères souhaiteraient de disposer M. Picquet à faire le voyage de Rome, pour y recevoir de vive voix les ordres de la Sacrée Congrégation [2]. »

Ce dernier moyen ne fut pas nécessaire; l'ancien consul d'Alep était, comme il l'avait dit, trop respectueux du

---

1. *Vie de François Picquet*, p. 276.
2.   *Id.*   p. 277-278.

Saint-Siège, pour résister à sa volonté deux fois exprimée, il fut nommé Vicaire apostolique de Babylone, visiteur apostolique et sacré évêque de Césarople.

Il résigna son prieuré en faveur de M. Etienne Pallu, neveu de Mgr Pallu et directeur du Séminaire des Missions-Étrangères, et s'embarqua pour la Perse en 1679.

La mission de la Haute-Arménie, en butte à la tyrannie de haineux gouverneurs, était alors menacée d'un schisme.

Les religieux de l'ordre de Saint-Dominique, qui la desservaient, conjurèrent le nouvel évêque de sauver leurs chrétiens : « Seul vous le pouvez, lui dirent-ils, si vous vous présentez au roi avec la qualité d'ambassadeur de Louis XIV. »

Mgr Picquet n'hésita pas; il exposa au Pape et au cabinet de Versailles la situation de la mission dominicaine de Nachinan, et le moyen qu'on lui proposait pour l'améliorer; il eut la joie d'apprendre, raconte l'auteur de sa vie, « que le roi qui avait donné quelques années auparavant des marques de son zèle pour la religion, en écrivant au roi de Siam en faveur de MM. les évêques d'Héliopolis et de Béryte et des missionnaires qui travaillent sous les auspices de Sa Majesté dans le fond de l'Orient, s'était rendu facile à lui accorder la même grâce, afin que la mission ne fût pas privée de l'avantage d'être sous la protection royale, quoique dans une région moins éloignée; qu'il écrivait au roi de Perse pour le prier de favoriser lui et ses missionnaires, dans toutes les occasions qu'ils auraient besoin de son autorité pour le bien de leur mission; et qu'il ferait travailler à de belles pendules et à plusieurs instruments de mathématiques, qui sont fort recherchés en Perse, pour les présenter à ce prince [1]. »

Arrivé à Ispahan, le 12 juillet 1682, l'évêque ambas-

---

1. *Vie de François Picquet*, p. 354.

sadeur y fut reçu avec honneur. Les traditions des Missions ont gardé le souvenir de cette ambassade et de ses heureux effets. Mgr Picquet se présenta dans le brillant et pompeux appareil qu'exigeait la dignité de la cour de France, vêtu de brocard, de toile brochée d'or et d'argent, suivi de six valets de pied et de six chevaux de main richement harnachés. La lettre fit merveille, les présents encore plus. Le roi de Perse ne sut rien refuser au représentant de Louis XIV; il lui promit le châtiment des gouverneurs et des officiers dont on se plaignait, et une impartiale justice pour les chrétiens.

En racontant ces faits à M. de Brisacier, le Vicaire apostolique faisait allusion à son luxe de la veille, avec une humilité relevée d'une pointe de gaieté :

« Que direz-vous, Monsieur, et que pourra-t-on dire de moi dans les séminaires de France, si ce n'est que la Perse, ayant autrefois gâté les mœurs et la conduite d'Alexandre et des siens, elle vient encore aujourd'hui de corrompre celles d'un pauvre évêque missionnaire qui, suivant les traces des Apôtres et des disciples de Jésus-Christ, devrait aller pieds nus, couvert de haillons et de poussière et loger dans une grotte ou dans une étable, au lieu d'un palais ou d'une maison du roi, tapissée à la mode du pays [1]. »

Malheureusement le zèle de l'évêque était entravé par le manque de missionnaires; les Capucins, les Jésuites, les Carmes, les Augustins étaient en très petit nombre; les communautés chrétiennes, dispersées au loin, faisaient en vain parvenir leurs vœux de posséder un prêtre, ne fût-ce qu'à de rares intervalles et pendant quelques jours. Mgr Picquet ne leur répondait que par ses regrets, ses larmes et ses prières. Mais pour un homme habitué à l'action et désireux du salut des âmes, cette

---

1. *Vie de François Picquet*, p. 431.

situation ne pouvait se prolonger longtemps. Il eut recours au Séminaire, et supplia M. de Brisacier de lui envoyer des collaborateurs :

« Je vous mande la mort du P. Casmoux, le seul missionnaire séculier qui me restait, et qui était mon grand appui en toutes sortes de rencontres.

« Jugez par là de l'état déplorable où doit être un évêque qui n'a pas un seul ecclésiastique de France avec lui, vieux et infirme, et presque hors d'état de se voir jamais accompagné d'un prêtre sachant quelque langue du pays. Voilà tout ce que je puis vous dire, je n'y ajoute aucune instance, parce que je suis assuré que vous et vos messieurs y ferez réflexion [1]. »

Sa demande fut examinée, et les directeurs conclurent avec lui, en 1683, un accord dont l'article le plus important, le seizième, était ainsi conçu :

« L'évêque de Babylone, aussi bien que son prédécesseur, tirant son principal secours des ouvriers qu'on lui envoie du Séminaire de Paris, consent, sous le bon plaisir de la Congrégation, que MM. le supérieur et directeurs du Séminaire de Paris se chargent du soin et de la dépense des résidences d'Amadan et d'Ispahan, tant pour initier la jeunesse aux sciences et à la piété, que pour y exercer ceux qui seront appelés à l'état ecclésiastique, à condition qu'il s'y réservera un appartement pour lui [2]. »

Cet article, qui montre la vigilance des directeurs à ne jamais perdre de vue le but principal de la Société des Missions-Étrangères, la fondation des séminaires pour le clergé indigène, était commenté dans une lettre de M. de Brisacier, auquel le prélat répondit :

« Que je voudrais bien qu'il fût possible de bâtir un séminaire et qu'il y eût un peu de jour pour une œuvre si

---

1. *Vie de François Picquet*. p. 422.
2. Arch. M.-É. vol 11, p. 270.

fort à désirer; nous ne manquerions pas de profiter de l'avis que vous nous donnez, pour l'union et l'uniformité, en prenant tous les règlements du vôtre et en acceptant toutes les liaisons et toutes les lumières que MM. les directeurs de Paris nous viendraient fournir; mais il n'y a encore rien de prêt pour cela. »

Les premiers missionnaires envoyés par le Séminaire furent MM. Roch et Sanson « qui avaient toutes les qualités que l'évêque pouvait désirer; aussi il se louait de leurs bonnes dispositions et de leur application à l'étude de la langue arménienne [1] ».

Roch fut placé à Hamadan.

« Je suis très satisfait, écrivait Mgr Picquet, et particulièrement de M. Roch, dont je ne saurais trop exalter la vertu, le zèle et al'ssiduité aux instructions qu'il fait tous les jours dans ma chapelle, avec grande bénédiction. Il a plus contribué à cette mission que personne, c'est lui qui nous a ouvert le chemin à toutes les pratiques que nous avons; il va dans l'église des Arméniens; il va les chercher le soir dans les rues et dans leurs maisons, et il ne laisse rien à faire de tout ce qui se peut en leur faveur [2]. »

M. Sanson se fixa à Casbin ou Kazvin, grande ville de commerce, bâtie par Chapour Ier et embellie par Haroun-al-Raschid.

Le Séminaire de Paris veillait avec sollicitude sur les missionnaires qui allaient dans la Perse où ils n'avaient pas, pour se guider, les règlements établis en Cochinchine, au Tonkin et à Siam, et étaient sous la direction d'évêques étrangers à la Société. Avant leur départ, il leur donnait des conseils où l'on retrouve l'inspiration des Instructions rédigées par les Vicaires apostoliques, insistant particulièrement sur le détachement des riches-

---

1. *Vie de François Picquet*, p. 456.
2. *Id.* p. 494-495.

ses, sur l'obéissance au supérieur et sur la prudence dans les rapports avec les infidèles; il ajoutait ensuite ces très pratiques avis[1] :

« 1° Etant arrivés auprès de Mgr de Césarople, ils remettront entre les mains de Sa Grandeur non seulement l'argent qui leur restera, mais aussi tous les livres qu'ils auront apportés et toutes les autres curiosités, en telle sorte qu'il ne leur reste rien du tout, considérant qu'ils n'ont rien en leur propriété personnelle et que ce qu'on leur a donné n'est que par rapport à la mission de ce prélat ; ils doivent en tout se remettre au soin d'un si digne père, qui ne manquera pas de pourvoir à tous leurs besoins selon les circonstances des lieux et des emplois où il les appliquera ; ce, afin de pratiquer la vie des premiers disciples qui n'avaient rien en propre, mais tout en commun ; c'est une chose qui s'observe très régulièrement dans la Mission de Nosseigneurs les évêques qui sont à Siam, et qui n'a fait peine à personne.

« 2° Après qu'ils se seront délassés durant deux ou trois semaines des fatigues de leur voyage, ils demanderont par grâce qu'on leur fasse faire une retraite spirituelle de dix jours et même davantage, pour se recueillir contre la grande dissipation que portent avec soi les longues courses, et se purifier par une confession extraordinaire des fautes qu'on y commet souvent, et pour s'appliquer ensuite devant Dieu avec une attention particulière à bien connaître et à pénétrer la fin de la vie apostolique, les tentations qui l'accompagnent, les vertus qui leur sont nécessaires, et à se fortifier contre les adversités et les contrariétés qui ne leur manqueront pas.

« 3° Ils attendront de la bouche de leur évêque le choix et la détermination des emplois où il lui plaira de les appliquer, sans vouloir influer aucunement, et nonobs-

---

1. Arch. M.-É., vol. 349.

tant la première détermination, ils seront toujours prêts et disposés à être mis ailleurs, suivant les besoins de la mission qu'on ne peut pas prévoir.

« 4° Ils n'entreprendront rien d'extraordinaire sans l'avoir communiqué à leur supérieur et sans avoir pris ordre de lui. »

La rédaction de ces conseils était due à M. de Brisacier dont le premier supériorat avait commencé en 1681.

III

M. de Brisacier n'appartenait à la Société et n'était directeur du Séminaire que depuis cinq ans, mais il était depuis longtemps très dévoué aux Missions. Né dans le diocèse de Blois en 1642, il était docteur de Sorbonne, abbé de Flabemont, aumônier, conseiller et prédicateur de la reine Marie-Thérèse. C'était lui qui avait prononcé l'oraison funèbre de la duchesse d'Aiguillon. Son administration, la plus longue de toutes celles qui ont gouverné le Séminaire, fut marquée par des faits extrêmement importants pour la Société et que nous raconterons en leur temps.

Il signala ses débuts par la construction d'un nouveau Séminaire. L'habitation, vendue aux directeurs par l'évêque de Babylone, avait été bientôt jugée trop étroite, et surtout sa position sur le bord même de la rue était contraire au calme nécessaire à une maison de prières et d'études.

On résolut donc d'en bâtir une autre, à une vingtaine de mètres en arrière, dans les jardins qui s'étendaient entre la rue de Varennes et la rue de Babylone.

L'église fut construite la première, Dieu avant les hommes, c'était de toute justice, d'autant que, pour servir de chapelle, on n'avait alors qu'une salle très pauvrement décorée. Sur l'invitation de Louis XIV, toujours désireux de manifester sa bienveillante sympathie aux Missions-Étrangères, l'archevêque de Paris, François de Harlai, posa la première pierre le 24 avril 1683.

Tous les prêtres du Séminaire, maîtres et élèves, revêtus du surplis, rangés sous la grande arcade qui joignait les deux cours, reçurent le prélat accompagné des évêques de Dax, de Gap et de Laon. Les associées de l'œuvre de charité fondée par Mgr Pallu, considérant avec raison que cette fête était un peu la leur, puisque le Séminaire allait s'élever grâce à leur générosité, étaient venues en grand nombre ; « on les plaça par quatre dans les chambres qui donnaient sur l'emplacement de la chapelle. M. l'abbé Bailly était choisi pour les y conduire, et Dieu sait comme il s'en acquitta. Les toits et les fenêtres des maisons voisines étaient couverts d'ouvriers et de gens du peuple qui n'avaient pu trouver place dans la cour.

« Le supérieur, M. de Brisacier, fit à l'archevêque un compliment qu'il dit parfaitement bien et qui fut fort goûté. L'archevêque répondit par un petit discours en trois points : le premier, sur l'admiration que tous les chrétiens devaient concevoir de la bonté de Dieu, qui, malgré toute sa grandeur, ne dédaignait pas d'habiter dans des temples bâtis par la main des hommes ; le second, sur la piété et la religion du roi, qui, au milieu de ses grandes occupations, s'intéressait à toutes les œuvres se rapportant à la gloire de Dieu, principalement à celles qui pouvaient porter cette gloire jusqu'aux extrémités du monde ; et le troisième, touchant la joie qu'il éprouvait d'avoir été choisi pour cette bénédiction solennelle, et son bonheur de pouvoir témoigner en cette occasion son estime et son affection pour le Séminaire. » Il termina en souhaitant que cette bénédiction attirât sur la maison « la rosée du ciel et celle des biens de la terre ». Après la cérémonie, il s'entretint avec les directeurs et les dames de charité ; apercevant son petit neveu, âgé de dix ans, venu avec sa mère, il l'appela, et, s'adressant au supérieur, « lui demanda s'il l'accepterait pour porter le surplis dans son séminaire ; à quoi gravement le supérieur répondit : « qu'il ne fallait pas une autorité moindre que celle de Sa Grandeur pour le faire admettre dans une maison comme la nôtre. » Le procès-verbal de la cérémonie fut dressé et envoyé dans toutes les Missions ; une médaille commémorative fut frappée et offerte au roi, aux ministres, à plusieurs hauts dignitaires du clergé et à tous les amis de la Société.

M. de Brisacier accompagna la remise de cette médaille à l'archevêque de Paris des paroles suivantes : « Monseigneur, nous sommes ici pour vous rendre de très humbles actions de grâces des nouvelles obligations que nous avons à Votre Grandeur. Il semble que vous les consommâtes hier toutes par l'audience favorable que Votre Grandeur nous ménagea auprès du Roi. Jamais prince ne rendit plus obligés des sujets qui s'estimaient infiniment indignes d'un si grand honneur, et jamais prélat ne fit mieux voir le crédit qu'il a sur l'esprit du plus grand de tous les princes. Agréez donc, Monseigneur, que pour répondre autant qu'il est en nous à vos bontés, nous vous donnions cette faible marque de notre reconnaissance. Si Votre Grandeur pouvait prendre nos cœurs, elle y verrait des sentiments qui sont au-dessus de toutes nos expressions[1]. »

A la fin de sa longue administration, M. de Brisacier fit quelques changements dans l'intérieur du Séminaire, dont la distribution est ainsi décrite par un manuscrit de la première partie du XVIIIe siècle : « C'est un bâtiment à trois étages carrés et un en mansarde couvert partie en tuiles, partie en ardoises avec chenaux et descentes en

---

1. Arch. M.-É., vol. 9, p. 105.

plomb, éclairé par treize croisées sur la cour de l'intérieur et sur le jardin, cinq sur la cour du côté de la rue de Babylone et trois sur la tourelle opposée.

« Il est distribué en triple, à tous les étages, au moyen d'un corridor de toute la longueur éclairé aux deux extrémités ; le corridor du rez-de-chaussée est coupé par une cloison, et celui du premier étage à une de ses extrémités par une grande grille à hauteur d'appui. Le rez-de-chaussée est distribué en plusieurs grandes pièces ; le premier étage a treize pièces ; à droite et à gauche du corridor, dont dix à cheminées ; il est exploité par quatre escaliers avec rampe de fer, dont un grand monte de fond en comble, un autre monte jusques au second étage, le troisième, sur la cour de la rue de Babylone, s'arrête au premier étage, et le quatrième, qui est un escalier dérobé, prend du second étage jusqu'au quatrième à droite du bâtiment[1]. »

On comptait trente-sept chambres, « dont la plupart étaient des chambres ordinaires, meublées d'un lit d'étoffe commune en laine ou en coton ainsi que les rideaux des croisées, d'une commode, d'une table, de chaises de paille, et s'il en était de mieux ornées, les meubles appartenaient à ceux qui les occupaient[2]. »

Un large vestibule conduisait « sur un perron garni de deux rampes en pierre » d'où la vue embrassait le jardin du Séminaire et les jardins voisins avec leurs massifs de grands arbres au-dessus desquels s'élevait le dôme des Invalides.

Construire cette maison était bien, la remplir d'aspirants aux Missions était mieux. On a vu les appels faits aux congrégations religieuses et aux sociétés ecclésiastiques par Mgr Pallu et par Mgr de la Motte

---

[1]. Arch. M.-É., titres de propriétés non cataloguées.
[2]. Arch. M.-É., vol. 35, p. 223.

Lambert. Depuis lors, de nouveaux vides s'étaient faits dans les rangs clairsemés des ouvriers apostoliques ; Mgr de la Motte Lambert, MM. Loteaux, Guiard, Cochard, Bouchard, Thomas, Le Roux, Grégoire, Bugnon, et d'autres avaient payé de leur vie leur zèle et leurs travaux. De Siam, du Tonkin, de Cochinchine, Laneau, Mahot, de Bourges et Deydier insistaient pour qu'on leur envoyât des secours.

Leurs appels étaient répétés par les directeurs dans les Relations qu'ils publiaient des succès des missionnaires. Ces publications, que l'on considérait « comme le moyen le plus efficace pour faire connaître, aimer et aider les missions » étaient adressées au roi, aux ministres, aux assemblées générales ou particulières du clergé, dont le dévouement envers les Vicaires apostoliques ne se démentait pas. Dès l'origine de la Société, on avait publié le voyage de Mgr de la Motte Lambert, écrit par M. de Bourges, un mémoire de Mgr Pallu développant les raisons de la fondation de la Société et ses premiers travaux à Siam.

Des publications plus importantes furent faites en 1674 et en 1680. Elles forment trois volumes in-12 de 250 à 400 pages, elles sont intitulées : *Relations des Missions et des Voyages des évêques français et de leurs missionnaires.*

Le premier volume, dédié au cardinal de Bouillon, grand aumônier de France, raconte le voyage par mer de plusieurs prédicateurs de l'Évangile, expose l'état du christianisme à Siam, en Cochinchine et au Cambodge, avec des descriptions tantôt très succinctes, tantôt un peu prolixes, des mœurs et des coutumes de ces contrées. Le second est dédié à l'archevêque de Paris ; il rapporte les succès de Mgr de la Motte Lambert, de Mgr Pallu et de leurs prêtres de 1672 à 1675 ; les anecdotes pittoresques s'y mêlent aux récits pieux, car, disent les rédacteurs, « si les uns cherchent à satisfaire leur curiosité, les autres seront bien aise de trouver de quoi entretenir leur dévotion ; quelques aventures pourront paraître vaines aux yeux de ceux qui n'ont qu'une vertu commune, mais les personnes de piété, qui regardent les choses avec plus d'attention, auront de la joie de voir les effets merveilleux de la grâce sur les cœurs de ces pauvres idolâtres. » Les deux faits les plus intéressants du troisième volume qui contient les événements de 1676 et 1677, sont : la discussion de M. Vachet avec les bonzes et la persécution du Tonkin dont nous avons parlé plus haut.

Écrites avec beaucoup de sérieux et de piété, les Relations se répandirent assez pour exciter le zèle de quelques jeunes prêtres et faire naître en eux le désir de se consacrer aux Missions ; on les eût désirés plus nombreux, car l'heure était favorable pour jeter en Extrême-Orient, dans quelques États principalement, toute une armée de ces pacifiques conquérants.

V

A Juthia, Phra-naraï ne tarissait pas d'éloges sur les missionnaires français. Ayant appris, en 1680, le traité de Nimègue, conclu deux ans auparavant entre la France et la Hollande, il résolut d'exécuter le projet qui, depuis plusieurs années lui tenait si fort à cœur, d'envoyer une ambassade à Louis XIV et au Pape. Un jour qu'il avait donné audience à Mgr Laneau, il lui demanda un interprète pour ses ambassadeurs ; et s'apercevant que l'évêque redoutait d'être choisi, comme l'avait été autrefois Mgr de la Motte Lambert, il lui dit aimablement :

« N'appréhendez pas que j'ai jeté les yeux sur vous ; je vous nommerais volontiers mon ambassadeur en chef ; mais l'idée de vous envoyer en sous-ordre n'a pu entrer dans mon esprit. Celui que je vous demande, c'est M. Gayme, que voilà à vos côtés; ne me le refusez pas si vous ne voulez pas m'affliger. »

Mgr Laneau accéda immédiatement à la proposition. M. Gayme remplissait la charge très importante de procureur général au séminaire de Siam, après avoir été procureur à Bantam. Un fait étrange dans la vie des missionnaires avait attiré sur lui l'attention générale et donné aux Siamois une haute idée de sa vertu : Une malheureuse femme avait essayé de le séduire, « prétendant par là se mettre en état de vivre plus à son aise et plus honorablement. » Elle avait feint d'être gravement malade, avait prié le prêtre de venir la voir et lui avait impudemment déclaré ses intentions perverses. « M. Gayme ne l'eut pas plutôt entendue, qu'il sortit précipitamment et alla se jeter aux pieds de son évêque en lui racontant l'odieuse tentative. »

La conduite du prêtre était simplement conforme à son devoir; et ni son évêque, ni les missionnaires n'avaient songé à l'admirer et à la louer. Mais pour juger de la vertu, les Siamois ont un autre code que l'Évangile; ils exaltèrent M. Gayme, lui prodiguèrent les éloges, et parmi eux son nom resta entouré d'une auréole de sainteté qui ne pâlit plus.

Avec lui, Phra-naraï désigna un mandarin du premier degré, deux du second, et une suite nombreuse pour se rendre en France et à Rome. Il les chargea de riches et nombreux présents destinés à Louis XIV; deux jeunes éléphants, deux petits rhinocéros, du musc, du bois de calambac, etc., etc.

De Surate où il apprit cette nouvelle, Mgr Pallu, dont le génie prévoyant était toujours en éveil, fit parvenir au missionnaire des avis sur la conduite à tenir vis-à-vis des ambassadeurs. Tous ces conseils tendaient à convertir les Siamois ou du moins à leur donner une haute estime du catholicisme, soit pendant la traversée, soit pendant leur séjour en France [1].

« Je ne doute pas qu'on leur fasse voir ce qu'il y a de plus beau et de plus magnifique à Paris et dans les autres lieux où ils passeront. Il faut que de votre part, vous leur fassiez voir les communautés les plus célèbres des ecclésiastiques et des religieux, comme seraient celles de Saint-Sulpice et de Saint-Lazare, les Chartreux, les Capucins, les Carmes déchaussés, etc. Il faudrait les faire assister à quelques-uns de leurs offices et fonctions, et procurer qu'on les y fît dîner et qu'on leur expliquât l'esprit de chaque corps, comme aussi de plusieurs autres qui sont à Paris et dans les autres villes de France. Il faudrait aussi les conduire dans les principaux collèges, et les faire entrer dans les classes quand les écoliers y sont, comme seraient celui de Clermont et du Plessis, et leur faire étalage des autres collèges ; les conduire de même aux hôpitaux, etc. La fin serait de leur donner une grande idée de la religion en théorie et en pratique. Je voudrais aussi leur faire voir plusieurs communautés de filles, et assister à leur office, les conduire en quelque cour solennelle à Notre-Dame, où on les fît bien placer. Vous savez qu'il faudra auparavant demander à Mgr de Paris la licence pour eux par écrit. Vous ferez à Rome à peu près la même chose. Il suffira de le faire suivant leur portée, leur donner une idée du gouvernement ecclésiastique, suivant ce qui en est dit dans nos Instructions, et leur exposer l'esprit et les conduites des principales Congrégations. Enfin, mon cher frère, faites si bien que, si vous ne les ramenez pas tous chrétiens, il y en ait une bonne partie, ou qu'au moins, tous soient parfaitement instruits de notre sainte foi. Procurez dans les réponses que le Pape et le Roi

---

[1]. Arch. M.-É., vol. 106, p. 33 et suivantes.

feront au roi de Siam, qu'ils l'exhortent à se faire chrétien. »

La netteté et la précision d'esprit de Mgr Pallu l'avaient bien servi dans ce mémoire comme en beaucoup d'autres, il avait pris immédiatement les choses par leur côté pratique, ce qui est plus rare qu'on ne pense, et en avait tiré tout le parti possible.

Malheureusement, le vaisseau, le *Soleil d'Orient*, qui portait les ambassadeurs et leur interprète, fut surpris par la tempête sur la côte orientale de Madagascar, et périt corps et biens en 1682.

V

Le roi de Siam avait fait cette tentative pour se rapprocher de la France. Aussi fut-il très heureux lorsqu'il apprit que Mgr Pallu lui apportait une lettre et des présents de la part de Louis XIV ; il voulut les recevoir avec les mêmes solennels honneurs qu'en 1673. Dans l'élan de sa reconnaissance pour l'évêque, et dans l'espoir de gagner plus aisément l'affection et la protection du souverain français, il fit bâtir « une église à trois nefs, de vingt brasses de long, largeur et hauteur proportionnées, avec deux croisées et deux tours au frontispice ».

Il professait d'ailleurs pour le grand roi une admiration singulière, qui se traduisait de temps à autre par des actes que nous, hommes graves d'Occident, nous appellerions volontiers des enfantillages ; trois ou quatre fois par jour, il se faisait apporter son portrait miniature que lui avait offert Mgr Pallu ; il le prenait, le contemplait, l'admirait longuement, s'étonnait de la belle chevelure ondulée dont sans doute on ne lui avait pas dit la provenance, du visage noble et fort ; « il l'apostrophait à sa manière, répétant avec enthousiasme ce qu'il avait ouï dire des augustes qualités et des conquêtes de ce monarque. »

Pressé de connaître le sort de son ambassade dont il ignorait encore le naufrage, il décida d'en envoyer une seconde accompagnée de deux missionnaires, MM. Vachet et Pascot et de six jeunes Siamois à qui l'on devait faire apprendre divers métiers.

Il était encouragé dans cette voie par un homme dont le nom est resté célèbre dans les fastes des aventuriers : Constance ou Constantin Phaulcon.

Mendiant hier, barcalon ou premier ministre aujourd'hui, Phaulcon était doué de talents à la hauteur de son ambition. Fils d'un cabaretier grec selon les uns, d'un noble vénitien selon les autres, il s'embarqua à dix ans sur un navire anglais, à vingt ans fréta un bâtiment qui se perdit sur la côte de Malabar. Un jour, son étoile le conduisit sur les rivages de Siam, et le fit protecteur d'un ambassadeur persan dans la détresse.

Ayant changé de religion presque aussi souvent que de métier, il était alors protestant ; néanmoins, il eut recours à la charité de Mgr de la Motte Lambert qui le logea et le nourrit pendant plusieurs mois. Esprit vif, entreprenant, aimable, avisé, libéral et généreux avec ostentation, intrépide au besoin, cruel si la cruauté lui était utile, d'une habileté dans les affaires qui allait jusqu'à l'absence de scrupules, capable de dire la vérité et plus souvent de la taire ou de la trahir, maniant la flatterie comme un Oriental et les affaires comme un Grec, il s'attacha au premier ministre de Siam.

Au bout de quelques années, le gouvernement était entre ses mains ; possesseur du pouvoir, il se garda bien d'en prendre le titre, ce qui eût été blesser l'orgueil des Siamois ; il connaissait trop le peu de solidité d'une prompte élévation et l'instabilité de la faveur royale pour omettre les précautions dictées par la prudence et par le désir de réussir.

Avec les petits moyens de la flatterie et de la corruption, Phaulcon employa les grands, et songea à s'appuyer sur la France. Il se montra l'ami et le protecteur des missionnaires et convainquit facilement le roi des avantages de contracter une étroite alliance avec la nation française, riche, généreuse et brave, qui protégerait ses États contre les entreprises des Hollandais. L'ambition du ministre se rencontra avec les sentiments personnels du souverain.

La Société des Missions-Étrangères profita de ce double courant favorable pour marcher plus rapidement et plus loin à la conquête des âmes.

Elle était aidée par la France qui essayait de se rapprocher non seulement de Siam, mais encore du Pégou et du Tonkin.

En 1681, Duplessis débarqua au Pégou et obtint du souverain la concession d'un petit territoire avec l'autorisation d'y établir une factorerie.

La même année, Baron, directeur général de la Compagnie des Indes, et de Guilhem, chef du comptoir de Bantam, frétèrent un navire à leurs frais et l'expédièrent au Tonkin. Deux futurs Vicaires apostoliques MM. Bélot et Guisain étaient à bord.

D'après le conseil de M. Deydier à qui il rendit visite aussitôt après son arrivée, le capitaine offrit au roi, aux princes et aux officiers des présents qui parurent rares et magnifiques; il vendit ses marchandises à plus bas prix que les Anglais.

La méthode était bonne et eut des résultats inattendus. Les Tonkinois jugèrent que les missionnaires français, à ce moment menacés d'expulsion, n'étaient ni dangereux ni coupables, puisqu'ils avaient des compatriotes si généreux et si bons négociants, et ils fermèrent les yeux sur leurs expéditions apostoliques ; par contre-coup deux missionnaires dominicains récemment arrêtés furent relâchés ; le mandarin, qui les mit en liberté, refusa cependant de rendre leurs vêtements, et aux réclamations du P. d'Arjona, il répondit fièrement : « Je leur fais l'aumône de la tête ». Le don était royal et la parole digne d'un empereur de Rome ou de Byzance.

Quelques mois plus tard, on annonça la lettre que Louis XIV avait remise à Mgr Pallu pour le roi du Tonkin. Arrivé à Siam, Mgr Pallu avait choisi Lefebvre et Geffrard pour présenter cette lettre et les avait fait embarquer sur un navire qui emmenait Mgr de Bourges venu à Juthia se faire sacrer évêque, et deux nouveaux missionnaires, Sarrante et Delavigne.

Le premier sentiment de la cour de Ha-noi à cette nouvelle fut un étonnement mêlé de crainte. Selon son habitude, elle ne pouvait comprendre que l'on vînt de si loin pour apporter des lettres et des présents, sans aucune marchandise. Après d'assez longs pourparlers sur des questions d'étiquette, qu'il fallut traiter avec les mandarins en se servant d'argent plus que de bonnes raisons, le roi accepta les présents et reçut la lettre de Louis XIV, dont Mgr Deydier, récemment sacré évêque d'Ascalon, fit la traduction.

Cette lettre était dictée par un sentiment très patriotique et très chrétien ; elle traitait du commerce, mais elle parlait au souverain païen, avec des accents apostoliques, de la beauté et de la grandeur de la foi, et exprimait le vœu qu'il l'embrassât. Les politiques et les hommes d'État de nos jours n'écrivent plus ainsi, mais peut-être serait-il juste aussi de reconnaître, que les paroles sans les actes sont d'un faible poids dans la balance des événements, et que les exhortations de Louis XIV, quelque chrétiennes qu'elles fussent, ne suffisaient pas, à elles seules, pour obtenir aux missionnaires la liberté absolue de prêcher l'Évangile, et aux chrétiens le droit de pratiquer en paix leur religion.

En voici le texte :

« Très haut, très excellent, très puissant et très magnanime Prince, notre très cher et bon ami, Dieu veuille augmenter votre grandeur avec fin heureuse.

« Nous apprenons par nos sujets, qui ont été dans vos États, quelle a été la protection que vous leur avez accordée. Nous y sommes d'autant plus sensibles, que nous avons pour vous toute l'estime que l'on peut avoir pour un prince aussi illustre par ses vertus militaires, qu'il est recommandable par sa justice. Nous avons même été informés que vous ne vous êtes pas contenté de cette protection générale pour nos sujets, mais qu'en particulier vous en avez donné des marques effectives aux sieurs Deydier et de Bourges. Nous eussions souhaité qu'ils eussent pu reconnaître toutes les grâces qu'ils ont reçues de vous par des présents dignes de vous être offerts ; mais la guerre que nous avons eue pendant quelques années, dans laquelle toute l'Europe s'était liguée contre nous, ayant empêché nos vaisseaux d'aller dans les Indes, à présent que nous avons bien voulu donner la paix, après avoir remporté tant de victoires, et augmenté nos États par la conquête de plusieurs places importantes, nous avons aussitôt donné nos ordres à la Compagnie royale de s'établir dans votre royaume le plus tôt qu'elle pourra, et aux sieurs Deydier et de Bourges de demeurer auprès de vous, afin d'entretenir une bonne correspondance entre nos sujets et les vôtres, et nous avertir aussi des occasions qui se pourraient présenter, où nous puissions vous donner des marques de notre estime et du désir que nous avons de concourir à votre satisfaction et à vos avantages. Pour commencer de vous en donner des marques, nous avons commandé qu'on vous portât quelques présents que nous avons cru qui vous seraient agréables. Mais la chose du monde, que nous souhaiterions le plus, ce serait d'obtenir pour vos sujets, qui ont déjà embrassé la loi du seul vrai Dieu du ciel et de la terre, la liberté de la professer, cette loi étant la plus haute, la plus noble et la plus sainte, et surtout la plus propre pour faire régner les rois sur les peuples. Nous sommes même très persuadés que si vous connaissiez les vérités et les maximes qu'elle enseigne, vous donneriez à vos sujets le glorieux exemple de l'embrasser. Nous vous souhaitons ce bien incomparable avec un long et heureux règne, et prions Dieu qu'il veuille augmenter votre grandeur avec fin heureuse.

« Votre très cher et bon ami,

« Louis. »

Trois jours après la réception de cette lettre, le Chua du Tonkin, Trinh-thac, qui gouvernait sous le nom du roi Le-hi-tong, mourut. Son fils, Trinh-can, qui lui succéda, n'osa marquer les débuts de son administration par une approbation publique du catholicisme jusqu'alors interdit, il se contenta de donner de bonnes paroles aux missionnaires, et dans sa réponse au roi de France de protester de ses dispositions en faveur des négociants français, ajoutant que, chargé des affaires de l'État depuis peu de temps, il lui était impossible encore de trancher d'une façon péremptoire la question religieuse.

Il remit aux missionnaires, pour Louis XIV, de superbes soieries brochées d'or, ornées d'arabesques entourant le dragon impérial.

Le grand profit que l'on retira de cette ambassade fut, pour les chrétiens, une paix relative et la cessation temporaire des vexations causées par l'avarice ou par la haine des mandarins.

Dans la ville royale et dans les provinces, les fidèles purent tenir de fréquentes et solennelles assemblées qui relevèrent l'éclat et la ferveur de la vie chrétienne. Mgr Deydier et Mgr de Bourges se partagèrent le Tonkin ; le premier se chargea de la partie orientale, et le second de la partie occidentale ; telle fut l'origine de la division du Tonkin en plusieurs vicariats.

VI

Depuis la mort de Mgr de la Motte Lambert, la mission de Cochinchine n'avait plus d'évêque. Mgr Laneau, nouvellement nommé administrateur général, obtint de Phra-naraï, plus facilement qu'autrefois, la permission de se rendre dans cette contrée ; il laissa le collège général et la mission de Siam sous la direction de Mgr Pallu, qui préparait deux autres expéditions apostoliques, et arriva à Fay-fo au mois d'octobre 1682, porteur du bref qui instituait M. Mahot, évêque de Bide, et Vicaire apostolique de Cochinchine. Mais quand il notifia ce bref à l'élu, celui-ci opposa un refus absolu.

Suscitée pour organiser des églises et placer des évêques à leur tête, la Société ne pouvait s'arrêter devant les répugnances et l'humilité de ses prêtres jugés dignes de l'épiscopat, Mgr Laneau le comprit et convoqua tous les missionnaires, les prêtres indigènes et les principaux catéchistes ; il ouvrit la réunion par un discours sur la nécessité d'instruire les chrétiens et de convertir les païens, puis il annonça la nomination épiscopale de M. Mahot et son refus persistant. Il faut laisser la parole au chroniqueur primitif qui raconte avec une douce naïveté et un charme émouvant la scène d'humilité, de respect, de liberté chrétienne qui suivit ce discours[1] :

---

1. *Hist. de l'établ. et des prog. du christ. dans les Ind. orient.* (manuscrit), ch. 8.

« Dès qu'il eut cessé de parler, tous les catéchistes se mirent à genoux et conjurèrent Mgr de Métellopolis[1], par les besoins de l'Église et par la charité de Jésus-Christ, de leur donner un évêque qui résidât dans le royaume. — Je n'ai pas ce pouvoir, leur répondit-il. Il est vrai que le Pape m'a envoyé des bulles pour consacrer M. Mahot; mais il ne veut point absolument accepter l'épiscopat.

« Alors les catéchistes prosternés se tournèrent vers M. Mahot. — Pourquoi, lui dirent-ils, refusez-vous d'être le père et le pasteur d'une église pour laquelle Jésus-Christ a versé son sang? — Je ne puis, dit M. Mahot, accepter une charge dont je suis incapable de soutenir le poids; j'ai une âme à sauver, et je crains de la perdre en travaillant au salut de autres.

« — Nous avons aussi chacun une âme à sauver, répliquèrent les catéchistes; nous sommes infiniment plus incapables du ministère qu'on nous a confié que vous n'êtes incapable de l'épiscopat. Nous ne voulons pas nous perdre en travaillant pour les autres. Ainsi nous abandonnons tous notre emploi pour n'être occupés que du soin de notre salut particulier.

« En même temps, ils se levèrent, remirent leurs patentes à Mgr de Métellopolis et protestèrent qu'ils ne les reprendraient jamais que de la main de M. Mahot, après qu'il aurait été sacré. Celui-ci, surpris de cette démarche, pâlit et demeura dans le silence. Mgr de Métellopolis prit la parole. — Voulez-vous, lui dit-il, détruire par votre résistance une église que vous êtes venu soutenir et multiplier par vos travaux? Voulez-vous la priver de tant d'ouvriers qui se sont dévoués à son service? Vous répondrez devant le tribunal de Jésus-Christ du tort que vous lui faites et de la désolation où vous l'exposez. — M. Mahot, consterné, ne pouvant retenir ses larmes, demanda huit jours pour

---

1. Titre épiscopal de Mgr Laneau.

examiner devant Dieu ce qu'il devait faire. Ils lui furent accordés, mais les catéchistes, craignant qu'il ne prît la fuite, l'observèrent nuit et jour si exactement, qu'il lui eût été bien difficile de s'échapper.

« Le huitième jour, dès les trois heures du matin, on fit dans la chapelle tous les préparatifs nécessaires pour la cérémonie. Mgr de Métellopolis s'habilla par avance avec ses deux prêtres assistants, et M. Vachet, avec deux missionnaires, alla à la chambre de M. Mahot. Ils le trouvèrent à genoux. Sans lui dire un seul mot, les deux missionnaires le prirent sous les bras, le levèrent, lui ôtèrent sa soutane, et M. Vachet le revêtit des habits de cérémonie. Il ne résista point ; mais le torrent de larmes qui coulèrent de ses yeux, le tremblement dont il était saisi montraient assez la crainte, la douleur et la violence qu'il ressentait intérieurement. Voyant qu'il ne pouvait presque se soutenir, les missionnaires le conduisirent à la chapelle où il fut sacré le 1er dimanche de l'avent 1682. »

Le 26 du même mois, les deux évêques assistèrent à un synode tenu à Fay-fo pour régler plusieurs questions d'administration intérieure de la mission. Les actes de cette assemblée ont été conservés ; ils ont trait à la suppression de certains abus introduits parmi les chrétiens, à l'administration des sacrements, à la formation et à la direction des catéchistes, enfin à l'observation des préceptes divins et ecclésiastiques ; ils furent soumis à l'approbation du Souverain Pontife par une lettre du 8 février de l'année suivante.

Le nouveau consacré s'appliqua plus encore que par le passé aux œuvres qui avaient rempli et sanctifié sa vie de missionnaire, « mais il ne dura guère, il fut enlevé par une mort prématurée au bout de dix-huit mois. »

De retour à Siam, Mgr Laneau résuma l'état des missions confiées à la Société dans un mémoire dont il est facile de tirer la conclusion suivante : sous tous les rapports, le Tonkin est le plus florissant, la Cochinchine vient ensuite, la grande consolation que Siam donne aux missionnaires est de leur permettre de préparer en paix les prêtres indigènes.

Nous citerons une partie de ce mémoire dont la première qualité est d'avoir été composé sur place par un évêque de grande expérience, qui écrit avec calme et simplicité ce qu'il fait et ce qu'il voit, et la seconde d'être daté d'une époque, précédant de deux années seulement, un changement dans l'administration supérieure des missions de la Société, par suite de la mort de Mgr Pallu[1].

« Tonkin. — De tous les royaumes idolâtres où travaillent nos missionnaires français sous la conduite de M. d'Héliopolis et des autres vicaires apostoliques, il n'y en a point où la Religion chrétienne fasse de plus grands progrès que dans le Tonkin, quoiqu'elle y soit plus sévèrement défendue et plus souvent persécutée que dans les autres lieux de nos missions. Lorsque M. Lefebvre, l'un de nos missionnaires, en partit en 1682, il apprit qu'il y avait plus de deux cents mille chrétiens[2]. On y avait baptisé cette année-là environ six mille âmes, et ce nombre qui nous paraît ici considérable paraissait petit à nos ouvriers en comparaison de ce qu'ils espéraient faire les suivantes, où ils ne seraient pas occupés comme ils l'avaient été dans celle-là, à faire gagner le jubilé de l'année sainte à tous les chrétiens, par des confessions et des préparations extraordinaires.

« Il y avait pour lors onze prêtres naturels du pays, cinq qui étaient sur le point d'être promus au sacerdoce, deux évêques français vicaires apostoliques, cinq missionnaires d'Europe, outre deux Pères Jésuites qui avaient

---

1. Arch. M.-É., vol. 8, p. 456 et suiv.
2. Ce chiffre est supérieur à celui que nous avons trouvé dans d'autres relations.

aussi baptisé beaucoup de monde et un bon nombre de grands et de petits catéchistes.

« Cochinchine. — Comme la Cochinchine n'est pas si peuplée que le Tonkin, il n'y a pas un si grand nombre de chrétiens. On y en compta sur la fin de l'année 1680 soixante mille [1]. Depuis ce temps-là, un missionnaire écrivait en 1682 qu'il en avait baptisé lui seul près de deux mille.

« Cette église est gouvernée par un évêque français vicaire apostolique; il est aidé de deux prêtres naturels du pays et de sept prêtres français qui ont sous eux plusieurs catéchistes, sans parler ici des PP. Acosta et Candone de la Compagnie de Jésus.

« L'exercice de la religion est pour le présent si libre dans ce royaume, que le petit-fils du roi [2], nommé Thomé, du nom de saint Thomas, baptisé par M. Mahot, maintenant évêque vicaire apostolique de cette église, après avoir recouvré la santé d'une manière extraordinaire, ensuite du consentement que le roi son grand-père avait donné qu'il reçût le saint baptême s'il était guéri, a fait sa première confession à M. Langlois, qui a une maison et une chapelle à la cour, où les chrétiens s'assemblent publiquement. Ce jeune prince n'a que seize ans, et il paraît fort résolu à vivre toujours en bon chrétien.

« Il n'y a qu'un missionnaire à Ciampa et l'on compte plus de huit mille chrétiens dans le lieu de sa résidence [3].

« Au Cambodge, il y a deux missionnaires qui sont protégés par les ministres du prince, et les chrétiens dont on ne sait pas encore le nombre y jouissent d'une fort grande paix.

« Siam. — On a jusqu'ici fort peu converti de monde à Siam, d'autant que les Vicaires apostoliques, suivant les

---

1. Ce chiffre est supérieur à celui que nous fournissent certains catalogues.
2. Ou Chua.
3. De son district.

ordres et les intentions du Saint-Siège, lorsqu'il les a envoyés dans les Indes, se sont appliqués à soutenir le christianisme dans les lieux de leurs missions où il était déjà établi et à choisir parmi les chrétiens ceux qui leur paraissaient les plus propres au sacerdoce. Ce choix ne se pouvait faire à Siam où il n'y avait point encore de naturels convertis, mais comme on a trouvé dans ce royaume-là autant de liberté de professer la foi qu'on en peut avoir en France, on a établi, à trois lieues de la ville capitale, un petit séminaire selon l'esprit du concile de Trente, pour y former à l'état ecclésiastique des sujets de tous les royaumes voisins, l'expérience faisant voir tous les jours, qu'ils n'ont pas moins de disposition pour la vertu ni d'ouverture pour les sciences, qu'on en remarque dans les Européens.

« Il y a dans ce petit séminaire trente-neuf séminaristes, sous la direction de deux maîtres, savoir : onze du Tonkin, huit de la Cochinchine, trois de Manille, un de Bengale, trois de Siam, un de la Chine et les autres sont nés de parents ou Portugais ou Pégouans ou Japonais.

« Le grand séminaire est dans la ville royale, il renferme treize prêtres d'Europe outre les évêques vicaires apostoliques. Ils y apprennent, en arrivant de France, les langues des royaumes auxquels on les destine, et ils ne laissent pas cependant d'aller, chacun dans le quartier de la ville qui lui est marqué, pour y baptiser les petits enfants moribonds, sous prétexte de porter des remèdes aux malades.

« Ils y font tous les exercices que l'on fait dans les séminaires de France, et ils administrent les sacrements aux Cochinchinois et autres chrétiens qui viennent les recevoir dans la chapelle de cette maison érigée en paroisse sous le titre de saint Joseph, où l'on chante publiquement et solennellement la messe et l'office divin les jours de fête et dimanches. »

VII

La Société des Missions-Étrangères était chargée d'autres contrées que le zèle des missionnaires ne voulait pas laisser plus longtemps dans les ténèbres de l'idolâtrie. Entre Siam, la Cochinchine et le Tonkin s'étendait une vaste zone dont les villes et les villages n'avaient jamais retenti d'un enseignement d'apôtre, le Laos, que Mgr Pallu avait eu autrefois l'intention de traverser pour se rendre en Chine. C'est vers ces régions inconnues que furent dirigés de nouveaux ouvriers apostoliques.[1]

Avant de jeter ses prêtres en plein paganisme, l'administrateur général rédigea des instructions qui entrent, et c'est leur grand mérite, dans les détails pratiques d'une première évangélisation chez un peuple entièrement infidèle. Voici les principaux points qu'il y traite : Quelles qualités doivent avoir les missionnaires ; quelle conduite ils ont à tenir ; quelles tentations à supporter et comment ils peuvent les vaincre ; quelle direction il faut donner aux néophytes et quelle administration indulgente et ferme doit les régir ; en un mot, c'est une sorte de précis d'un code de cet apostolat particulièrement laborieux et rude, auquel est soumis tout prêtre qui fonde une nouvelle mission.

Elles comprennent dix articles assez longs ; à notre grand regret, nous sommes obligés de nous borner à transcrire les articles 1, 2 et 9[1] :

« Tout missionnaire doit être orné de tout ce qui concerne la perfection. Cependant ceux qui, par un privilège spécial de la bonté divine, sont envoyés par le Seigneur là où le royaume du ciel n'a point encore été annoncé, ont d'autant plus besoin de surpasser les autres en vertu qu'ils

---

1. Arch. M.-É, vol. 106, p. 217 et suiv.

ont à fournir un travail plus considérable et plus difficile. Ils ont, en effet, à se frayer une voie parmi les épines de l'infidélité, et, ce qui fait leur gloire incomparable, ils ne profitent point du travail d'autrui, n'étant pas de ces moissonneurs qui n'ont qu'à cueillir et à manger les fruits mûrs d'une moisson déjà blanche ; non, ils sont plutôt le type de ces laboureurs robustes, auxquels le Seigneur a promis de louer sa vigne, pour qu'ils portent du fruit dans leur temps, après qu'ils auront semé dans les larmes, les veilles et mille angoisses ; et alors ils viendront pleins de joie, chargés de leurs gerbes. Que si l'époque de la moisson tarde à venir, et qu'incertains du succès, ils se sentent découragés, qu'ils s'en souviennent : ils n'ont point été envoyés pour baptiser, mais pour prêcher ; ils auront fidèlement rempli leur ministère, si comme de sages architectes, ils posent les fondements et laissent les autres achever l'édifice avec de l'or, de l'argent ou des pierres précieuses. Qu'ils ne jalousent pas les autres qui, sur un sol fertile et déjà cultivé depuis longtemps, sont enivrés du vin des consolations spirituelles, tandis qu'eux-mêmes meurent de faim sur une terre déserte, aride et sans eau, car les jours viennent, dit le Seigneur, où le laboureur prendra ses moissonneurs, où le vigneron rassemblera ses tailleurs, et alors les montagnes répandront des flots de douceur et les collines se couvriront de verdure. Qu'ils se réjouissent donc toujours dans le Seigneur ; qu'ils se félicitent à la pensée des récompenses réservées à leurs travaux, et qui, au ciel, seront d'autant plus complètes que sur la terre ils ont eu plus de peines et moins de consolations, eux qui auront porté le poids du jour et de la chaleur, ont servi Dieu sans éclat, sans applaudissements, et souvent pour salaire n'ont eu que des tracasseries à souffrir.

« Ces missionnaires ont ordinairement à lutter contre la tentation suivante : à peine ont-ils purifié leurs néophytes dans les eaux du baptême, qu'ils voudraient les voir tous dépouillés du vieil homme et devenir des hommes parfaits. Or, voyant que certains néophytes ne remplissent pas à la lettre les lois ou divines ou ecclésiastiques, voilà le découragement dans leur cœur, ils s'imaginent qu'ils perdent leur temps, ils reculent et demandent un autre poste, craignant que l'impuissance où ils sont de prouver le salut de leur peuple ne leur attire la colère du ciel, qu'ainsi ils ne se perdent ou qu'au moins ils ne soient condamnés à l'oisiveté, ce qui n'est pas rare. En effet, dès lors, craignant sans cesse que de nouveaux baptisés négligent de célébrer dignement le jour du Seigneur ou ne violent le jeûne, ils refusent de baptiser ceux-là mêmes qui sont convenablement instruits des saints mystères.

« Voulant donc garantir les missionnaires de pareils scrupules, je les avertis de se bien souvenir du point suivant : à la vérité, les néophytes sont tenus aux lois positives, selon le décret si connu donné sur les Chinois par la Sacrée Congrégation ; toutefois, l'esprit de la sainte Église, notre Mère, n'est pas de porter les missionnaires à les faire observer dans toute leur rigueur, mais bien à user de quelque indulgence envers ceux-là qui, hier et avant-hier, ne connaissaient ni Dieu ni l'Église. Qu'ils se souviennent encore de cette vérité : bien que la religion chrétienne dans son entier consiste à fuir le mal et à faire le bien, il importe pourtant d'instruire d'abord les catéchumènes et les néophytes à s'éloigner de ce qui est mal, comme le culte des idoles, les sacrifices aux démons, les innombrables superstitions qu'ils ont pratiquées dès l'enfance, et tout ce qui est contraire au droit divin et au décalogue.

« Mais en cela il n'y a pas de difficulté insurmontable ; c'est à peine si, çà et là, trouverait-on quelques personnes qui, après s'être données à Notre-Seigneur, soient revenues aux idoles, bien que plusieurs ne s'écartent pas assez encore des vaines observances qui sentent la superstition.

« Quant au parjure, à l'homicide, au vol, etc., ces peuples y sont moins portés que plusieurs autres, bien supérieurs en urbanité et en science ; pour leur apprendre ce qu'ils doivent faire, la grande affaire, le grand travail n'est pas de leur en donner une connaissance spéculative, mais de les amener à pratiquer ce qu'ils entendent. En effet, dès leur plus jeune âge, n'ayant point été astreints au précepte des jours de fête, au jeûne et aux autres rites, ils quittent difficilement leurs anciennes habitudes pour en prendre de nouvelles.

« Il arrive aussi que, ayant entendu les missionnaires parler de diverses causes qui exemptent de l'observation des lois, les fidèles, pour des motifs légers et frivoles ordinairement, qu'ils allèguent pourtant avec confiance comme de solides excuses, se dispensent de la messe et du jeûne. D'où il résulte dans la pratique, que certains néophytes ne prennent l'habitude d'observer toutes les lois positives que plusieurs années après leur baptême ; cela est vrai surtout là où les chrétiens sont peu nombreux, ils ont beaucoup plus de ferveur quand ils atteignent un chiffre plus considérable, car les tièdes et les nouveaux convertis suivent l'exemple des fervents et des anciens. Et tout ceci doit surtout s'appliquer aux néophytes, qui ne sont qu'un ou deux fidèles, dans des villages tout composés d'infidèles. C'est surtout envers eux qu'il faut user d'une extrême douceur, et accepter leurs raisons, pour légères et frivoles qu'elles soient, surtout quand ils viennent au saint tribunal. Si, au contraire, leur nombre s'élève à trente ou à quarante par villages, il faut les forcer, bien qu'avec douceur et bonté, à porter le joug du Sauveur avec un plus grand zèle et une plus grande attention.

« Telle a été d'ailleurs la conduite de Notre-Seigneur vis-à-vis de ses disciples : « J'ai encore, leur a-t-il dit, beaucoup de choses à vous apprendre que vous ne pourrez porter à cette heure. » Et l'Apôtre s'en explique ainsi : « Comme à de petits enfants dans le Christ, je vous ai donné de la boisson et non du pain solide. » Qu'ils considèrent ce que la Sacrée Congrégation a écrit à saint Augustin au sujet des Anglais nouvellement convertis et ce qu'a fait saint François Xavier dans les Indes composées de peuples excessivement lâches et insouciants.

« La Sacrée Congrégation enseigne qu'on peut changer en sacrés les rites profanes des Gentils, et c'est ce que confirme l'autorité antique de l'Église naissante. En conséquence, si parmi les rites païens le plus grand nombre ne peuvent être tolérés, il s'en trouve quelques-uns qu'on peut changer et il faut y faire son choix. Par exemple, il faut détruire les oblations faites aux démons; pour celles qu'on fait aux anges, il faut les permettre aux conditions suivantes : 1° que les néophytes soient bien instruits de la doctrine catholique sur les anges, afin qu'ils présentent leurs offrandes aux vrais anges et non aux faux anges, qu'ils offrent des fleurs, des cierges, mais non des aliments. 2° Ils élèvent de petites maisons qu'ils dédient aux esprits ou anges chargés de la garde du village ou du foyer, ils y placent des figures et des statues d'éléphants; qu'ils bâtissent ces demeures en l'honneur des saints anges gardiens et qu'ils y placent les images de saint Michel et rien autre chose. 3° Que les caractères, qu'ils tracent sur les feuilles de palmier ou sur les lames de plomb et d'argent et font porter au cou de leurs enfants ou attachent aux mains des malades, qu'ils appellent Tali et ont en grande vénération, soient remplacés par les noms de Jésus, Marie, Joseph, en lettres latines ou autres. Surtout que les néophytes soient instruits de la signification de ces noms, de leur vertu pour obtenir les grâces de Dieu, afin qu'ainsi ils se gardent de toute superstition. »

Ces Instructions furent remises à M. Pierre Grosse [1] et au P. Angelo, religieux franciscain, destinés à prêcher l'Évangile aux populations laotiennes. Aux autres missionnaires furent assignés les postes suivants ; à Ardieux [2], Jongselang ; à Monestier [3], Pourcelouc ; à Genoud [4], le Cambodge ; à Féret [5], le Ciampa ; de Lionne, le fils du ministre de Louis XIV, resta à Juthia près de Mgr Laneau, qui faisait de lui cet éloge dans une lettre de décembre 1683 [6] :

« Il est l'exemple des missionnaires et le modèle de la régularité apostolique. Il gagne l'affection de tout le monde par sa politesse, par sa modestie et par sa piété ; quoique sa santé soit délicate, il remplit ses fonctions avec une vivacité qu'on admire. Dans tout ce qui intéresse la gloire de Dieu ou l'avancement de la mission, il s'y porte au delà de ses forces. Il ne veut nulle préférence pour lui ; mais son humilité n'a pu le dérober à l'estime du public et de la cour. »

En même temps, Mgr Pallu faisait ses préparatifs pour se rendre en Chine et perfectionnait le mode d'administration des Missions. On a pu remarquer que, pendant ses deux précédents séjours à Siam, il travailla à l'organisation de la Société et des Missions qui lui étaient confiées. En 1664, de concert avec Mgr Lambert et ses missionnaires, il composa les *Monita* ; en 1673, il établit la procure générale et en chargea un seul prêtre ; ce système lui ayant paru défectueux, il décida, en 1683, avec Mgr Laneau, de nommer, au lieu d'un quatre procu-

---

1. Du diocèse de Clermont parti en décembre 1679, par la voie de terre, mort en juillet 1683 à l'âge de 33 ans.
2. De Fribourg, parti le 22 décembre 1678, mort à Jongselang le 20 février 1684, 34 ans.
3. Du diocèse de Clermont, parti de France, par la voie de terre en décembre 1679, mort le 30 septembre 1690, 34 ans.
4. De Fribourg, parti le 15 avril 1680.
5. D'Evreux, parti le 22 décembre 1678.
6. *Hist. du Prog. du Christ.*, etc., p. 410 (man.)

reurs généraux, qui devaient être les agents des quatre missions de la Chine, du Tonkin, de la Cochinchine, de Siam, et composer le conseil du Vicaire apostolique de Siam, administrateur des missions de l'Indo-Chine et du Japon.

Ce conseil avait les mêmes pouvoirs que l'ancien et unique procureur général, il administrait les biens des Missions et en faisait la répartition, il assignait aux nouveaux missionnaires leur vicariat apostolique, il était comme le centre de l'administration et servait à établir l'unité dans le gouvernement de la Société. Il ne fonctionna sous cette forme que très peu de temps et incomplètement, il fut transféré avec les mêmes attributions au Séminaire de Paris, auquel Mgr Laneau fit également une donation générale du séminaire de Siam pour les raisons et dans les conditions suivantes, par un acte du 14 janvier 1684 [1] :

« Considérant l'importance qu'ont toutes les missions d'être à jamais unies aux directeurs du Séminaire des Missions-Étrangères établis à Paris, et leur capacité pour un tel emploi qu'ils exercent si dignement en France, espérant de leur zèle qu'ils voudront bien concourir à une si grande œuvre, et étendre jusqu'à Siam le soin qu'ils prennent à Paris, pour la direction de nos ecclésiastiques et la procure de notre temporel : à cet effet, par ces Présentes, pour affermir ladite union, et en vertu du pouvoir à nous donné par le Saint-Siège, nous leur donnons la direction du séminaire général de Siam, et les prions de vouloir bien l'accepter, avec la procure générale du temporel de nos Missions par deçà, pour la gloire de Dieu et le service des Missions, et d'envoyer ici des personnes de leur Corps, pour prendre le susdit emploi, ou en cas qu'ils ne puissent en envoyer un

---

1. Arch. M.-É., vol. 163, p. 28.

nombre suffisant et convenable, leur permettons de s'en associer à cette fin qui aient les qualités requises, parmi les ecclésiastiques qui viennent ici d'Europe, avant qu'ils soient distribués dans les Missions, ou parmi ceux qui s'en retournent par infirmités ou autres causes; et pour exciter davantage les susdits directeurs de Paris à prendre cet emploi, nous leur donnons et à leurs successeurs, par ces Présentes, à perpétuité, sans que nos successeurs puissent y rien prétendre, la maison du séminaire de Saint-Joseph, bâtie dans le champ appelé Baan-Plaaet, par la libéralité du roi de Siam, avec ledit champ et ses dépendances. »

Le séminaire général passa ainsi en droit sous la direction du Séminaire de Paris; en fait, il resta soumis aux Vicaires apostoliques de Siam jusqu'au commencement du xix° siècle.

Mais, dès lors, l'administration des biens de la Société et la répartition des missionnaires se firent par le Séminaire de Paris qui réunit dans sa main les pouvoirs que Mgr de la Motte Lambert et Mgr Pallu avaient donnés à leurs premiers procureurs et à ceux que plus tard ils avaient avec Mgr Laneau remis aux procureurs fixés à Siam.

Il est facile de voir, par ces décisions qui se succèdent et se complètent, que l'organisation et par conséquent le règlement de la Société se faisait, comme nous l'avons dit au début de cette histoire, peu à peu, insensiblement, d'après l'expérience de chaque jour. On formait un projet, et on l'exécutait; si l'essai réussissait, le projet était adopté dans son ensemble; s'il échouait, ou s'il exigeait des modifications, un nouvel essai était tenté, et ainsi de suite jusqu'à entière réussite.

VIII

Immédiatement après l'établissement du conseil composé de quatre procureurs, et avant la donation du séminaire général, Mgr Pallu avait fait voile pour la Chine, il était parti le 10 juin 1683, accompagné de M. Maigrot.

Son petit vaisseau fut pris en mer par la flotte du fameux Ko-chinga, le dernier défenseur de la dynastie des Ming, qui, vaincu dans plusieurs batailles par les généraux de Kang-hi, s'était réfugié à Formose d'où il ravageait le littoral chinois.

L'évêque fut conduit devant le chef de bandes, et, selon Vachet, lui parla en ces termes : « Ceux qui sont ici sont nés en France, le plus florissant royaume de l'Europe, et moi qui ai l'honneur de vous parler, je suis un évêque envoyé en Chine par le Souverain Pontife, pour y être le pasteur des chrétiens et le supérieur de tous les missionnaires. » L'interprète ayant traduit ces paroles, Ko-chinga considéra longtemps en silence les étrangers, puis après les avoir questionnés sur leurs projets, il fit apporter les objets qu'on leur avait enlevés et les leur rendit. Mgr. Pallu lui offrit une longue-vue et une montre sonnante que le Chinois avait examinées avec beaucoup d'attention.

Il n'obtint cependant pas la liberté de partir immédiatement et resta à Formose près de cinq mois, « pendant lesquels, raconte Maigrot, il n'eut point d'autres affaires que d'assister quelques chrétiens qu'il trouva dans cette île, et de souffrir avec patience les persécutions que le démon lui suscitait; il employa presque tout son temps à l'oraison ou à la lecture des saintes Ecritures, et il me dit souvent qu'il croyait que Dieu, dans cette espèce de solitude, lui avait voulu donner le temps de se préparer à la mort, y ayant vingt-cinq ou trente ans qu'il était perpétuellement occupé dans des affaires difficiles qui l'empêchaient de donner tout le temps qu'il eût souhaité à penser à l'éternité. Il fit une retraite, une confession générale et une revue sur les principales actions de sa vie pour être prêt à rendre ses comptes quand Dieu les lui demanderait. »

Ko-chinga lui ayant enfin permis de quitter Formose, il se rendit à l'île d'Amoy[1], où le P. Magino, dominicain, vint l'inviter à aller à Chang-cheu, ville du Fo-kien. L'administrateur général accepta, et le 27 janvier 1684, il toucha enfin le rivage de cette terre de Chine depuis si longtemps désirée.

L'empire du Milieu était alors gouverné par Kang-hi, dont le nom se présente à la postérité entouré d'une auréole de gloire littéraire, scientifique, administrative et militaire, presque égale à celle de Louis XIV, auquel beaucoup l'ont comparé, il se montrait généralement bienveillant envers les missionnaires, surtout envers les Jésuites dont la science, espérait-il, rehausserait l'éclat de son règne ; cependant la paix religieuse était loin d'être complète ; en certaines provinces, elle était troublée par les mandarins ennemis des chrétiens et presque partout par les discussions sur les Rites. Mgr Pallu n'était pas sans avoir étudié cette grave question, dont la solution était une de ses graves préoccupations en entrant en Chine, mais il ne pouvait évidemment se prononcer, sans avoir entendu les raisons apportées de part et d'autre, il suspendit donc son jugement, se contentant d'adresser une lettre à tous les missionnaires séculiers et réguliers, pour leur notifier son arrivée, les pouvoirs d'administrateur général qu'il avait reçus par le bref *Onerosæ pastoralis* du 15 avril 1680, les prier de prêter le serment d'obéissance ordonné par Innocent XI, et pro-

---

1. Que les missionnaires de l'époque nomment aussi Amoi, Emouy.

mulguer les décrets qui concernaient l'administration des sacrements. A peine avait-il accompli ce premier acte de juridiction, qu'il ressentit les atteintes de la maladie dont il devait mourir, et se retira à Mo-yang[1] avec M. Maigrot.

Sentant sa fin prochaine, il adressa au Souverain Pontife ces lignes qui prouvent combien il était pénétré de la pensée du Saint-Siège, des véritables besoins de l'apostolat et du but de la Société des Missions-Étrangères. « Les Chinois que j'ai vus et auxquels j'ai administré la confirmation, ont été remplis de joie d'apprendre que le Saint-Siège envoie des évêques en Chine pour les diriger dans les voies du Seigneur et pour élever à la dignité sacerdotale quelques-uns de leurs compatriotes.[2] »

Il écrivit à Louis XIV pour lui recommander les Missions, aux Directeurs de la Compagnie des Indes Orientales et à Colbert pour leur indiquer les points qu'il serait bon d'occuper par des comptoirs sur la côte de Chine : « On tient pour certain, disait-il dans sa lettre au ministre, que l'empereur accordera aux étrangers la liberté du négoce dans l'île d'Emouy, qui joint la terre ferme à l'aspect de Formose. On m'a assuré que le général, qui est venu prendre possession de la forteresse de Taijoun[3], s'est déclaré plusieurs fois ouvertement là-dessus, et même il a invité les Espagnols qui sont à Manille, comme aussi les Hollandais et les Anglais, d'y venir contracter.

« Vous savez, Monsieur, les grands avantages du négoce de la Chine, pour lequel les Hollandais ont fait de si grandes avances par leurs ambassades et par le secours de quinze vaisseaux qu'ils donnèrent pour cet effet, il y a

---

1. Appelé aussi Mo-gan.
2. Arch. M.-É., vol. 403, p. 129.
3. A Formose.

quelques années, contre le prince de Formose. J'écris un peu plus en détail de ce négoce à Messieurs de la Compagnie des Indes Orientales. Je souhaiterais que ma présence en ce royaume lui pût être utile en quelque chose ; j'aurai soin qu'il y ait des missionnaires près de cette île pour la servir dans l'occasion. J'ai déjà engagé un fort honnête homme, des places nouvellement conquises dans la Flandre, à s'établir avec sa famille dans l'île d'Emouy pour le service de la Compagnie. Il sait fort bien la langue du pays dont il a beaucoup de pratique ; il parle aussi et entend bien le français [1]. »

A Mgr Laneau, Pallu donnait des avis sur le gouvernement des Missions en général, et en particulier sur la mission de Chine, « qui, dit-il, ne peut se soutenir qu'à force d'hommes et d'argent et où il faut acheter tous les ans des maisons qui servent d'église conformément à l'usage presque universel dans ce royaume. »

Enfin, il adressa aux directeurs du Séminaire des conseils dont l'exécution assurait la vitalité et la perpétuité de la Société des Missions-Étrangères [2] :

« Quoique je n'aie pas encore reçu les lettres d'Europe que j'attends de jour en jour, néanmoins de peur d'être surpris et de mourir sans vous donner les dernières marques de mon affection et de ma reconnaissance pour tous les bons offices que vous nous rendez continuellement, je vous écris par avance, ou plutôt je vous fais écrire cette lettre, pour vous assurer qu'à la vie et à la mort, je suis et serai éternellement uni de cœur avec vous.

« Si l'ouvrage, auquel vous contribuez tant, n'était pas l'ouvrage du Seigneur, je serais en peine comment

---

1. Arch. M.-É., vol. 106, p. 229. Lettre du 26 mars 1684.
2. Arch. M.-É., vol. 106, p. 265.

pouvoir vous remercier et reconnaître la constance et l'application que vous avez à faire du bien à la mission des Vicaires apostoliques; mais Dieu, qui vous a choisis pour l'avancement de sa gloire, sera lui-même votre récompense. Si j'avais une chose à vous recommander, ce serait l'union et la charité entre vous et les Vicaires et missionnaires apostoliques.

« Tant que la charité sera dans la Mission, tout ira bien; ce sera le principal objet de mes prières et de mes vœux quand je serai devant Notre-Seigneur, si je suis assez heureux d'obtenir le pardon de mes péchés et j'espère des miséricordes du Seigneur qu'il ne nous abandonnera point; nous avons sujet de croire qu'il est avec nous, et s'il est pour nous et avec nous, *quis contra nos?*

« Faisons en sorte, mes chers frères, qu'il y soit de telle manière que rien ne nous en sépare, ni la pauvreté, ni les dangers, ni les croix, ni les oppositions, tout cela sont des grâces du Seigneur qui réussiront à notre avantage, si nous en savons faire un bon usage. »

On dit que Jésus descendit du ciel sous la forme d'un enfant pour toucher de son doigt divin les lèvres du théologien Duns Scot; ne croirait-on pas qu'à son tour, le bien-aimé disciple du Verbe incarné est venu caresser la lèvre de l'évêque mourant et lui inspirer ce commentaire si touchant de sa parole de prédilection : « Aimez-vous les uns les autres. » Tel fut le testament de Mgr Pallu; à la France et à son gouvernement, il recommandait les Missions, indiquait de nouvelles alliances politiques et de plus vastes débouchés commerciaux; aux missionnaires et aux directeurs, il donnait des conseils de zèle et de sagesse, et les exhortait tous à la charité, le lien le plus fort ou plutôt l'unique qui garderait la Société contre les tempêtes de l'avenir.

Prête à s'éteindre, la lumière projette des lueurs plus vives; à la veille de mourir, l'évêque laissait éclater plus brillant et plus pur l'amour qu'il avait voué à l'Église, aux Missions, à la Patrie, et, ajoute M. Maigrot, « comme c'est une chose assez ordinaire que quand Dieu veut appeler ses serviteurs, il leur donne ses grâces avec plus de libéralité et les prépare à une bonne mort par un redoublement de zèle et de ferveur, qui, en augmentant leurs mérites, les rend capables des plus grandes choses, j'ai remarqué, et je ne crois pas être le seul qui ait fait cette observation, même du vivant de Mgr d'Héliopolis, que la ferveur et le zèle, la charité pour servir son prochain dans ses besoins, la résignation parfaite à la volonté de Dieu, l'assiduité à l'oraison et ses autres vertus ont paru en lui ces deux dernières années s'accroître notablement et prendre comme de nouvelles forces. J'ai connu, par la lecture des résolutions de ses dernières retraites, que son entière application était à cette union intime avec Dieu qui fait les saints et les élève au comble de la perfection. »

Il expira le 29 octobre 1684, entre les bras de M. Maigrot qu'il avait nommé provicaire général [1] et vice-administrateur des missions de Chine. Un religieux dominicain assista seul avec le prêtre français aux funérailles du premier des évêques des Missions-Étrangères.

Le corps fut déposé près du village de Mo-yang, dans un lieu connu des chrétiens sous le nom de la Sainte-Montagne ; il y repose encore, entouré des restes vénérés d'évêques et de missionnaires, attendant le jour du suprême réveil et de l'éclatante glorification.

Gardé pendant 160 ans par les prêtres indigènes et par les prêtres de la Société des Missions-Étrangères qui se succédaient dans la petite paroisse de Hing-hoa proche de la Sainte-Montagne, le tombeau de Mgr Pallu est aujourd'hui sous la protection des religieux de l'or-

---

1. Du Fo-kin, Tche-Kiang, Kiang-si et Hou-kouang.

dre de Saint-Dominique ; et la seule consolation des missionnaires qui, du pont de leur navire, aperçoivent les rivages du Fo-kien, est de le saluer d'un souvenir, d'un regret et d'une prière. L'un d'eux, cependant, M. Delamarre[1], a eu la joie, en 1836, de s'agenouiller sur cette tombe dont il fit, en la quittant, la description suivante :

« C'est une simple pierre de deux pieds et demi montée verticalement sur un amas de briques ; derrière et dans une cavité creusée dans le flanc de la montagne repose le cercueil, recouvert par des briques en forme de dôme. En avant est une enceinte circulaire aussi en briques, qui peut avoir trois pieds de rayon. »

Ruiné par le temps, ce tombeau a été restauré, il y a quelques années, par les soins des directeurs du Séminaire, heureux de pouvoir donner cette marque de leur filiale vénération à la mémoire du grand et saint évêque.

IX

Avec Mgr Pallu disparaissent les premiers Vicaires apostoliques des Missions-Étrangères.

Mgr de la Motte Lambert, le compagnon de ses travaux, l'associé de sa gloire, l'avait précédé de cinq ans dans la tombe.

Tous les deux ont été les principaux instruments de la Providence dans la fondation de la Société, et, parmi les membres de la Société qui coopérèrent à l'organisation des missions d'Extrême-Orient, ils furent les plus actifs, les plus valeureux, et jouèrent incontestablement le rôle le plus important.

---

1. De Rouen parti le 15 mars 1835, missionnaire au Su-tchuen mort le 3 octobre 1863 à l'âge de 53 ans.

Ensemble ils sollicitent et obtiennent la nomination d'évêques, ensemble ils préparent l'établissement du Séminaire et choisissent les premiers directeurs ; mais ensuite Mgr Pallu a la plus grande part dans l'organisation de la Société ; il se fait le premier professeur des futurs missionnaires réunis à la Couarde, il travaille à instituer des associations de charité, soutien du Séminaire et des Missions ; il donne aux directeurs de nombreux conseils sur leurs fonctions, sur la formation des aspirants à l'apostolat, sur l'établissement d'une procure à Rome ; il installe, sur la route de France en Chine, des maisons de correspondance qui augmentent la facilité des relations, garantissent l'expédition des ressources, resserrent les liens entre le Séminaire de Paris et les Vicariats apostoliques.

Tantôt avec Mgr de la Motte Lambert et tantôt avec Mgr Laneau, il nomme les procureurs généraux et réglemente leurs pouvoirs.

Dans les Missions, le rôle de ces deux premiers évêques fut également unique dans son but et double dans son action.

Nous avons expliqué celui de Mgr de la Motte Lambert plus entièrement mêlé à la vie des Missions, les organisant sur place, défendant et soutenant ses prêtres.

Pendant ce temps, Mgr Pallu obtenait de Rome les armes, c'est-à-dire les décrets, les brefs et les bulles nécessaires à la juridiction des Vicaires apostoliques, aux travaux des missionnaires, à la lutte contre les Portugais.

Tous les deux se complètent ; si l'un eût manqué, l'autre eût senti vaciller sa force. Sans Mgr de la Motte Lambert, que seraient devenues les Missions pendant les longues absences de Mgr Pallu ? et Mgr de la Motte Lambert aurait-il pu soutenir les attaques des Portugais et diriger les Missions, sans l'appui que Mgr Pallu lui assurait à Rome ?

Leur existence ne ressemble en rien à celle des Vicaires apostoliques ordinaires; il faut s'en souvenir quand on les juge, sous peine de les apprécier faussement et de les méconnaître. Ils sont des généraux et non des capitaines, ils conçoivent plus qu'ils n'exécutent, ordonnent plus qu'ils n'agissent; mais ils tiennent la main à l'accomplissement de leurs ordres, et en garantissent ainsi le succès.

En face de leurs travaux et de leur influence considérable sur la Société, certains esprits se poseront peut-être cette question : Peut-on donner à Mgr Pallu seul ou à Mgr Pallu conjointement avec Mgr de la Motte Lambert le titre de fondateur des Missions-Étrangères? On ne l'a jamais fait; ni leurs contemporains, ni leurs successeurs n'ont ajouté ce grand titre à leur nom; et, sans doute, ils ont eu raison, s'ils ont considéré uniquement comme fondateur l'homme qui conçoit une société avec son but, qui crée son organisation et fixe son règlement, en un mot, qui en suscite tous les éléments et les met en jeu.

Les Vicaires apostoliques n'ont fait que tracer des lignes générales, ils n'ont déterminé aucune règle précise, ni prescrit aucune observance absolue; ils ont, et ce dernier point seul empêcherait sans doute qu'on ne leur donnât le titre de fondateur, dans leur première réunion à Siam, voulu changer le caractère d'association libre de prêtres séculiers, que la Société eut à ses débuts, et qu'elle garda, parce que l'opinion des directeurs du Séminaire eut gain de cause à Rome.

Mais si l'on veut prendre le titre de fondateur dans un sens plus large, si l'on pense que pour être le fondateur d'une œuvre, il suffit d'avoir la principale part dans sa naissance et dans son développement primordial. de poser des principes d'où sortira l'ensemble de son organisation, il nous paraît difficile, d'après ce que nous avons dit plus haut, de refuser ce titre aux premiers

Vicaires apostoliques et surtout à Mgr Pallu. Quelque soit le nom qu'on leur donnera, et qui résumera plus ou moins exactement leur rôle, il ne peut être mis en doute que la Providence les choisit pour établir la Société, pour la guider à son origine, et pour assurer ses premiers progrès.

A leur mort, la Société des Missions-Étrangères commencée avec eux et par eux était formée par la réunion de cinq corps particuliers : quatre missions, le Siam, la Cochinchine, le Tonkin, une partie de la Chine et le Séminaire de Paris légalement associé aux Missions par les Lettres patentes; elle avait réussi en 26 ans à faire créer six Vicariats apostoliques, à faire sacrer huit évêques dans des contrées, où en 1658 on n'en comptait pas un seul, à établir un séminaire général à Siam, un séminaire particulier au Tonkin, à instituer un clergé indigène, à discipliner des catéchistes, à former des religieuses, à baptiser plus de 60,000 infidèles; elle avait donné le premier coup à cette formidable forteresse du patronage portugais, qui compromettait le salut des âmes et assujettissait le Saint-Siège à une si pénible contrainte. En dehors de l'Extrême-Orient, le centre de son action, elle soutenait le séminaire de Québec et envoyait des prêtres dans la Perse. Mais son œuvre principale, celle qui domine toutes les autres, est d'avoir appliqué et fait triompher dans les Missions le principe fécond de l'organisation et de la constitution des églises par les prêtres indigènes et par les évêques.

Depuis cette époque, l'apostolat, dans sa marche progressive, a suivi ce même plan avec une rigoureuse fidélité et un succès croissant, non seulement en Asie, mais encore en Afrique, en Amérique et en Océanie; partout où il porte ses pas, partout il adopte cette organisation, telle que les Apôtres l'établirent, telle que Rome la voulut toujours.

CHAPITRE X

1684-1687

I. Influence de la mort des premiers Vicaires apostoliques sur la Société et sur les missions. — II. Deuxième ambassade de Siam en France. — Rôle de M. Vachet. — Réception des ambassadeurs au Séminaire des Missions-Étrangères. — III. Ambassade de France à Siam. — Ce qu'elle pense des missionnaires et de leurs travaux. — Baptême de catéchumènes. — Ordination de l'abbé de Choisy. — Double traité religieux et commercial. — IV. Troisième ambassade siamoise. — Discours de M. de Brisacier et de M. de Lionne. — Soutenance d'une thèse théologique par Pinto. — Baptême de Siamois dans l'église de Saint-Sulpice. — Projet d'expédition. — Départ de l'expédition française à Siam. — V. Accusation contre M. Maigrot. — Son innocence. — Conseils aux aspirants des Missions-Étrangères et au Séminaire de Québec.

I

« Si la perpétuité d'une race par la chair et le sang est un chef-d'œuvre de vertu et d'habileté, si la fondation des empires est le dernier degré du génie humain, que doit-ce être que d'établir une société purement spirituelle qui ne puise point sa force dans les affections de la nature, ni ne met sa défense dans le glaive et le bouclier[1]. »

L'établissement de la Société des Missions-Étrangères fut un de ces chefs-d'œuvre étonnants dont parle Lacordaire; il avait été fait par les premiers Vicaires apostoliques avec le concours de leurs collaborateurs; mais eux disparus, qu'allait-il devenir?

---

1. *Vie de saint Dominique*, p. 155, Lacordaire.

Comment la Société et les missions, sur lesquelles s'était exercée leur influence, allaient-elles subir le contre-coup de leur disparition ?

Sans doute, ils ne constituaient à proprement parler aucun élément essentiel de la Société ; ils n'étaient pas supérieurs ; ils n'imposaient à personne l'obéissance à laquelle a droit un général d'Ordre ; entre eux et leurs collaborateurs, directeurs du Séminaire ou missionnaires, il n'existait aucun lien de subordination établie en vertu de règles précises ; sous ce rapport, avant leur mort comme après, la Société est une assemblée de prêtres séculiers, unis par la communauté du but, soumis à des traditions générales, obéissant à l'esprit de charité ; en droit, elle n'avait donc pas changé ; en fait, leur mort causa un vide immense. Ils avaient eu la principale part dans la fondation et dans le gouvernement de la Société ; on révérait en eux la plus haute expression du courage et de l'intelligence apostoliques ; on était habitué à rechercher leur direction, à compter sur leurs lumières, à se mouvoir par leur impulsion ; s'ils n'avaient pas l'autorité absolue du supérieur, ils en avaient presque entièrement l'influence, et à cause de cela même, ils n'en étaient que plus difficiles à remplacer. Un supérieur succède à un autre en vertu d'un règlement ou d'une loi, et tous les sujets s'inclinent, parce que tel est l'ordre qu'ils doivent respecter ; ils n'imagineraient pas même qu'il en pût être autrement.

Mais une influence ne succède pas à une influence, elle ne se transmet pas par héritage ou par vote ; elle est le fruit des travaux, des succès, des circonstances, du temps.

Dans ces conditions, les deux premiers Vicaires apostoliques ne pouvaient être remplacés ; ils ne le furent pas ; et c'est ici qu'apparaît, avec autant d'éclat peut-être que dans les origines, l'intervention providentielle, le vouloir divin sur la Société des Missions-Étrangères.

Au début, des hommes avaient rassemblé autour d'eux des collaborateurs ; ils les avait conseillés et dirigés en vue d'un but commun, tout en leur laissant la liberté de rester attachés à leur œuvre ou de s'en éloigner.

Ces hommes meurent, aucun autre ne les remplace, cependant l'association qu'ils ont établie subsiste ; toutes les volontés qu'ils ont groupées conservent la même direction ; le but qu'ils ont indiqué reste le but de tous. Or, ce but n'est pas la gloire, encore moins la richesse ni les choses qui séduisent et retiennent naturellement les hommes ; c'est le salut des âmes, la constitution des Églises.

Il faut donc conclure que l'Esprit-Saint, descendu sur la Société encore au berceau, continue de répandre ses inspirations sur elle.

Cependant si la Société vit, si elle persévère dans ses travaux, nous devons reconnaître que sa prospérité première s'affaiblit. Pendant les 24 années qui s'étaient écoulées du départ de Mgr de la Motte Lambert à la mort de Mgr Pallu, 69 missionnaires, sans compter les auxiliaires laïques, avaient quitté la France et s'étaient consacrés aux Missions. Il faudra près de soixante ans, de 1684 à 1742, avant que l'on puisse en compter un nombre égal. La disparition des premiers Vicaires apostoliques ne fut assurément pas la seule cause de cette diminution d'ouvriers ; elle y contribua beaucoup. Leur grande renommée, leurs nombreuses lettres, leurs puissantes protections, leurs amis dévoués, faisaient connaître la nouvelle Société et attiraient à elle.

Les Missions éprouvèrent plus encore peut-être la grandeur de la perte.

On a vu quel élan ils avaient imprimé à la nomination des évêques, à la création du clergé indigène, à la formation et à la discipline des nouvelles Églises; leur nomination d'administrateurs généraux présageait une organisation plus complète et plus rapide. Leur mort arrêta le développement commencé; aucun missionnaire, par ses travaux ou par son ascendant, ne se mit à la tête des chrétientés de l'Extrême-Orient, et n'osa ou ne sut prendre l'initiative de solliciter à Rome les mesures nécessaires pour parfaire le plan grandiose de Mgr Pallu; chacun travailla de son mieux, avec un zèle ardent, avec un admirable dévouement, avec succès, mais sans ces vues d'ensemble, sans ces conceptions générales, qui avaient signalé la vie des premiers Vicaires apostoliques.

La Société n'eut plus dans les Missions cette sorte de prééminence, que lui avait donnée la nomination de deux administrateurs généraux pris dans son sein; toutefois elle resta à son poste, fidèle à ses traditions, obéissante à Rome, dévouée à la France. Sous ce triple rapport, elle suivit fidèlement la voie tracée par ses évêques, continuant de former un clergé indigène, de défendre les droits de Rome contre les Portugais, et d'aider le gouvernement français dans ses relations avec les puissances orientales.

II

Nous avons dit précédemment la résolution du roi de Siam d'envoyer une seconde ambassade en France avec MM. Vachet et Pascot [1] pour interprètes.

Les ambassadeurs, partis de Juthia le 25 janvier 1684, arrivèrent en Europe six mois plus tard. Le vaisseau qu'ils montaient étant anglais, ils débarquèrent à Londres, où

---

1. Du diocèse de Langres parti le 21 novembre 1678, mort en 1689 à l'âge de 43 ans.

ils firent sensation. M. Vachet fut présenté à Charles II par notre ambassadeur M. de Barillon. Il raconta ses voyages, et, pour plaire au roi, donna d'amples détails sur les coutumes et les mœurs des Siamois, des Annamites et des Chinois; il suffit d'avoir lu quelques-unes de ses lettres, et il en a écrit beaucoup, pour se convaincre que la conversation ne manqua ni d'intérêt, ni de piquant. Interrompu à plusieurs reprises par une dame de la cour, il eut une de ces reparties dont le spirituel à-propos faisait pardonner la causticité.

— Monsieur, lui avait demandé cette dame, je voudrais savoir la véritable raison qui a porté ces Chinois d'abandonner leur pays, leurs familles, leurs biens, pour l'entêtement de ne pas vouloir couper leurs cheveux et de se soumettre à la volonté du conquérant ? — Est-ce là tout, lui dis-je, et me donnez-vous permission de vous répondre ? — Oui, dit-elle. — Madame, répliquai-je, je n'en sais point d'autres raisons, si ce n'est que les hommes chinois sont autant amoureux de leurs cheveux que les femmes de ce pays de leur beau teint.

« Je n'eus pas lâché la parole que le roi, la frappant sur l'épaule, lui dit : « Madame, Madame, vous avez voulu vendre des coquilles à un pèlerin de St Jacques, et en se tournant vers moi : — Continuez, me dit-il, car ce que j'entends me fait plaisir. »

Suivant les recommandations très expresses de Phranaraï, Vachet demanda et obtint l'exemption des droits de douane pour les présents destinés à Louis XIV. Charles II voulut même faire conduire les ambassadeurs à Calais sur son propre yacht, la *Charlotte*.

A leur arrivée, les canons des forts tonnèrent, et une partie de la garnison en armes forma la haie sur leur passage.

Le surlendemain, ils prirent en chaise de poste la route de Paris.

A une journée de la capitale, trois carrosses et une douzaine de gentilshommes les attendaient par ordre du marquis de Seignelay. Les directeurs du Séminaire se rendirent à Saint-Denis et leur firent préparer un magnifique dîner.

A Paris, les ambassadeurs descendirent à l'hôtel Taranne, rue du même nom. Cependant des doutes s'étaient élevés sur la réalité de la première ambassade siamoise, et parce qu'elle avait fait naufrage sur les côtes d'Afrique, il se trouvait des gens bien informés pour dire qu'elle n'avait jamais existé. Cette affirmation n'était qu'une prémisse, et l'on concluait très vite que la première ambassade étant un leurre, la seconde était une tromperie.

Les Hollandais étaient les auteurs de ces bruits faux et malveillants répandus par toute la France, mais principalement à Paris, et chose qui n'est pas sans nous surprendre, beaucoup de personnes y ajoutèrent foi, faisant ainsi une sanglante injure aux missionnaires. Avant d'entrer en relation avec les ambassadeurs, le marquis de Seignelay voulut se renseigner directement près de M. Vachet. Celui-ci s'émut moins de l'accusation lancée contre lui que des risques que courait le succès de l'ambassade, et il s'efforça de placer sous les yeux du ministre les preuves les plus propres à le convaincre. Il lui remit la lettre écrite par le barcalon à Colbert, dont, à Siam, on ignorait la mort au commencement de l'année 1684.

Le barcalon Ooyka-Feri-Tarrama-Raachad-Achat-Chadi-Amma-Trayanutchitra-Pipitrana-Ratcha-Consati-badi-Paha-Okya-Prak-Lang racontait la réception solennelle faite à Mgr Pallu et à Mgr de la Motte Lambert en 1673, à Mgr Pallu et à Mgr Laneau en 1682, l'envoi de la première ambassade avec M. Gayme. « Ne sachant rien de ces ambassadeurs, continuait-il, j'allai me prosterner aux pieds du trône du roi, mon seigneur, pour lui apprendre que l'on ne recevait rien de ces ambassadeurs. Sa royale Majesté daigna m'honorer de cette réponse :

« La royale amitié qui unit le grand roi de France avec ce royaume demeurera ferme et inébranlable; qu'on envoie savoir des nouvelles du succès de cette ambassade.

« Ayant reçu ces royales paroles sur le sommet de ma tête, je députe présentement Oquun-Pit-Chai-Valid et Quun-Pitchitra-Maitri avec les Pères Vachet et Pascot pour connaître ce que sont devenus les premiers envoyés. »

Malgré les nombreux titres d'honneur du signataire, la lettre ne sembla pas un document de première valeur au ministre, préoccupé des dires malveillants, craignant d'être le jouet d'une comédie et de compromettre la dignité de son souverain.

M. Vachet ajouta cette réponse péremptoire : « N'êtes-vous pas, Monsieur, à la tête de la Compagnie royale des Indes? Rien ne vous est plus facile que de vous faire présenter les livres de dépenses qu'on a faites à Bantam, durant trois ou quatre mois que les premiers ambassadeurs siamois ont été nourris et défrayés dans la loge française. Celui qui en était le chef en ce temps-là est actuellement à Paris, vous pouvez le faire appeler, il se nomme de Guilhem et est logé à l'auberge du Lion. Il vous dira comment il les a embarqués sur le navire l'*Orient* pour venir en France. Il n'y a point de ces messieurs de la Compagnie qui ne vous assurent du même fait. Ce n'est donc pas une idée chimérique que le roi de Siam a envoyé des ambassadeurs en France. De plus, la même Compagnie a reçu des nouvelles des affaires qu'elle entretient dans l'île Bourbon, que les ambassadeurs y ont mis pied à terre, et qu'ils se sont rafraîchis pendant plusieurs semaines, et qu'on les a vu partir, faisant la route du cap de Bonne-Espérance. Que si, par une tempête furieuse, ils ont fait naufrage et qu'on n'a plus ouï parler d'eux, la faute en doit-elle être imputée au roi de Siam, qui, de sa part, n'a rien omis, pour que l'ambassade eût un heureux succès, et ne la doit-on pas regarder comme si réellement elle était arrivée [1] ? »

Admis le lendemain dans le cabinet de travail de Louis XIV, Vachet répéta au roi les mêmes explications, et exposa les raisons qui portaient Phra-naraï à rechercher l'alliance de la France. L'argumentation de Vachet avait convaincu Seignelay, elle persuada également le souverain. Néanmoins, le doute sur la réalité de la première ambassade et sur l'identité des seconds ambassadeurs fut si fort et si répandu, qu'on en trouve des traces dans la *Gazette de France*, dans plusieurs *Mémoires* du XVIIe siècle, qu'il a été de nouveau émis il y a une trentaine d'années et que deux chercheurs de notre temps [2] se sont cru obligés d'avoir recours à toutes les pièces officielles des archives de la Marine et des Affaires étrangères pour prouver le mensonge forgé par les Hollandais.

Enfin le 27 novembre 1684, les Siamois furent reçus par les ministres et par le roi dans la galerie du château de Versailles, ou, comme dit Vachet, dans « la salle des miroirs ».

A la vue du monarque, les ambassadeurs se prosternèrent la face contre terre, les deux mains jointes élevées devant leur tête, et le missionnaire prononça le discours suivant [3] :

« Sire, les Siamois que Votre Majesté voit en sa pré-

---

1. *Mémoires de Vachet,* tome 4 (manuscrit). Arch. M.-É., vol. 112, p. 200.

2. M. L. Lanier. *Étude historique sur les relations de la France et du royaume de Siam de 1662 à 1703.* — M. Etienne Gallois. *L'Ambassade de Siam au XVIIe siècle.*

3. Arch. M.-É., vol. 112, p. 205.

sence, sont des envoyés que le roi de Siam a fait partir de son royaume, pour venir en France prier vos ministres d'État de les aider de leur crédit, afin d'obtenir de votre Majesté ce que ce Prince souhaite avec tant d'empressement. Ils viennent de s'en expliquer avec M. de Seignelay et M. de Croissy, et ils s'en reposent sur eux pour en informer Votre Majesté, trop heureux d'avoir trouvé une occasion si favorable de lui présenter leurs très humbles et très profonds respects. »

« Ces mots achevés, ajoute l'orateur, je fis une révérence profonde.

« Le roi eut la bonté de me dire : « Assurez ces Messieurs que je suis ravi de les avoir vus et que je ferai pour le roi de Siam, mon frère, avec beaucoup de plaisir, ce qu'il pourra désirer de moi. » En suite de quoi, il continua son chemin pour aller à la messe.

« On les fit assister en spectateurs au dîner du roi, qui ordonna à leur interprète de bien leur expliquer toutes les curiosités du jardin et du palais, et de les amener à Versailles, le mardi suivant, pour voir l'opéra de *Roland*. » Ce second ordre ne laissa pas d'embarrasser M. Vachet, qui jugeait fort peu ecclésiastique d'aller au théâtre, et de plus redoutait le scandale que le spectacle pouvait produire sur les Siamois, étrangers aux coutumes d'Europe et enclins à leur donner une mauvaise signification plutôt qu'une bonne. Dans son incertitude, il interrogea le supérieur du Séminaire des Missions-Étrangères, qui se montra aussi perplexe que lui, et il fut résolu qu'on s'adresserait à M. Tronson, le grave et saint supérieur de Saint-Sulpice. Celui-ci n'y trouva aucune difficulté, et « répondit tout net que M. Vachet ne devait avoir aucune répugnance à obéir au roi en ce point. »

Des conférences se tinrent ensuite entre les ministres et les envoyés ; ces derniers affirmèrent le très vif désir de leur souverain de recevoir une ambassade française et de conclure un traité de commerce ; sur la question religieuse, ils furent moins affirmatifs, tout en prodiguant les éloges aux missionnaires.

Ils furent écoutés avec d'autant plus de faveur qu'ils étaient aidés par les circonstances. En Asie, Bourreau-Deslandes avait installé un comptoir à Siam, au nom de la Compagnie des Indes Orientales, et faisait le plus brillant tableau des gains obtenus par les Anglais et les Hollandais. Martin venait d'inaugurer le développement de Pondichéry.

En Europe, Louis XIV songeait à rétablir l'unité catholique dans son royaume par la révocation de l'édit de Nantes ; il lui parut logique de travailler à la conversion d'un prince asiatique ou à celle de ses sujets, et, en même temps, à la ruine de la Hollande. La France, en effet, était à la veille de la guerre contre la ligue d'Augsbourg, dont Guillaume d'Orange était l'instigateur et la république calviniste le foyer. Or, la Hollande devait une grande partie de sa prospérité au magnifique empire colonial qu'elle avait su conquérir. Ruiner ou prendre ses comptoirs, lui fermer l'accès des contrées à épices, briser son monopole, c'était la frapper au cœur. Louis XIV se décida donc aisément à entreprendre une expédition, à laquelle le poussaient la sincérité de sa foi, l'ardeur de son ambition, la gloire et les intérêts de la France.

Le chevalier de Chaumont, gentilhomme d'une des plus vieilles familles de France, protestant converti, capitaine de vaisseau et major général des armées dans le Levant, fut nommé chef de l'ambassade française ; un ambassadeur en second lui fut adjoint, l'abbé François Timoléon de Choisy, que les conseils de l'amitié et la crainte de la mort avaient arraché à une vie plus que légère. Un certain nombre de gentilshommes et une escorte d'honneur devaient les accompagner, ainsi que trois prêtres des Missions-Étrangères, MM. Basset [1], Manuel [2] et Vachet qui naturellement ne les quittait pas et plusieurs Jésuites savants mathématiciens.

Une instruction rédigée par Seignelay, et remise au chevalier de Chaumont, débutait par ces mots :

« Le principal objet que Sa Majesté a eu, dans la résolution qu'elle a prise d'envoyer un ambassadeur à Siam, est l'espérance que les missionnaires ont donnée de l'avantage que la religion en retirerait et les espérances qu'ils ont conçues sur les fondements assez vraisemblables que le roi de Siam, touché des marques d'estime de Sa Majesté, achèverait, avec l'assistance de la grâce de Dieu, de se déterminer à embrasser la religion chrétienne pour laquelle il a déjà montré beaucoup d'inclination. »

La Société voyait dans ses paroles la justification de sa conduite et la réalisation de ses désirs. Elle avait provoqué l'ambassade de Siam afin d'étendre l'influence française, mais plus encore afin de faire appuyer l'apostolat par la France, elle réussissait pleinement, peut-être même le ministre allait-il plus loin qu'aucun missionnaire ne l'avait jamais osé, en affirmant la probabilité de la conversion du monarque siamois.

Le jour de la fête des Rois, les ambassadeurs assistèrent dans l'église des Missions-Étrangères à la messe solennelle célébrée par M. de Chavigny et au sermon prêché par M. Fournier; ils dînèrent au Séminaire avec MM. de Chaumont, de Frontenac, de Chavigny, de Charrost, Pallu du Ruau et plusieurs gentilshommes et ecclésiastiques amis de la maison.

---

1. Du diocèse de Lyon, bachelier de Sorbonne, fut missionnaire en Chine, provicaire apostolique dans les provinces du Kouang-tong, Kouang-si, Su-tchuen, et mourut au Kouang-tong, le 2 novembre 1707, à l'âge de 45 ans.
2. Du diocèse de Paris, bachelier de Sorbonne, missionnaire à Siam et en Cochinchine, mort le 18 octobre 1693, à l'âge de 31 ans.

Ils reçurent de nombreux présents de Louis XIV pour le roi de Siam et pour eux.

« Pour le présent particulier des Messieurs du Séminaire, disent nos mémoires [1], une personne de leur connaissance fit deux représentations en relief sur du carton : la première représentait toute la maison du roi à cheval. Les figures, tant des hommes que des chevaux, étaient d'émail, de la hauteur d'un pouce et demi avec leurs habits et leurs harnais d'ordonnance, le tout en bataille sur un carré de six pieds de longueur et de quatre de hauteur dans un pied et demi d'enfoncement, sur un cadre doré avec une seule glace qui renfermait le tout.

« La seconde, égale en longueur, largeur et profondeur, représentait en perfection tout ce qui se voit à Paris, lorsqu'on est au milieu du pont Royal et qu'on regarde les tours de Notre-Dame, en sorte que tous les quais, les maisons apparentes comme les Tuileries, le Louvre et celles qui sont du côté des Théatins, aussi bien que le pont Neuf et le pont au Change y étaient disposés et reliés, sans qu'il y manquât ni une porte, ni une fenêtre. Par-dessus paraissaient les tours de Notre-Dame, de la Sainte-Chapelle et plusieurs autres clochers, dômes et pyramides, et la Seine au bas couverte d'une infinité de grands et de petits bateaux avec leurs mariniers. »

III

L'expédition s'embarqua à Brest, le 3 mars 1685, sur l'*Oiseau* et la *Maligne*. La traversée fut heureuse, et le 23 septembre de la même année, les deux vaisseaux arrivaient devant la barre de Siam.

Dès qu'ils eurent jeté l'ancre, un des ministres de

---

1. Arch. M.-É., vol. 112, p. 217.

Phra-narai s'empressa de venir saluer au nom de son maître le chevalier de Chaumont : « Excellence, lui dit-il entre autres choses flatteuses, je sais que vous avez été employé autrefois à de grandes affaires et que vous êtes venu, il y a déjà plus de mille ans, de France à Siam, pour renouer l'amitié des rois qui gouvernaient alors ces deux pays. » M. de Chaumont, un peu surpris du compliment de ce partisan de la métempsycose, lui répliqua en toute franchise qu'il avait complètement perdu le souvenir d'une si importante négociation.

M. Vachet alla rendre compte de son voyage au roi, qui lui fit cette réponse amicale et plus chrétienne dans la forme qu'elle ne l'était probablement dans la pensée de son auteur :

« Père Vachet, ne vous attribuez pas la gloire des choses que je viens d'entendre, et n'en soyez pas orgueilleux. C'est au Dieu du ciel et de la terre à qui il faut seul la rapporter, et à qui j'en ai la principale obligation. Il est vrai qu'il s'est servi de votre ministère, il vous en tiendra compte. Ce qui ne doit pas m'empêcher de reconnaître et de récompenser les services très agréables que vous m'avez rendus en cette occasion [1]. »

L'ambassade fut accueillie avec magnificence, on multiplia sous ses pas les fêtes et les honneurs; les missionnaires ne furent point oubliés; le chevalier de Chaumont avait l'intention bien arrêtée de travailler pour eux ; Phaulcon, en butte à la jalousie de certains hauts mandarins, avait plus que jamais besoin de leur appui; Phra-narai les aimait, et de plus il tenait à faire parade vis-à-vis d'eux d'une bienveillance, qui lui valut en Europe une renommée de souverain éclairé.

Au jour de la réception solennelle des ambassadeurs,

---

1. Arch. M.-É., vol. 113, p. 82.

Mgr Laneau était placé à la droite de M. de Chaumont et M. de Lionne à sa gauche.

Le roi de Siam les reçut assis sur son trône fort élevé, et montra beaucoup de dignité. Il était petit, maigre, bien fait, il avait le teint basané, le visage gai et animé, sans barbe, et, ajoute le comte de Forbin qui le vit plus tard, « avec une grosse verrue de laquelle s'échappaient deux longs poils ou plutôt deux longs crins ». Le discours que lui adressa M. de Chaumont se distingua par de hautes pensées de foi très librement exprimées : « Soumettre vos grandeurs au Dieu des chrétiens, qui gouverne le ciel et la terre, c'est une chose, Sire, beaucoup plus raisonnable que de les rapporter aux autres divinités qu'on adore dans cet Orient, et dont Votre Majesté, qui a tant de pénétration, ne peut manquer de voir l'impuissance. Mais elle le connaîtra encore plus clairement, si elle veut bien entendre durant quelque temps les évêques et les missionnaires qui sont ici.

« La plus agréable nouvelle, Sire, que je puisse rapporter au roi mon maître, est celle que Votre Majesté, persuadée de la vérité, se fait instruire dans la religion chrétienne. C'est ce qui lui donnera le plus d'admiration et d'estime pour Votre Majesté, c'est ce qui excitera ses sujets à venir avec plus d'empressement et de confiance dans vos États, et enfin, c'est ce qui achèvera la gloire de Votre Majesté [1]. »

Cette harangue fut, selon les règles de l'étiquette, traduite en portugais par Mgr Laneau, et en siamois par Phaulcon. L'ambassadeur lut ensuite la lettre écrite à Phra-naral par Louis XIV, qui résumait rapidement les instructions données à son ambassadeur; parlant des

---

1. Le Chev. de Chaumont. *Relation de l'Ambassade à la cour du roy de Siam.*

missionnaires et de la religion, il s'exprimait en ces termes :

« Nous serons très aises de trouver des occasions de vous témoigner la reconnaissance avec laquelle nous avons appris que vous continuez à donner votre protection aux évêques et autres missionnaires apostoliques, qui travaillent à l'instruction de vos sujets dans la religion chrétienne, et notre estime particulière nous fait désirer ardemment que vous vouliez bien vous-même les écouter et apprendre d'eux les véritables maximes et les mystères saints d'une si sainte religion, dans laquelle on a la connaissance du vrai Dieu, qui seul peut, après nous avoir fait régner longtemps et glorieusement sur nos sujets, nous combler d'un bonheur éternel. »

Ce que M. de Chaumont sollicitait hautement sans détours ni réticences, ce sur quoi appuyait spécialement Louis XIV, c'était la conversion du roi de Siam. La demande était un acte de foi autant qu'un acte de sage politique.

Un prince chrétien, souverain de Siam, eût été nécessairement l'ami et l'allié de la France, qui fût devenue en Extrême-Orient, comme elle l'était en Europe, la représentante des intérêts catholiques; le lien religieux, en effet, rend plus solide le lien commercial et politique; au lieu d'être transitoire et contingent, d'attacher quelques particuliers avides de gain ou d'honneurs, il est durable, il unit les intelligences et les âmes, il développe des idées communes, il engendre une même civilisation, il est comme le fil mystérieux qui fait passer dans les cœurs un courant sympathique, ininterrompu et résistant.

La preuve de ces affirmations serait aujourd'hui plus que jamais facile à faire. Où la France trouve-t-elle ses véritables amis, quand elle tente de coloniser un pays ? Parmi les chrétiens. — Qui se déclare son ennemi ? Qui la combat? Les adeptes de Bouddha, de Confucius ou d'autres cultes païens.

Assurément la communauté de religion n'a pas en Europe cette force d'union, mais elle la possède chez les peuples d'Orient, qui identifient la religion et la nationalité. Nous aurons bien des fois, dans l'histoire de la Société des Missions-Etrangères, l'occasion de constater ce fait, que l'on aurait élevé depuis longtemps à la hauteur d'un principe indiscutable, s'il ne heurtait tant de préjugés et de passions. Beaucoup traitent ces idées de fanatisme, d'autres les dédaignent comme un rêve. Loin d'être du fanatisme, elles sont l'expression de la prudence, de l'habileté et de la vérité; et si malheureusement elles sont un rêve et doivent l'être toujours, c'est que les patriotes et les chrétiens qui le font sont dans ce monde les plus faibles et les moins nombreux.

Pendant quelque temps, on put se demander si Phranaraï n'avait pas des velléités d'embrasser le catholicisme; il s'entretenait fréquemment avec Mgr Laneau, lisait le catéchisme et faisait placer un crucifix dans ses appartements. Qu'y avait-il de simulé ou de réel dans ces démonstrations extérieures? C'est le secret d'une conscience que personne n'a sondée; mais il est plus que probable que le prince n'eut jamais l'intention de se convertir.

Un jour qu'on le pressait un peu plus vivement sur ce sujet, il répondit « qu'il ne voulait pas changer une religion reçue et professée pendant 2,229 ans ». Cependant, il demanda spontanément à l'ambassadeur un mémoire sur les privilèges que le roi de France désirait pour les missionnaires, il l'accepta comme la base d'un traité et le signa le 10 décembre 1685.

En voici la substance [1] :

---

1. Pallegoix. Histoire du royaume Thaï ou Siam, vol. 2, p. 172.

1° Le roi de Siam fera publier dans tout son royaume la permission qu'il accorde aux missionnaires de prêcher l'Évangile et à ses sujets d'embrasser le christianisme.

2° Les missionnaires pourront enseigner leurs élèves dans leurs couvents et les autres habitations sans qu'on puisse les inquiéter.

3° Tous les Siamois qui se feront chrétiens seront exempts les jours de Dimanches et de Fêtes des services qu'ils doivent à leurs mandarins.

4° Si quelques chrétiens deviennent par vieillesse ou par infirmité incapables de servir, ils en seront exempts en se présentant à un mandarin nommé à cet effet.

5° Pour éviter toutes les injustices, on nommera un mandarin qui jugera gratuitement tous les procès des nouveaux chrétiens.

La Compagnie des Indes eut son tour dans les négociations. Un traité particulier lui accorda la liberté entière du commerce sans droits d'entrée ni de sortie, en lui interdisant toutefois le trafic de contrebande et en l'obligeant à n'acheter toutes ses marchandises que des garde-magasins du roi ; à son chef était réservé le privilège d'accommoder les difficultés qui s'élèveraient dans ses comptoirs, et de faire châtier ses employés suivant les règlements, sauf le cas où ils seraient au service du roi. Le traité abandonnait à la France le monopole du commerce de l'étain dans l'île de Jongselang et la permission d'y installer une factorerie ; une clause spéciale lui donnait le droit de bâtir dans tout le royaume, sous réserve de l'approbation du ministre. Enfin la Compagnie était mise en possession du port de Singor et pouvait le fortifier à sa guise.

Dans ces négociations, le rôle des prêtres de la Société des Missions-Étrangères était indiqué d'avance par leur caractère et par leur situation : rendre, aux deux pays qu'ils voulaient unir, le plus de services possibles, en sauvegardant leurs mutuels intérêts. Mgr Laneau, M. de Lionne et M. Vachet, présents à toutes les entrevues des ministres siamois avec les ambassadeurs français, n'y manquèrent pas. Le P. Tachard les appuya fortement. Aussi, Phra-naraï, poussé par Phaulcon dont l'intérêt personnel était peut-être plus en jeu que celui de son maître, leur témoigna sa reconnaissance, en leur faisant construire un nouveau collège à Juthia et une chapelle à Louvo. L'impression, que ces faveurs exerçaient sur l'esprit du peuple, était encore augmentée par la conduite des Français, presque tous sincèrement et pratiquement chrétiens. L'ambassadeur et ses compagnons voulurent être les parrains de douze catéchumènes. Ils assistèrent également à une soutenance de thèses théologiques par les élèves du séminaire général, dont l'abbé de Choisy loue la science et la bonne tenue :

« Il y a longtemps, dit-il, que je n'ai rien vu qui m'ait tant touché. On voyait à la tête du Séminaire une douzaine de prêtres vénérables par leur modestie. Suivaient 40 jeunes ecclésiastiques originaires de plusieurs nations, Chinois, Japonais, Tonkinois, Cochinchinois, Pégouans, Siamois, tous en soutane. Je croyais être dans le séminaire de Saint-Lazare. Un Cochinchinois harangua fort bien en latin, un Tonkinois encore mieux, et, peu de temps après, un Siamois soutint une thèse de théologie qui lui aurait fait honneur en Sorbonne... Je ne m'étonne pas, dit-il ailleurs, que ces hommes apostoliques fassent tant de bien dans ce pays-ci. Leur conversation, leur vue seule inspire le désir de servir Dieu [1]. »

Les vertus des missionnaires, que célébrait l'abbé de Choisy, agirent puissamment sur son esprit et sur son cœur; à Paris, il avait commencé par une vie retirée à

---

1. *Histoire abr. des prog. de la Rel. chr. dans les Ind. ori.*, p. 417 (manuscrit).

expier les fautes de sa jeunesse ; à Siam, il voulut se donner tout à Dieu. Il fut ordonné prêtre par Mgr Laneau ; touchante cérémonie que cette élévation au sacerdoce de celui qui portait le titre de second ambassadeur de Louis XIV ; plus d'un infidèle sans doute ne put la voir sans émotion et sans un secret désir d'embrasser une religion dont un noble fils de France tenait à honneur d'être le ministre.

Enfin, le 22 décembre, M. de Chaumont quitta la cour de Juthia, emportant une lettre de Phra-naraï pour Louis XIV, des lettres de Phaulcon pour le P. de la Chaise et les ministres, les présents les plus riches et les plus variés : étoffes, porcelaines, coffrets, armes, coupes ciselées, aiguières d'or, flacons du Japon, théières d'argent pour le roi, pour la reine et pour tous les princes du sang. A son bord, il emmenait une nouvelle ambassade siamoise chargée de resserrer encore les liens de l'alliance française ; de Lionne et Vachet qui conduisaient avec eux un jeune et intelligent séminariste, fils d'un Portugais et d'une Siamoise, Antonio Pinto, devaient leur servir d'interprètes.

Le premier, affligé de s'éloigner de sa mission, n'avait accepté cette fonction qu'avec répugnance.

« Il a tout l'esprit qu'il avait en France, avec une humilité angélique, disait Vachet, M. l'ambassadeur, Mgr l'évêque, les Français, les Siamois, tous voient clairement qu'il est à propos qu'il fasse le voyage. Lui seul s'y oppose. S'il persiste d'être opiniâtre, nous lui ferons commander par le roi d'accompagner ses ambassadeurs. Il sait leur langue et sera un interprète illustre. M. le grand Prieur ne sera pas fâché de le voir[1]. »

L'ambassade française à Siam avait obtenu plus de succès encore que l'ambassade siamoise en France, puis-

---

1. Arch. M.-É., vol. 113, p. 183.

qu'elle avait conclu un traité qui nous donnait de sérieux avantages ; la Société des Missions-Étrangères se prenait à espérer plus vivement de brillantes destinées pour le catholicisme soutenu par Louis XIV. Les grands progrès de l'Église, sa paix et sa tranquillité dans le monde romain dataient de la conversion des empereurs et des rois, de la protection dont ils avaient entouré les prédicateurs de l'Évangile, dans leurs États et dans ceux de leurs alliés ; ce qui s'était fait autrefois ne pouvait-il se reproduire au xviie siècle? Nobles espoirs, que d'autres forment encore aujourd'hui, en voyant la France maîtresse de l'Indo-Chine orientale.

IV

Au mois de juillet 1686, les nouveaux ambassadeurs étaient à Brest, et jusqu'à Paris rien ne fut négligé pour les éblouir et les émerveiller. Festins, bals, compliments, ce fut, sous une autre forme, la continuation des fêtes données à Siam. On a dit non sans malice, mais peut-être avec raison, que la richesse de leurs présents ne contribua pas peu à l'esprit d'à-propos, à la haute intelligence, à l'amabilité et à la politesse de bon goût qu'on leur trouva. On les mit du reste à l'épreuve. Au collège Louis-le-Grand, vingt-quatre harangues furent prononcées devant eux en vingt-quatre langues différentes.

Au Séminaire des Missions-Étrangères, M. de Brisacier souhaita la bienvenue au chef de l'ambassade, avec la chaleur communicative et l'exquise politesse qui le distinguait[1] :

---

1. Arch. M.-É., vol. 10, p. 337.

« Monseigneur,

« Un mérite aussi universel et aussi universellement reconnu qu'est le vôtre devrait être publié en toutes sortes de langues ; et nous souhaiterions pouvoir assembler ici les différentes nations de l'Europe pour honorer votre grand roi dans vos Excellences, de même que ce puissant prince a honoré à Siam, par la députation des divers pays de l'Orient, notre incomparable monarque dans la personne de son ambassadeur extraordinaire.

« Mais sans former inutilement de vains désirs et sans rien emprunter des royaumes étrangers, souffrez, Messeigneurs, que quelques prêtres de cette maison qui vont vous complimenter après moi se partagent entre eux, pour louer en plus d'une manière les talents et la conduite que tout le monde admire en vous ; et qu'ils employent en peu de paroles ce que l'hébreu a de savant, ce que le grec a de poli, ce que le latin a de grave et ce que le siamois doit avoir d'agréable à votre égard, pour rendre séparément et diversement à vos éminentes qualités les profonds respects qui leur sont dus, et pour répondre à l'honneur de votre visite et aux marques de vos bontés par les témoignages sincères d'une estime et d'une reconnaissance éternelles. »

Il nous paraît inutile de reproduire toutes les harangues annoncés par M. de Brisacier ; la politesse des Orientaux a des vertus de patience ou d'apathie que la nôtre acquiert avec peine et ne conserve pas toujours ; le discours de M. de Lionne fait en siamois étant le plus intéressant, parce qu'il reproduit à peu près entièrement les autres, et résume les appréciations répétées dans la *Gazette de France*, dans le *Journal* de Dangeau, dans plusieurs *Mémoires*, nous en citerons la traduction[1] :

1. Arch. M.-É., vol. 10, p. 341.

« Jusqu'ici, Messeigneurs, j'ai vu avec une extrême joie l'empressement extraordinaire que toute la France a fait paraître à vous témoigner l'estime et l'admiration qu'elle a pour le très puissant roi votre Maître, et pour vous en particulier qui soutenez si excellemment sa dignité. Voici l'unique occasion où j'ai pu mêler ma voix aux applaudissements publics, et marquer en vous parlant à vous-mêmes quelque chose de mes sentiments sur ce sujet. J'ose dire qu'ils surpassent ceux de tout le reste des hommes; et pour en convenir, vous n'aurez qu'à faire réflexion aux raisons personnelles que j'ai de parler ainsi. Les autres connaissent à la vérité le roi de Siam sur ce que la renommée a publié de ses grandes qualités, mais quoi qu'elle ait dit du rang éminent qu'il tient entre tous les princes de l'Orient, de la masse de ses trésors, de la pénétration étonnante de son esprit, de la sagesse de son gouvernement, de l'application infatigable qu'il donne aux affaires de son État, de son discernement et de son amour pour le véritable mérite, de cette merveilleuse ardeur qu'il a de tout connaître et de tout savoir, de cette affabilité qui, sans rien diminuer de sa grandeur, sait se proportionner à tout le monde, et attire chez lui un nombre prodigieux d'étrangers qui y viennent de toutes les parties de la terre, et ce qui nous touche de plus près, cette bonté particulière qu'il a pour les ministres du vrai Dieu; tout cela, dis-je, quelque grand qu'il soit, n'est-il pas au-dessus de ce que découvrent dans sa personne royale, ceux qui ont le bonheur de l'approcher et ce que j'y ai découvert tant de fois moi-même?

« Il en est ainsi, à proportion, des jugements avantageux que l'on a portés ici de vos Excellences. L'on a admiré par exemple, et l'on n'oubliera jamais, la prestesse et la subtilité de vos réponses, cependant on n'a souvent connu que la moindre partie de leur beauté; elles en perdaient beaucoup dans le passage d'une langue à l'autre, et moi-même j'avais une espèce d'indignation de me voir dans l'impossibilité de leur donner tout leur agrément et toute leur force. On a admiré ce fond de politesse qui vous rend capables d'entrer si aisément dans la manière particulière de chaque nation, quelque différentes que toutes ces nations soient entre elles. On a admiré cette prodigieuse égalité d'âme et cette paix qui ne se trouble jamais de rien. On a admiré enfin cent autres qualités excellentes qui éclatent tous les jours dans vos personnes.

« Cependant ceux qui en ont été touchés ne vous ont vus que comme en passant; qu'aurait-ce été s'ils avaient eu les moyens de vous considérer plus à loisir et de plus près? Les ordres du très grand roi de Siam m'ont procuré cet avantage, lorsqu'il a joint à tous les témoignages de bonté qu'il m'avait déjà donnés, celui de souhaiter que je vous accompagnasse en France; vous y avez ajouté mille marques touchantes de votre amitié, et la nature seule, qui inspire à tous les hommes la reconnaissance, suffirait pour me donner les sentiments les plus respectueux pour votre grand prince, les plus tendres pour vos personnes et les plus zélés pour votre nation. Mais Dieu, dont la providence conduit tout avec une sagesse et une bonté admirables, a pris soin lui-même de fortifier infiniment tous ses sentiments dans mon cœur, en me confirmant dans le désir de passer ma vie avec vous et de la consacrer à votre service pour tâcher de la faire contribuer à votre salut éternel. »

Un somptueux repas offert par Madame de Miramion et servi au réfectoire du Séminaire termina ce solennel et prolixe accueil. Quelques jours après, les ambassadeurs allèrent à la Sorbonne écouter Antonio Pinto soutenir une thèse dont Louis XIV avait agréé la dédicace.

On attendait avec une certaine curiosité le résultat de l'examen; on avait tant parlé contre les prêtres indigènes et leur ignorance, que l'on éprouvait une curieuse satisfaction à en voir un à l'œuvre. Mais lorsque l'assistance entendit la diction pure et facile du candidat, son argumentation serrée, lorsqu'elle put constater qu'il avait puisé son savoir aux sources de la plus saine théologie, elle éclata en applaudissements. Les ambassadeurs prirent ces marques d'approbation pour des signes de mécontentement; on leur en expliqua le sens, et aussitôt ils relevèrent la tête avec orgueil, fiers du triomphe d'un de leurs compatriotes.

A la fin de la discussion, le président fit dans un discours latin l'éloge du candidat et des missionnaires.

Le lendemain eut lieu une nouvelle et aussi heureuse soutenance de la même thèse, dans la salle de l'officialité de Notre-Dame, contre un nouveau docteur de Sorbonne.

Les Missions-Étrangères eurent occasion de se réjouir encore davantage, lorsqu'au mois d'août, douze jeunes Siamois furent baptisés dans l'église de Saint-Sulpice. Ce spectacle impressionna les âmes pieuses, et l'apostolat dans les pays étrangers devint le sujet de bien des conversations.

Du fond de leur couvent, des vierges consacrées à Dieu aspirèrent à travailler au salut des infidèles. Madame de Miramion offrit ses religieuses de la Sainte-Famille pour aller à Siam instruire les femmes et tenir des écoles.

De Lionne aurait accepté volontiers. L'année suivante, il revint sur ce projet qui lui paraissait « vraiment apostolique, digne d'admiration et très utile »; « il souhaitait des religieuses ayant bien de la vertu, un fond d'esprit solide, docile et raisonnable, ni trop jeunes, ni trop vieilles, avec de bonnes recommandations du roi, et ayant de quoi vivre [1]. »

De Brisacier le dissuada et lui répondit avec sagesse

---

1. Arch. M.-É., vol. 11, p. 63.

« d'attendre que les choses eussent plus de consistance[1]. »

Les ambassadeurs étaient naturellement en dehors de ces pourparlers.

Après leur avoir fait visiter toutes les spendeurs artistiques et les monuments religieux de Paris, on les conduisit à Saint-Cyr, à Marly, à Meudon, à Saint-Cloud et dans les villes de Flandre nouvellement conquises.

Les réceptions furent partout très brillantes, les garnisons passées en revue, les salves d'artillerie multipliées.

Cependant Louis XIV ne les avait pas encore reçus à Versailles. Il leur donna audience à leur retour, le 1er septembre 1686.

Ils lui adressèrent une « harangue dont ils avaient ébauché les pensées, que M. de Lionne avait traduite en français, et à laquelle M. Tiberge, directeur du Séminaire, avait donné ce tour simple, naturel et noble, qu'il sait donner à tout ce qu'il fait[2]. »

Elle fut suivie de treize autres, prononcées le même jour en l'honneur des princes et des princesses de la maison royale.

Ces voyages, ces discours et ces fêtes ne faisaient pas oublier le but principal des relations de la France avec Siam.

Aidés des missionnaires et du P. Tachard, les ministres réglaient les préparatifs de l'expédition qu'ils projetaient; ils avaient vite compris que les stipulations du double traité signé à Louvo seraient illusoires tant qu'une force imposante ne les appuierait pas; on prit donc la résolution de faire occuper les ports que le traité reconnaissait à la France, d'y établir des garnisons et d'y bâtir des forts.

---

[1]. Arch. M.-É., vol. 11, p. 161.
[2]. *Mémoires* de l'abbé de Choisy.

On équipa cinq navires sur lesquels on embarqua un régiment commandé par le maréchal de camp Desfarges. Deux diplomates accompagnèrent l'expédition, de La Loubère pour s'occuper des affaires politiques, Cébéret du Boullaye, directeur de la Compagnie des Indes Orientales, pour régler les questions commerciales.

Dans les instructions de La Loubère, on lisait : « Quant aux affaires qui font votre principal sujet, la première, que sa Majesté a le plus à cœur, est l'établissement de la religion dans le royaume de Siam. »

Celles de Desfarges étaient dans le même sens. Toute la politique coloniale de cette époque restait imprégnée de ces sentiments que Champlain, le conquérant du Canada, avait si bien exprimés :

« Le salut d'une seule âme vaut mieux que la conquête d'un empire, et les rois ne doivent songer à étendre leur domination dans les pays où règne l'idolâtrie, que pour les soumettre à Jésus-Christ. »

Le gouvernement de Louis XIV avait donc pris toutes les mesures utiles au succès de son entreprise.

On pouvait croire que des troupes, tant de fois victorieuses sur les champs de bataille de l'Europe, établiraient la prépondérance de la France à Siam, que des diplomates, servis par ces forces navales et militaires, réussiraient dans leurs négociations. L'avenir apparaissait brillant d'heureuses promesses ; la France allait enfin posséder des comptoirs importants, des ports capables d'abriter ses flottes, une base d'opération pour d'autres tentatives coloniales ; les missionnaires se réjouissaient d'avoir contribué à ce résultat dont ils escomptaient l'utilité pour leur apostolat. « Nous espérons bien que cette fois on va conclure une alliance sérieuse, et profiter de tous les avantages que le roi de Siam nous donnera pour s'établir solidement. Le bien de l'État et celui de la religion y sont engagés. »

Le 14 janvier 1687, les ambassadeurs siamois vinrent à Versailles prendre congé du roi : « M. de Lionne servit de nouveau d'interprète pour les harangues qu'on trouva fort bien ; il n'y en eut pas moins de dix, la plupart courtes, mais toutes variées dans leurs formules et propres à démontrer les ressources infinies de la langue siamoise et l'ingénieuse souplesse du traducteur [1]. »

V

La satisfaction que les missionnaires avaient éprouvée de la savante thèse d'Antonio Pinto, du baptême des douze catéchumènes, de la conclusion des négociations, de l'expédition qui s'annonçait sous d'heureux auspices avait été troublée par un incident bien étranger à la politique, au commerce, à la mission de Siam, mais dangereux pour la Société des Missions-Etrangères et pour le bien des âmes, si le fait allégué avait été vrai.

En 1673, Mgr Pallu avait été accusé de Jansénisme ; il avait nettement et fermement répondu, et avait imposé le silence à des accusateurs qui étaient plutôt des adversaires.

En 1686, la même calomnie fut renouvelée contre M. Maigrot. Né à Paris en 1652, Charles Maigrot, prêtre et docteur en théologie, partit pour les missions en 1681, il accompagna en Chine Mgr Pallu, qui, à sa mort, comme nous l'avons dit, le nomma vice-administrateur des missions de l'empire. Le reproche qu'on lui faisait ne reposait sur aucun fondement ; il était, d'après certains mémoires, lancé par des hommes qui redoutaient la fermeté de ses opinions et la franchise de son langage.

Emus de cette attaque et sûrs de la pureté de la

---

[1]. Lanier. *Relations de la France et du royaume de Siam*, p. 87.

doctrine du missionnaire, les directeurs du Séminaire prirent sa défense. Ils recherchèrent d'abord le témoignage des docteurs de Sorbonne, qui donnèrent cette attestation signée de treize d'entre eux :

« Nous, docteurs de Sorbonne, attestons que maître Charles Maigrot, docteur de Sorbonne, qui a vécu dans notre maison de Sorbonne pendant plusieurs années, jusqu'au jour où il est parti pour l'Orient, avec lequel nous avons chaque jour conversé en toute liberté, n'a jamais mérité le plus léger soupçon de doctrine nouvelle; au contraire, il s'est montré le défenseur des pures doctrines, l'adversaire très vif des hérésies et surtout du Jansénisme qu'il a combattu en particulier et en public.

« Nous avons aussi reconnu combien étaient grandes ses qualités de courage, de persévérance, de sagesse, d'intelligence, de piété, de zèle, de respect et de fidélité au Siège apostolique. Les lettres, que nous avons reçues de lui depuis qu'il est en Orient, prouvent qu'il n'a aucunement changé.

« En foi de quoi nous avons signé : En Sorbonne le 14 octobre 1686. »

Forts de ce témoignage qui vengeait M. Maigrot et mettait leur parole à l'abri de toute insinuation de partialité, les directeurs écrivirent à la Propagande la lettre suivante tout à la fois habile et digne[1] :

« Il nous est avantageux qu'on attaque personnellement M. Maigrot, qui, comme tout le monde connaît, s'est distingué à Paris en toutes sortes de rencontres par le zèle qu'il a témoigné contre les partisans de Jansénius. Votre Éminence pourra voir dans l'attestation de plusieurs docteurs de Sorbonne, d'une érudition connue et d'une doctrine irréprochable, qu'il n'a jamais passé ni pour ignorant ni pour suspect dans la foi, et nous sommes

---

1. Arch. M.-É., vol. 10, p. 251.

assurés qu'il est incapable d'avoir dit et fait tout ce qu'on lui impute sans preuves, mais on veut l'écarter de l'épiscopat, on le craint pour Vicaire apostolique, et on prend toutes sortes de moyens pour lui en fermer la porte. Il se la fermerait lui-même par son humilité et son silence s'il était en France, mais il est de notre devoir et du bien des Missions de dissiper en son absence le nuage dont on s'efforce de l'obscurcir, et nous demeurerons en repos sous la protection de Nos Seigneurs les Cardinaux, qui sont trop justes et trop sages pour faire le procès à un absent sur d'autres pièces que des dépositions authentiques de témoins désintéressés. »

Le Souverain Pontife fit une réponse meilleure que celle des docteurs de Sorbonne pour mettre un terme à la campagne menée par les détracteurs de Maigrot, il le nomma, en **1688**, Vicaire apostolique de la province du Fokien.

Cette accusation était portée contre Maigrot seul, mais elle était peut-être l'avertissement d'un danger contre lequel il était bon de prémunir la Société des Missions-Étrangères ; afin d'ôter tout prétexte à de semblables dénonciations, et plus encore, afin d'écarter du bon grain l'ivraie qui s'y mêle aisément, les directeurs du Séminaire rédigèrent des instructions sur le respect et l'obéissance dus au Pape et à ses décisions, et les donnèrent aux missionnaires au moment de leur départ.

On appréciera davantage l'esprit qui les a dictées, en songeant combien au XVIIe siècle, l'Église de France était loin d'avoir avec le Saint-Siège, cette unité de vues, de sentiments, de doctrine qui font aujourd'hui sa gloire [1] :

« Que tous les directeurs, les missionnaires, les écoliers et même les pensionnaires du Séminaire des Missions-Etrangères, non seulement en public, mais même

---

[1]. Arch. M.-É., vol. 11, p. 415.

en particulier fassent paraître leur zèle pour la bonne doctrine et pour le Saint-Siège. Qu'il n'y ait personne dans le Séminaire, même des domestiques, qui ne parle avec respect du Pape, des Cardinaux, des usages et des maximes de la cour de Rome et des sentiments des ultramontains.

« Enfin il faut que le Séminaire des Missions-Étrangères soit une communauté ecclésiastique des plus dévouées au Saint-Siège.

« Les missionnaires dans les Indes feront paraître dans leurs discours et leurs démarches une parfaite soumission aux décrets et aux institutions apostoliques, surtout à la Bulle *Unigenitus* et aux autres constitutions émanées contre les erreurs de Baïus et de Jansénius.

« Pour ce qui regarde les propositions du clergé, de 1682, ou il ne faut point en parler du tout, même par manière de dispute et d'entretien avec les missionnaires d'autres corps, ou prendre le parti plus favorable au Saint-Siège en soutenant l'infaillibilité du Pape, et inspirer aux chrétiens une haute estime et une profonde vénération pour l'Église romaine et le Saint-Siège apostolique. »

Après avoir donné à leurs séminaristes et aux missionnaires des conseils de fidélité envers le Souverain Pontife, les directeurs exhortaient le séminaire de Québec à l'obéissance envers son évêque, nouveau témoignage de leur respect pour l'autorité légitime.

Mgr de Laval, le fondateur de l'église de Québec, se démit le 24 janvier 1688 de son évêché ; son successeur, Mgr de Saint-Valier, doué d'un zèle plus ardent que pondéré, avait eu déjà quelques difficultés dans son nouveau diocèse, où il avait exercé les fonctions de vicaire général.

Afin de pacifier les esprits indisposés, les directeurs de Paris recommandèrent chaleureusement aux directeurs du séminaire de Québec dès avant le départ du nouveau prélat, de ne rien dire ou faire qui pût compromettre le bien du diocèse.

« Il faut passer une éponge, leur disaient-ils [1], comme Mgr de Saint-Valier promet de le faire lui-même, sur tout ce qui a pu vous brouiller avec lui durant son séjour au Canada. Usez toujours avec lui de patience, de discrétion et de silence. Respectez l'autorité, et interprétez favorablement la conduite des supérieurs; surtout n'en écrivez jamais en France qu'avec retenue.

« Comme le séminaire est épiscopal, le supérieur doit entretenir une parfaite correspondance avec l'évêque, et inspirer à ses membres comme aux élèves tout le respect et la soumission possibles. Il doit prendre l'avis de l'évêque dans les choses importantes.

« Les séminaires ne sont pas tous obligés de rendre compte à l'évêque de leur temporel; mais comme Mgr de Saint-Valier est de votre corps, on doit lui communiquer les affaires temporelles toutes les fois qu'il lui plaira de s'en informer.

« Mgr de Saint-Valier, ajoutaient-ils, peut faire beaucoup de bien ou de mal au séminaire. Il ne faut pas paraître trop intéressé à son égard sur ses demandes; et au petit-séminaire il faut recevoir des surnuméraires pour lui faire plaisir.

« Comme il a l'esprit très vif, ne heurtez pas ses opinions; mais faites-lui entendre raison insensiblement, en paraissant d'abord entrer dans ses vues et vouloir suivre ses volontés. Il est bon ami, il l'est avec zèle, et peut compenser abondamment les petits sacrifices par lesquels on se concilie son affection. »

M. de Brisacier, dans une lettre particulière, émettait une autre considération très sérieuse et caractérisant,

---

1. Histoire manuscrite du séminaire de Québec.

trop justement, hélas ! la politique coloniale française.

« On a été sur le point, dit-il [1], d'abandonner le pays dès cette année, comme M. de Callière vous le dira, on l'abandonnera assurément dans la suite ; il se joint au dégoût qu'on a déjà du mauvais état de la colonie, celui qu'on aurait de la mésintelligence des personnes qui doivent établir l'union. Quoi qu'il arrive, tenez-vous si unis avec l'évêque, avec les Jésuites, avec les MM. de Saint-Sulpice, qu'on ne puisse vous entamer par nul endroit ; car si on vous divise, vous êtes perdus. »

Le séminaire de Québec accepta ces recommandations avec reconnaissance et en fit la règle de sa conduite. Il n'opposa aucun obstacle aux changements que Mgr de Saint-Valier apporta dans sa constitution ; il accepta sans se plaindre l'abrogation de l'union du séminaire et de tous les ecclésiastiques séculiers du Canada, la destruction de la désappropriation, c'est-à-dire de la mense commune si chère à Mgr de Laval et à ses premiers collaborateurs. A cette époque, comme à plusieurs autres, il trouva dans les directeurs du Séminaire de Paris non seulement des soutiens qui lui envoyaient des secours matériels, mais également des conseillers clairvoyants et sages.

1. Arch. M.-É., vol. 12.

CHAPITRE XI
1687-1692

La Société des Missions-Étrangères et la France. — I. L'expédition française à Siam. — Les négociateurs. — Divisions. Echec. — Révolte contre Phra-naraï. — Mort de Phaulcon. — Usurpation de Pitra-cha. — Les Français attaqués et expulsés. — II. Emprisonnement de Mgr Laneau et de ses missionnaires. — Leurs souffrances.— Lettre au Séminaire. — Le livre *De Deificatione justorum*. — III. Résultat de l'expédition française. — Conduite des missionnaires. — Lettre de Mgr Laneau à Louis XIV. — IV. Libération des missionnaires. — Charité de Mgr Laneau. — Rôle du Séminaire, union de prières avec le Chapitre de St-Martin de Tours. — V. Création de deux évêchés portugais en Chine. — Craintes des missionnaires pour l'existence de la Société des Missions-Étrangères. — VI Travaux des missionnaires en Chine, au Tonkin, en Cochinchine. — VII. Martyre de MM. Genoud et Joret au Pégou. — VIII. La Société des Missions-Étrangères au Canada et dans la Perse.

La patrie est pour l'homme la terre sainte qu'il ne saurait oublier ni méconnaître, mais lorsque par la force des circonstances il doit habiter une contrée lointaine et qu'il y trouve un accueil sympathique et généreux, il laisse son cœur s'attacher à ce sol étranger qu'il considère comme une seconde patrie.

La Société des Missions-Étrangères a ces deux patries : la France, le pays de sa naissance, de ses prêtres, de ses soutiens, et les missions, son pays d'adoption, de souffrances et de victoires; elle fait connaître et aimer la première, elle essaie de donner à la seconde le salut éternel. Elle les aime toutes les deux d'un grand amour, elle les unit dans son cœur et dans sa vie, elle les voudrait unies entre elles par une forte et durable alliance, utile à l'une et à l'autre, parce que cette alliance, et c'est la conséquence dernière, servirait la cause du catholicisme ; ainsi pensait-elle au xviie siècle, ainsi pense-t-elle aujourd'hui.

En arrivant en Extrême-Orient, les missionnaires avaient constaté avec regret que la France était absente de ces vastes contrées, ils avaient voulu lui faire une place, ils avaient écrit et agi dans ce sens et préparé ainsi les voies dans lesquelles le gouvernement de Louis XIV était facilement entré. Les ambassades franco-siamoises avaient été la conséquence de cette conduite ; les traités avaient suivi. L'influence de notre pays s'était augmentée et le cercle de ses opérations commerciales agrandi.

Le calcul des missionnaires était-il bon? Oui, sans doute, si le triomphe était éternellement enchaîné au même drapeau, si les alliances humaines duraient toujours, si la sagesse et la modération étaient les règles de la politique. Mais si la France venait à disparaître, vaincue dans ses guerres maritimes par une nation européenne, chassée par la trahison des pays où elle se fixait, si la malveillance dénaturait les intentions pures et droites des ouvriers apostoliques, qu'adviendrait-il?

On avait oublié, ou du moins on avait négligé de compter, croyant qu'il ne se présenterait jamais, ce facteur de toute entreprise humaine : l'échec. Il survint au moment où il semblait le plus éloigné.

I

L'expédition française dirigée par Desfarges, La Loubère et Céberet, arriva à Siam, le 27 septembre 1687. On avait pensé qu'elle serait décisive.

Dès ses débuts, on put prévoir qu'elle ne réaliserait pas toutes les espérances qu'on avait conçues. Les ambassadeurs furent accueillis assez froidement et reçus avec moins de solennité que leurs prédécesseurs. Les troupes ne furent installées dans les citadelles de Bangkok et de Mergui qu'après de longs pourparlers. A quoi tenait ce changement d'attitude de la part du roi et de son ministre Phaulcon?

La méfiance s'était éveillée dans l'esprit du souverain à la vue d'étrangers bien armés, hardis et résolus. Les Orientaux prodiguent volontiers les promesses et les traités, les présents et les discours ; de là à passer à l'action, il y a loin. Phra-naraï avait donné sa signature sans se douter du point où elle l'engageait, peut-être aussi dans l'espoir qu'elle ne l'engageait à rien ; il voulait bien être l'allié de la France, mais à distance ; de près il aurait consenti à lui accorder une concession de quelques ares pour établir ses factoreries et à profiter de sa flotte et de ses soldats pour se débarrasser des importunités des Hollandais. La présence des troupes et l'occupation de deux villes le placèrent brusquement en face de la réalité, et, comme toujours, cette réalité, le saisissant plus vivement que l'idée, l'étonna et lui inspira des craintes. Autour de lui des mécontents s'agitaient, les hauts mandarins murmuraient qu'on livrait le pays aux hommes d'Occident, les Hollandais attisaient le feu, pensant que si un incendie se déclarait, ils avaient tout à gagner et rien à perdre. Phaulcon était encore le maître, mais contraint de plaire à un despote et de tenir en échec une ligue de mandarins sourdement et violemment jaloux de son crédit, entouré d'étrangers qu'il fallait en même temps satisfaire et contenir, il louvoyait entre des religions ennemies, des intérêts rivaux, des rancunes implacables, et ne parvenait que par des prodiges d'habileté et de perfidie à soutenir une autorité précaire et une fortune déjà chancelante.

Les ambassadeurs eussent peut-être triomphé de ces

obstacles s'ils eussent été unis, malheureusement le désaccord s'était mis entre eux; le ministère français avait cru être habile en nommant trois chefs avec des attributions diverses, il n'avait fait que préparer l'anarchie. On ne s'imagine guère que, sous Louis XIV, on ait pu penser à une autre combinaison qu'à l'unité dans le commandement, et cependant on trouve les mêmes errements qui, il y a quelques années à peine, nous ont été funestes au Tonkin. C'était une première faute; la seconde était le choix des chefs, ou plutôt de deux d'entre eux.

« Esprit borné et vaniteux, volonté indécise, caractère ombrageux et susceptible, dit Lanier[1], le commandant militaire Desfarges n'avait guère d'autres qualités que la bravoure. La Loubère, mathématicien, philologue, jurisconsulte, mais caractère hautain et irritable, était peu propre à triompher dans une mission où il fallait déployer plus de souplesse que de raideur. »

Cébéret seul avait les qualités réclamées par la situation. Calme, prudent, perspicace, affable et probe, aurait, s'il avait été le chef de l'ambassade, changé probablement la face des affaires, et la France n'aurait pas eu à enregistrer une page douloureuse dans les annales de sa politique coloniale trop féconde en catastrophes.

Mais Cébéret n'avait à traiter que les affaires commerciales, il y réussit et quitta Siam.

Le modérateur n'était plus là, les rapports entre La Loubère et Phaulcon s'aigrirent, les paroles devinrent amères et parfois violentes, jusqu'au jour où la rupture fut complète: ni les missionnaires, ni le P. Tachard ne parvinrent à apaiser les négociateurs.

L'ordre du départ fut donné brusquement à l'escadre

---

1. *Etude historique sur les Rel. de la Fr. et du Roy. de Siam*, p. 91-92.

française. A ce moment même, Louis XIV, qui ne doutait pas de l'heureux succès des négociations et de l'occupation des ports et des factoreries, ordonnait de renforcer les compagnies établies à Siam; il révélait ses projets définitifs dans une instruction, rédigée pour un nouveau résident français à Juthia, le marquis d'Eragny, et livrant sa pensée tout entière. Le but est toujours le même : propager la religion et étendre le commerce; mais les moyens sont agrandis, le gouvernement a reconnu l'insuffisance des mesures prises jusqu'alors, et prévu le terme des ambassades et des congratulations; il veut une solide occupation des principaux ports de Siam.

Soins superflus! les pieuses espérances et les grande ambitions s'écroulaient dans une catastrophe soudaine.

Un mandarin, Phra-phret-raxa, ou comme les relations l'appellent, Pitra-cha, d'une naissance à servir sur un ballon[1], plutôt que sur un trône, disent les uns, rejeton d'une dynastie déchue, disent les autres, groupa autour de lui les mécontents de l'omnipotence de Phaulcon, et dans cette conspiration, il eut, pour complice le plus actif, le chef de la dernière ambassade siamoise en France.

Averti par Mgr Laneau des menées de ses ennemis, Phaulcon négligea les plus vulgaires précautions; toujours heureux, sans doute parce qu'il avait été toujours habile, il montra cette fois une apathie étrange. A la fin, cependant, cédant aux preuves nombreuses qu'on lui mit sous les yeux, il appela à Louvo le général dont l'intervention prompte et énergique, eût encore pu le sauver. Desfarges hésita, partit pour Louvo et s'arrêta à Juthia. Il se rendit à la factorerie française dont le commis principal, Véret, lui annonça que le roi

[1] Barque.

était mort, Constance renversé, Pitra-cha maître du pouvoir, Louvo en pleine révolution.

Le général, stupéfait de ces étranges nouvelles, courut au séminaire, où Mgr Laneau, habitué aux exagérations des bruits publics à Siam, lui conseilla d'envoyer à Louvo un officier afin de savoir la vérité. Le lieutenant Leroy, chargé de cette mission, trouva la ville et la cour dans la plus parfaite tranquillité ; il rendit visite au barcalon qui lui remit une lettre où il renouvelait à Desfarges l'ordre de venir le trouver.

Celui-ci refusa. Informés de ces démarches, les conjurés prévirent qu'ils allaient être découverts et hâtèrent l'exécution de leur complot. Le 18 mai 1688, Pitra-cha fit cerner le palais, arrêter le roi et ses frères.

Phaulcon aurait pu fuir et chercher un asile au milieu de nos sodats; il préféra combattre. A la tête d'une poignée de ses gardes, et accompagné de trois officiers français, il se jeta sur ses ennemis, et essaya de pénétrer jusqu'à l'appartement royal; il fut saisi, désarmé, traîné dans la forêt voisine, livré à toutes les insultes, puis abandonné au bourreau comme traître à son souverain.

Le vainqueur envoya dire aux missionnaires de ne pas s'étonner des nouvelles qui leur seraient transmises; il exécutait, affirmait-il, la volonté du prince, il s'engageait à respecter la religion et les Français et à consulter les évêques dans les affaires dont il portait désormais le poids.

Il fit ensuite appeler M. de Lionne, il le reçut « assis sur un carreau, environné de ses partisans et au milieu de quatre sabres plantés en terre, deux à droite et deux à gauche. » Après une violente sortie contre le général français : « Prenez garde à vous, s'écria-t-il, écrivez ou parlez à cet officier, il dépend de vous de le porter à obéir; s'il s'obstine dans sa résistance, je ferai piller, brûler, renverser votre séminaire et votre église, mettre vos compatriotes à la bouche des canons et exterminer tous les chrétiens qu'on découvrira dans le royaume. »

Le missionnaire répondit qu'il n'avait aucune autorité sur le général; mais qu'il promettait de l'engager à venir à Louvo, et il instruisit Desfarges de la situation.

Le commandant se décida à aller au palais. Son entrevue avec Pitra-cha fut orageuse, et il fut évident que la guerre ouverte allait succéder à la guerre sourde que l'on faisait aux Français depuis leur arrivée.

Phra-naraï mourut bientôt d'une mort trop rapide pour paraître naturelle; ses deux frères furent enfermés dans des sacs d'écarlate et tués à coups de pilons en bois de sandal, « ce qui est à Siam le supplice des personnes de la plus haute considération ».

Pitra-cha se proclama roi et tenta de légitimer son usurpation en épousant la fille unique de son ancien souverain. Il proposa à Desfarges des conditions qui furent refusées.

Le commandant n'était point un diplomate; son intelligence assez bornée n'entendait rien aux choses de la politique; mais il était brave, il se montra héroïque. Quand ses deux fils, devenus otages de Pitracha, lui écrivirent qu'ils seraient condamnés à mort et exécutés si les Français ne se rendaient pas, il fit cette sublime réponse [1] :

« Il était sensible au malheur de ses enfants, et s'il n'eût fallu que sa vie pour sauver la leur, il l'aurait sacrifiée sans peine; mais ne le pouvant faire sans manquer à son devoir, il les exhortait à suivre son exemple et à regarder comme un grand honneur de pouvoir souffrir quelque chose pour la cause de Dieu et

---

1. Arch. des Colonies; affaires de Siam, t. IV, *Relation de Beauchamp*.

le service du roi; au reste, ils devaient s'assurer que leur mort serait bien vengée et qu'on ne répandrait pas impunément leur sang. » Le 6 juin 1688, la citadelle de Bangkok fut investie. Malgré le secours des Hollandais, les Siamois subirent des échecs successifs qui les rendirent furieux; ils tournèrent leur colère contre les missionnaires, s'emparèrent de Mgr Laneau, le chargèrent de chaînes et l'exposèrent au feu de la citadelle. A la vue du vénérable vieillard, les Français changèrent leur tir et continuèrent leur résistance qui dura plus de quatre mois. Désespérant de les vaincre, l'usurpateur se déclara prêt à leur fournir deux vaisseaux pour les conduire à Pondichéry. En même temps, il promit sa protection aux missionnaires, aux chrétiens le maintien de leurs privilèges et une liberté entière à ceux qui voudraient sortir du royaume. En garantie des serments échangés[1], des otages furent donnés de part et d'autre. Trois mandarins siamois montèrent sur les vaisseaux français, quatre de nos nationaux, Mgr Laneau, Véret, le major de Beauchamp et le chevalier Desfarges[2], furent retenus par le roi.

Au moment d'appareiller, les Français, s'apercevant que les Siamois avaient, à marée basse, planté des pieux en travers du Ménam, pour empêcher le passage de leurs navires, les accusèrent de trahison; puis ils mirent à la voile en emmenant les mandarins siamois, ainsi que les officiers donnés en otages qui s'étaient enfuis à l'exception de l'évêque.

II

A la nouvelle de ce double attentat au traité, les Siamois se précipitèrent sur Mgr Laneau, le saisirent

---

1. Par une convention du 18 octobre 1688.
2. Un parent du commandant en chef.

par les mains, par les pieds, par la tête, le traînèrent dans la boue, et enfin le jetèrent demi-mort sur des herbes sèches où, pendant deux heures, il demeura exposé aux insultes des soldats, des matelots, des femmes et des enfants.

On lui arracha la barbe, on lui cracha au visage, on vomit contre lui les imprécations les plus horribles. Quand la populace eut rassasié sa haine des insultes qu'elle prodiguait, Pitra-cha fit jeter le vicaire apostolique en prison; une pieuse chrétienne, de la race de celles qui se trouvèrent sur la route du Calvaire, ou qui consacrèrent leurs soins aux confesseurs de la foi des premiers siècles, donna à l'évêque les secours que sa pauvreté lui permettait.

Le lendemain, une soldatesque brutale fit irruption dans le collège, enlevant les prêtres, les écoliers et les domestiques, ne respectant ni les enfants, ni les vieillards, qui eurent à endurer la faim, la soif, la nudité, la cangue et les ceps. On voulut forcer les séminaristes à construire une pagode ; ils refusèrent, préférant supporter la bastonnade. Des officiers et des soldats français, des employés de la factorerie, qui ne s'étaient pas embarqués avec Desfarges, furent traités en esclaves, et l'on vit, dans les rues de Juthia, des gentilshommes de la cour de Louis XIV, des missionnaires, des négociants porter sur leurs épaules nues des paniers pleins d'immondices. Le chirurgien Charbonneau, préservé par une circonstance heureuse du malheur commun, procura aux prisonniers tous les soulagements en son pouvoir.

La nouvelle de cette cruelle détresse émut le clergé de Manille, et l'archevêque envoya à Mgr Laneau 3,000 francs que Pitra-cha s'adjugea.

Afin de ne pas mourir de faim, les prédicateurs de l'Évangile implorèrent comme une grâce la permission de mendier chaque jour dans la ville pendant une heure.

Au milieu de ces calamités, une voix s'éleva pour défendre les chrétiens, celle du Chua de Cochinchine, Ngai-Vuong. Prévenus des troubles de Siam, les Annamites ennemis des catholiques, présentèrent une requête, qui portait en substance que les Français, après s'être emparés des forteresses de Bangkok et de Mergui, avaient mis à feu et à sang le royaume, essayé d'exciter une révolte générale ourdie par l'évêque Laneau ; heureusement le roi prudent et brave était venu à bout de chasser les étrangers, avait jeté en prison l'évêque et ses prêtres coupables de haute trahison. C'était le prologue, le corps de la requête était une accusation contre les six missionnaires de Cochinchine ; on indiquait leur nom et leur résidence, on affirmait que leurs noirs desseins n'ayant pas réussi à Siam, ils cherchaient à les mettre à exécution dans une partie de l'Annam.

Ngai-Vuong était un homme de bon sens, et à cette époque de sa vie, il avait pour les chrétiens des sentiments bienveillants, il jugea à leur valeur les calomnies de leurs adversaires. « Je suis convaincu, dit-il à ses ministres, qu'on veut m'en imposer ; je connais la simplicité et la probité de l'évêque et des prêtres ; les Siamois les maltraitent contre toute justice, je veux protéger leur innocence. »

Des paroles, il passa aux actes, il députa des ambassadeurs à Siam avec ordre de demander de sa part la liberté des captifs, et de remettre à Mgr Laneau des présents et une lettre d'affectueuses condoléances. Cette démarche fut sévèrement appréciée à Juthia : leur nationalité avait valu aux missionnaires une première condamnation, l'amitié que les Annamites leur témoignaient attira sur eux de nouvelles rigueurs. Beaucoup de chrétiens furent également arrêtés, soumis à de rudes traitements, payant ainsi leur fidélité à leur religion ; d'autres furent déclarés esclaves contre tout droit et toute justice; parmi eux, quelques-uns se rachetèrent jusqu'à cinq fois.

Les hommes apostoliques montrèrent à tous l'exemple du courage et de la patience. De son cachot, M. Manuel écrivait[1] : « J'ai bien des actions de grâces à rendre à Dieu de ce qu'il m'a fourni dans les prisons de Siam une si ample matière de pénitence ; je n'avais jamais eu le courage d'en embrasser une si rigoureuse ; j'aurais même jugé qu'il était impossible de la soutenir si une nécessité indispensable ne m'avait convaincu du contraire. Ces affreuses prisons ont été pour moi une école admirable où j'ai appris par une longue épreuve ce qu'on n'apprend pas dans les séminaires les plus réguliers. Les chaînes, la cangue sont des leçons qui m'ont désabusé de plusieurs fausses préventions inspirées par l'amour-propre en matière de spiritualité. Si j'avais profité des lumières et des grâces que j'ai reçues dans ce lieu de misères et de douleurs, je serais tel que doit être un missionnaire pour remplir les devoirs de son état. »

Mgr Laneau parlait le même admirable langage en faisant aux directeurs du Séminaire des Missions-Étrangères le récit des malheurs de son Vicariat[2] : « Nous sommes, grâce à Dieu, à l'aumône, en prison, réduits à l'extrémité des misères. En cela, nous n'avons à nous plaindre de personne. C'est Dieu, qui, par son amour infini, nous a chassés de notre maison, dépouillés de tout ce que nous avions, mis à la chaîne et fait passer par des souffrances que, pour pénétrants qu'on soit en Europe, on ne pourra jamais concevoir. *Omnia excelsa tua et fluctus tui super me transierunt*[3]. Ensuite, nous

---

1. *Hist. des prog. du Christ.*, etc. (manus.), p. 479.
2. Arch. M.-É., vol. 126, p. 240 ; Lettre du 24 nov. 1689.
3. Toutes les eaux de votre colère se sont élevées comme des montagnes, et tous vos flots ont passé sur moi. (Ps. XLI, v. 8).

avons été rassasiés d'opprobres et si abandonnés des hommes, que bon gré mal gré, il a fallu dépendre de Dieu seul.

« On nous avait encore laissé plusieurs choses, qui, n'étant pas à l'usage des gens du pays, nous étaient à nous d'une grande consolation, et deux de nos missionnaires qui sont : MM. Chevreuil et Martineau qu'on avait laissés en liberté avec un domestique, appelé frère Charles, en prenaient soin. Mais depuis six ou sept jours, les jugeant superflues, on nous les a ôtées par le feu. Oh que Dieu est adorable dans les desseins de son amour ! Il nous veut tout spirituels, il nous laisse sans temporel, et nous voilà comme les disciples sans sac, sans bourse et sans souliers. Nous n'avons sauvé que nos livres et une partie de nos ornements d'église. Il y a plus d'un an et bien deux que nous sommes sans argent, et cependant nous ne sommes pas morts de faim. L'expérience a bien fait voir que les Européens peuvent vivre d'un peu de riz avec un peu de poisson salé.

« Tous nos missionnaires, excepté M. Paumard, presque tous nos écoliers, tout ce qui reste ici de Français, tant des troupes du roi que de la Compagnie royale, et quelques Anglais, aussi bien que le R. P. de La Breuille, jésuite de France, ont été mis dans la grande prison des voleurs. O Dieu ! quel enfer que cette prison. Non, il ne vous sera pas possible de vous l'imaginer ; il faudrait l'avoir vue, encore ne serait-ce pas assez ; car je l'avais vue cent fois et je n'ai bien connu ce qui en était que lorsque je l'ai expérimenté. Il est vrai que je n'en ai pas fait une longue expérience, j'étais indigne de souffrir dans une si sainte compagnie.

« On m'a mis à part dans la prison des Brapins, où je ne souffre presque rien, sans cangue, sans chaînes, trop à mon aise, tandis que nos chers frères sont comme des forçats.

« On a fait des chansons contre la religion et contre nous. Nos pauvres écoliers sont comme des brebis dispersées, les uns faits esclaves, les autres chargés de fers, quelques-uns seulement jouissent de quelque liberté avec MM. Chevreuil et Martineau sous lesquels ils continuent leurs études le mieux qu'ils peuvent, aussi bien que ceux qui sont en prison. Ceux-ci ont commencé à étudier depuis qu'ils ne vont plus aux travaux publics avec les autres prisonniers. Pendant qu'ils y allaient, c'était une belle chose à voir que des missionnaires, des gentilshommes, des soldats, des jeunes étudiants de diverses nations, attachés dix à dix avec des voleurs par une longue chaîne, les fers aux pieds et au cou, aller par la ville porter de la terre, traîner du bois et faire d'autres corvées également ignominieuses et pénibles, mais à présent cela est fini.

« Que tout ce que je vous écris ne vous afflige et ne vous décourage point; je vous ai découvert quelque chose de nos peines, mais je ne puis rien vous dire de nos douceurs. Dieu a la bonté d'en donner de temps en temps de si grandes à nos chers prisonniers, qu'elles effacent en un moment toute l'idée du passé. La prison où ils sont est à la vérité un enfer pour les maux qu'ils y endurent; mais elle est en même temps un paradis pour les grâces qu'ils y reçoivent. Un d'entre eux m'écrit qu'il croit être dans le ciel, tant sont grandes les délices spirituelles dont Dieu le comble. D'autres me marquent des sentiments si purs et si élevés, que si j'avais le temps de vous les exprimer, vous en seriez aussi consolés et aussi charmés que je le suis. On ne connaît le trésor, qui est renfermé dans les épreuves les plus longues et les plus larges que lorsqu'on y passe. O que Dieu est admirable et adorable quand il nous y fait passer. Qu'il est proche de nous pour lors et qu'il se fait vivement sentir à l'âme. On apprend beaucoup plus dans un noviciat de persécution à la cangue et aux fers qu'en dix années d'étude en Sorbonne. »

Durant ces longs mois de captivité, Mgr Laneau composa une partie de son livre : *De Deificatione Justorum*. Trois ans avant sa mort, il revit les pages écrites dans sa prison ; il les enrichit d'extraits des œuvres des Saints Pères, leur donna plus de développements, et, sous cette forme nouvelle, les adressa aux missionnaires. Une copie, envoyée en France vers la fin du XVIIIe siècle, fut approuvée par de Tourmenyes, grand maître de Navarre, député de la faculté de théologie de Sorbonne pour la revision des livres et censeur royal. Cet ouvrage, resté manuscrit jusqu'à nos jours, a été imprimé en 1887 par les presses que la Société des Missions-Étrangères possède dans l'île de Hong-Kong [1].

Écrit en un latin fort élégant, « il se distingue, comme l'a dit le savant consulteur d'une des principales congrégations romaines, par l'abondance et la vigueur de la doctrine, par une onction pénétrante et un esprit de piété très propre à faire avancer rapidement, dans la voie de la perfection, tous ceux qui s'en inspireraient pour le règlement de la vie. »

Il est divisé en deux parties : chaque partie comprend quatre chapitres subdivisés en un grand nombre de paragraphes, sous chacun desquels sont rangés les arguments destinés à prouver la thèse générale se basant sur cet enseignement de Notre-Seigneur à ses disciples : « Soyez parfaits comme votre Père céleste est parfait. » L'auteur établit que les chrétiens qu'il appelle les justes, doivent travailler à leur « déification ». La première partie traite donc, en doctrine, de la déification par Jésus-Christ, c'est-à-dire de la vocation par laquelle nous sommes appelés à être les fils de Dieu,

---

[1]. Sous la direction de M. Rousseille, directeur du Séminaire.

les membres de Jésus-Christ et le temple de l'Esprit-Saint.

La seconde énumère les moyens auxquels nous devons recourir pour être, dans la pratique, fidèles à cette vocation. L'ouvrage se termine par un modèle d'examen de conscience quotidien, qui donne une haute idée de la piété et de l'avancement spirituel des séminaristes de Siam au xviie siècle, puisqu'on pouvait leur proposer un programme de vie si parfait.

Pendant que Mgr Laneau avait enduré ces misères et fait ces travaux, Desfarges, revenu de Pondichéry, s'était établi à Jongselang, d'où il avait essayé de renouer des relations avec la cour de Juthia. Les Siamois, craignant qu'il ne vînt en ennemi, voulurent s'assurer des otages et d'abord de l'évêque ; ils le firent sortir de sa cabane, et le remirent en prison après l'avoir chargé de chaînes.

Lorsqu'on apprit que le général demandait la paix, le Vicaire apostolique, mal vêtu, sans souliers, sans chapeau, fut amené dans la salle où se discutaient les affaires.

Il y trouva les officiers français aussi indignement traités que lui, et plusieurs mandarins qui lui ordonnèrent d'écrire à Desfarges ; il obéit.

Dans sa lettre, composée selon les règles de la politesse siamoise, il priait le général d'avoir égard à l'amitié royale, à la religion, au traité, aux Français détenus prisonniers, à ses missionnaires et à lui-même. Il traduisit cette lettre aux mandarins qui l'approuvèrent, mais changèrent bientôt d'avis, et firent une autre réponse, puis obligèrent l'évêque d'apposer son cachet sur ce factum sans lui permettre de le lire.

Voyant qu'il n'y avait plus rien à espérer dans l'état de surexcitation des esprits, Desfarges renvoya les otages qu'il avait emmenés à Pondichéry quelques mois auparavant, et partit pour le Bengale en novembre 1689.

III

Telle fut l'issue fatale des relations de la France avec Siam; malgré les démarches que M. Manuel et le P. Tachard entreprirent les années suivantes, les rapports cessèrent presque entièrement. Des espérances de grandeur religieuse et politique qu'avaient conçues les Vicaires apostoliques et leurs missionnaires, et dont la réalisation avait été préparée avec tant de soin, il ne resta qu'un souvenir douloureux et des ruines.

Louis XIV possédait à un haut degré les qualités et les défauts que l'on a coutume d'attribuer au caractère français; l'expansion de son royaume en Europe, le relèvement de la gloire militaire, l'éclat d'une situation supérieure à celles des autres souverains le flattaient et l'éblouissaient, mais il n'aimait pas les entreprises de longue haleine dont il fallait diriger longtemps la marche et attendre patiemment les progrès, il désirait faire grand et vite.

Or, à cette époque, s'il était facile de faire grand, il était bien difficile de faire vite; les voyages en Indo-Chine duraient cinq à six mois; les guerres maritimes avec la Hollande ou avec l'Angleterre arrêtaient nos flottes et parfois les détruisaient; si, malgré ces obstacles, on voulait tenter ces entreprises lointaines dont le triple résultat, religieux, politique et commercial, pouvait être immense, on devait les confier à des chefs doués de beaucoup de prudence et d'habileté, possédant une grande connaissance de l'Extrême-Orient.

La preuve en ressort même dans cette expédition malheureuse, puisque Cébéret, directeur de la Compagnie des Indes, habitué aux affaires orientales, avait réussi, tandis que ses deux collègues, mis sans préparation en face d'une situation nouvelle pour eux, avaient échoué.

La cause des ouvriers apostoliques y avait perdu quelque éclat, plusieurs soutiendraient sans doute qu'elle y avait gagné en solidité, au moins à considérer les choses par certains côtés.

Les missionnaires, en effet, avaient été bien accueillis à Siam, ils y avaient appelé leurs compatriotes et rehaussé leur influence religieuse par les forces navales et militaires de la France. Qu'en pouvaient conclure les peuples d'Extrême-Orient, ignorants du dévouement catholique et des forces mystérieuses de la grâce divine?

Peut-être que les missionnaires étaient venus à Siam pour les honneurs qu'ils y recevaient et les avantages qu'en retirait leur pays; qu'avant tout ils étaient, sous couleur de religion, des agents politiques et commerciaux. Les Orientaux ne comprenaient pas et comprennent encore assez peu qu'apôtre d'abord, le prêtre cherche le règne de Dieu, qu'honoré ou méprisé sur une terre étrangère, il y reste, parce que la charité passe avant le commerce, l'enseignement du catéchisme avant la politique, la cause des âmes avant celle de la patrie

Aujourd'hui, les Français partaient, laissant les missionnaires exposés sans défense à toutes les colères et à toutes les rancunes, ceux-ci ne les suivaient pas, ils ne les rappelaient pas pour venger leurs insultes et leurs souffrances, ils demeuraient à Siam, maltraités pour la cause française, mais souffrant en silence, continuant d'évangéliser les petits, d'édifier les grands, de soulager les malheureux. A ceux qui désormais, et ce ne sera pas chose rare, car le triomphe de la vérité est malaisé, à ceux qui désormais leur jetteront l'épithète d'étrangers et d'agents de l'étranger, les ouvriers apostoliques pourront prouver par des faits le véritable mobile de leur vie, et montrer la différence entre leurs actes et la conduite des commerçants et des hommes politiques.

Pendant qu'à Siam les missionnaires éprouvaient, tant

de misères, à Versailles on leur attribuait les fautes commises par Desfarges et par La Loubère ; car c'est ainsi que l'on raisonne trop souvent. En Extrême-Orient, les apôtres étaient des agents français ; en France, on suspectait leur patriotisme ; ce sont là des écueils fréquents dans les vies des prédicateurs de l'Évangile, plus difficiles à éviter que les brisants des côtes au milieu de sombres orages.

Durant vingt années, les missionnaires avaient travaillé à unir la France et Siam ; pour préserver les intérêts de ces deux pays, ils avaient contrecarré les influences rivales des Portugais, des Hollandais et des Anglais ; ils avaient servi d'interprètes, et donné tous les renseignements qu'on leur avait demandés. Que pouvait-on leur reprocher ? Dans la défaite, leur chef était seul resté fidèle à sa parole, sauvegardant par son héroïsme l'honneur de ses compatriotes, et l'on venait maintenant les rendre responsables des fautes d'agents mal choisis par le gouvernement central ; en vérité, c'est à ne plus rien comprendre aux jugements humains, et cependant, ce qui s'est dit à Versailles en 1690 s'est répété à Paris en 1885, et nous avons l'air d'écrire une page contemporaine lorsque nous racontons une histoire datant de deux siècles.

On leur fit même le reproche que leurs chrétiens n'avaient point combattu dans les rangs des Français contre leurs compatriotes. Mais, de quel droit l'eussent-ils fait ?

Avaient-ils donc, en devenant chrétiens, perdu leur nationalité de Siamois ou l'amour de leur pays ? Si le nouveau roi s'était montré depuis de longues années le persécuteur acharné du catholicisme, si la France eût été de par les traités maîtresse de Siam, cette question aurait pu se poser ? mais il n'en était rien. Les missionnaires avaient donc suivi la stricte ligne du devoir et de la justice ; ils s'étaient montrés sans faiblesse comme sans jactance, de véritables apôtres, en faisant passer la cause de Dieu avant celle de la France, de véritables prêtres en inspirant à leurs chrétiens, par leur exemple, le respect et l'amour de leur propre pays, de vrais patriotes, en mettant au service de leur gouvernement et de ses agents toutes les ressources de leur intelligence et de leur cœur.

Il y a à peine deux ans, le vicaire apostolique du Tonkin occidental, Mgr Puginier, a eu à répondre à des accusations analogues, car il n'y a que les noms qui changent, les hommes et les choses gardent leur caractère, et il a résumé sa réponse dans ces lignes :

« Mes missionnaires et moi avons rendu au représentant de la France les services que nous devions lui rendre, sans cependant rien faire de contraire aux intérêts du gouvernement annamite. Notre but a toujours été d'être utiles à notre patrie et au pays que nous évangélisons.

« Nous, missionnaires, n'avons que faire de la gloire. Nous travaillons pour Dieu, pour notre patrie, et pour le pays auquel nous nous sommes dévoués, cela nous suffit. »

De sa prison, Mgr Laneau adressait à Louis XIV une lettre superbe de résignation, d'amour pour la France et pour son roi. On ne saurait trop citer de telles pages [1] :

« Sire,

« Les extrémités où nous sommes depuis plus d'un an et demi m'obligent de prendre la hardiesse de recourir à Votre Majesté, au nom de tous ses sujets tant ecclésiastiques que séculiers, pour la supplier très humblement de daigner bien se ressouvenir de l'état de misères où ils

---

1. Arch. M.-É., vol. 860, p. 175.

sont réduits. Les Siamois nous ont imputé à crime d'avoir été caution des troupes françaises avant leur sortie, et bien qu'ils nous y eussent contraints, ils se sont néanmoins servi de ce prétexte pour nous mettre aux fers avec les plus grands scélérats du pays. Nous n'avons pas regret d'avoir procuré la liberté à ceux qui sont sortis en nous exposant à la captivité, car il y allait trop de l'intérêt et de la gloire de Votre Majesté. Nous ferions encore la même chose si c'était à recommencer, mais notre plus vif ressentiment est de voir non seulement le nom français, mais aussi le très saint nom de Dieu avili au point qu'il est dans ce pays, les saintes images profanées en diverses manières, et nous ne pouvons faire autre chose que gémir vers le Ciel et demeurer en silence. Ces gens-ci voient bien à présent qu'ils ont excédé, mais ils nous retiennent en prison pour leur servir de bouclier dans l'occasion, ne pouvant se persuader que Votre Majesté n'en veuille quelque jour tirer raison; pour ce qui est de nous, nous ne désirons autre chose, sinon que Votre Majesté ait quelque connaissance de nos misères, ce qui nous sera une très sensible consolation. Que si Dieu veut que nous finissions nos jours en cet état, il nous sera glorieux de mourir pour les intérêts de la foi et pour ceux de Votre Majesté. Cependant nous continuerons toujours de prier dans nos prisons pour la conservation de la sacrée personne de Votre Majesté et de toute la maison royale.

« Je supplie, Sire, Votre Majesté d'agréer que je prenne l'honneur de me dire avec un très profond respect

« De Votre Majesté,

« Le très humble, très obéissant et très fidèle serviteur et sujet.

« Louis..., év. de Métellopolis. »

IV

On avait espéré que, par suite du départ de Desfarges de Jonselang, les prisonniers seraient mis en liberté ; mais le chef de la factorerie hollandaise ayant publié que la guerre était déclarée entre la France et la Hollande amie du royaume, cette nouvelle suffit pour empêcher leur élargissement. Seul Mgr Laneau eut la permission d'aller demeurer au presbytère et d'y recevoir des visites, sans avoir cependant le droit de sortir.

Le jour de l'Assomption 1690, tous les prêtres et les séminaristes furent transférés de leurs cachots dans une petite île du Ménam. Malgré cette demi-liberté, épuisés par les souffrances qu'ils avaient endurées, ils tombèrent presque tous malades. Quatre missionnaires, Geffrard[1], Monestier[2], Paumard[3], Le Chevalier[4] et cinq de leurs élèves succombèrent en peu de jours.

Le Séminaire de Paris fut consterné de la catastrophe qui brisait tant d'espérances, il n'avait point en main la force pour la réparer ; mais les hommes de foi ont toujours un recours : Dieu. Quand l'orage gronde, ils prient ; quand la tempête se déchaîne et renverse l'édifice qu'ils ont péniblement élevé, ils prient ; quand tout est anéanti, ils prient encore, avec tristesse, mais aussi avec espoir ; ils ont la confiance invincible, parce qu'ils font une œuvre qui a pour elle les paroles de la vie éternelle.

Les directeurs du Séminaire prièrent et firent prier ; ils s'adressèrent à la piété des communautés de Paris :

---

1. De Lespinay, diocèse d'Amiens, parti de France par la voie de terre le 8 juillet 1674.
2. Du diocèse de Clermont, parti le 30 septembre 1690.
3. De Laval, parti de France par la voie de mer le 17 janvier 1676.
4. De Lannion, parti de France le 2 janvier 1683.

Visitandines, Carmélites, Miramionnes, Filles de la Charité, à la ferveur des couvents qu'ils rencontraient dans les villes de Brie, de Champagne, de Beauce, où ils allaient prêcher. Ils se félicitèrent d'avoir accepté l'association de prières que le chapitre de Saint-Martin de Tours, dont Mgr Pallu avait fait partie, leur avait demandée à la fin de 1688.

Par un double acte du 12 février et du 29 avril 1689, en effet, il avait été conclu que le chapitre et le Séminaire réciteraient quotidiennement des prières particulières en l'honneur de saint Martin. C'est en vertu de cette association que, chaque soir, le Séminaire des Missions-Étrangères demande par la récitation d'un verset et d'une oraison la protection de cet apôtre des Gaules.

Prévenu de cette union par les chanoines, Mgr Laneau leur répondit de sa prison, le 3 janvier 1691, la très pieuse lettre suivante [1] :

« Messieurs,

« Je ne puis vous exprimer la joie et la consolation que nous avons reçues par les heureuses nouvelles que vous avez bien voulu nous envoyer, par Messieurs les directeurs de notre Séminaire de Paris, touchant l'association dont il vous a plu de nous gratifier, sous la protection du grand saint Martin. Quoique le jour de sa fête nous ait toujours été en grande vénération aussi bien qu'à tout le reste des fidèles, il nous le sera encore davantage à l'avenir et plus mémorable à notre particulier, puisque ce fut ce jour-là même et les suivants que nous commençâmes, il y a deux ans, à porter les fers et à être mis dans les prisons. Comme les faveurs des saints sont d'une nature bien différente de celles des hommes, il y a bien de l'apparence que ce fut ce saint même, qui

---

1. Arch. M.-É., vol. 869, p. 179.

nous procura ce bien, pour nous donner le moyen d'expier nos fautes par une pénitence à laquelle notre lâcheté n'aurait jamais consenti. Car les saints ne regardent pas ce qui nous est le plus agréable, mais ce qui nous est le plus avantageux pour l'éternité. C'est dans ces mêmes sentiments que nous avons reçu vos patentes. Et pour vous marquer l'acceptation que nous en faisons, ainsi que pour vous témoigner le désirer, nous vous envoyons aussi les nôtres. »

Celui qui « tient en sa main le cœur des rois » exauça les prières de tant d'âmes ferventes, l'apaisement se fit peu à peu ; en 1691, on rendit le séminaire à Mgr Laneau, et on lui permit d'y habiter avec les professeurs et les élèves. De cette demeure, il ne restait plus que les murs ; l'évêque, dénué de tout, dut emprunter de l'argent pour la réparer et la meubler. Cependant Pitracha n'avait pardonné qu'à moitié ; le Vicaire apostolique et les missionnaires étaient libres, les Français étaient encore dans les fers. Mgr Laneau intercéda pour eux et sollicita leur grâce ; l'usurpateur refusa ; l'évêque revint à la charge et triompha par ses instances de la colère royale. Il ne s'en tint pas à ce premier acte de patriotique charité ; lorsque ces malheureux, sans ressources, sans abri, presque sans vêtements, furent sortis de leur prison, il les logea et les nourrit. Devant cette générosité, les rancunes de Pitracha tombèrent, et il fit remettre 500 écus au bienfaiteur de tant d'infortunes.

V

L'échec de la France ne fut pas sans influence sur les Missions et sur l'action de la Société des Missions-Étrangères en Extrême-Orient ; il était encore incomplet et à peine connu en Europe, que les Portugais en profitèrent pour réclamer avec plus d'insistance le rappel des Vicaires apostoliques et l'érection de nouveaux évêchés.

Le pape Alexandre VIII leur accorda une partie de ce qu'ils désiraient ; deux évêchés titulaires furent créés en Chine, celui de Pékin et celui de Nankin, tous deux dépendant de l'archevêché de Goa avec droit de patronage [1].

Cette mesure, qu'expliquaient les sollicitations incessantes du Portugal plus que ses promesses, était l'abandon partiel du plan dont Mgr Pallu avait été le promoteur : institution et maintien d'administrateurs généraux, de vicaires apostoliques européens et d'évêques indigènes.

En soi, cependant, elle n'avait rien d'alarmant pour l'existence de la Société; mais on était habitué aux exigences et aux habiletés diplomatiques des Portugais, et on craignait que cette concession ne leur servît de point de départ pour en demander d'autres ; les lettres qui d'Europe arrivaient en Extrême-Orient, étaient, il faut l'avouer, fort troublantes.

Voici un extrait de l'une d'elles écrite par un religieux de la Compagnie de Jésus [2] :

« Non seulement le sérénissime roi de Portugal a été remis en son ancien droit par le Pape, mais encore Sa Sainteté a entièrement retranché et abrogé l'autorité des Vicaires apostoliques et défendu que, dorénavant, aucun séculier ou régulier ose se glisser dans les missions des Indes, sinon sous les auspices du sérénissime roi de Portugal et après en avoir obtenu la permission des supérieurs ecclésiastiques. »

Ces nouvelles étaient fausses, mais on l'ignorait ; et il

---

1. Érigés en 1690.
2. *Lettre au provincial de Goa, 22 décembre 1692.* Arch. M.-É., vol. 427, p. 1270.

est aisé de comprendre les préoccupations et les anxiétés qu'elles soulevaient. Le rappel des évêques Vicaires apostoliques, en effet, était le signal de la ruine de la Société des Missions-Étrangères, puisqu'ils lui étaient absolument nécessaires pour atteindre son but?

A ce moment, ses prêtres redoutaient les Portugais plus que les païens; avec les païens, ils pouvaient fuir, se cacher, et en dernier lieu mourir. Eux morts, d'autres viendraient prendre leur place, recommencer une lutte dont les bourreaux se fatigueraient plus vite que les victimes; dans la lutte contre les Portugais, au contraire, il fallait vaincre à tout prix, sous peine de mourir immédiatement et de n'avoir pas de successeurs. Mgr Laneau députa à Rome, pour plaider la cause des Vicaires apostoliques, un des missionnaires de Chine, Louis Quémener [1].

De plus on n'était pas sans crainte pour les contrées voisines de Siam, et l'on redoutait que l'ébranlement ne se fît sentir au Tonkin et en Chine. Tiberge, incapable de contenir ses craintes, écrivait à Guisain, missionnaire au Tonkin, « de lui mander au plus tôt s'il n'était pas arrivé de grands malheurs chez lui, lorsqu'on y avait connu les événements de Siam »; de Brisacier adressait la même question à Gabriel Delavigne qui venait de fonder la procure de Pondichéry, où il centralisait les nouvelles des missions.

De Chine, M. Pin exprimait ses appréhensions en ces termes : « Nous ne savons plus où nous en sommes avec ce qui vient d'arriver à Juthia; nous redoutons bien de voir que les Européens, déjà peu aimés des Chinois, n'en soient tout à fait détestés quand on saura que les soldats français ont été chassés de Siam, parce qu'ils

[1]. De Brest, parti de France le 6 avril 1682, mort le 17 novembre 1704. — 60 ans.

voulaient, à ce qu'on dit, y faire une révolution. Cependant nos mandarins ne nous ont encore rien fait voir; les Jésuites qui sont bien à la cour pensent que nous n'avons rien à redouter. »

VI

L'empire du Milieu, en effet, ne s'émut pas des événements de Siam. Les missionnaires et leurs néophytes ne furent pas inquiétés; ils continuèrent d'avoir avec les mandarins des relations généralement bonnes, de voyager et de prêcher à peu près librement; mais leurs succès étaient loin d'égaler ceux des apôtres du Tonkin et de Cochinchine. Perdus dans ces grandes villes chinoises dont la population immense et compacte est si difficile à pénétrer, privés de leur chef par la mort de Mgr Pallu que ne remplaçaient ni Mgr d'Argolis, religieux franciscain, ni Mgr Lopez, ni M. Maigrot, vicaire apostolique sans caractère épiscopal, plus ou moins distraits par la querelle sur la question des Rites, qui battait son plein, ils glanaient plus qu'ils ne moissonnaient, cherchaient des secours et une direction à Rome ou au Séminaire de Paris. Les secours n'arrivaient pas, et la direction, donnée de si loin, était nécessairement générale et partant trop vague pour produire les résultats attendus.

En 1691, la Société avait huit prêtres dispersés dans deux provinces du littoral de l'empire, le Fo-kien et le Kouang-tong, et dans une province de l'intérieur le Kiang-si.

Maigrot était à Fou-tcheou, dans le Fo-kien; en 1687, il baptisa 80 infidèles, 75 en 1688, et les années suivantes un nombre à peu près égal; de Lionne et Gravé,[1]

---

1. Du diocèse de Rennes parti le 2 janvier 1683, mort à Surate le 2 mars 1696. — 45 ans.

à Hing-hoa et à Chang-lo, s'adonnaient à l'instruction des anciens chrétiens; la paroisse la plus nombreuse et la plus fervente était Chao-tcheou ou Chao-kouang, dans la province du Kouang-tong, elle était desservie par Leblanc [1] et par Basset [2].

En 1688, ce dernier avait écrit [3] :

« Dieu a donné beaucoup de bénédictions à l'église de Chao-tcheou; il y avait près de 300 fidèles quand j'en suis parti, qui ont tous été baptisés, excepté trois qu'on y a trouvés, depuis que cette église a été ouverte. Il y a des familles entières qui ont reçu le baptême, qui vivent fort chrétiennement et qui fréquentent souvent les sacrements, ce qui m'a bien donné de la consolation pendant que j'y ai demeuré; il y a un hôpital pour les pauvres, les aveugles et autres gens de cette sorte dans lequel il y a environ 35 à 40 personnes qui ont toutes reçu le baptême et qui vivent dans une véritable innocence. »

De Cicé [4] résidait dans la grande ville de Canton, où il était chargé d'une église et exerçait les fonctions de procureur, recevant les nouveaux missionnaires, expédiant aux anciens les envois, qu'il recevait pour eux de France par les vaisseaux de la Compagnie des Indes-Orientales.

Près de lui, dans la même ville, Charmot [5] essayait de fonder un petit séminaire qui ne prospéra pas. M. Pin parcourait une partie du Kiang-si et racontait dans ses lettres les actes de vertu de ses fidèles. Autour d'eux, et souvent dans les mêmes villes, des Jésuites, des

1. De Beaune, bachelier de Sorbonne, parti le 22 décembre 1678, mort le 2 septembre 1720, dans le Kouang-tong.
2. Du diocèse de Lyon, bachelier de Sorbonne, parti le 13 février 1685, mort en 1707, à l'âge de 45 ans, dans la province du Kouang-tong.
3. Arch. M.-É. *Lettre du 8 février*.
4. De Rennes, parti le 6 avril 1682, mort le 1er mai 1727, à l'âge de 78 ans.
5. Du diocèse de Châlon-sur-Saône, parti le 13 février 1685, mort le 28 juin 1714. — 59 ans.

Dominicains, des Franciscains travaillaient également à l'œuvre de Dieu. Tous avaient les yeux fixés sur Pékin, où des prêtres de la Compagnie de Jésus obtenaient en 1692 un édit de liberté religieuse.

Jusqu'alors, le christianisme, sans avoir eu à subir de violentes persécutions dans l'empire chinois, n'y avait pas encore officiellement obtenu droit de cité. A cette époque, Kang-hi se détermina, sur les instantes sollicitations des Jésuites, à donner un édit favorable à la religion. Le tribunal des Rites, qui avait été chargé de l'étude de cette affaire, rendit cette sentence que l'empereur signa le 22 mai. « L'on permet à tout le monde d'aller dans les temples des Lamas, des Huchans, des Taossé, et l'on défend d'aller dans les églises des Européens qui ne font rien de contraire aux lois; cela ne paraît pas raisonnable. Il faut donc laisser les églises de l'empire dans l'état où elles étaient auparavant, et permettre à tout le monde d'y aller adorer Dieu sans inquiéter dorénavant personne sur cela. » Cette faveur impériale fut reçue avec enthousiasme, on le comprend sans peine, elle ne devait malheureusement pas avoir les grandes conséquences que l'on s'en était promis.

Le Tonkin se maintenait prospère par les prêtres indigènes; car il ne comptait que trois prêtres français, Bélot[1], Guisain et Braud[2], et trois ou quatre religieux.

En 1693, mourut le chef du Vicariat oriental, Mgr Deydier; il eut pour successeur un dominicain, le P. Lezzoli. La Société des Missions-Étrangères ne conserva que la partie occidentale, gouvernée par Mgr de Bourges, toujours ferme et vigilant, malgré les fatigues d'un apostolat de trente-trois années. Aucune persécution ne troublait cette mission; car on ne peut compter

---

1. D'Avallon, parti le 22 décembre 1678, mort le 2 janvier 1717, à l'âge de 66 ans.
2. De Nantes, parti de France en 1689, mort en 1722.

au nombre des persécutions les vexations locales, les procès, les injustices, dont les païens, mandarins, chefs de villages ou citoyens influents, se rendaient coupables envers les chrétiens. Mgr de Bourges profitait de ce calme pour faire la visite pastorale de son Vicariat, une lettre de M. Bélot raconte d'édifiants détails sur la vie qu'il menait dans ses voyages : « Il fait plusieurs oraisons par jour; lorsque les chrétiens ne lui en laissent pas le temps, il prend sur son sommeil pour les achever; il est très doux envers les païens qui viennent le voir avec autant de hâte que les chrétiens; il se fait rendre compte des plus petites choses par nos prêtres indigènes et par les catéchistes; il ne craint pas de passer plusieurs heures à examiner les affaires les plus embrouillées, et comme il est très respecté des mandarins qui le savent en bons termes avec les seigneurs de la cour, il fait obtenir justice aux malheureux injustement dépouillés; il ne redoute aucune fatigue corporelle et observe scrupuleusement les mortifications dont il s'est fait un devoir, car vous savez qu'il se contente de très peu de choses pour vivre et des choses les plus communes. Rien ne saurait vous donner une idée de l'empressement des chrétiens à venir le trouver; ils veulent tous le voir, toucher ses habits et recevoir sa bénédiction; il en connaît beaucoup par leur nom et leur parle avec tant d'onction de leur salut éternel qu'ils ont tous les larmes aux yeux. L'autre jour, il a fait appeler un pêcheur qui scandalisait toute la paroisse, et l'a amené de suite à sortir de ses désordres. Les prêtres indigènes le respectent et l'aiment beaucoup. »

Mgr de Bourges établit, dans la province du Nghe-an, un petit séminaire qui augmenta encore le nombre des aspirants au sacerdoce.

Dès les débuts, la mission du Tonkin se plaçait au premier rang par ses prêtres indigènes, nombreux, bien formés, habiles dans la direction des paroisses, possédant une connaissance assez complète de la littérature du pays.

On rencontrait dans leurs rangs d'anciens chefs de village, habitués aux affaires depuis de longues années, ayant dans les dangers l'étonnante impassibilité des Annamites de haute classe, dans les relations avec les mandarins une extrême politesse et une grande réserve. La vie abrégée de plusieurs de ces prêtres a été écrite en 1752 par Mgr Néez et publiée en 1883 avec des retouches heureuses par M. Lesserteur, directeur du Séminaire des Missions-Étrangères [1].

Située plus près du royaume de Siam, en rapports plus fréquents avec lui, la Cochinchine ressentit quelque trouble de l'échec des Français. Ngai-Vuong, le même qui avait écrit à Juthia pour défendre les missionnaires, circonvenu et excité par les ennemis des chrétiens, lança plusieurs édits défendant de professer le catholicisme. Des mandarins obéirent et arrêtèrent des catéchistes plutôt pour leur extorquer de l'argent que pour les faire renoncer à leur foi ; la masse de la population resta indifférente ou se montra sympathique. En 1691, la Société des Missions-Étrangères avait fait placer à la tête de ce vicariat apostolique un ancien élève du séminaire général de Siam, François Pérez, que Mgr Laneau, en sortant de prison, sacra évêque de Bugie.

Pérez fut un prêtre excellent, mais il ne sut pas faire accepter son autorité; une hauteur de manières, qui peut être orientale et n'est certainement pas apostolique, des préjugés et des antipathies nationales rendirent son épiscopat douloureux, encore eut-il la bonne fortune d'avoir sous ses ordres des prêtres de grand

---

1. *Notices sur les premiers prêtres indigènes du Tonkin.*

mérite et de haute vertu. Il avait choisi pour provicaire Pierre Langlois [1], il avait été bien inspiré. Langlois était un des meilleurs missionnaires de Cochinchine, sinon le meilleur; il était populaire dans toute la province de Hué et sympathique à la cour. Sa sainteté était appréciée, son habileté de médecin l'était davantage. Missionnaire à Siam de 1669 à 1680, il avait pris des leçons du chirurgien René Charbonneau, et s'était exercé dans les deux hôpitaux qu'il avait construits à Pourcelouc, à 80 lieues de Juthia; supérieur du collège général, il avait étudié la langue annamite avec les élèves venus de Cochinchine et du Tonkin, et il la posséda si bien, qu'il composa un dictionnaire comprenant 1,500 mots de plus que celui du P. de Rhodes et rédigea une grammaire qu'un missionnaire qualifiait de chef-d'œuvre.

Envoyé en Cochinchine, il avait fondé des hôpitaux à Hué où chaque jour il donnait des consultations et des remèdes; en soignant les corps, il gagnait les cœurs et sauvait les âmes; il avait baptisé des officiers de la garde royale, des femmes de mandarins, beaucoup d'hommes du peuple. Lui-même évalue à huit ou neuf cents le nombre des baptêmes qu'il administrait annuellement. Ses succès le firent choisir comme victime par les ennemis des chrétiens qui l'accusèrent de tramer un complot et le menacèrent de détruire sa maison, son église, ses hôpitaux.

« J'attendis, écrit-il [2], me préparant à recevoir tout ce qu'il plairait à Dieu de m'envoyer. » Dieu lui envoya le secours de ses fidèles. Les femmes de mandarins qu'il avait baptisées s'émurent de ses périls, elles allèrent trouver la reine mère et la prièrent d'in-

---

1. De Gisors, diocèse d'Evreux, parti le 12 février 1669, mort le 30 juillet 1700, à l'âge de 60 ans.
2. Arch. M.-É., vol. 673, p. 126.

tercéder en faveur de leur père spirituel. Celle-ci ignorait encore l'accusation.

« Le Père Pierre a fait trop de bien à la cour et en ce royaume, dit-elle, pour que mon fils lui fasse quelque mal. » Elle interrogea le roi. « Qui vous a dit cela, ma mère? » s'écria-t-il, et il lui promit de laisser toute liberté à celui qu'on appelait le Père Pierre. « C'est ainsi, conclut le missionnaire, que cette illustre dame, en pensant me servir, m'a détourné de l'occasion de souffrir pour Dieu. Mais, peut-être que ce qui est différé n'est pas perdu [1]. » Le proverbe était une prophétie; en 1700, nous le verrons, Langlois mourut en prison.

VII

Au Pégou, deux missionnaires goûtèrent cette joie de souffrir pour Dieu que leur compagnon d'armes regrettait.

Après avoir recouvré la liberté, Mgr Laneau avait voulu reprendre ses travaux de prédication et de conversion; il s'était heurté à l'irrésolution et aux craintes des chrétiens, à l'hostilité des païens; il comprit que mieux valait laisser se calmer les esprits et porter ses efforts sur un autre terrain; il profita d'un incident qui lui ouvrit le Pégou. Placé entre les royaumes d'Ava et de Siam, baigné par les eaux du golfe de Bengale, le Pégou était habité par une population fortement attachée à un bouddhisme dont elle mélangeait les pratiques à de nombreuses superstitions; on y avait connu la foi chrétienne par les Portugais qui avaient établi des maisons de commerce sur plusieurs points du territoire, et par des Pégouans, autrefois prisonniers de guerre à Siam, et revenus dans leur pays après avoir reçu le baptême.

1. Arch. M.-É., vol. 673, p. 127.

Informé des services rendus à ses compatriotes par les prédicateurs de la religion d'Occident, un ambassadeur pégouan à Juthia voulut voir l'évêque; il lui témoigna sa reconnaissance et lui promit d'obtenir de son souverain la permission d'appeler deux prêtres dans son pays; il ajouta que lui-même dépêcherait un de ses officiers pour être leur conducteur, leur interprète et leur hôte; il tint parole, et se montra le soutien dévoué des deux missionnaires qui furent désignés, Genoud et Joret.

Genoud [1] était en mission depuis douze ans, il en avait passé une partie à Siam, une autre partie au Cambodge, où il avait été battu, blessé et laissé presque mort sur place dans une invasion de Cochinchinois. Professeur au séminaire général dès son arrivée en mission, Joret [2] avait profité de ses loisirs pour étudier la langue du Pégou et convertir des prisonniers de ce pays. Du séminaire, il alla au Cambodge où il montra en plusieurs circonstances critiques une prudence et un sang-froid rares.

Les débuts de leur apostolat au Pégou furent heureux; leur charité fit accepter leurs enseignements; ils achetèrent une petite propriété et bâtirent un hôpital. Des pauvres auxquels ils fournirent des aliments, des malades qu'ils guérirent publièrent leur bonté et leur habileté. Les mandarins s'empressèrent de les visiter et de les appeler près de leurs parents infirmes. La confiance qu'on avait en eux leur permit de baptiser un grand nombre d'enfants moribonds et d'instruire plusieurs adultes. En quelques mois, ils rassemblèrent une cinquantaine de néophytes, les instruisirent et les employèrent comme catéchistes.

Quand ils sont bien conduits, les néophytes sont d'ardents recruteurs d'âmes, ceux-ci amenèrent aux mission-

---

1. De Fribourg, parti le 15 avril 1680.
2. De Moulins, né en 1644, parti le 6 avril 1682.

naires leurs proches et leurs amis ; la chrétienté augmenta, mais redoutant que les assemblées nombreuses et fréquentes n'éveillassent des soupçons, Genoud et Joret se séparèrent et établirent deux petites paroisses éloignées l'une de l'autre de cinq à six lieues.

Soudain l'orage fondit sur eux, excité par la conversion d'un mahométan qu'une jeune fille chrétienne avait refusé d'épouser, avant qu'il eût embrassé le catholicisme. Le prétendant accepta la condition ; les parents s'y opposèrent, car ce changement de religion les mettait en danger d'être frappés d'une amende et ils voulurent faire apostasier le nouveau converti.

N'ayant pu y réussir, ils résolurent de se venger par la mort ou par l'expulsion des missionnaires. Ils allèrent trouver les Ponghis [1], et éveillèrent leurs craintes et leur jalousie par un argument qui n'a rien de surnaturel, mais dont le succès est à peu près infaillible.

« Si vous tolérez ces prêtres étrangers, dirent-ils, vous verrez bientôt diminuer votre influence et le nombre de vos adeptes, alors que deviendrez-vous ? » Il n'en fallut pas davantage.

Les bonzes portèrent aussitôt contre les missionnaires l'accusation d'enseigner une doctrine étrangère et de provoquer des troubles dans le royaume. Deux d'entre eux présentèrent une requête au roi. A peine ce prince en eut-il achevé la lecture, qu'il intima l'ordre de saisir les ministres de Jésus-Christ et de les lui amener.

Cet ordre parvint à sa destination le 12 février 1693.

M. Joret en avertit immédiatement Mgr Laneau.

« Nous devons partir demain [2], pour être conduits à la cour. On dit qu'on nous y a accusés d'avoir fait chrétiens beaucoup de Pégouans, de Siamois et de Birmans.

---

1. Bonzes.
2. *Histoire abrég. des Pr. de la Rel.*, etc., p. 492 (manuscrit).

La précipitation avec laquelle on nous ordonne de partir, et le grand nombre de gardes, qui doivent nous accompagner, donnent lieu de croire que tout est à craindre pour nous; mais nous savons qui nous servons. Les souffrances auxquelles probablement nous serons condamnés, nous tâcherons de les supporter avec patience et de les offrir à Dieu en expiation de nos péchés. »

Ce fut la dernière lettre qu'on reçut des missionnaires; on apprit seulement quelques mois plus tard, qu'ils avaient été condamnés à un supplice barbare; après avoir été dépouillés de leurs vêtements, ils furent exposés aux moustiques, ensuite enfermés dans un sac et jetés à la rivière.

Telle fut la fin héroïque des deux premiers martyrs de la Société.

Leur nom, perdu dans nos Annales, n'est connu que d'un petit nombre, l'auréole de la gloire humaine n'entoure point leur souvenir, et l'historien se voit, avec regret, réduit à écrire quelques mots quand il voudrait tracer de nombreuses pages sur les aînés de cette lignée de martyrs que les Missions-Étrangères ont donnés à l'Église.

VIII

Afin de suivre la Société partout où elle disperse ses prêtres, il nous faut passer du golfe de Bengale aux bords du Saint-Laurent et aux rives de l'Euphrate. En Extrême-Orient, la Société souffrait à cause de la France, il en était de même au Canada toujours éprouvé par les expéditions des Anglais.

Le 17 octobre 1690, une flotte britannique vint attaquer Québec. Toutes les pelleteries de la basse ville furent apportées au séminaire; des familles entières s'y réfugièrent, elles y trouvèrent la nourriture et le logement;

les soldats vinrent à leur tour chercher des vivres et du bois qu'on leur offrit de bon cœur, « car dans des occasions de cette nature, il faut prendre patience et faire tout le bien que l'on peut sans avoir égard au besoin où l'on est [1]. »

Les élèves du petit séminaire de Saint-Joachim ne restèrent point simples spectateurs de ces luttes; habiles à manier le mousquet comme tout bon Canadien, et désireux de défendre leur patrie, ils demandèrent la permission de se joindre aux volontaires qui combattaient à Beauport, et leur première décharge porta le trouble dans les rangs ennemis; les Anglais, craignant d'avoir affaire aux sauvages et de voir leur retraite coupée, se rembarquèrent précipitamment, abandonnant plusieurs pièces d'artillerie. Le lendemain, ils voulurent les reprendre, mais les séminaristes les défendirent si bien qu'ils les gardèrent.

Pour récompenser ces jeunes gens de leur vaillante conduite, le gouverneur, M. de Frontenac, leur donna une pièce de canon qu'ils emmenèrent à Saint-Joachim, et proclamèrent le plus beau trophée de leur victoire.

Le séminaire de Québec n'avait pas le moyen de supporter les pertes occasionnées par la guerre, celui de Paris l'aida à rétablir ses finances ébranlées; ce n'était pas la première fois, et ce ne sera pas la dernière, non que les Missions-Étrangères eussent des ressources considérables, mais elles faisaient appel à la charité de leurs bienfaiteurs.

M. de Brisacier écrivait aux directeurs de Québec : « Nous n'avons pu vous envoyer ces quatre cents livres qu'en priant Madame de Maintenon de nous les faire obtenir; nous voudrions pouvoir vous en envoyer davantage, les besoins de nos Missions nous en empêchent,

---

1. *Hist. du Sém. de Québec*, p. 146 (manuscrit).

nous prierons le Seigneur qu'il daigne vous venir en aide. »

Les services du Séminaire de Paris étaient hautement appréciés par le gouverneur du Canada, M. de Frontenac : « Vous avez à Paris un séminaire des Missions-Étrangères, écrivait-il à un de ses amis, qui a aidé le nôtre de son crédit et de son argent; si vous voyez M. de Brisacier qui en est supérieur, vous lui présenterez mes hommages, et lui direz que j'ai eu l'honneur de le rencontrer plusieurs fois chez M. de Seignelay. Je voudrais bien que son séminaire envoyât chez nous plus de sujets qu'il ne fait, mais il paraît qu'il en a bien peu et qu'il n'a pas l'espérance d'en avoir davantage. »

Les appréciations de Frontenac sur l'état du Séminaire étaient malheureusement trop vraies.

On y comptait à peine trois ou quatre aspirants à l'apostolat; qu'était ce petit nombre pour toutes les Missions d'Extrême-Orient, pour le séminaire de Québec, pour la Perse?

Assurément la Société dirigeait bien peu de prêtres vers cette dernière contrée, mais dans la pénurie qui l'accablait, c'était encore beaucoup.

Pendant l'épiscopat de Mgr Picquet, le Séminaire fut activement mêlé à la vie de son diocèse : par plusieurs mémoires, adressés au Pape et à la Propagande, il demanda la fixation des limites de l'évêché de Babylone, la détermination des pouvoirs et des droits des évêques de cette ville, la ligne de conduite que ces derniers devaient observer vis-à-vis des évêques et des archevêques du Levant, l'érection d'un évêché à Ispahan, enfin il supplia la cour de Rome d'écrire très souvent au roi de Perse « des lettres de purs compliments, sans rien demander », qui devaient suffire à gagner la bienveillance du souverain et même des gouverneurs de province, trop souvent mieux disposés envers les mahométans et les schismatiques qu'envers les catholiques. L'habile évêque que la Providence avait placé à la tête de l'église de Perse mourut avant d'avoir reçu la réponse à plusieurs de ces requêtes.

Lorsqu'il se sentit mortellement atteint, il appela près de lui ses deux prêtres des Missions-Étrangères, le P. Pidou, de l'ordre des Théatins, le lieutenant du roi à Hamadan, et leur déclara ses dernières volontés[1] :

« Etant prêt à paraître devant Dieu, je vous ai fait mander, pour vous déclarer, que je reconnais MM. Jean-Baptiste Roch, François Sanson et Louis-Marie Pidou, pour mes véritables Vekils ou Substituts, que je leur laisse la disposition de tous mes biens, leur donnant plein pouvoir de vendre, acheter, aliéner, distribuer et transporter lesdits biens selon leur bon plaisir. »

Il mourut deux jours après, le 26 août 1685. Son testament, ouvert le lendemain, renfermait cet hommage de gratitude à la générosité du Séminaire des Missions-Étrangères[2] :

« J'avoue encore une fois que je n'ai rien qui soit à moi, et que tout ce qui est entre mes mains, ou qui pourra y être à l'avenir, vient de l'église de Rome, soit du revenu de l'évêché de Babylone, ou de ce que la Sacrée Congrégation de la Propagation de la foi juge à propos d'envoyer pour cette mission, comme encore de ce que le Séminaire des Missions-Etrangères de Paris m'envoye tous les ans par grâce et aumône pour le bien de cette mission, et entre autres M. l'abbé Pallu à qui j'ai résigné mon prieuré... et qui m'a toujours envoyé par pure charité et aumône, plus que tout le bénéfice ne vaut. »

---

1. *Vie de Mgr Picquet*, etc., p. 524.
2. *Id.* etc., p. 508.

Après la mort de Mgr Picquet, des troubles éclatèrent au sujet de la possession de sa demeure; le gouverneur de la ville voulait s'en emparer au nom du roi, les mahométans soutenaient cette prétention, les schismatiques multipliaient leurs sourdes menées pour la détruire.

M. Roch, M. Sanson et le P. Pidou portèrent leurs réclamations, au grand vizir et eurent gain de cause; mais au lieu de consolider leur situation, ce succès l'ébranla; on se porta même contre eux à des voies de fait.

Alors, de même que les Dominicains dans leurs démêlés avec les schismatiques, ils ne virent d'autre remède à ces difficultés que la protection de Louis XIV. Le grand roi et ses ministres acceptaient volontiers de couvrir les missionnaires de leur nom. En Perse, d'ailleurs, l'assistance royale n'avait besoin pour s'exercer ni de soldats, ni de présents, une lettre suffisait. A la demande de M. de Brisacier, que les missionnaires de Perse avaient sollicité de faire cette démarche, Louis XIV écrivit [1] :

« Très haut, très excellent, très puissant, très magnanime et invincible prince, notre très cher et bon ami.

« Dieu veuille augmenter votre grandeur avec fin heureuse. La protection que votre Majesté a donnée jusqu'à présent aux chrétiens qui sont dans votre royaume, et la grâce qu'elle a faite au Sr Marie-Louis Pidou, à présent notre consul à Bagdad, Evesque des chrestiens dudit Bagdad, et Vicaire apostolique, et aux Srs Roch et Sanson ses missionnaires, nos sujets, de les maintenir dans la possession des biens à Eux léguez par le testament de feu Sr François Picquet, prédécesseur dudit Sr Pidou, ne nous laissant aucun lieu de douter des

---

1. Arch. M.-É., vol. 10, p. 379.

égards que vous avez pour les recommandations que nous vous faisons en leur faveur, nous avons bien voulu leur accorder la lettre qu'ils nous ont demandée pour votre Majesté et qui vous sera rendue par l'un d'Eux, et comme nous sommes bien informé de leur mérite, nous attendons de votre amitié que vous empêcherez par votre autorité, qu'ils ne puissent être inquiettez ni dans l'exercice de leurs fonctions, ni dans la conservation des Effets qui leur ont été légués par le dernier Evesque de Bagdad, et mesmes que vous voudrez bien leur continuer la liberté de leur demeure dans Hamadan, où ils sont desjà établis, en leur accordant à cet effect tous mandements nécessaires pour vos gouverneurs, comme aussi d'avoir un petit hospice dans Ispahan pour y faire plus facilement les affaires des chrestiens. Et la présente n'estant à autre fin, nous prions Dieu qu'il veuille augmenter votre grandeur avec fin heureuse. »

« Ecrit à Versailles, le 24 juin 1688.

« Votre très cher et bon ami,

« LOUIS. »

Cette lettre rendit aux missionnaires un semblant de faveur royale ; le souverain leur adressa quelques paroles gracieuses, n'engageant ni le présent ni l'avenir, mais assez explicites pour changer les dispositions des officiers, dans un pays, semblable à plusieurs autres, où la volonté du roi est la règle suprême, son bon plaisir le désir de tous, et la souplesse le meilleur moyen de parvenir. Sous l'épiscopat de Mgr Pidou, la Société envoya encore des missionnaires dans la Perse, Gaudereau en 1687, huit ans plus tard, Charles, ancien curé dans les environs de Pontoise, Pariset du diocèse de Lyon, et Belley de Rouen.

Cependant cette mission était trop éloignée des autres pays confiés à la Société, elle nécessitait une préparation particulière des ouvriers apostoliques ; le Séminaire, qui la soutenait uniquement par respect pour la mémoire de Mgr Bernard de Sainte-Thérèse et par amitié pour Mgr Picquet et Mgr Pidou, jugea meilleur de la laisser entièrement aux religieux qui l'évangélisaient depuis plusieurs siècles.

L'Extrême-Orient, d'ailleurs, exigeait de plus en plus l'attention de la Société entière : ses missionnaires y rencontraient des difficultés d'un nouveau genre soulevées par la grave question des Rites chinois.

CHAPITRE XII
1692-1700

I. La question des Rites. — Rôle de la Société des Missions-Étrangères. — II. M. Maigrot. — Une erreur de Voltaire. — Mandement de M. Maigrot. — M. Charmot à Rome. — III. Division de la Chine en Vicariats apostoliques. — M. Quémener. — Nomination de Vicaires apostoliques de la Société. — IV. Bref du Pape Innocent XII à M. Maigrot et au Séminaire des Missions-Étrangères. — Opinion de Bossuet, de Fléchier, et billet de Madame de Maintenon sur la question des Rites. — Lettre du Séminaire au Souverain Pontife pour lui demander une décision sur les Rites. — Mémoire des directeurs du Séminaire. — Opinion de M. de Cicé. — V. Persécution en Cochinchine sous Minh-Vuong. — M. Langlois arrêté. — Nouvelles persécutions, arrestation et souffrances de MM. Langlois, de Capponi, de Sennemand, Féret, Gouges, d'Estrechy.

I

La question des Rites est certainement la plus célèbre de celles qui furent agitées dans les Missions d'Extrême-Orient; elle passionna de vigoureux esprits, elle souleva de longues polémiques, et hélas! elle stérilisa bien des dévouements. Elle restera comme une des grandes preuves du soin apporté par Rome à l'étude des procès théologiques de l'ardeur qui saisit et entraîne des hommes et de foi dans les débats sur la pureté de la doctrine catholique. La Société des Missions-Étrangères n'a pas joué le premier rôle dans cette affaire; plusieurs de ses membres y furent néanmoins activement mêlés; d'autres attendirent patiemment la décision des autorités ecclésiastiques. Nous n'exposerons pas la discussion dans tous ses détails, Rome l'a tranchée; un très long récit n'aurait qu'un médiocre intérêt et nulle utilité, il nous ferait même sortir du véritable cadre de notre histoire. Nous nous bornerons à dire en quoi la question consiste et la part qu'y prit la Société par les écrits et par les actes de ses missionnaires en Chine et des directeurs de son Séminaire en France. Nous citerons également quelques documents inédits trouvés dans nos archives et signés de noms illustres.

Cette question portait sur trois points principaux : le culte de Confucius, les honneurs rendus aux morts, les noms donnés à Dieu par les Chinois.

Le philosophe Confucius[1] est depuis des siècles entouré d'une vénération universelle dans l'empire du Milieu ; il n'est pas adoré, il est révéré comme un saint ; dans chaque ville, il a son temple où, sur un autel, repose sa tablette avec cette inscription en caractères d'or : Siège de l'âme du très saint et très excellent grand maître Confucius.

Deux fois par an, on lui offre un sacrifice solennel auquel prennent part tous les lettrés, et que préside le gouverneur de la ville assisté par ses officiers ; des victimes choisies sont immolées, le sang et les poils sont placés devant la tablette et offerts au Maître ; les chairs sont ensuite distribuées entre tous les assistants ; c'est le culte solennel. Il y a le culte simple, celui que les mandarins rendent au philosophe à l'occasion de leur entrée en charge, et les lettrés à l'époque où ils prennent leurs grades.

Le culte des ancêtres n'est pas, chez les Chinois, une simple habitude inconsciente, il a ses racines dans la philosophie nationale qui enseigne que la mort est le passage d'un état à un autre, et que le défunt garde une personnalité, des sentiments, un intérêt dans sa postérité, une action sur les choses du monde.

1. Né vers l'an 551 et mort vers l'an 479 avant J.-C.

Les cérémonies en l'honneur des ancêtres ont beaucoup d'analogie avec celles qui sont réservées pour Confucius. On distingue également les deux sortes de cultes. Le culte solennel se pratique à trois époques différentes : avant la sépulture, en face du cadavre exposé dans la salle des ancêtres ; tous les six mois dans la salle particulière de chaque maison ; enfin, aux jours anniversaires, sur les tombeaux.

La famille se réunit tout entière pour la célébration des cérémonies solennelles ; son chef fait l'office de sacrificateur, il choisit les victimes, les fait immoler, les offre, boit le vin, gage de tous les biens et de toutes les prospérités, et adresse des prières aux défunts.

Pendant ce temps, il fait brûler des parfums devant les tablettes, et s'adresse aux ancêtres pour leur témoigner qu'il attend d'eux des faveurs. Alors tout le monde s'agenouille trois fois de suite, les ministres du sacrifice reprennent les tablettes, les reportent à leur place ordinaire et les couvrent d'un voile de soie. On distribue ensuite les viandes aux assistants. Le maître des cérémonies donne à haute voix l'assurance que le sacrifice obtiendra à ceux qui l'ont offert la protection des aïeux, le sacrificateur répète les mêmes paroles.

Chaque maison possède, soit dans la pièce principale, soit dans un oratoire spécial, connu sous le nom de salle des ancêtres, des tablettes ornées de cette inscription : « Trône ou siège de l'âme ou de l'esprit d'un tel. » Le culte simple est célébré dans ces salles, il consiste à réciter des prières et à offrir des sacrifices devant les tablettes, soit au moment des funérailles, soit aux jours indiqués comme propices par les calendriers officiels du tribunal des mathématiques de Pékin.

Pouvait-on permettre aux chrétiens d'observer ce culte et de prendre part à ces cérémonies ? Les temples de Confucius et les salles des ancêtres étaient-ils autre chose que des lieux de réunion sans caractère religieux? la distribution et l'acceptation des viandes une simple participation à un festin très licite de sa nature? Plusieurs missionnaires le crurent et autorisèrent les chrétiens à pratiquer, sinon toutes les cérémonies, du moins la plupart. Ils s'appuyaient sur l'opinion d'un certain nombre de lettrés, qui affirmaient que tous ces honneurs, purement civils dans le principe, avaient conservé ce caractère parmi eux, et que le peuple seul y avait attaché plus tard des idées superstitieuses.

D'autres, se basant sur ce que l'on disait être l'enseignement même de Confucius, sur les récits de ses commentateurs, sur l'opinion générale du peuple, pensèrent que tous les honneurs rendus au grand philosophe et aux ancêtres avaient un caractère superstitieux et idolâtrique, et qu'on ne pouvait les tolérer sans danger pour la foi des fidèles.

Le troisième point de la discussion était la dénomination convenable à adopter pour désigner le vrai Dieu dans la langue chinoise.

Le mot *Tien*, employé pour indiquer le ciel, signifiait-il le ciel matériel ou l'Être suprême? Pouvait-on se servir, pour nommer Dieu, du mot *Chang-ti*.[1] Seigneur d'En-Haut? Etait-il permis d'adopter le mot *King-tien*, adorez le ciel, ou devait-on exclusivement se servir des mots *Tien-tchou*[2], Seigneur du ciel, que beaucoup de missionnaires et de chrétiens avaient acceptés? Presque à l'origine de la prédication du christianisme en Chine par les Jésuites, il y avait eu des divergences sur ces trois points entre les prêtres du même ordre, aussi bien que d'ordres différents. En général, les religieux de la Compagnie de Jésus tenaient pour la tolé-

1. Les missionnaires portugais écrivent *Xang-ti*, les français *Chang-ti* ou *Chang-ty*.
2. On écrit aussi *Tien-chu*.

rance des cultes solennel et simple de Confucius et des ancêtres; pour désigner Dieu, ils employaient le seul mot *Tien*, et dans leurs églises, ils avaient gravé l'expression *King-tien*. Les religieux de Saint-Dominique et de Saint-François étaient presque tous d'un avis contraire.

On ne saurait les blâmer de cette conduite; tant que l'Église ne s'est pas prononcée sur une question, il est loisible aux théologiens d'exposer leur opinion et de chercher sans aigreur à la faire prévaloir. Dans les points non encore définis, chacun, selon la pensée de saint Augustin, garde sa liberté, *in dubiis libertas*, à condition de respecter celle de ses frères et de faire dominer, au-dessus de toutes les divergences d'école, la charité du Christ, *in omnibus charitas*.

Les missionnaires avaient d'ailleurs recouru au pasteur suprême. Innocent X en 1645, Alexandre VII en 1656, Clément IX en 1669 avaient donné des règles de conduite, mais sans trancher cette question complexe et délicate. Plusieurs ont pensé que la mort de Mgr Pallu fut, en de semblables circonstances, un événement funeste pour l'église de Chine. Administrateur général de toutes les Missions, étendant sa juridiction sur tous les missionnaires réguliers et séculiers, ayant des pouvoirs pour régler un grand nombre de points de discipline, habitué aux oppositions, habile à en triompher par la patience plus que par la force, peut-être en effet l'évêque d'Héliopolis eût-il pu amener les esprits à un accord ou du moins adoucir la discussion. Il mourut trop tôt pour faire cette œuvre.

II

Le vicaire apostolique du Fo-kien, M. Maigrot, essaya d'arrêter les contestations par un mandement. Voltaire, qui touchait à tout et parlait de plusieurs choses qu'il ignorait, s'occupa de M. Maigrot et de son mandement, et trouva moyen de les juger en quatre lignes qui contiennent à peu près autant d'erreurs que de mots. Plusieurs auteurs de dictionnaires ont reproduit les appréciations de Voltaire, c'est pourquoi nous en parlons : « La cour de Rome[1] envoie un Français, nommé Maigrot, qu'elle fait évêque imaginaire d'une province de Chine pour juger le différend. Ce Maigrot ne sait pas un mot de chinois, l'empereur daigne lui faire dire ce qu'il entend par *King-tien*; Maigrot ne veut pas l'en croire et fait condamner à Rome l'empereur de la Chine. »

La vérité est que M. Maigrot ne fut pas envoyé par Rome pour juger la question des Rites; il partit en 1681, comme simple missionnaire, il n'était ni évêque, ni évêque imaginaire quand il écrivit son mandement, mais vicaire apostolique sans caractère épiscopal, il savait le chinois presque aussi bien que Voltaire savait le français, et enfin il était mort depuis douze ans lors de la condamnation dernière des Rites.

Les quatre dissertations que M. Maigrot a composées sur cette question sont un véritable monument d'érudition[2].

Dans la première qui a pour titre : *De la religion chinoise*, il examine l'autorité que l'on doit accorder aux livres chinois et à leurs divers interprètes, chrétiens et païens.

Dans la seconde, il étudie les figures, fondement des principes de la philosophie chinoise, et dont on attribue la composition aux empereurs Fo-hi et Yu; il précise l'opinion de Confucius sur l'usage et l'utilité de la divination selon les Chinois, et sur les cinq éléments, principes de toutes choses; il expose ensuite les notions générales de la philosophie de Lao-tseu.

---

1. Œuv. compl. 1785. XLVII. Dict. Phil. abus des mots, p. 9.
2. Arch. M.-É., vol. 461-462.

Après avoir passé ainsi en revue une partie de cette philosophie, il arrive à l'importante question, une des principales du débat : Qu'est-ce que les Chinois entendent par le mot *Tien?* Il explique certaines locutions qu'ils emploient comme *Sse-tien*[1], servir le ciel; *Ouy-tien*, craindre le ciel; *King-tien*[2], vénérer le ciel; et chaque fois il conclut que les Chinois entendent le destin, la fatalité, le hasard, ou bien les forces cachées des éléments et des choses créées, c'est-à-dire un être impersonnel.

La troisième dissertation, divisée en huit chapitres et en quarante-cinq sections, roule sur le culte des ancêtres, et la quatrième sur le culte de Confucius. Les cérémonies de ces deux cultes y sont détaillées et commentées à l'aide de nombreux textes tirés des plus savants auteurs.

Ce travail complet forme quinze cents pages in-folio, écrites presque entièrement de la main de Maigrot. Il est une preuve péremptoire de l'étude assidue que le vicaire apostolique du Fo-kien avait fait de la langue, de la littérature, et de la philosophie de l'empire.

Malgré ces travaux, l'accusation d'ignorance portée contre lui par Voltaire s'est retrouvée ailleurs à propos d'un fait que nous raconterons plus tard.

Quelle que fût sa compétence en ces matières, quelle que fût la nécessité de donner aux prêtres et aux fidèles une règle de conduite uniforme, Maigrot ne lança son mandement que sur les invitations pressantes et réitérées de plusieurs missionnaires séculiers et réguliers, ainsi qu'il le déclare dans le préambule de cette pièce, publiée le 26 mars 1693.

« Il est vray que plusieurs missionnaires de nostre vi-

---

1. M. Maigrot écrit aussi *Cu-tien*.
2. On écrit également *Kin-tien*.

« cariat, qui ont un grand désir de voir cesser la division
« non seulement dans les sentiments, mais dans la pra-
« tique et dans l'usage sur des questions si importantes,
« nous ont demandé nostre avis en qualité de vicaire
« apostolique dont nous remplissons la place quoyqu'in-
« digne, et qu'ils nous ont souvent et très instamment
« supplié de faire un règlement par provision pour les
« délivrer des peines, des scrupules et des perplexités
« continuelles qui embarrassent et qui inquiètent leurs
« consciences, mais l'importance de la matière nous a
« obligé à délibérer longtemps avant que de répondre à
« leurs désirs. »

A la suite de cet exposé, M. Maigrot, arrivant aux faits en discussion, déclare qu'en vertu de l'obligation où se trouvent les Vicaires apostoliques de pourvoir à tout ce qui concerne le culte divin, la doctrine et les bonnes mœurs dans l'étendue de leur juridiction, il prescrit à tous les missionnaires placés sous ses ordres d'observer les articles de son règlement, jusqu'à ce que le Saint-Siège en ait autrement décidé.

Nous allons citer textuellement ces articles dont on ne connaît plus guère aujourd'hui que le nom :

« Premièrement, nous ordonnons que puisque les termes dont on se sert en Europe pour exprimer le nom de Dieu, lorsqu'on les écrirait, ou qu'on les prononcerait en chinois, auraient toujours je ne sais quoi de barbare ; on se servira pour signifier Dieu du mot chinois *Tien-chu* qui est depuis longtemps reçu par l'usage, et qui veut dire *le Seigneur du ciel;* en sorte que ces deux autres termes chinois *Tien*, c'est-à-dire le *Ciel* et *Xang-ti*, le *Souverain empereur* soient tout à fait rejetés et qu'il soit encore moins permis de dire, que ce que les Chinois entendent par ces deux mots *Tien* et *Xang-ti* soit le Dieu que nous autres chrétiens adorons.

« En second lieu, nous défendons expressément d'exposer dans aucune église un certain tableau où sont écrits ces mots chinois : *King-tien, Cœlum colito : Adorez le ciel*, et nous enjoignons de les ôter, dans deux mois, de tous les lieux où ils seront exposés, aussi bien que tous les autres tableaux et les vers qui auraient le même sens et où les termes de *Tien* et de *Xang-ti* seraient employés pour exprimer Dieu, parce que nous sommes persuadés que ces tableaux, et surtout celui qui contient ces deux mots *King-tien*, ne peuvent être excusés d'idolâtrie.

« Mais quand la chose ne serait pas aussi certaine qu'elle nous le paraît, le soupçon du danger, où se mettraient les ouvriers évangéliques, de placer l'abomination de la désolation dans le lieu saint, nous doit détourner de l'usage de ces tableaux, d'autant plus que l'expérience nous apprend que les missionnaires de notre vicariat, qui n'en souffrent point dans leurs églises, n'en sont pas moins propres que les autres à prêcher l'Évangile, et ne retirent pas moins de fruit de leurs travaux.

« Troisièmement, nous déclarons que l'exposition, qui a été faite autrefois au Pape Alexandre VII, sur les points controversés entre les ouvriers de cette mission ne dit pas la vérité en plusieurs choses et qu'ainsi les missionnaires, pour permettre le culte qui est en usage dans la Chine à l'égard de Confucius et des morts, ne peuvent pas se prévaloir des réponses que le Saint-Siège a faites, quoi qu'elles aient été rendues très sagement et conformément aux circonstances exprimées dans les doutes proposés.

« En quatrième lieu, nous défendons que les missionnaires, pour quelque cause et en quelque manière que ce soit, permettent aux chrétiens de faire la fonction de sacrificateur, d'exercer aucun ministère, ou même de se trouver dans les sacrifices ou oblations solennelles qu'on a coutume d'offrir deux fois l'année à Confucius et aux ancêtres morts, lesquelles nous déclarons imbues de superstition.

« Cinquièmement, nous louons extrêmement les missionnaires, qui, dans les lieux où ils prêchent l'Évangile, ont eu le zèle d'abolir l'usage des tableaux exposés dans les maisons particulières en l'honneur des morts, et nous les exhortons à continuer d'en user de même à l'avenir. Et dans les lieux où il serait trop difficile d'ôter cet usage, nous voulons qu'on prenne du moins ce tempérament d'ôter les caractères *King-chu* et *King-ouy* et *Ling-ouy*, et de se contenter d'écrire dans le tableau le nom du mort, et que tout au plus on y ajoute la lettre *Ouy*. De crainte, cependant, qu'on ne prenne d'une manière superstitieuse ce tableau, que nous ne condamnons pas tout à fait, quand il sera mis dans la forme que nous venons de dire, jusqu'à ce que le Saint-Siège en ait porté son jugement, nous ordonnons que dans l'endroit des maisons particulières où ces tableaux sont ordinairement exposés, on mette aussi en gros caractères une déclaration qui marque quelle est la créance des chrétiens sur les morts, et quelle doit être la piété des enfants envers ceux qui leur ont donné la vie. Nous avons mis la forme de cette déclaration à la fin de cette présente ordonnance, et néanmoins nous ne défendons pas d'en faire quelque autre, pourvu qu'elle ait le même sens, et qu'elle ait été auparavant approuvée de nous.

« En sixième lieu, ayant remarqué qu'on publie de vive voix et par écrit de certaines choses qui induisent les peuples en erreur, et qui leur ouvrent le chemin à la superstition, comme par exemple :

« Que la philosophie dont les Chinois font profession, si on l'entend bien, n'a rien de contraire à la loi chrétienne ;

« Que par l'expression *Tay-kie*, les plus sages des anciens ont voulu définir Dieu, cause première de toutes choses ;

« Que le culte que Confucius a rendu aux esprits a été plutôt un culte politique que religieux ;

« Que le livre que les Chinois appellent *Ye King* est un abrégé ou une somme d'une excellente doctrine sur la physique et sur la morale.

« Toutes lesquelles propositions et autres semblables, nous défendons expressément de publier dans tout notre vicariat, comme étant fausses, téméraires et scandaleuses.

« Septièmement, nous recommandons aux missionnaires de prendre bien garde qu'aucun des maîtres chrétiens qui lisent et expliquent les livres chinois dans les écoles, n'inspirent à ceux qui vont les écouter l'athéisme et les diverses superstitions dont ces livres, tant dans le texte que dans leurs commentaires, sont remplis, et de les avertir de réfuter les erreurs à mesure qu'ils en rencontreront ; prenant de là occasion d'enseigner avec soin à leurs disciples ce que la Religion chrétienne nous apprend de Dieu, de la création et du gouvernement du monde, comme aussi de les faire souvent ressouvenir de ne rien mêler dans leurs écrits, ainsi qu'il arrive aisément, de ce qui est tiré des principes de l'École des lettrés qui soit contraire à la loi chrétienne. »

A la fin de ce mandement ou plutôt de ce règlement, M. Maigrot protestait ne pas condamner les missionnaires qui jusqu'alors avaient tenu une conduite différente.

« Nous ne prétendons pas néanmoins par cette ordonnance, disait-il, blâmer ceux qui ont eu jusqu'ici d'autres sentiments et qui ont suivi un autre usage que celui que nous ordonnons de suivre désormais ; car il ne doit pas paraître étrange que dans ces sortes de choses tous les missionnaires n'aient pas été de même avis, et que chacun ait embrassé la pratique qui lui paraissait selon Dieu, la plus conforme à la vérité. »

Tel est le mandement qui fut pendant plus de trente ans le sujet de tant de controverses; quoiqu'il ne tranchât pas la question de principe, il était cependant d'une extrême gravité; c'était en effet la première fois qu'une condamnation officielle était portée par le supérieur d'une mission contre les Rites. Les termes étaient précis, l'ordre d'obéir formel, la question se posait par là même plus au grand jour et exigeait une réponse décisive. Aussi la discussion devint-elle plus vive, et on alla jusqu'à contester la juridiction des Vicaires apostoliques. Maigrot crut devoir renouveler son ordonnance et interdire dans toute l'étendue de sa juridiction les prêtres qui n'accepteraient pas de s'y soumettre. L'émotion fut grande dans le peuple. Deux missionnaires portugais, en résidence à Fou-tcheou, ayant refusé d'obéir, se trouvèrent en interdit pendant la semaine de Pâques. Les chrétiens prièrent le Vicaire apostolique de lever la peine; celui-ci refusa; « et le coup une fois porté, remarque justement Mgr Luquet, il ne pouvait réellement plus le faire à moins de livrer son autorité au mépris [1]. » Irrités de ce refus, quelques catholiques se portèrent envers lui à des excès attristants; ils l'injurièrent, le frappèrent, le renversèrent à terre; ils maltraitèrent également un religieux dominicain survenu pendant cette scène de désordre.

Le lendemain, M. Maigrot quitta Fou-tcheou et se retira dans une petite chrétienté située à quinze lieues de cette ville. Généralement les chrétiens chinois s'apaisent vite. Les coupables sentirent bientôt l'énormité de leur faute, et vinrent faire leurs excuses à leur supérieur, qui, pour le bien général, crut bon de relâcher un peu de

---

[1]. *Lett. sur la Cong. des M.-É.*, p. 153.

ses droits et rendit leurs pouvoirs aux deux missionnaires.

Cependant la surexcitation causée par l'ordonnance ne se calmait pas. Maigrot porta la question au Souverain Pontife et lui fit présenter son mandement par Quémener que Mgr Laneau, nous l'avons dit, avait envoyé à Rome défendre la cause des Vicaires apostoliques et par là même celle de la Société des Missions-Étrangères ; il demandait une solution définitive bien difficile à donner en ce moment. Afin de la hâter, il députa à Rome, M. Charmot, le prêtre de la Société, qui peut-être a le plus écrit, le plus parlé et le plus agi pour la condamnation des Rites chinois; il n'a presque rien publié, mais ses lettres et ses mémoires comprennent huit volumes de cinq à six cents pages d'une écriture fine et serrée. Il y raconte toutes ses visites, ses conversations, ses démarches, il cite les paroles de ses adversaires aussi bien que celles de ses amis ; il dit ses espérances, ses craintes, ses joies quand il croit avoir réussi, ses tristesses qui ressemblent à des colères quand il a échoué.

Avant de concentrer son attention sur la question des Rites, Innocent XII termina l'affaire, pendante depuis six ans, de la juridiction des Vicaires apostoliques et du partage de la Chine en plusieurs Vicariats. Le Pape avait laissé voir ses sentiments dès le début de son pontificat (1691) en nommant M. Pin Vicaire apostolique du Tche-kiang et du Kiang-si ; il admettait souvent Quémener en audience particulière et écoutait ses plans pour l'évangélisation de l'empire.

Le procureur des Missions-Étrangères à Rome était un homme pieux, circonspect, d'une ténacité toute bretonne et de vues assez larges; il marchait lentement, mais il marchait toujours, ce qui est utile partout. Il voulait la division de la Chine en treize vicariats apostoliques. Le Pape ne s'y opposait pas, et lui disait de patienter. Quémener patienta sans perdre jamais l'occasion de reparler de son projet. En 1696, Innocent XII jugea le moment d'exécuter ses desseins; il ne divisa pas la Chine en autant de vicariats, qu'on le lui demandait; mais il commença cette division que ses successeurs ont continuée. Par une bulle du 15 octobre, il détermina la juridiction des évêques portugais de Pékin et de Nankin, nommés par Alexandre VIII, et qui prétendaient que leurs pouvoirs s'étendaient dans tout l'empire. A l'évêché de Pékin, il laissa les provinces du Pe-tche-li, du Chan-tong et du Leao-tong; à l'évêché de Nankin, la province du même nom et le Ho-nan.

Cette élimination faite de la juridiction des Portugais dans le reste de la Chine, il institua par une bulle d'octobre 1696, Maigrot évêque de Conon, Leblanc Vicaire apostolique du Yun-nan sans titre épiscopal[1], et par une autre bulle du 12 décembre de la même année, de Lionne évêque de Rosalie, Vicaire apostolique du Su-tchuen.

Il s'occupa également des pays voisins de la Chine. En 1697, Martineau[2] fut nommé coadjuteur de Mgr Laneau, Marin Labbé[3] coadjuteur de Mgr Pérez en Cochinchine, et Quémener évêque de Sura; ce dernier reçut un indult spécial pour sacrer les nouveaux élus. M. Martineau étant mort, Ferreux[4] fut nommé à sa place avec le titre d'évêque de Sabula[5].

En même temps, sachant Mgr Maigrot très attaqué,

---

1. Par la même bulle, M. Bélot avait été nommé coadjuteur de Mgr de Bourges au Tonkin.
2. D'Angers, parti le 22 décembre 1678, mort en mer, près de l'Ile de Haï-Nan le 25 août 1695. — 42 ans.
3. De la Délivrande, parti le 22 décembre 1678, évêque de Tilopolis, mort le 24 mars 1723. — 75 ans.
4. De Vesoul, parti le 15 avril 1680, mort le 11 janvier 1698, mort avant d'être sacré. — 41 ans.
5. D'autres vicariats apostoliques furent également créés, mais confiés à des prêtres qui n'étaient pas membres de la Société des Missions-Étrangères; c'est pourquoi, nous n'en parlons pas : c'étaient ceux du Tche-kiang, Kiang-si, Hou-kouang, Chan-si, Chen-si, Kouy-tcheou.

Innocent XII lui adressa un bref d'encouragement [1], le félicitant de son zèle à répandre la foi chez les infidèles et de son ardeur à en maintenir la pureté parmi les nouveaux chrétiens; il l'engageait à faire tous ses efforts pour ramener l'union entre les prédicateurs de l'Évangile.

Le Séminaire des Missions-Étrangères avait souffert des rumeurs répandues sur le rappel des Vicaires apostoliques, le Pape le réconforta par un bref du 15 janvier 1697 [2] :

« Mes chers fils, salut et bénédiction apostolique. Quoique nous soyons persuadé que vous attendez de Notre-Seigneur la récompense des peines, que vous prenez à étendre sa religion et à procurer le salut des âmes rachetées par le sang de son fils unique, ayant néanmoins été chargé par la bonté infinie de ce Prince des pasteurs de la conduite de son troupeau, nous avons jugé à propos de vous témoigner par ce bref combien vos soins et vos travaux nous sont agréables. En effet, puisque le Sauveur nous assure par son Apôtre, qu'il veut sauver tous les hommes, et les amener à la connaissance de la vérité, il n'est pas possible qu'il n'agrée l'application que vous apportez depuis longtemps à former des ministres capables de répandre la parole de Dieu et de dispenser ses mystères, afin que ceux à qui il n'a point encore été annoncé ouvrent les yeux, et que ceux qui n'ont point entendu parler de lui commencent à le connaître. Sans parler ici des Prélats et des vertueux ecclésiastiques, qui, après avoir été élevés dans votre Séminaire, conservent et augmentent la piété de leurs pères dans l'Église gallicane dont ils sont de grands ornements, c'est de votre maison que sont sortis tous les

---

1. En date du 15 janvier 1697.
2. Arch. M.-É., vol. 205, p. 486. Traduction de l'époque.

évêques (Vicaires apostoliques) que la France nous a fournis à nous et à nos prédécesseurs pour envoyer dans l'Asie et dans l'Amérique, où ils ont travaillé jusqu'à présent avec bénédiction et avec fruit ; et ce que nous estimons encore davantage, vous cherchez si purement les intérêts de Jésus-Christ, et non pas les vôtres, que de bon cœur vous employez libéralement les biens de plusieurs d'entre vous à soutenir les dépenses nécessaires des missions, et que vous préférez la gloire de Dieu et la propagation de la religion chrétienne aux établissements qui pourraient vous être offerts. Continuez donc à faire avec courage l'œuvre de Dieu, et consacrez au progrès de son Église la piété, la doctrine et le zèle que l'Auteur de tout bien vous a donnés. Au reste, comme vous avez extrêmement à cœur de faire rendre au Saint-Siège le respect et l'obéissance, qui lui sont dus à cause de la dignité et de l'autorité qu'il a reçues de Dieu même, vous pouvez aussi vous assurer que de sa part il ne vous manquera rien de tout ce qui vous sera nécessaire pour remplir utilement et heureusement les obligations de l'état saint, que vous avez embrassé avec tous ceux que vous élevez parmi vous, et c'est pourquoi nous vous donnons à tous très tendrement la bénédiction apostolique. »

IV

Les élections de Vicaires apostoliques et le bref adressé au Séminaire affermissaient la Société et ses Missions, mais la question des Rites toujours pendante n'était pas sans entraver sa marche.

Après le règlement des questions administratives, Innocent XII tourna son attention vers cette grande affaire. En 1699, il nomma pour l'examiner une congrégation composée des cardinaux Casanata, Ferrari,

Noris et Marescotti, qui se réunirent pour la première fois le 18 avril et prirent des mesures, afin d'obtenir des éclaircissements sur le véritable état des difficultés.

La discussion était plus vive que jamais. Des écrits par centaines étaient lancés en français, en latin, en italien, en portugais, en espagnol. Dans la *Biblioteca sinica*, M. Cordier cite 119 ouvrages traitant uniquement de la question des Rites, nombre de ces ouvrages ont plusieurs volumes, et il en existe encore d'autres. Les docteurs de Sorbonne avaient donné leur avis, les théologiens, les philosophes, les littérateurs et les rares journalistes de l'époque étaient descendus dans l'arène ; plusieurs évêques avaient émis leur opinion ; Bossuet eut dans un de ses sermons quelques mots contre ceux qui prétendaient trouver en Chine de nombreuses traces de la religion chrétienne.

« Étrange sorte d'Église, s'écria-t-il, sans foi, sans promesse, sans alliance, sans sacrements, sans la moindre marque de témoignage divin, où l'on ne sait ce que l'on adore et à qui l'on sacrifice, si c'est au ciel ou à la terre, ou à leurs génies, comme à celui des montagnes et des rivières, et qui n'est après tout qu'un amas confus d'athéisme, de politique et d'irréligion, d'idolâtrie, de magie, de divination et de sortilège. »

Fléchier, consulté par les directeurs du Séminaire, leur écrivit une lettre qui laisse de côté la question de principes pour exprimer le désir de voir cesser toute discussion [1] :

« J'ai déjà répondu, Messieurs, à une lettre du R. P. de la Chaise du 13 septembre au sujet des contestations sur le culte de Confucius, et sur le retardement de la décision que nous attendons du Saint-Siège. Je vois, comme tous les autres prélats, les mauvais effets que

---

1. Arch. M.-É., vol. 13, p. 820. Lettre du 4 octobre 1702.

produit dans l'Église un différend poursuivi avec tant de chaleur par deux partis qui font également profession de piété, et qui vont faire des prosélytes et gagner des âmes à Dieu jusqu'aux extrémités du monde. Il aurait été à souhaiter que ces disputes n'eussent point fait tant d'éclat et que la vérité, jointe à la charité, les eût étouffées par une bonne foi, un aveu réciproque, dans le pays où elles sont nées. Mais enfin l'affaire a éclaté et le Saint-Père en est le juge. Je connais comme vous la conséquence qu'il y a qu'elle soit bientôt décidée pour la gloire du Seigneur, pour l'avancement de sa Religion, pour le repos des ouvriers évangéliques, et pour l'édification des peuples qu'ils entreprennent de convertir. Cependant puisque Sa Sainteté, qui connaît mieux que nous l'état de l'affaire et l'importance de la décision, diffère son jugement, je la crois plus sage que moi et je ne doute pas qu'elle n'ait ses raisons pour le différer, autres que les sollicitations et les affections particulières que je ne crois pas capables d'affaiblir son zèle ni sa justice.

« J'avoue qu'il faut désirer la fin de ces divisions, qu'on doit en gémir devant Dieu et supplier humblement le pape de les terminer par un décret décisif auquel je ne doute pas que tout le monde ne se soumette. Mais comme il y aurait de la mauvaise foi et de l'injustice à tâcher par des délais affectés de retarder ce jugement, on pourrait manquer de respect et de discrétion en voulant le trop presser par des sollicitations qui semblent donner la loi à celui à qui on la demande.

« Pour ce qui regarde les nouveaux convertis, Messieurs, je ne réponds que de ceux de mon diocèse qui sont pourtant en assez grand nombre, je n'ai pas remarqué qu'ils aient fait attention à ce qui se passe à la Chine ou à Rome sur ce sujet, pour s'en prévaloir et en tirer quelque avantage contre l'Église catholique. Ils ne sont guère touchés de ces affaires éloignées, qui ne les hâtent d'aucune espérance de rétablir celles de leur secte. En tout cas, lorsqu'on a parlé devant eux ou qu'ils ont parlé devant moi de ces contestations et de la décision qu'on en attendait, on s'est bien aperçu qu'ils étaient plus mal édifiés de la discorde des missionnaires que des lenteurs de la cour de Rome.

« Je n'ai pu refuser de rendre simplement ce témoignage à la vérité, et la charité, qui ne pense pas le mal, m'a fait présumer qu'on ne devait et qu'on ne pouvait pas même en faire un mauvais usage; je ne puis que faire des vœux pour la paix et la prospérité des Missions, et vous assurer en même temps qu'on ne peut être avec plus d'estime et de considération que je le suis, Messieurs, votre très humble et très obéissant serviteur.

Esprit,
Évêque de Nîmes.

La grande préoccupation des directeurs du Séminaire était moins encore de connaître l'opinion des évêques les plus distingués de France, que d'obtenir de Rome une solution définitive, qui mît un terme au conflit et rendît aux ouvriers apostoliques la paix nécessaire à l'évangélisation.

Écrivant au Souverain Pontife à l'occasion du rétablissement de sa santé, ils lui disaient [1] :

« Quoique des derniers parmi vos enfants, nous avons été grandement attristés de votre maladie, de l'ajournement qui s'en est suivi dans le jugement de la cause chinoise, ainsi que des dangers qui résultaient de cet ajournement.

« En apprenant que la Providence a si généreusement délivré Votre Sainteté d'un péril si imminent, à peine

---

1. Arch. M.-É., vol. 14., p. 203.

pouvons-nous contenir notre joie. Les consolations divines ont succédé aux douleurs qui nous accablaient et ont rempli nos cœurs de joie.

« Plût au ciel qu'Innocent XII fût immortel, ou du moins que Dieu le conservât sain et sauf durant de longues années. Qu'il se remette parfaitement et le plus promptement possible.

« Qu'il reprenne le gouvernement de l'Église et qu'après avoir expédié sans retard, selon les desseins de Dieu, la cause des Chinois, il jouisse longtemps de la vie qui lui a été accordée comme par miracle. Il réunira ainsi à la gloire éternelle, qui lui est réservée, la gloire constante de son pontificat. »

Ils firent solliciter cette décision par les personnages influents, et ce n'est pas sans intérêt, que nous avons lu, dans les archives des Missions-Étrangères, le billet suivant adressé par Madame de Maintenon à M. de Brisacier [1].

« Je donnerai à M. le comte de Toulouse le mémoire que vous m'envoyez. Le Roy ne parle point sur les affaires que vous avez avec les ministres, il ne désire en cela qu'une décision du Saint-Siège pour finir des disputes qui blessent la charité. Quant à moi qui ne dois être comptée pour rien, surtout en pareille matière, je garde le silence qui me convient, mais si j'avais à prendre parti, vous ne pouvez douter que ce ne fût le vôtre. »

En 1700, les directeurs du Séminaire écrivirent leur plus important mémoire sur cette question et le présentèrent au Souverain Pontife. Il est intitulé : *Lettre au Pape sur les idolâtries et les superstitions chinoises* [2]. Après avoir déclaré que « ni les coups secrets, ni les bruits désavantageux, ni les faux récits, ni les libelles injurieux » ne leur ont paru des motifs suffisants pour

---

[1]. Arch. M.-É., vol. 14, p. 562. Lettre du 29 sept.
[2]. *Les Affaires de Chine*, p. 15.

rompre plus tôt le silence, ils soutenaient en ces termes la cause de Mgr Maigrot.

« Les Vicaires apostoliques de la Chine, après un long et rigoureux examen, font un mandement pour défendre, à tous les fidèles soumis à leur juridiction, d'assister à ces malheureuses cérémonies, qu'ils jugent incompatibles avec la sainteté de la loi chrétienne : n'étaient-ils pas en droit de le faire? Le Saint-Siège leur avait ordonné d'en connaître et de régler ce qui regardait le culte de Dieu : n'étaient-ils pas dans l'obligation de s'y appliquer? Ils se trouvaient revêtus de l'autorité légitime et chargés du soin des âmes : le préjugé n'était-il pas pour eux?

. . . .

« Qu'avons-nous demandé, Très Saint-Père, par la première supplique que nous avons fait présenter à Votre Sainteté? Nulle autre grâce, sinon qu'Elle eût la bonté de faire connaître ce qu'Elle pensait du mandement des Vicaires apostoliques, si Elle approuvait qu'il fût suivi ou si Elle jugeait à propos d'y faire quelque changement. »

Ils affirmaient ensuite qu'ils étaient loin d'accuser leurs adversaires d'idolâtrie, comme on le leur imputait, au contraire, ils les croyaient animés d'une foi vive et sincère.

Mais cette réserve faite, ils discutaient vigoureusement l'opinion opposée à la leur, prodiguaient les citations et accumulaient les arguments.

C'est une dissertation en règle de 99 pages qui se termine par de nombreux extraits des livres des religieux de la Compagnie de Jésus.

Ce mémoire fut bientôt suivi d'une lettre au Souverain Pontife que les directeurs conjuraient[1] « avec les derniè-

---

1. *Les Affaires de Chine*. — Lettre que Messieurs des Missions-Étrangères ont proposée au R^{me} P. général de la Compagnie de Jésus.

res instances de vouloir bien terminer le plus tôt qu'il se pourra, la grande affaire de la Chine par un décret absolu, contradictoire, et en toute manière irrévocable, sans attendre aucune nouvelle production de pièces, de quelque nature qu'elles puissent être ; s'engageant avec toute la sincérité possible et par les promesses les plus fortes à obéir aveuglément et sans réplique à ce qui sera décidé et consentant dès à présent que les premiers, qui manqueront à cette obéissance exacte, encourent l'indignation du Saint-Siège, et soient jugés à jamais indignes d'être employés à la publication de l'Évangile. » On ne peut évidemment exiger des meilleures dispositions. Les directeurs soutiennent leur opinion, mais ils s'inclinent en toute obéissance devant le jugement de Rome.

La sentence définitive n'étant pas rendue, d'autres lettres et d'autres mémoires suivirent les premiers, combattus naturellement par de nombreuses réponses des Jésuites.

Nous en avons cité suffisamment, nous semble-t-il, pour montrer le rôle du Séminaire dans cette affaire.

Tous les missionnaires de la Société n'avaient pas immédiatement partagé l'avis de Mgr Maigrot, sinon sur le fond de la question, du moins sur l'opportunité de l'ordonnance ; plusieurs auraient préféré une exposition simple et complète envoyée à Rome et le silence absolu jusqu'au prononcé de la sentence ; en attendant la pleine lumière, ils auraient travaillé dans le calme et concilié de leur mieux la pratique avec les principes. Cette conduite ne semble pas dépourvue de sagesse ; mais chaque parti extrême réclamait pour lui ceux qui ne se prononçaient pas et les forçait à émettre leur avis. M. de Cicé n'avait pas cru devoir condamner immédiatement les Rites, il avait même trouvé prématurée la publication du règlement de Mgr Maigrot ; on s'écria qu'il lui était absolument opposé, et de Cicé fut obligé d'expliquer sa pensée dans une lettre aux Jésuites : « Quelque motif que vous veuillez donner à ma conduite passée, écrit-il le 15 août 1700, je veux bien avouer que j'ai été le dernier de tous à me déclarer ouvertement contre les sentiments que vos Pères tiennent dans la Chine, et j'avoue encore que j'aurais ardemment souhaité, si la chose eût été possible, de ne le faire jamais. Soit grâce, soit naturel, je me sens ennemi des contestations. J'aime votre Compagnie, et je suis persuadé que sans l'union et sans la paix, on n'avancera jamais l'ouvrage de la conversion des infidèles. »

En cette même année 1700, quelques religieux de la Compagnie de Jésus portèrent la question des Rites devant l'empereur de Chine. L'empereur, disaient-ils, est le premier lettré de ses États, et son explication fera loi pour tous ; ils le prièrent donc de donner son opinion sur la signification des mots *Tien* et *Chang-ti*, sur les cultes de Confucius et des ancêtres. La réponse de l'empereur fut conforme à l'opinion des Jésuites, mais elle ne fut pas acceptée par ceux qui considéraient les cérémonies chinoises comme une idolâtrie formelle. Cette démarche fut même vivement blâmée par plusieurs qui craignirent que l'empereur ne se considérât dès lors comme juge et arbitre et ne fût froissé si son opinion venait à être condamnée par le Saint-Siège.

V

Cependant la Société des Missions-Étrangères n'absorbait pas toute son activité dans ces querelles dont le but était très élevé, puisqu'il s'agissait de la pureté de la foi, mais dont la forme revêtait de temps à autre une âpreté trop grande. En Cochinchine, les missionnaires soutenaient pour la cause de Dieu et de son Église, des combats que n'attristaient point les faiblesses humaines.

Le roi de Cochinchine, Minh-Vuong, monté sur le trône en 1692, était un fervent bouddhiste. Désireux de relever dans l'esprit de son peuple le culte de Bouddha, qu'il se plaignait de voir négligé, il fit venir de Chine un bonze fameux, l'installa dans son palais et lui éleva une superbe pagode pour y exercer ses pratiques religieuses.

Les grands mandarins renchérirent sur le prince, selon un usage assez répandu, et ces lettrés, la plupart sceptiques, ne manquaient pas de visiter souvent les temples, de se prosterner devant les statues bouddhiques et de leur offrir de l'encens. A la cour et dans les provinces, on voyait des centaines de bonzes, à la tête rasée, à l'air mortifié, solliciter humblement les aumônes qu'on n'avait garde de leur refuser, de peur de devenir suspect au prince. Lui-même ne faisait rien sans consulter ces pieux imposteurs, dont les conseils perfides l'excitèrent contre le catholicisme.

La persécution commença en 1698, par suite de leurs calomnies. Ils prirent occasion des réunions des fidèles pendant la semaine sainte, pour mutiler légèrement une statue de Bouddha qui était dans leur temple et accoururent au palais porter leurs plaintes sur l'insolence de chrétiens venus briser leur dieu et piller leur pagode. Minh-Vuong saisit cette circonstance de se déclarer, et pour venger la prétendue insulte faite à son culte, il commanda de détruire toutes les églises qu'on trouverait dans le royaume; de plus, afin de diminuer le nombre toujours croissant des fidèles, il publia une ordonnance portant que les catholiques paieraient triple taxe et feraient triples corvées, que les soldats seraient renvoyés du service et les officiers dégradés.

On commença par renverser les deux églises de Hué,

l'une aux Jésuites, et l'autre à M. Langlois. La propriété de celui-ci fut investie par une troupe de sept cents hommes sous les ordres d'un grand mandarin. Les soldats entrèrent dans le presbytère, se saisirent brutalement du missionnaire, lui lièrent les mains derrière le dos, déchirèrent ses habits, et dans cet état, l'amenèrent devant l'officier qui lui dit : « J'ai ordre du roi de détruire votre église, de brûler vos livres, vos images, et de vous défendre de jamais parler de votre religion aux habitants de ce pays. Vous méritez la mort ; mais le roi, dans sa bonté, vous laisse la vie sauve et votre maison. Vous pouvez garder votre religion en votre particulier, et continuer à assister les pauvres et les malades, comme vous l'avez fait jusqu'à présent. Considérez l'extrême indulgence dont on use envers vous, et soyez sage à l'avenir. »

Le missionnaire répondit à ses insolences avec beaucoup de modestie :

« Je remercie très humblement le roi des grâces qu'il veut bien me faire, mais ce serait une faveur plus grande pour moi de souffrir et de donner ma vie pour Jésus-Christ. C'est le seul désir de prêcher la religion qui m'a fait venir en Cochinchine et braver les périls d'une longue navigation ; je n'ai jamais eu d'autre dessein que de faire connaître à tous les hommes le Souverain Seigneur du ciel, je ne puis donc me dispenser d'instruire ceux qui consentent à m'entendre. Si le roi et ses mandarins connaissaient la religion chrétienne et les grands avantages qu'elle procure à ceux qui la professent, je suis persuadé qu'ils traiteraient autrement ceux qui viennent la prêcher. Au lieu de les exposer à la brutalité et au pillage des soldats, ils les recevraient avec joie et les honoreraient. Vous me connaissez depuis longtemps, et vous savez beaucoup de choses de la religion chrétienne ; vous n'ignorez pas qu'elle nous ordonne d'adorer le Seigneur du ciel, qui a fait de rien le ciel, la terre et tout ce qui existe. Cette même loi nous prescrit d'obéir au roi et à tous nos supérieurs, d'éviter le mal et de faire le bien que nous pouvons. Depuis que je suis entré dans ce royaume, j'ai toujours vécu conformément à cette sainte religion. Vous-mêmes en êtes témoin ; vous savez la vie laborieuse que je mène ; j'exerce, autant que je le peux, la charité envers tous, les grands et les petits, les riches comme les pauvres ; je soigne tous les malades qui se présentent, qu'ils soient païens ou chrétiens. Ma maison est ouverte à tous, je vais, de jour et de nuit, partout où l'on m'appelle. Personne parmi les sujets du roi n'a jusqu'ici fait de plaintes de moi, et pourtant me voici aujourd'hui traité comme un voleur. »

L'officier l'interrompit : « On ne se plaint pas de vous ni des services que vous rendez aux sujets du roi. On se plaint seulement des grandes assemblées que vous tenez chez vous, pendant la nuit, et du zèle que vous mettez à faire des chrétiens. Le roi ne veut pas que ses sujets quittent la religion de leurs ancêtres pour prendre la vôtre. Il est bien le maître, et vous devez lui obéir. »

Pendant ce temps, les soldats et une foule de pillards faisaient main basse sur ce qu'ils trouvaient dans l'église et dans le presbytère. Quand tout fut enlevé, jusqu'aux serrures des portes, l'officier fit allumer un grand feu au milieu de la place, ordonna d'y jeter les images saintes, les livres, les ornements et tous les objets qui portaient quelque marque de religion. M. Langlois, impassible jusqu'alors, ne put retenir son indignation en voyant ces profanations, et menaça les coupables des châtiments d'En-haut.

Après l'incendie, le grand mandarin déclara au prêtre qu'il ne le ferait pas délier ni remettre en liberté, s'il ne lui donnait une barre d'argent (environ 80 francs). Langlois eut beau représenter que les soldats avaient tout pris chez lui, et qu'il ne lui restait que les habits déchirés dont il était revêtu, il dut demander cette somme à des amis charitables et la remettre à l'officier qui la prit aussitôt et partit.

De Hué, la dévastation se répandit dans les provinces; environ deux cents églises furent détruites, et les matériaux employés à construire des pagodes ou donnés aux communes.

Ces scènes de pillage ne servirent qu'à éprouver la foi des chrétiens, à la rendre plus forte et plus active. Leurs églises n'existaient plus; avec quarante ou cinquante francs et cinq ou six jours de travail, ils élevèrent des maisons en paille ou en feuilles, et en firent des chapelles; ils payèrent, sans murmurer, les impôts dont on les écrasait, et les missionnaires continuèrent sans se troubler leurs courses apostoliques et leurs prédications. Deux ans plus tard, les bonzes revinrent à la charge et recoururent aux fourberies qui leur avaient si bien réussi. Au commencement de 1700, ils brisèrent une statue de Bouddha révérée des païens, et accusèrent les chrétiens de cette action. Cette fois, Minh-Vuong résolut d'en finir avec le catholicisme.

Le 17 mars, il publia un édit plus sévère qu'aucun des précédents; il ordonna d'abattre, par tout le royaume, les nouvelles églises, de brûler tous les livres et les effets de religion, d'arrêter les missionnaires, et au lieu de les exiler, comme avaient fait ses prédécesseurs, de les jeter en prison, enfin de forcer les chrétiens à l'abjuration et de s'assurer si tous avaient obéi, en convoquant tous les habitants de chaque village à la maison commune, pour fouler aux pieds le crucifix; ceux qui s'y refuseraient devaient être jugés et mis à mort.

Conformément à cet édit, on arrêta successivement les six prêtres de la Société des Missions-Étrangères qui évangélisaient la Cochinchine : Langlois, de Caponi[1], de Sennemand[2], Féret[3], Gouges[4], d'Estrechy[5]. Les trois premiers furent incarcérés à Hué, les autres dans le Phu-yen.

De Caponi fut le plus maltraité. Comme il entrait en prison, un des officiers osa lui proposer l'apostasie, il répondit avec une noble fierté :

« Ce n'est pas à un prédicateur de la religion qu'il faut tenir de semblables discours. Ne pensez pas que des hommes, qui viennent ici des extrémités de la terre, avec des peines infinies, pour annoncer Jésus-Christ aux infidèles, veuillent le renoncer, par la crainte de quelques tourments. Faites de moi ce qu'il vous plaira ; je suis prêt à tout souffrir. »

On le mit à la question, lui et son catéchiste, pour les obliger à déclarer le nom des mandarins chrétiens ; à plusieurs reprises, on leur écrasa les doigts entre deux planchettes, jusqu'à faire de leurs mains un amas de chairs déchirées et pantelantes. Ils supportèrent la torture, sans prononcer un seul mot qui compromît les fidèles.

Le 22 avril, le roi fit venir devant lui Pierre Langlois, de Caponi, de Sennemand et trente-sept chrétiens. Il ne leur proposa pas l'apostasie, sachant bien qu'ils refuseraient ; il leur reprocha avec colère de suborner ses sujets, de les détourner de la religion de leurs aïeux, et en terminant, il donna l'ordre de les mettre à la cangue, de les charger des fers les plus lourds, et les condamna à la prison perpétuelle.

---

1. De Thiers, parti au mois de décembre 1679 par la voie de terre, mort le 20 août 1707. — 55 ans.
2. Du diocèse de Limoges, parti en 1693, mort le 25 janvier 1730.
3. D'Evreux, parti le 22 décembre 1678, mort le 12 juin 1700. — 56 ans.
4. Du diocèse de Reims, parti en 1693, mort le 9 novembre 1733. — 80 ans.
5. Du diocèse de Lisieux, parti en février 1687, mort le 13 novembre 1709. — 57 ans.

L'ordre fut exécuté avec rigueur.

La cangue et les fers étaient si pesants que les confesseurs de la foi ne pouvaient faire un pas sans être aidés par leurs gardes.

Par un raffinement de cruauté, on les sépara les uns des autres, afin qu'ils ne pussent ni se voir ni se consoler. Les chrétiens subvenaient à leurs besoins en leur faisant passer du riz et des provisions ; mais trop souvent les gardiens s'en emparaient pour les manger sous leurs yeux, avec des railleries sanglantes. Quel martyre qu'une pareille vie, quand elle se prolonge pendant des mois et des années ! Pierre Langlois, épuisé par trente et un ans de mission, y succomba.

Deux jours avant sa mort, il connut clairement que Dieu l'appelait à l'éternelle récompense ; ses gardes, qui le révéraient à cause de sa grande charité envers les pauvres et les malades, lui permirent d'aller se confesser à l'un des missionnaires renfermés dans une autre partie de la citadelle. Il s'y traîna péniblement, les fers aux pieds et la cangue au cou ; un des satellites, comme autrefois le bon Cyrénéen sur la route du Calvaire, soulevait une partie du fardeau. Après avoir achevé les dernières confidences de son âme sacerdotale, Pierre Langlois revint dans sa prison. Il mourut le lendemain, 30 juillet 1700, sous la cangue et les fers.

Féret était mort six semaines plus tôt, le 12 juin, dans la province du Phu-yen. Ses compagnons, Gouges et d'Estrechy, furent condamnés à mourir de faim, et enfermés avec des chrétiens soumis au même supplice, ils restèrent trois jours sans boire ni manger ; mais un mandarin ayant fait observer au gouverneur que le roi n'approuvait pas la mort des missionnaires étrangers, on les reconduisit dans leur première prison. Leur captivité dura quatre années, jusqu'en 1704.

Jésus-Christ a été traîné devant les juges et condamné

par eux, il a été frappé et mis à mort. Ses Apôtres, premiers prédicateurs de sa doctrine, furent jetés en prison, chargés de chaînes et condamnés à mort. L'Église de Dieu s'est fondée et a grandi dans les larmes et dans le sang; c'est la loi de son existence, loi singulière, contraire aux pensées des hommes, mais prouvée par dix-neuf siècles. Les prêtres de la Société des Missions-Étrangères, prédicateurs de l'Évangile en Extrême-Orient, organisateurs d'églises, continuaient l'œuvre du divin Maître et de ses Apôtres; puisqu'ils étaient traités comme eux, ils pouvaient espérer : le Christ avait vaincu, les Apôtres avaient vaincu, tôt ou tard leurs successeurs remporteraient la victoire.

CHAPITRE XIII
1700

I. Le Règlement de la Société des Missions-Étrangères. — Comment il se forme. — Attributions des Vicaires apostoliques et des directeurs du Séminaire d'après Mgr Pallu. — Nominations de procureurs. — Démarches des directeurs et de Mgr Laneau pour rédiger un règlement. — Réunion à Pa[ris] des missionnaires et des directeurs. — II. Caractères essentiels de la Société des Missions-Étrangères : elle est une association séculière et n'a pas de supérieur général. — Rôle du Séminaire dans la constitution de la Société des Missions-Étrangères. — III. Points principaux du règlement général de la Société. — IV. Règlements des Missions et du Séminaire des Missions-Étrangères. — Fonctions principales. — Qualités du Supérieur. — V. Formation des séminaristes. — Instructions.

I

« Les œuvres de Dieu, disait Mgr Pallu, ne se consomment point tout d'un coup, elles ont leur commencement, leur progrès et leur perfection. »

La fondation de la Société des Missions-Étrangères eût pu être le commentaire de cette parole ; la composition de son règlement le fut plus clairement encore.

A l'époque où nous sommes arrivés, en 1700, quarante-deux ans se sont écoulés depuis la nomination des premiers Vicaires apostoliques par le Pape Alexandre VII, trente-sept ans depuis l'obtention des Lettres patentes accordées par Louis XIV.

Nous avons vu la naissance, la marche et les travaux de la Société ; il lui manquait encore un règlement qui lui donnât la stabilité en déterminant les devoirs, les droits et les attributions de chacun de ses membres. Ce règlement fut en grande partie composé en 1700. Nous allons l'étudier, d'abord en jetant un coup d'œil rétrospectif sur tout ce qui le concerne depuis l'origine de la Société, en relevant les jalons divers précédemment posés et dont s'emparèrent ses rédacteurs pour former un faisceau compact, en examinant par qui et comment il fut rédigé, enfin en exposant les principes sur lesquels il s'appuie, et les articles substantiels qu'il renferme.

Pour se rendre un compte exact de la manière dont le règlement s'élabora, il faut se rappeler que la Société des Missions-Étrangères n'a pas de fondateur unique, qu'elle n'a pas de supérieur général, qu'elle est formée du Séminaire de Paris et d'autant de Corps qu'il y a de Missions. En 1700, elle comptait quatre Missions placées sous l'autorité d'évêques Vicaires apostoliques. Les directeurs du Séminaire et les Vicaires apostoliques ne sont unis que par la communauté du but. Les Lettres patentes ont donné un caractère légal à leur association, elles n'ont pas spécifié leurs droits et leurs devoirs respectifs. C'est cette question qui se posa la première ; Mgr Pallu y répondit dans une lettre de 1673 que nous avons citée, et qui se peut résumer en trois idées principales : le gouvernement des Missions appartient aux Vicaires apostoliques ; le gouvernement du Séminaire aux directeurs ; les uns et les autres doivent se consulter sur toutes les choses de grave importance. Les deux premiers points étaient précis et facilement applicables ; le troisième laissait à la bonne volonté et au jugement des deux parties un champ indéterminé. L'administration générale des Missions eut son tour : en 1674, Mgr Pallu et Mgr de la Motte Lambert établissent à Siam un missionnaire avec le titre de procureur général, chargé d'assigner les destinations aux nouveaux prêtres et de partager les ressources entre les Vicariats apostoliques.

En 1682, Pallu et Laneau, au lieu d'un procureur, en nomment quatre, qui seront les agents des quatre missions de Chine, du Tonkin, de Cochinchine et de Siam et formeront un conseil, centre de l'administration des Missions.

Toutefois cette institution ne semble pas encore suffisante à Mgr Pallu, et, avant de mourir, il écrit aux directeurs : « Voyez aux moyens de perfectionner et d'affermir notre Séminaire comme aussi la procure générale de nos Missions. »

En 1684, du vivant de Mgr Pallu, Mgr Laneau transfère au Séminaire de Paris les pouvoirs du conseil composé des quatre procureurs.

En 1686, le Séminaire essaie de s'entendre avec les Vicaires apostoliques sur les principaux points d'un règlement, il envoie à Siam Etienne Pallu, neveu de l'administrateur général, afin de traiter cette grave affaire, mais le négociateur meurt presque à son arrivée. L'année suivante, lorsque M. de Lionne repart avec l'ambassade siamoise, il emporte un projet de règlement dont la guerre et la révolution de Siam empêchent malheureusement de faire une étude approfondie.

En 1689, un autre projet est élaboré par les directeurs et envoyé aux missionnaires. Ces différentes propositions donnèrent lieu à un échange d'idées entre tous les membres de la Société ; les points les plus difficiles furent examinés, et, en 1694, Mgr Laneau invita les Vicaires apostoliques à venir à Siam ou à y députer un représentant pour obtenir un accord complet. Cette réunion n'eut pas lieu : le député de Cochinchine, Marin Labbé, vint seul ; le Tonkin n'avait envoyé personne, parce qu'on n'avait pu trouver de barques pour Siam, et les missionnaires de la Chine empêchés s'étaient contentés d'envoyer leur procuration. L'étude et la discussion des projets devenaient donc impossibles, et il fallut les ajourner. Mgr Laneau prit alors la résolution d'envoyer en France quatre missionnaires munis de sa procuration, pour gérer, conjointement avec les directeurs du Séminaire, les intérêts des Vicariats. Cette mesure avait été réclamée à plusieurs reprises ; les missionnaires en effet s'accordaient à penser que malgré leurs qualités et leur bon vouloir, les directeurs ne pouvaient s'occuper seuls avec succès de l'administration de la Société. « Il fallait placer au milieu d'eux des hommes connaissant les missions, non point seulement par ouï-dire, mais par pratique et par une expérience personnelle [1]. » Le 30 décembre 1694, Mgr Laneau écrivait à M. Delavigne : « C'est une des vues que nous avons ici et au Tong-King si je ne me trompe, qu'il est nécessaire que dans le Séminaire de Paris il y ait pour directeurs des gens qui aient passé un temps considérable dans les missions et qui aient été choisis par la plus grande voix pour cet effet [2]. » Aussi désigna-t-il, le 25 octobre 1695, de Lionne, Martineau, Labbé et Delavigne pour être procureurs des Missions à Paris.

Mais de Lionne, depuis longtemps nommé évêque de Rosalie, et, en 1696, chargé du Su-tchuen, resta en Chine ; Martineau mourut ; Labbé et Delavigne arrivèrent en France en 1698 seulement.

Ils y trouvèrent M. de Cicé qui avait quitté momentanément l'empire du Milieu, et ils y furent suivis bientôt après par M. Pocquet, missionnaire de Siam, ancien supérieur du collège de Juthia, que M. Ferreux, supérieur de la mission par la mort de Mgr Laneau, en 1697, députait au Séminaire de Paris.

Les quatre missions de la Société étaient de fait représentées par quatre de leurs membres : la Chine

---

1. Arch. M.-É., vol. 102, p. 34-42.
2. Arch. M.-É., vol. 102, p. 12.

par Louis de Cicé, le Tonkin par Gabriel Delavigne, la Cochinchine par Marin Labbé et Siam par Alexandre Pocquet.

On se trouvait ainsi dans des conditions excellentes, pour arrêter un plan de constitutions appropriées aux besoins de la Société.

Les quatre missionnaires étaient, par leur intelligence et par leurs vertus, à la hauteur de la situation. Delavigne était un travailleur infatigable, un esprit pénétrant et vif; de Cicé, nature calme, patiente, ennemi des extrêmes, avait passé plusieurs années au Canada et était ensuite parti pour la Chine, il mourut en 1727, évêque de Sabula et Vicaire apostolique de Siam; Marin Labbé avait travaillé pendant treize ans en Cochinchine, les directeurs du Séminaire l'ayant fait nommer évêque de Tilopolis, il fut sacré par le cardinal de Noailles et retourna en 1705 dans sa mission qu'il gouverna jusqu'en 1723; Alexandre Pocquet [1] partit pour les missions en 1687, ses lettres dénotent une intelligence vigoureuse, mais un caractère personnel et fortement attaché à ses opinions.

Les directeurs du Séminaire, rédacteurs du règlement avec les députés des Missions, furent : Jean Tremblay [2], ancien missionnaire au Canada, Salomon Prioux [3], docteur en Sorbonne, Charles de Brisacier et Louis Tiberge. Ces deux derniers dont nous avons déjà plusieurs fois parlé dirigeaient presque exclusivement la maison. On leur avait offert l'épiscopat; tous les deux avaient refusé. Ils seraient, pensaient-ils, plus utiles à l'Église en travaillant pour l'Extrême-Orient qu'en gouvernant un diocèse.

Tels étaient les hommes que, dans sa profonde sagesse, la Providence appelait à rédiger le règlement de la So-

---

1. Du diocèse de Lisieux, mort en 1734, 78 ans.
2. Mort le 9 juillet 1740, 76 ans.
3. Directeur en 1690.

ciété. Les uns avaient l'expérience des besoins des Missions, les autres une pleine et entière connaissance de tout ce qui concernait le Séminaire et des questions d'administration générale.

II

Avant de commencer la rédaction d'aucun article du règlement, ils étudièrent l'essence, ou, si l'on veut, les caractères distinctifs de la Société : étudions-les également.

Ces caractères sont au nombre de deux :

La Société est une association séculière, et elle n'a pas de supérieur général. Dès ses débuts, en effet, elle n'imposa à ses membres aucune obligation absolue de pauvreté et d'obéissance. Les premiers Vicaires apostoliques, Pallu et de la Motte Lambert, leurs missionnaires et leurs procureurs ne prononcèrent pas de vœux; lorsqu'en 1665, les évêques et quelques-uns de leurs prêtres voulurent en faire, ils rencontrèrent l'opposition du Séminaire, et au-dessus, celle de Rome qui refusa d'autoriser le changement proposé.

Pourquoi donc, dans la Société des Missions-Étrangères, ne faisait-on pas et ne fait-on pas de vœux? Considérés en eux-mêmes, les vœux sont des actes excellents, ils sont grandement loués par les écrivains ecclésiastiques, par les théologiens, par les Souverains Pontifes. Relativement à une Société religieuse, ils lui donnent plus de cohésion, cela est vrai; mais ce qui ne l'est pas moins, c'est que la constitution d'une société doit être en rapport direct avec la fin qu'elle veut atteindre. Or, la Société des Missions-Étrangères a pour but de fonder des églises sur le modèle des églises établies dans le monde chrétien, c'est-à-dire gouvernées par des évêques et des prêtres séculiers, de former un clergé indigène séculier, qui est en droit et en fait le clergé de l'Église ou de la mission dans laquelle il travaille.

Lorsque M. Olier fonda la Compagnie de Saint-Sulpice, avec le but de diriger les séminaires, de former par conséquent le clergé séculier de France, il n'imposa pas de vœux, il voulut que son institut ne fût que le moins possible différent du clergé, afin qu'il présentât aux lévites les modèles de ce qu'eux-mêmes devaient être un jour. « *Nec aliter vivit*, dit-il, *nisi vita cleri*. »

Pour la même raison, la Société ressemble par sa constitution au clergé ordinaire des diocèses ; chargée de diriger des prêtres séculiers, elle est une association séculière ; créée pour fonder et gouverner des églises, elle a des prêtres et des évêques tels que ceux qui fondent et gouvernent les églises de tout l'univers ; ce point de sa constitution est si bien en harmonie avec son but, que si elle obligeait ses prêtres à prononcer des vœux, ils en seraient dispensés par Rome en devenant évêques ; elle n'exige donc de ses membres ni le vœu de pauvreté ni le vœu d'obéissance ; elle se contente de les engager à pratiquer la pauvreté et l'obéissance au nom de la perfection à laquelle doivent tendre les hommes apostoliques ; pour conserver ses prêtres attachés aux Missions, elle fait appel au don spontané de soi, à la bonne volonté sans cesse renouvelée, à la charité, elle ne leur demande que la résolution ferme et le bon propos de persévérer jusqu'à la mort dans leur sainte vocation. Au jour de leur départ, prosternés aux pieds de l'autel, en présence de leurs pères et de leurs frères dans le sacerdoce, les missionnaires prononçaient, au xviie et au xviiie siècle, les paroles suivantes, les mêmes, sauf quelques différences accidentelles, que celles qu'ils prononcent aujourd'hui[1] :

---

1. Arch. M.-É., vol. 8, p. 229.

« Moi, N., touché par la miséricorde de Dieu et désirant uniquement me consacrer au service de Dieu et propager sa gloire en procurant le salut des âmes abandonnées et surtout des infidèles, selon la mesure des grâces qui m'ont été données; touché aussi par l'exemple de Notre-Seigneur Jésus-Christ et de ses saints disciples, après avoir mûrement réfléchi et imploré la lumière divine; confiant dans la protection de la Très Sainte Vierge Marie, Mère de Dieu, de saint Joseph, de mon saint ange gardien, des bienheureux Apôtres et disciples de Notre-Seigneur Jésus-Christ que je révère comme mes patrons, je prends la résolution d'unir irrévocablement ma vie à celle des missionnaires qui ont déjà été reçus dans la Société au Séminaire des Missions-Étrangères, établi à Paris par l'autorité du Saint-Siège et du Roi, et de suivre toujours les règles instituées dans ce Séminaire, autant que faire se pourra, touchant la manière de vivre, les vêtements et le reste.

« Je prie donc le Dieu de mon cœur lui que j'ai choisi pour mon partage éternel, de conserver et d'augmenter en moi l'esprit de charité dont il s'est servi pour m'inspirer ce dessein! Qu'il daigne aussi après m'avoir donné de vouloir, m'accorder de mener à bonne fin cette entreprise. Ainsi soit-il. »

Dans l'explication de ce premier caractère essentiel nous n'avons pas sous-entendu, nous tenons à l'affirmer, qu'une Société ou une Congrégation, dans laquelle l'obligation des vœux est en vigueur, ne puisse établir des Églises et former un clergé indigène séculier, nous voulons dire que la Société des Missions-Étrangères, ayant pour but premier l'établissement d'Églises et la formation d'un clergé séculier, a une constitution en rapport absolu et direct avec ce but.

Le second caractère est l'absence de supérieur général. Formée du Séminaire de Paris et d'autant de Corps différents qu'il y a de Missions, la Société ressemble à une sorte de confédération sans président. Cette organisation est singulière, elle est même unique, elle semble une anomalie très grande, disons le mot, choquante. Pour bien la comprendre, il faut toujours en revenir au but de la Société : établir des Églises. Or, dans une Église régulièrement constituée, il n'y a aucun pouvoir entre l'évêque et ses prêtres; le Pape seul peut intervenir. Le supérieur général ne trouve donc pas sa place dans la Société. Il y a une autre raison tirée de l'objection même de ceux qui aiment la centralisation, parce que, pensent-ils, centraliser c'est unir, et l'union fait la force. Sans aucun doute, mais la centralisation s'obtient parfois au détriment des forces de chacune des parties qui constituent le tout. Dans une société composée comme la Société des Missions-Étrangères et avec une action comme la sienne, tel était l'écueil à redouter. Tous les Corps dont elle est formée sont placés dans des milieux différents, ils ont à combattre contre des difficultés spéciales; ceux qui les gouvernent ont besoin d'une autorité d'autant plus forte que les questions à résoudre sont plus ardues, les résistances plus dangereuses, les embarras plus nombreux et plus épineux. Le pouvoir du supérieur général ne diminuerait-il pas l'autorité des Vicaires apostoliques, et, par là même, n'affaiblirait-il pas la vitalité de la mission? On convient que dans la lutte contre la nature sauvage, la spontanéité et la liberté sont nécessaires aux pionniers; cette spontanéité et cette liberté sont également nécessaires à l'évêque qui fonde une mission; il faut qu'il puisse employer ses prêtres dans les lieux, dans le temps et dans la forme qu'il désire pour le bien général.

Si l'évêque a besoin de la plénitude de son autorité sur ses missionnaires, Rome la doit avoir également sur les évêques, de manière à ne point faire passer ses ordres par l'intermédiaire d'un supérieur général, qui peut modérer ou activer le mouvement du mécanisme dont il est le moteur principal.

Ce sont les raisons qui ressortent de la situation elle-même ; n'y en a-t-il pas d'autres ? et les motifs que l'on découvre en étudiant l'histoire de la fondation de la Société, d'aucuns diraient même de l'action de la Providence sur elle, sont-ils négligeables ?

La Société des Missions-Etrangères n'a pas eu de fondateur unique, pas de législateur unique. Pourquoi aurait-elle un supérieur unique pour la diriger et la conserver ?

Si, à ses débuts, au moment où les difficultés étaient plus grandes, où il était indispensable de donner à l'action plus de précision, de fermeté, de cohésion, la Providence n'a pas appelé un fondateur à prendre uniquement en main les fils conducteurs de l'œuvre qu'elle voulait faire, si elle a rempli de son esprit non un seul homme, mais plusieurs, si elle a mis en leur cœur la foi qui soutient, l'espérance qui excite, et la charité qui unit, c'est qu'elle voulait, semble-t-il, que cette œuvre fût ainsi constituée et reposât pendant sa durée entière, non sur une seule intelligence et une seule volonté, mais sur l'union de plusieurs intelligences et de plusieurs volontés.

Cependant il fallait qu'il existât quelque part une sorte de pouvoir exécutif, mandataire des supérieurs, lien commun de tous les membres de la Société, gardien de ses lois et de ses intérêts. C'est pour répondre à cette nécessité que Mgr Pallu et Mgr de la Motte Lambert avaient créé à Siam un conseil composé de quatre missionnaires représentant les quatre missions et dont nous avons parlé plus haut, c'est également dans ce but que Mgr Laneau avait transféré les pouvoirs de ce conseil au Séminaire de Paris. Les rédacteurs du règlement de

1700 gardèrent cette décision. Les raisons en sont faciles à saisir : le Séminaire, en effet, est en rapports fréquents avec Rome, centre de la doctrine, il est établi en France, centre des ressources ; il a la stabilité qui manque aux Vicaires apostoliques révocables selon la volonté des Souverains Pontifes ; c'est par le Séminaire que l'on entre dans la Société, et que les Missions entretiennent entre elles toutes les relations nécessitées par les questions d'intérêt général ; il est donc le point où viennent aboutir toutes les lignes de la circonférence. Au-dessus des Vicaires apostoliques et au-dessus du Séminaire, comme la clef de voûte de cet édifice religieux est placée la Sacrée Congrégation de la Propagande, et par elle le Souverain Pontife.

III

Après avoir reconnu les deux caractères essentiels des Missions-Étrangères et les avoir posés comme principes générateurs du règlement qu'ils voulaient faire, après avoir accepté de prendre le Séminaire comme centre de la Société, les rédacteurs commencèrent leurs travaux.

Le règlement qu'ils composèrent a subi quelques changements partiels, mais dans ses grandes lignes il est toujours le même, nous l'analyserons tel qu'il fut fait en 1700, et dans le cours de cette histoire, nous indiquerons les modifications à mesure qu'elles se produiront. Il est divisé en 14 chapitres [1], que l'on peut réduire à cinq principaux : Du but de la Société et des personnes qui la composent ; de son gouvernement en général ; du choix et de la préparation des ouvriers apostoliques ; des institutions nécessaires aux travaux et au

---

1. Il est tout entier dans le vol. 169 p. 247-283, Arch. M.-É.

fonctionnement de la Société : Séminaire et procures; de l'administration des biens. Les dispositions du règlement ont toutes entre elles une conformité d'action et de vues dont la conséquence est d'arriver au but des Missions-Étrangères exprimé dans le chapitre premier[1] :

« 1° Former à la cléricature les sujets qui en seront trouvés capables; 2° prendre soin des nouveaux chrétiens; 3° travailler à la conversion des infidèles, en sorte que le premier emploi soit toujours préféré au second et le second au troisième. »

Cet article est fondamental, il a pour corollaire celui-ci, qui ordonne à la Société de quitter les missions capables de se suffire. « Quand le clergé sera formé et que les Églises seront au degré de se conduire elles-mêmes, et de se passer de la présence et des soins des missionnaires étrangers, ceux-ci consentiront avec joie à abandonner tous leurs établissements et à se retirer avec la permission du Saint-Siège pour aller travailler ailleurs. »

C'est ce qui a permis à Mgr Luquet de conclure :

« La Société n'est donc appelée qu'à une existence transitoire, et ce n'est pas à sa propre perpétuité, mais à son heureuse destruction qu'elle doit tendre[2]. » Sans doute, ce moment est bien éloigné, le règne de l'infidélité ne semble pas près de finir, pourtant la grâce de Dieu est la plus forte et l'œuvre avance; vienne le jour où en un de ces pays confiés à sa sollicitude, la Société aura établi une Église pouvant vivre de sa vie propre, elle enverra ses enfants sur d'autres plages recommencer les mêmes travaux, jusqu'à ce que les nations infidèles, prosternées devant le Dieu trois fois saint, n'aient toutes qu'une même foi, une même espérance et une même

---

1. Arch. M.-É., vol. 169, p. 248. Ch. Iᵉʳ, art. 3.
2. *Lettres à Mgr l'évêque de Langres sur la Congrégation des Missions-Étrangères.* Préface p. xxx.

charité; alors elle aura atteint son but, accompli son mandat.

« Les membres de la Société sont les Supérieurs et ceux qui travaillent sous leurs ordres et qu'on nomme missionnaires[1].

« Les Supérieurs sont : 1° les évêques et les Vicaires apostoliques français qui conservent l'union avec le Séminaire de Paris dont ils sont directeurs-nés et qui voudront bien observer les présents règlements; 2° le Supépérieur et les directeurs du Séminaire de Paris et les procureurs envoyés des missions particulières de Chine, Tonkin, Cochinchine et Siam au Séminaire, tant que les uns et les autres y demeureront, lesquels néanmoins, en quelque nombre qu'ils soient, ne feront tous qu'une seule voix, dans les cas dont la décision est réservée par les règlements à la personne des Supérieurs; 3° le Supérieur de chaque mission où il n'y aura pas de Vicaire apostolique français uni au Séminaire. »

Le gouvernement général de la Société est donc entre les mains des évêques Vicaires apostoliques, des supérieurs de Missions et des directeurs du Séminaire réunis en conseil. Il a, ainsi que nous l'avons expliqué, son centre au Séminaire, que le règlement appelle [2] : « lien qui unit les Missions, fondement qui les soutient, seul établissement légitime et permanent qui leur permet de recevoir des dons et legs d'immeubles et de posséder des fonds en Europe. »

Le Séminaire de Paris était gouverné par des directeurs. Lui-même nommait les uns et recevait les autres des Missions. Ces derniers étaient choisis par les Supérieurs de chaque mission et par les missionnaires à la pluralité des voix.

---

[1]. Arch. M.-É., vol. 169, p. 248. Ch. 2, art. 2.
[2]. Ch. 4, art. 1.

Du Séminaire dépendent tous les établissements communs : séminaires généraux et maisons de correspondance appelées procures, ainsi que tous les missionnaires qui sont hors de la juridiction des Vicaires apostoliques. Les directeurs préparent les futurs prédicateurs de l'Évangile et leur désignent la mission dont ils doivent faire partie.

La règle qu'ils sont obligés de suivre « dans la distribution des missionnaires, c'est de les envoyer où il y en aura un plus grand besoin, et où ils paraîtront être plus propres par rapport à leurs talents. [1] »

Les conditions d'admission des nouveaux missionnaires dans la Société ne sont pas énumérées, il n'est pas question d'âge, pas davantage d'un temps fixe de noviciat; on jugea plus à propos d'insérer ces articles dans le règlement du Séminaire, puisque la probation se faisait dans cette maison et que les directeurs donnaient à ceux qu'ils jugeaient propres à l'apostolat la patente d'agrégation suivante :

« Nous soussignés, Supérieur et directeurs du Séminaire des Missions-Étrangères établi à Paris par l'autorité du Saint-Siège et du Roi, faisons connaître et attestons à qui il appartiendra par les présentes lettres, que M.................prêtre du diocèse de.........après avoir fait sa probation dans notre Séminaire, a été reconnu doué de bonnes mœurs, capable, habile, non suspect d'erreur, très obéissant au Pape et au Saint-Siège apostolique. Accédant à ses désirs, nous l'avons envoyé en vertu des pouvoirs qui nous ont été accordés, et par les présentes, nous l'envoyons exercer le ministère apostolique chez les nations étrangères. En vertu de quoi nous prions très humblement Nosseigneurs les Archevêques, Évêques et Vicaires apostoliques et tous ses

---

[1]. Ch. 6, art. 1.

Supérieurs chrétiens pour le spirituel et pour le temporel, de vouloir bien l'aider de leur protection, lui accorder le pouvoir de prêcher et d'exercer les fonctions sacrées dans les limites de leur juridiction; nous exhortons et, par les présentes, nous requérons que tous les missionnaires de notre Société, en quelque lieu qu'ils soient, le reçoivent avec une grande charité comme un frère et qu'ils l'associent à leurs travaux apostoliques. »

Le gouvernement de chaque mission relève d'un évêque ou d'un simple prêtre ayant la qualité de Vicaire apostolique ou de supérieur. La nomination des évêques se faisait par le Souverain-Pontife, d'après les renseignements que les évêques en charge envoyaient au Séminaire sur ceux qu'ils croyaient capables de leur succéder. Le Séminaire transmettait ces notes à Rome; si les évêques mouraient sans donner aucun renseignement et sans avoir de provicaire, les missionnaires désignaient eux-mêmes leur supérieur [1].

Les supérieurs des missions et le Séminaire de Paris décidaient à la pluralité des voix la fondation de tous les établissements d'intérêt commun.

L'approbation ou le changement d'un des points du règlement général appartient au Séminaire et aux Missions [2]. Dans ce cas, les évêques prennent l'avis de leurs missionnaires et la majorité forme une seule voix représentant la mission. Le vote, c'est-à-dire l'acte libre d'un être intelligent et responsable, joue un grand rôle dans le mécanisme de la constitution des Missions-Étrangères; on vote pour l'admission ou le rejet du règlement, pour la nomination des procureurs et des directeurs du Séminaire, pour celle d'un supérieur de mission, pour la création d'établissements communs, pour la réparti-

---

1. Ch. 4.
2. Ch. 4, art. 21.

tion des ressources, pour la destination des missionnaires, etc., etc.

Un chapitre entier [1] est consacré à la vie des ouvriers évangéliques qui « doivent prendre avant toutes choses pour fondement de leur conduite cette maxime des saints et des hommes les plus expérimentés dans la vie apostolique : de ne s'appliquer jamais tellement au salut du prochain qu'on en vienne à se négliger soi-même, et de ne pas se livrer si absolument aux goûts des exercices de la vie intérieure qu'on en abandonne les exercices de la vie extérieure. »

Les principales vertus qu'on leur recommande sont : la charité, la douceur, la pureté, la sobriété, le désintéressement et la modestie. Par une pensée de foi et de charité, il est ordonné d'écrire au Séminaire de Paris, à la procure générale et dans tous les Vicariats pour donner avis de la mort d'un missionnaire et y joindre le récit abrégé de ses travaux. Tous les membres de la Société étaient tenus de célébrer trois messes pour chacun de leur confrère défunt.

La grande œuvre de la Société, les séminaires en pays infidèles, était instamment recommandée. « Il pourra y avoir deux sortes de séminaires pour former les clercs, les uns particuliers dans chaque mission, les autres généraux et universels, dans les lieux séparés de toutes les missions ou dans une mission particulière, où l'on pourra envoyer des sujets de toutes les autres; autant qu'il sera possible, chaque mission aura son petit séminaire particulier [2]. »

Les procures étaient établies dans les ports les plus fréquentés; Mgr Pallu en avait établi une à Surate et une seconde à Bantam; elles furent ensuite transportées à Pondichéry et à Canton.

1. Ch. 7.
2. Ch. 9, art. 2.

La procure de Pondichéry date de 1689; mais la première donation faite pour assurer l'existence de cet établissement est du 21 septembre 1699. On la doit à une pieuse chrétienne qui céda gratuitement, dans cette intention, un terrain sur lequel on devait élever, comme on le fit en effet, une chapelle renfermant cette inscription : « Cette maison a été donnée par Marie Magdel Coloudeappa à Mgr l'évesque de Sure [1], et à Messieurs les prêtres français, missionnaires apostoliques dans l'Asie, qui viendront du Séminaire des Missions-Étrangères de Paris, avec les conditions que ledit seigneur évesque et Messieurs les missionnaires qui y demeureront se souviendront de prier Dieu pour le repos de son âme, de celle de son fils et de tous ses autres parents catholiques. »

La procure de Canton fut installée en 1697. Les procureurs devaient être au nombre de trois [2]; le premier s'occupait des affaires du dehors, visites, lettres, mémoires; le second, désigné sous le nom de premier assistant, « était chargé de tenir la main à l'exécution du règlement de la procure, de faire des conférences de doctrine, et devait être comme le père des missionnaires de passage. »

Le troisième procureur ou second assistant tenait tous les registres des comptes de dépenses et de recettes.

Deux de leurs charges les plus importantes étaient les destinations des missionnaires et la répartition des revenus des Vicariats lorsque, par suite des circonstances, le Séminaire avait été obligé de les omettre ou que ses décisions n'étaient plus applicables. Ces destinations et ces répartitions devaient être faites à la pluralité des voix.

La dernière partie du règlement [3] concernait l'adminis-

---

1. Mgr Quémener.
2. Chap. 10.
3. Chap. 12.

tration des biens de la Société, qui incombait au Séminaire, sous le contrôle des Vicaires apostoliques ; les directeurs nommaient tous les trois ans celui d'entre eux qui devait être chargé d'exécuter les décisions qu'ils prenaient sous ce rapport.

Les biens des Missions étaient distincts de ceux du Séminaire, cependant il était spécifié que les Missions aideraient le Séminaire, si celui-ci venait à manquer de ressources. Ils devaient être employés pour : 1° l'établissement et la subsistance des Vicaires apostoliques, qui recevaient 600 fr. par an ; celle de leurs missionnaires auxquels on allouait 300 fr. ; 2° les frais de voyage ; 3° les pertes et les faux frais ; 4° l'entretien du Séminaire de Paris ; 5° la formation et l'entretien du clergé indigène ; 6° les dépenses des procures soit à Rome, soit en Extrême-Orient.

Tels sont les principaux points de ce règlement où la simplicité s'allie à la grandeur, le respect de l'autorité au maintien de la liberté individuelle, les conseils de la perfection religieuse aux préceptes de la vie apostolique et aux pratiques du clergé séculier.

Les directeurs du Séminaire et les quatre missionnaires qui travaillaient avec eux pouvaient avoir des lumières suffisantes pour rédiger cette constitution, ils n'avaient aucun pouvoir pour l'arrêter définitivement et la faire exécuter. Il était nécessaire de la soumettre aux Vicaires apostoliques et à leurs missionnaires, qui donneraient leurs votes, feraient leurs observations et jugeraient de l'opportunité de son application, c'est ce qui eut lieu ; les pourparlers furent longs, parfois difficiles ; néanmoins, même avant d'être promulgué, ce règlement fut pratiquement suivi.

IV

On a pu remarquer que le règlement général ne s'occupe pas de l'organisation des Missions, sauf en un ou deux points importants, par exemple l'institution des grands et des petits séminaires. Les Missions, en effet, ont une vie en grande partie indépendante de celle de la Société, c'est pourquoi leurs règlements sont spéciaux tels que le comportent les peuples et les circonstances; ils se sont faits peu à peu, selon que le permettaient la tranquillité, les travaux, le nombre des prêtres, et la facilité qu'ils avaient de se réunir.

Les *Monita* rédigés en 1665 avaient indiqué les lignes générales de conduite.

Du synode de Dinh-lien, tenu en 1670, sortit la discipline particulière de la Cochinchine, dont les articles principaux furent adoptés au Tonkin, lors du premier voyage de Mgr de la Motte Lambert. En 1803, le synode du Su-tchuen traça aux missionnaires de la Société en Chine des règles admirables. En 1844, le Vicariat de Pondichéry, alors uni au Coïmbatour et au Maïssour tint le synode de Pondichéry, qui détermina un certain nombre d'excellentes mesures administratives. Nous parlerons en leur temps de ces assemblées et de leurs décisions, réservant toutefois d'en faire une étude complète dans l'histoire de ces missions.

Mais dès maintenant, il nous paraît bon d'exposer après le règlement général de la Société, le règlement particulier du Séminaire, c'est-à-dire de la maison-mère, du noviciat où se forment les jeunes ecclésiastiques aspirant à l'apostolat.

Pour connaître une plante, il faut examiner ses racines et analyser les sucs nourriciers de sa sève. Lorsque nous saurons l'organisation du Séminaire, sa discipline, ses enseignements, son esprit, nous comprendrons mieux le caractère des missionnaires et la façon dont ils peuvent agir en tant que membres de la Société et en tant qu'ouvriers apostoliques.

Le règlement du Séminaire fut rédigé de 1700 à 1720, après avoir été mis en pratique pendant près de soixante ans. Notons d'abord que l'établissement est soumis à la juridiction immédiate de l'archevêque de Paris; mais il se gouverne selon ses règles propres approuvées par le chef du diocèse

Le règlement débute ainsi : « La raison de l'institution du Séminaire est l'établissement solide de la religion chrétienne parmi les nations privées de la foi[1]. »

Son esprit « n'est rien moins qu'une participation à l'esprit apostolique, dont l'un des caractères est une ardente charité et un grand zèle pour le salut des âmes que les ténèbres de l'infidélité rendent dignes de la plus profonde compassion.

« Un autre caractère de cet esprit, c'est le détachement et le désintéressement : étant impossible qu'un homme attaché aux biens, aux lieux, aux personnes, et trop touché de ses intérêts personnels soit apte au royaume de Dieu et par conséquent à une œuvre qui est uniquement destinée à l'établir.

« Le dernier caractère, c'est le courage, parce que plus l'ouvrage des missionnaires est d'une grande étendue et d'une grande excellence, plus ils doivent s'attendre d'y trouver des contradictions et des obstacles. [2] »

Le gouvernement du Séminaire appartient, nous l'avons dit, à des prêtres de la Société appelés directeurs. Au commencement du xviiie siècle, leur nombre était de cinq à sept. Ils se divisaient en deux classes, auxquelles, d'a-

---

1. Arch. M.-É., Vol. 169, p. 355.
2. Arch. M.-É., Vol. 169, p. 352, ch. 2.

près l'usage et non d'après le règlement, on donnait le nom de directeurs perpétuels et de directeurs procureurs. Les premiers étaient choisis, soit parmi les prêtres amis de la Société, soit parmi les missionnaires, et élus par tous les directeurs réunis en conseil. Ils étaient nommés à vie, d'où leur nom de directeurs perpétuels.

Les directeurs procureurs ou députés étaient ainsi appelés, parce qu'ils étaient élus par les Missions; chaque mission avait le droit d'en envoyer un au Séminaire et de le charger de sa procuration; à ce seul titre, il était reçu au nombre des directeurs, il en avait tous les droits et en exerçait toutes les fonctions [1].

La nomination aux charges se faisait par l'élection qui avait lieu tous les trois ans, au scrutin secret; pour être élu, il suffisait d'avoir les deux tiers des voix.

« Les directeurs peuvent être réélus quatre fois de suite à la même charge, c'est-à-dire pendant douze ans. Ils doivent ensuite rester pendant trois ans sans occuper cette fonction, dont ils peuvent de nouveau être revêtus. » Les principales charges sont celles de supérieur, d'assistant, de directeur des séminaristes et de procureur.

« Le supérieur [2] doit être d'une conduite si réglée en tout et si solidement vertueux qu'il puisse servir de modèle à tous ceux qui, par l'état qu'ils ont volontairement embrassé, sont soumis à lui, en sorte que, travaillant avec lui à l'avancement des Missions, ils y trouvent en même temps leur propre sanctification et leur paix.

« Comme le Séminaire des Missions-Étrangères est composé de personnes libres, il y a encore plus de nécessité que partout ailleurs que le supérieur soit attentif à les appliquer à ce qu'ils ont à faire pour le bien commun, qu'il les anime et qu'il leur donne pour ainsi

---

1. Lettres patentes, art. 4.
2. Arch. M.-É., Vol. 169, p. 377, ch. 9.

dire, par rapport à cette fin-là, le mouvement et l'action en surveillant, en exhortant et en faisant que chacun s'acquitte fidèlement de ce qui lui est commis. »

L'assistant « aide le supérieur dans toutes ses fonctions et le supplée quand il est absent ou empêché. »

Le procureur administre les biens du Séminaire, reçoit les revenus et règle les dépenses.

La charge de directeur des séminaristes est analogue à celle de maître des novices. Celui qui la possède s'occupe en même temps des études et de la discipline.

Les directeurs s'assemblent à des jours déterminés pour traiter des affaires du Séminaire et de celles de la Société.

Les séminaristes sont reçus, après qu'on a examiné « les motifs de leur vocation, leur piété, leur naturel, leur santé, leur caractère, leurs talents, leurs études et leurs sentiments. » L'âge de leur réception est depuis vingt jusqu'à trente ans.

Le règlement qu'ils avaient à suivre ne contenait aucune disposition austère, aucune injonction sévère, il était au contraire remarquable par son esprit de modération, de simplicité et de douce piété.

Les études théologiques sont faites en vue des difficultés spéciales que l'on rencontre dans les Missions. Les exercices de piété : sont la méditation de trois quarts d'heure le matin et d'une demi-heure le soir, l'assistance à la messe, la lecture de piété en commun, les prières du matin et du soir. La mortification corporelle est réduite aux limites prescrites par les règles générales de l'Église ; on jeûne et on fait maigre pendant le carême, pendant l'avent, aux vigiles des fêtes désignées [1].

---

[1]. Pour plus de détails sur le règlement du Séminaire au xviiie siècle, voir *Le Séminaire des Missions-Étrangères pendant la Révolution*, p. 7 et suivantes.

Parmi les vertus, le règlement recommande avec insistance [1] :

« La charité, d'autant plus nécessaire à ceux qui composent le Séminaire des Missions-Étrangères, que c'est presque le seul lien qui les unisse les uns aux autres et que, sans cette union, ils ne pourront ni subsister entre eux, ni se soutenir contre les attaques du dehors, ni être des missionnaires en état d'édifier parmi les infidèles. Ils auront donc pour l'acquisition, pour la conservation et pour l'augmentation de cette vertu, une véritable délicatesse de conscience, évitant tout ce qui pourrait la blesser ou la diminuer, les mépris, les hauteurs, les brusqueries, les rapports, les plaintes, les railleries, les contestations trop vives, agissant les uns envers les autres non seulement avec support, mais avec honnêteté et avec respect.

L'exhortation au zèle pour le salut des âmes avait naturellement sa place dans un règlement de futurs apôtres [2] :

« Si quelqu'un a besoin de zèle, c'est assurément celuy qui veult entreprendre de concourir à la conversion des infidèles non seulement, parce que cette entreprise demande un grand courage, mais parce qu'elle demande un courage qui ne vienne pas uniquement du tempérament, de l'humeur et des dispositions naturelles et humaines. On pourrait bien, avec ces dispositions, aller jusqu'aux extrémités du monde, mais il y a grande apparence qu'on n'y convertirait personne et qu'on s'exposerait plutôt à s'y pervertir soy-mesme. »

Enfin, la vertu qui fait les forts et les courageux quand elle s'allie au zèle : la résignation à la volonté divine était prescrite en ces termes [3] : « Les séminaristes

---

1. Arch. M.-É., Vol. 169, p. 397.
2. *Id.* *Id.*
3. *Id.* *Id.*

aspireront à une sainte indifférence et à une véritable égalité pour toutes les missions, dans la persuasion que rien ne sera plus parfait pour eux, ni plus agréable à Dieu que d'aller où le plus pressant besoin des âmes se trouvera, et où les Supérieurs jugeront plus à propos de les envoyer. »

Les directeurs avaient eu aussi la pensée d'initier les aspirants des Missions à quelques œuvres spéciales de zèle et de charité. Chaque jour, un séminariste récitait la prière avec les domestiques de la maison, leur faisait une lecture spirituelle ou un sermon. On avait abandonné les prédications dans les provinces de France, telles qu'elles se pratiquaient au début de la Société; mais on prêchait à Paris.

Tous les dimanches, plusieurs séminaristes enseignaient le catéchisme aux enfants abandonnés; chaque année, ils faisaient la retraite préparatoire à la première communion.

Chaque année, également, pendant la quatrième semaine de carême et la première semaine de novembre, « ils donnaient des exercices spirituels aux ouvriers. » Quelques jours avant ces retraites, ils allaient « dans les ateliers, dans les jardins des environs, ordinairement dans la rue de la Plume, dans la petite rue du Bac, dans les rues Saint-Placide et du Sépulcre, et jusque dans les réduits où se retirent les pauvres pour les exhorter à assister à ces exercices [1]. » Ils allaient encore aux fontaines des Incurables et de la rue de Grenelle, pour inviter les porteurs d'eau, sur le quai des Théatins, du collège des Quatre-Nations, « pour inviter les charbonniers, et sur la rivière, du côté du Gros-Caillou, où il y a beaucoup d'ouvriers qui travaillent au bois flotté. [2] »

---

1. Arch. M.-E., Vol. 222, p. 193.
2.   Id.   Vol. 92, p. 13.

Le petit nombre des séminaristes, leur âge déjà avancé, leur caractère éprouvé par quelques années de ministère permettaient de leur donner cette éducation exempte de surveillance et de contrainte, d'autant plus forte, qu'elle contenait un plus grand nombre d'enseignements pratiques.

V

Le règlement était la théorie de la formation, les travaux du ministère en étaient la pratique au moins partiellement; afin de parfaire cette éducation, on ajoutait des instructions spéciales à l'existence des missionnaires.

Ces instructions, faites avec beaucoup de soin, étaient tantôt des considérations générales sur la beauté et la grandeur de l'apostolat, tantôt l'énumération des vertus et des qualités qu'il exige, ou bien encore, l'explication des difficultés et des dangers auxquels il expose. Résumées en partie dans un manuscrit qui porte la date de 1720, elles ne contiennent aucun aperçu nouveau, aucune pensée plus haute ou plus éloquemment exprimée que celles que nous avons souvent entendues, mais elles sont les seuls échos de l'enseignement de nos pères, et répétées par ces voix d'outre-tombe, elles nous semblent plus puissantes et plus dignes de respect. En les écoutant, nous comprendrons mieux la préparation que subissaient les séminaristes avant d'être jugés aptes à porter le nom de Jésus-Christ aux nations infidèles. Nous en reproduisons une partie [1] :

« Le Fils de Dieu, prévoyant la vie étroite où tous les ouvriers de son saint Évangile devront s'engager, voulut auparavant de la leur enseigner par la parole, la leur

1. Arch. M.-É., Vol. 19, p. 333 et suiv.

montrer par son exemple; en effet, cette vie extraordinaire aurait eu peu de sujets, si son Dieu instituteur n'eût frayé la voie et ne l'eût semée de tant de roses, qu'elles sont suffisamment capables d'empêcher d'apercevoir la pointe des épines.

« Il est vrai que la nature y trouve peu son compte et que la délicatesse est maltraitée; mais aussi la plus noble partie de nous-même devient si belle et si riche qu'elle aura assez de charmes, au bout de cette dure carrière, pour être choisie la bien-aimée d'un Dieu pendant toute l'éternité.

« C'est une promesse qui ne peut manquer et sur laquelle se fondent tous ceux qui, pressés de la gloire de Dieu et de la charité du prochain, suivent fidèlement la voix qui les appelle, quittent tout, renoncent à soi-même pour la croix, et marchent après Jésus-Christ conformément à son divin enseignement : *Qui vult venire post me, abneget semetipsum, tollat crucem suam et sequatur me* [1]. De tous ceux qui travaillent à s'employer pour cette vie, l'on ne peut contester que les missionnaires apostoliques n'y aient la meilleure part; il faut entendre cela de ceux qui veulent s'acquitter dignement de leurs fonctions qui les engagent à tant de divers événements, qu'à moins d'être entièrement oublieux de soi-même et d'aimer beaucoup le calvaire, il est moralement impossible d'y vivre, d'où il résulte qu'il ne faut pas s'étonner si de grands personnages s'y sont trouvés fort entrepris, et que plusieurs y aient renoncé. Dans ce saint emploi, la prudence humaine est le plus souvent indiscrète et les précautions trompeuses.

« L'on peut bien appeler l'ouvrier apostolique dans les missions un homme extraordinaire, puisqu'il

---

[1]. Celui qui veut marcher à ma suite, qu'il se renonce lui-même, porte sa croix et me suive.

est rarement en son pouvoir de pratiquer ce que les autres font extérieurement pour se perfectionner.

« Tous ceux qui se sont appliqués à donner quelque règle de la perfection ont toujours puisé leurs maximes dans un ordre, qu'ils ont cru devoir être gardé avec exactitude, et de la fidélité duquel dépendait l'avancement ou le retardement spirituel. En effet, dans toutes les maisons bien ordonnées et qui passent pour les écoles de la vertu, toutes choses sont bien marquées, tous les moments du jour et de la nuit sont employés et contribuent par leur diversité d'occupation à faire écouler plus agréablement la vie. Cet ordre, que l'on peut nommer la ruine du vice et l'appui de la piété, est incompatible avec la vie du missionnaire, quelque règle qu'il se prescrive, car comment déterminer l'occupation de chaque moment dans une carrière remplie d'événements que nulle prudence ne peut prévoir.

« En étudiant les détails de cette existence, on la voit bigarrée de tant de différentes couleurs, qu'à la vérité il est bien difficile d'en faire un tableau parfait et l'on ne peut guère en donner qu'un crayon plus ou moins inexact. »

DU TRAVAIL DU MISSIONNAIRE

« Le travail auquel le missionnaire doit se livrer pendant son apostolat est d'autant plus rude, que dans les lieux de ses missions, il rencontre pour l'aider peu souvent de chrétiens et peu souvent d'ouvriers, tout est donc à son compte.

« Il faut qu'il pense, qu'il remédie et qu'il fasse tout, d'un côté donner les sacrements aux fidèles, de l'autre instruire les païens, tantôt enseigner les catéchumènes, tantôt réformer les abus; d'une part, il faut réhabiliter les mariages et de l'autre part faire des séparations;

pendant le jour il lui faut répondre aux cas de conscience qu'on lui propose, durant une partie de la nuit il s'occupe des confessions, exhortations, prédications, baptêmes. Le plus difficile est que, comme le missionnaire a quantité de lieux à secourir, il ne peut séjourner que très peu dans chacun.

« A peine arrivé dans un endroit, on le presse de plusieurs côtés d'aller porter l'Évangile dans d'autres villages qui demandent à être instruits. De quel côté se doit-il tourner ? Il faut qu'il contente ceux-là d'effets et ceux-ci d'espérance.

« Hélas ! ces travaux du missionnaire sont des roses ; les épines sont autres ; son pauvre cœur gémit devant Dieu pour lui demander d'éclairer les terribles ténèbres qui font tant de ruines au temps des persécutions.

« Cette matière est inépuisable, tous les jours il arrive au missionnaire de nouveaux chagrins même de la part de ceux dont il devrait attendre le plus de secours. Je ne m'étendrai pas davantage sur l'article de ses peines, nous en allons encore découvrir quelques-unes dans ses solitudes. »

DES SOLITUDES

« Il semble[1] que ce soit un paradoxe de vouloir traiter de la solitude du missionnaire après avoir montré que son travail l'occupe si fort qu'à peine peut-il trouver quelques moments pour prendre un peu de repos ; c'est toutefois une des parties les plus considérables qui compose sa vie et souvent le réduit à un état où il a besoin de recueillir toutes ses forces accompagnées des faveurs du ciel, afin de dissiper les horribles brouillards que la gentilité et le démon attirent sans cesse sur sa personne, pour le dégoûter de son emploi et le ronger d'inquiétude.

1. Arch. M.-É., Vol. 19, p. 337 et suiv.

« A peine le missionnaire est-il arrivé dans une bourgade qu'il s'y fait un concours extraordinaire de chrétiens. Leur intérêt spirituel particulier leur fait aisément oublier le général, et sans discerner si leur zèle est dévot ou indiscret, ils se font les innocentes causes que ce missionnaire vient à être découvert. Mille allées et venues de jour et de nuit d'un grand nombre de fidèles publient assez clairement ce qu'on engage à tenir secret. Les gentils s'informent du sujet, les femmes et les enfants ne peuvent garder le silence. Les parents n'ont rien de caché. Le désir d'accroître l'Église faict que plusieurs découvrent enfin l'affaire et qu'elle passe jusqu'aux oreilles des soldats, des officiers et des gouverneurs. Pour lors, les riches chrétiens, sachant par leur propre expérience que cette connaissance suffit pour les dépouiller de leurs biens, commencent à prendre peur.

« Qu'arrive-t-il? L'église est dépouillée de ses images, l'autel est enlevé, les chapelets et médailles cachés et le missionnaire obligé de se retirer en solitude dans quelque lieu écarté, où, pour l'ordinaire, il a si peu de liberté, qu'il faut qu'une petite chambre, n'offrant guère de différence du jour à la nuit, lui serve de tout, c'est son jardin, sa cour et sa chapelle quand il y peut dire la sainte messe, et si quelquefois son écolier ou quelque autre chrétien luy rend visite, il faut qu'ils parlent à voix bien modérée, estant obligés de se captiver dans le cracher et le tousser. Dans cette solitude, privé de toute consolation de la terre, il ouvre son cœur à loisir à son Dieu.

« Il y a deux jours, accablé de travail, il ne pouvait trouver un quart d'heure pour se recueillir et faire un peu d'oraison. Et aujourd'huy voylà les jours et les nuits entières qu'il a pour prier sans pouvoir travailler un moment au progrès de l'Évangile. Sa sanctification particulière luy demanderait de rester toujours en cet état, si le salut du prochain qui le pousse sans cesse, ne lui faisait souhaiter son élargissement. Dans cette solitude, il désire la conversion de royaumes entiers et particulièrement celle de ses ennemis.

« Le démon, plus subtil dans ses attaques, se sert adroitement de ce temps de retraite, pour le dégoûter de sa vocation ; notre bon Dieu a permis qu'il fût conduit dans ce désert, il l'éprouve par une apparence d'abandon, qui étonne tellement le pauvre missionnaire, qu'il se croit à tout moment perdu. Il se figure des crimes où il n'y a pas même d'imperfections, il craint d'avoir consenti où la délectation n'a pas même trouvé d'entrée. Dans cet état d'âme, il jette sa vue sur les hautes montagnes pour y chercher du secours à son affliction que Dieu seul peut guérir, Notre-Seigneur ne manque pas de le secourir à temps ; un seul rayon de la miséricorde fait ouvrir les yeux au missionnaire qui, à cette belle lumière, reconnaissant son aimable Jésus, s'adresse aussitôt à lui, se plaignant amoureusement, comme fit autrefois sainte Catherine, dans une même occasion. Et « où étiez-vous, mon Dieu, quand le démon, dans le dessein de me perdre, me faisait une si cruelle guerre ? hélas ! mon très bon Maître, que son empire est tyrannique et qu'il exerce de cruautés sur ceux qui sont en son pouvoir. Votre divine Majesté m'ayant laissé seul, il s'est emparé de tous mes sens et par mille ressorts que je ne saurais expliquer, il m'a si cruellement affligé que j'ai cru être son esclave. »

Des exemples corroboraient ces enseignements, on citait les travaux des Hainques, des Brindeau, des Leblanc, l'emprisonnement et les souffrances des Deydier, des de Bourges, des Laneau, la mort sanglante des Genoud et des Joret. On montrait par des faits, toujours plus touchants et plus probants que des considérations, le courage et la vertu solide des ouvriers apostoliques ; et tels que des fils élevés dans le souvenir des belles actions de leurs ancêtres, les aspirants du Séminaire des Missions-Etrangères brûlaient du désir d'entrer à leur tour dans la lice, de conquérir des âmes, d'obtenir la palme immortelle et la couronne des martyrs de Jésus-Christ.

CHAPITRE XIV
1700-1713

I. Rôle du Séminaire des Missions-Étrangères dans la Société. — Évangélisation des sauvages du Canada, de l'Acadie, de la Louisiane. — Incendie du séminaire de Québec. — Conseils du Séminaire de Paris au séminaire de Québec. — II. Diplomatie. — Séminaire et baptême d'enfants de païens à Siam. — III. Emprisonnement des missionnaires du Tonkin. — Leur exil. — Mgr de Bourges à Juthia, sa mort. — Rôle des seconds Vicaires apostoliques. — IV. Leblanc et Danry au Yunnan. — Basset et de la Baluère au Su-tchuen. — Annonce de persécutions en Chine. — La patente impériale.

I

Le Séminaire de Paris est le centre des Missions ; c'est vers lui, en effet, que convergent les renseignements qui les concernent, à lui qu'aboutissent presque toutes leurs affaires avant d'être portées aux pouvoirs civils ou religieux, aux congrégations romaines ou aux ministres de France ; sans qu'il ait sur elles aucune autorité, cette position centrale et cette connaissance de tous les événements importants lui permettent de juger de leur marche et parfois de leur donner quelques conseils. Ces conseils n'ont évidemment d'autre force que celle d'indications offertes par le zèle ou la prudence, ils n'en sont pas moins excellents et propres à déterminer les évêques ou les missionnaires à entreprendre de nouvelles campagnes.

Dans les immenses contrées que la Société avait à évangéliser, les sauvages du Canada ne tenaient qu'une petite place : les directeurs du Séminaire l'avaient cependant remarquée. Dès avant la fin du xvii⁰ siècle, ils avaient engagé le séminaire de Québec à tourner tous ses efforts vers cette portion du troupeau encore éloignée du bercail, et afin de les décider plus facilemennt à cette entreprise, ils leur avaient promis d'augmenter s'il était possible le nombre de leurs collaborateurs, ils furent écoutés. Avec l'assentiment de Mgr de Saint-Valier, le séminaire de Québec chargea en 1684 M. Thury de faire une exploration à l'extrémité orientale du Canada, sur la rive droite du Saint-Laurent, dans la province actuelle du Nouveau Brunswick. Le voyage achevé, M. Thury proposa d'établir trois missions : la première à Ristigouche au fond de la baie des Chaleurs, la seconde sur les bords de la rivière de la Croix et la troisième dans l'île Royale ou île du Cap-Breton.

Le séminaire de Québec fut d'avis de fonder d'abord un poste près de la rivière de la Croix, parmi les sauvages appelés Crucientaux. Ce nom leur venait de la vénération qu'ils témoignaient au signe de notre salut, depuis qu'un vieillard de leur tribu leur avait raconté le songe suivant :

Pendant une famine, après avoir longtemps et vainement imploré le secours des dieux adorés des sauvages, le vieillard avait vu durant son sommeil un jeune homme qui lui avait prédit la fin de la disette et lui avait montré trois croix : la première, lui avait-il dit, doit vous servir dans les calamités publiques, la seconde dans les délibérations, la troisième dans les voyages et les peines.

Dès lors, les sauvages tracèrent une croix à chaque extrémité de leur canot, une sur leur poitrine, et ils en firent placer dans leur cercueil et sur leur tombeau.

Les directeurs du séminaire de Québec reçurent de M. de Fronsac, lieutenant pour son père dans toute l'étendue du golfe de Saint-Laurent, trois lieues terrain sur la rivière de la Croix, en un lieu appelé Skinoubondiche.

Thury s'y fixa ; d'autres missionnaires vinrent lui prêter leur concours et de chez les Crucientaux, rayonnèrent au nord-ouest chez les Micmacks et au sud chez les Abénaquis, entre les rivières Saint-Georges et Kennebeck.

Tous sont unanimes à nous représenter ces peuples doués d'un naturel doux, hospitaliers, rarement polygames, mais perdus par l'abus des liqueurs fortes; de près, ils sont faciles à diriger : « Sont-ils sous les yeux de leurs prêtres, on les prendrait pour des saints, ce sont des anges à l'église par leur modestie, dociles et soumis à ce qu'on leur dit; » de loin, ils sont légers, inconstants, oubliant vite les enseignements plusieurs fois répétés.

Les apôtres eurent non seulement à convertir les sauvages, mais encore à leur enseigner les principes d'une vie régulièrement ordonnée. Ils durent employer leur autorité pour les faire consentir à défricher la terre, leur apprendre le maniement des instruments aratoires, puis, à l'époque de la moisson, obtenir que le blé ne fût pas vendu ou consommé aussitôt que récolté, mais déposé dans un magasin commun. Peu à peu, après s'être assez difficilement pliés à ces innovations, les habitants les trouvèrent si utiles qu'ils les propagèrent chez leurs voisins.

M. Thury mourut en 1699 à Pentagoët dans la tribu des Kanibas près de la rivière Saint-Jean. Les Indiens qui le révéraient lui firent de solennelles funérailles et l'enterrèrent à Chibouctou. Le tombeau qu'ils lui élevèrent était, d'après Diéreville, « une enceinte ovale formée de longs pieux et couverte d'écorces d'arbres, le corps reposait au milieu sous une couche de cailloux proprement et symétriquement rangés. »

Encouragés par ces premiers succès et toujours soutenus par le Séminaire de Paris, les directeurs de Québec créèrent des postes en Acadie, aujourd'hui Nouvelle-Ecosse. Située à environ 300 lieues de Québec entre la baie de Fundy, le golfe Saint-Laurent et l'Atlantique, l'Acadie avait été plusieurs fois prise et reprise par les Français et les Anglais. Sa population se groupait généralement autour de quatre forts qui la protégeaient : Beauséjour, Port-Royal, Beaubassin et les Gasparreaux, elle était bien différente de celle du Canada.

Les premiers Canadiens semblent en quelque sorte la population d'un de nos cantons transplantée en Amérique; le fond dominant fut toujours une importation de paysans français, paisibles, laborieux, régulièrement organisés sous leurs seigneurs, avec l'aide plus ou moins sérieuse et efficace du gouvernement.

Les Acadiens ne furent guère qu'un composé de pêcheurs, de soldats et d'aventuriers; les unions avec les femmes sauvages furent beaucoup plus fréquentes parmi eux que chez les Canadiens; et s'ils devinrent plus pacifiques avec le temps, ils conservèrent néanmoins toujours quelque chose de leur caractère primitif.

Au point de vue matériel, la vie des prêtres en Acadie était dure; la rigueur de l'hiver, la longueur des distances, l'insuffisance de la nourriture étaient leurs principales épreuves.

L'un d'eux, M. Pelmenaud, avait une paroisse de 27 lieues de long, il voyageait une partie de l'année, portant sa chapelle sur ses épaules quand il allait à pied, et ramant avec un compagnon s'il montait ou descendait les rivières dans son canot d'écorce. Après avoir achevé les fonctions de leur ministère, les missionnaires se faisaient maîtres d'écoles, enseignant à lire et à écrire aux jeunes gens de bonne volonté. Ils étaient d'ordinaire largement récompensés de leurs peines par l'affection, le respect et le dévouement de leurs paroissiens.

« Le premier arbitre du village, dit un des historiens de l'Acadie [1], était le missionnaire ou le curé quand le groupe des associés était assez heureux pour en avoir un à sa portée. On le consultait sur tout, sur des entreprises générales et sur des intérêt particuliers, sur la conduite de la famille et sur la direction de la société. On suivait ses conseils, on se soumettait à ses jugements. Son titre de père spirituel n'était pas pour les Acadiens un vain mot, il exprimait au contraire une idée parfaitement définie par tous et par tous acceptée. C'était son caractère de curé qui faisait son autorité et l'obéissance de ses paroissiens. On l'aimait, on le vénérait comme un père, parce qu'il était réellement, véritablement aux yeux de tous, le représentant et le ministre de notre Père qui est aux cieux. »

C'est au sujet des travaux de ces prêtres modestes, mais pleins d'une persévérance à toute épreuve qu'un écrivain protestant a fait la remarque suivante : « Les actes splendides de dévouement des anciens missionnaires Jésuites ont leurs annales, les contestations messéantes des évêques et des gouverneurs ont leurs archives ; mais les patients travaux des curés missionnaires restent dans l'obscurité où sont ensevelies d'âge en âge les meilleures des vertus humaines. »

L'Acadie ne renfermait pas seulement des Européens. des sauvages s'y trouvaient également, entr'autres les Souriquois, sur la côte nord-est, en face l'île Royale. Le missionnaire Gaulin, du séminaire de Québec, commença à évangéliser en 1706, soutenu par le gouverneur de l'Acadie, de Subercaze.

Dans une délibération du conseil de la marine de 1718,

---

[1]. Moreau. *Histoire de l'Acadie française*, p. 293.

le comte de Toulouse et le maréchal d'Estrées louent son activité et sa générosité qui lui fit vendre son bien pour subvenir aux besoins des habitants, ils énumérèrent les services qu'il rendit à la France en lui attachant les tribus des contrées acadiennes.

En 1698, le séminaire de Québec exécuta le projet longtemps caressé d'une expédition dans la Louisiane ; après informations, il désigna, pour le lieu du principal établissement, le pays des Tamarois, sur la rive gauche du Mississipi entre la rivière des Illinois et l'Ohio.

Dans un mandement du 14 juillet[1], Mgr de Saint-Valier exposa que le séminaire avait choisi ce pays, « parce qu'il était comme la clef et le passage nécessaires pour aller aux nations plus avancées et en faciliter l'abord. » Dans un second mandement de la même date, il confia spécialement cette mission au séminaire de Québec.

Deux jours après le 16 juillet, partirent MM. de Montigny, Davion et de Saint-Côme pour aller jeter les fondements du nouveau poste. Ils descendirent ensemble le Mississipi et se rendirent à la rivière Mobile. Davion fut laissé au fort Saint-Louis ; de Saint-Côme eut pour résidence le fort des Natchez, à une centaine de lieues de l'embouchure du Mississipi et sur la rive gauche ; de Montigny, le supérieur, après avoir été dangereusement malade au fort de Maurepas, trente lieues plus bas, revint aux Tamarois où il se fixa. C'est ce même de Montigny qui, après avoir porté la parole de vérité aux sauvages d'Amérique, la fera entendre en Chine et reviendra ensuite directeur au Séminaire des Missions-Étrangères de Paris. En voyant l'immense contrée qu'il avait à défricher, il s'empressa de demander du secours, et l'année suivante 1699, le séminaire de

---

1. 1698.

Québec lui envoya MM. Bergier, Boulleville, et de Saint-Côme le jeune.

Ils étaient accompagnés de trois frères coadjuteurs, capables de les aider, et de deux forgerons qui, avec les menuisiers précédemment emmenés par M. de Montigny devaient bâtir des chapelles et des logements.

Leur désir, à l'exemple des missionnaires de Siam et du Tonkin, fut de fonder un séminaire, ils l'exprimèrent aux directeurs de Paris et de Québec qui ne crurent pas devoir y accéder immédiatement, objectant que la population européenne de la Louisiane était trop peu nombreuse, les tribus sauvages incomplètement évangélisées, et les ressources pécuniaires insuffisantes.

Sur cette terre comme au Pégou, en Cochinchine ou au Tonkin, le sang des ouvriers apostoliques féconda la semence généreusement et abondamment jetée sur le sillon. M. de Saint-Côme fut massacré en 1707 par les Sitimakas, peuplade de la rive droite du Mississipi; de Bienville, commandant du fort Saint-Louis, vengea sa mort; mais c'était à partager son sort bien plus qu'à le venger qu'aspiraient les missionnaires. Leur trépas glorieux eût été cependant l'occasion d'un douloureux sacrifice, car le séminaire de Québec et celui de Paris n'avaient personne pour remplacer ceux qui tombaient. En France, la difficulté du recrutement se faisait sentir plus vivement chaque jour; au Canada, le séminaire avait été détruit par un effrayant incendie, le 15 novembre 1701. Les bâtiments, les archives, la bibliothèque, le mobilier furent la proie des flammes. Ce désastre consterna les directeurs du Séminaire de Paris qu'il atteignait indirectement, puisqu'ils avaient la haute direction sur l'administration temporelle; M. de Brisacier l'écrivit aussitôt à Madame de Maintenon en lui faisant remettre copie de la lettre que Mgr de Laval, en l'absence de Mgr de Saint-Valier, adressait au roi. Avec

MM. Tiberge et Tremblay, il alla à Versailles faire part de cet accident au ministre Pontchartrain. Celui-ci se montra très affecté : « Ce n'est pas un malheur particulier, répétait-il, c'est un malheur public, il est nécessaire que le Roi y remédie. » « Certes, dit le cardinal Taschereau, si les belles paroles et les témoignages de sympathie suffisaient pour réparer un malheur, le séminaire de Québec se serait bientôt relevé [1]. »

Louis XIV donna une première gratification de 10,000 livres et en promit une de 4,000 pour les années suivantes jusqu'à la reconstruction complète. Ce secours n'était pas assez considérable ; on frappa à d'autres portes qui s'entre-bâillèrent à peine ; la question des ressources devint grosse de désastreuses conséquences ; le séminaire de Québec pressait son procureur M. Tremblay, directeur au Séminaire des Missions-Étrangères, de payer ses dettes et de faire honneur à ses traites ; celui-ci répondait en cachant son embarras sous un sourire. « J'ai été presque résolu à tout quitter et à m'aller confiner dans un désert... Avez-vous pensé que je faisais de la fausse monnaie ? J'ai été plus de dix jours dans la pensée de n'accepter aucune de vos lettres de change, de ne vous rien envoyer de vos factures et d'employer ce que je recevais pour payer les 9,700 livres dont j'étais en avance pour vous. J'aurais après cela fait de la dépense à mesure que j'aurais reçu de vous... Nos Messieurs de Paris me disent que je mérite que vous me traitiez ainsi, parce que je fais trop bien vos affaires. »

Et lorsque cette même année Mgr de Saint-Valier, embarqué sur un vaisseau français, fut fait prisonnier par les Anglais, Tremblay, devenu un procureur presque farouche, disait : « Le grand bien que l'évêque retirera de sa prison, c'est qu'il va s'acquitter de toutes ses dettes,

---

1. *Histoire manuscrite du Sém. de Québec*, p. 376.

car il y dépense peu et trouvera tout son argent quand il reviendra [1]. »

Les directeurs du Séminaire du Paris recommandaient fortement :

« 1° De cesser toute autre construction que celle qui aurait pour objet de rendre le séminaire logeable ; 2° de ne pas se presser de rebâtir la chapelle ; 3° de ne faire aucune dépense de 300 fr. sans l'avis commun ; 4° de ne pas garder plus d'une vingtaine d'enfants et de faire payer exactement ceux dont les pensions ne sont pas fondées. » On reconnaissait la sagesse de ces conseils, mais on avait bien de la peine à les suivre, lorsqu'un second incendie se déclara en 1705, par l'imprudence d'un ouvrier qui laissa tomber des étincelles du feu de sa pipe sur de petits morceaux de bois très secs. Les flammes gagnèrent un magasin rempli de poudre achetée pour les sauvages, et une explosion formidable éclata. Le séminaire de Québec était de nouveau détruit. Ce fut une double perte d'argent et de temps, l'argent fut difficilement recueilli, et les élèves furent presque tous renvoyés chez eux. Il fallut quêter encore, multiplier les économies, et se résigner à voir les mois et les années se succéder, en avançant lentement les travaux, qui ne s'achevèrent qu'en 1723.

Mais cette fois, le nouvel édifice fut conservé, et c'est dans cette demeure qu'ont été formées ces vigoureuses générations sacerdotales à qui le Canada doit d'avoir gardé ses croyances et sa belle langue maternelle. Lorsque Louis XV abandonnera à l'Angleterre ces quelques arpents de neige, comme disait sottement Voltaire, ces prêtres défendront le peuple contre le protestantisme envahissant et oppresseur, ils lui apprendront à résister et à combattre sur le terrain religieux en attendant la

---

[1]. *Histoire du Sém. de Québec*, p. 398.

grande bataille politique qui, au xix⁰ siècle, rendra aux Canadiens leurs droits trop longtemps méconnus ; car quoi qu'on en dise, il est de la dignité du prêtre et de son devoir de se mêler aux luttes qui agitent son pays quand la foi est en jeu ; autant les questions purement politiques peuvent le laisser indifférent, autant les causes religieuses doivent l'attacher, l'émouvoir, le passionner, puisqu'il est par son titre et par sa situation le véritable soldat de ces grands combats.

N'anticipons pas sur les événements, et laissons le Canada dont la France est encore maîtresse, mais où la Société des Missions-Étrangères n'a qu'une action restreinte, pour raconter ce qui se passe en Extrême-Orient.

II

A Siam, la défaite éprouvée par les Français en 1688 est présente à toutes les mémoires, elle humilie les missionnaires et paralyse leurs travaux ; elle enorgueillit les Siamois et les endurcit contre la prédication chrétienne. M. Braud, supérieur de la mission après M. Ferreux, aurait voulu renouer, sinon une alliance, du moins des rapports d'amitié entre notre pays et le gouvernement de Pitracha. La question commerciale lui semblait favorable à la reprise des relations.

« Si on veut véritablement un accommodement avec les Siamois pour le bien de la Religion, écrivait-il, il faut remettre toutes choses entre les mains de MM. les directeurs de la Compagnie royale dans les Indes ; ce sont des gens propres pour cela ; les Siamois ne veulent que des personnes qui traitent de commerce. »

Louis XIV, à l'apogée de sa puissance, jetait parfois encore un regard sur Siam, et ses ministres se seraient volontiers prêtés à de nouvelles négociations.

Lorsque Mgr Quémener partit de Paris pour se rendre en Chine, il eut l'ordre de passer par Juthia et emporta un mémoire secret concernant la construction de deux forts à Mergui, et l'établissement d'un comptoir. Il obéit à ses instructions, fit part du projet et insista sur le caractère pacifique de l'alliance française. Le premier ministre écouta tranquillement le négociateur, et lui répondit qu'il trouvait sa proposition « très déraisonnable ». Il lui développa ensuite plusieurs objections, alléguant que Louis XIV n'avait pas envoyé de lettres, que les communications entre Mergui et Juthia étaient longues et difficiles, qu'à Mergui, les Français, les Siamois et les Birmans ne parviendraient jamais à s'entendre, en un mot, qu'il jugeait inopportun d'en parler à son souverain. Et comme pour ôter toute espérance d'une solution différente, le roi, quelques jours plus tard, interdit à tous les interprètes des nations européennes « de faire à l'avenir aucune écriture au nom des étrangers, ni d'en présenter aucune sans s'être assurés d'avance si elle était agréable au barcalon, et cela sous des peines rigoureuses. »

Des événements inattendus changèrent les rôles, mais non la situation. En 1703, Pitracha mourut, son fils lui succéda sans obstacle et se montra disposé à renouer avec la France les relations interrompues depuis quinze ans. Il s'en ouvrit au vicaire apostolique Mgr de Cicé, en lui promettant que si la Compagnie des Indes venait rétablir ses factoreries, il lui donnerait les privilèges dont jouissaient les Hollandais. L'évêque accueillit froidement ces avances et ne voulut prendre aucun engagement. Il savait ce que valaient ces promesses, et il ignorait encore moins la gravité des événements qui troublaient alors la France et l'Europe. Il ne laissa pas de transmettre les propositions du nouveau roi à la cour de Versailles et au gouverneur de Pondichéry, François

Martin. Celui-ci aurait accepté avec empressement ces ouvertures qui pouvaient donner à la Compagnie française des Indes Orientales la prépondérance maritime dans le golfe du Bengale par l'occupation simultanée de Mergui, de Chandernagor et de Pondichéry, car c'était un de ces rêves de grandeur asiatique qu'avaient fait souvent son génie colonisateur et son patriotisme. Il était trop tard.

Les opérations de la Compagnie mal dirigées à Paris, le mauvais état de ses finances, les pertes irréparables, causées par les Hollandais à ses flottes marchandes, l'avaient presque épuisée. Devenue incapable de diriger elle-même des expéditions commerciales, elle en était réduite pour empêcher ses employés de mourir de faim, à vendre des licences à des négociants qui, grâce à ce privilège, faisaient assez rapidement fortune, mais ne remédiaient pas à ses affaires.

Le roi ne pouvait plus, comme en 1684, l'arracher à la ruine. La succession d'Espagne s'était ouverte, et la coalition formidable des nations de l'Europe ramenait l'attention de Louis XIV sur ses frontières que battait l'invasion, et dont la brillante valeur de Villars, de Berwick, de Vendôme et de Boufflers suffisait à peine à garantir l'intégrité. Le grand roi pouvait-il songer au protectorat de Siam et à l'occupation de Mergui, quand le roi d'Espagne, Philippe V, son petit-fils, menacé de perdre une couronne achetée à si haut prix, était réduit pour la conserver, à démembrer ses États au profit de l'Autriche, à céder Gibraltar et Minorque aux Anglais; quand lui-même, pour mourir en paix, leur abandonnait Terre-Neuve et l'Acadie, les clefs du Canada.

Ces propositions n'aboutirent donc pas, et les missionnaires de Siam, Heutte[1] et Godefroy[2] à Chantaboun,

---

1. De Normandie, parti en 1701, mort le 27 septembre 1719.
2. De Normandie, parti en 1701, mort le 16 mai 1718.

Guéty[1] à Mergui, livrés à leurs seules forces, dépensèrent vainement leur zèle à briser des préjugés de race, d'éducation, de religion, mêlés de rancunes politiques; ils finirent par tourner une grande partie de leurs efforts vers d'autres points plus abordables. L'ensemble de leurs travaux était brièvement retracé dans une lettre de Mgr de Cicé : « Nous faisons ce que nous pouvons. Outre les enfants des gentils que nous baptisons à l'heure de la mort, nous cultivons les chrétiens que nos prédécesseurs ont convertis. Nous instruisons et baptisons quelques catéchumènes, mais en petit nombre. Nous nous appliquons principalement à notre séminaire et à notre collège qui sont toujours, grâce à Dieu, fervents dans l'étude et dans la piété. Nous regardons ces jeunes élèves comme l'espérance de la conversion des royaumes d'où ils ont été envoyés, et où ils doivent retourner pour annoncer l'Évangile en qualité de prêtres ou de catéchistes. Le Saint-Siège, en établissant notre Mission, nous a ordonné par-dessus toutes choses de former un clergé des sujets de chaque nation confiée à notre administration. En exécution de cet ordre, nous donnons notre principal soin à cette jeunesse. »

Ces élèves venaient de Cochinchine, du Tonkin, de Chine; dans ces différents pays, les missionnaires avaient bien établi des séminaires, mais souvent en butte à la persécution, obligés de passer furtivement d'un lieu à un autre, ils étaient heureux de pouvoir trouver à Siam une maison d'éducation généralement tranquille, largement établie, dotée de professeurs choisis et assez nombreux. Ils obtenaient ainsi des séminaristes ou des prêtres bien formés, vertueux, dont rien ne faisait chanceler la foi.

Une autre œuvre offrait aux missionnaires des consolations plus immédiates : celle des baptêmes d'enfants.

1. De Lyon, parti en 1689, mort le 13 juin 1725.

L'œuvre de la Sainte-Enfance qui donne le sou de chaque mois pour aider à la recherche et à l'entretien des enfants de païens a seulement cinquante ans de date, mais le baptême de ces enfants dans les contrées infidèles remonte aux premiers jours de l'apostolat. Les apôtres ont toujours voulu des âmes pour peupler le royaume du ciel, ils n'ont eu garde d'abandonner celles de pauvres petits êtres près de mourir ou délaissés par leurs parents; c'est une moisson sûre et abondante. En sept ou huit ans, le chiffre de ces baptêmes s'éleva à cinq mille et, de 1662 à 1715, à cinquante mille, chiffre considérable eu égard à la population du royaume de Siam.

En enregistrant une partie de cette statistique, l'auteur de l'*Histoire du christianisme dans les Indes orientales* s'écrie dans un mouvement d'admiration bien légitime : « Quel directeur, quel curé, quel évêque dans les pays catholiques oserait dire qu'il y a cinq mille âmes dans le ciel, qui lui sont redevables après Dieu du bonheur éternel dont elles jouissent? Ces fruits si beaux, si multiples, si consolants sont réservés au zèle des missionnaires qui vont cultiver par leurs travaux, par leurs sueurs, par leurs larmes, par le sacrifice de leur vie, ces terres demeurées incultes pendant tant de siècles. »

Qu'aurait-il dit en présence des résultats actuels? A Siam, ce n'est plus cinq mille baptêmes d'enfants en une dizaine d'années qu'administrent les missionnaires, mais douze à quinze mille; au Tonkin, le chiffre bien autrement considérable dépasse chaque année trente mille, et cent mille au Su-tchuen.

III

L'arrivée de Mgr de Bourges surprit de Cicé au milieu de ses travaux. Le vieil évêque avait été chassé du Tonkin, qu'il évangélisait depuis 43 ans, à la suite des faits que nous allons raconter.

En 1712, la persécution avait éclaté; l'instigateur, ainsi qu'il arrive trop souvent, fut un mauvais chrétien dont on ne connaît que le nom de baptême, Léon. Chargé par son vicaire apostolique de plusieurs missions périlleuses, entr'autres de l'introduction au Tonkin des prêtres européens, Léon alla chercher M. Jean-Baptiste de la Mothe[1] sur les frontières de la province de Canton.

Ayant reçu pour ce service signalé une somme d'argent considérable, il s'abandonna au jeu, à la débauche et apostasia; lorsqu'il n'eut plus d'argent, il revint en exiger, menaçant l'évêque et ses prêtres de les dénoncer au roi s'ils ne lui donnaient une nouvelle somme qu'il fixait à cent taëls. A cette époque, le Chua Trinhcan gouvernait sous le nom du roi Le-hi-tong, il était hostile aux Européens, avait plusieurs fois jeté en prison Van Loo, le chef du comptoir hollandais de Héan, et finalement l'avait chassé du pays ainsi que ses compatriotes.

De Bourges craignit les suites d'une dénonciation portée devant un tel juge, il donna les cent taëls.

Cette concession amena d'autres exigences.

Un chef de voleurs Da-Troc se présenta chez le Vicaire apostolique et chez son coadjuteur Edme Bélot, et avec une audacieuse impudence, il leur dit que Léon lui avait raconté qu'il avait reçu cent taëls pour ne pas les dénoncer, que cet acte de Léon était une trahison envers l'État, mais que lui-même allait réparer ce crime et dénoncer leur présence au roi... cependant, ajouta-t-il, si vous me donnez cinquante mille deniers, je garderai le silence.

Il était impossible de subir cette sorte de chantage,

---

1. Docteur de Sorbonne, de l'ancien diocèse d'Orange, parti en 1700.

on avertit le mandarin de Héan, ami des missionnaires, et on fit partir Jean-Baptiste de La Mothe pour la Chine, dans la pensée que ce départ satisferait le roi, si cette affaire arrivait jusqu'à lui. Cependant Da-Troc s'entendit avec Léon pour exécuter ses menaces, et le gouverneur de Héan étant allé à Ha-noi, l'accusation fut présentée au second mandarin qui la prit en considération et commença les poursuites.

Des catéchistes, des écoliers et plusieurs fidèles furent arrêtés, battus et emprisonnés. Leur silence sauva les évêques, Léon lui-même se tourna contre son complice Da-Troc; et, le juge se vit forcé, faute de preuves pour étayer une sentence, de renvoyer les prisonniers et de laisser les missionnaires en repos; mais, vaincu de ce côté, il essaya de se venger d'un autre.

Les Annamites n'ont pas une très grande foi dans l'impartialité de leurs magistrats; s'ils intentent un procès, et le perdent, il leur arrive souvent d'attendre la mort ou le déplacement du juge qui les a condamnés et de porter l'affaire à son successeur.

Le mandarin de Héan fit à peu près de même; son ancien chef hiérarchique étant mort en même temps que le roi Le-hi-tong[1] et que Trinh-can[2], il chargea un de ses amis de porter plainte au nouveau Chua au sujet de la religion chrétienne et de la lui représenter comme très dangereuse pour la tranquillité du pays. Habilement circonvenu, Trinh-cang[3] écouta ce qu'on voulut lui dire et signa l'ordre de faire disparaître le catholicisme de ses États.

En exécution de cet ordre, Mgr de Bourges, Mgr Bélot et M. Guisain furent arrêtés. Mgr de Bourges dont le

---

1. Régna de 1675 à 1705.
2. Gouverna de 1683 à 1707 sous les rois Le-hi-tong et Le-duy-tong.
3. Gouverna de 1707 à 1739 sous les rois Le-duy-tong, Le-duy-phuong, Le-thuan-tong, Le-y-tong.

grand âge imposait le respect fut dispensé de paraître au tribunal.

Mais le coadjuteur et le missionnaire subirent, le 10 mai 1712, un long interrogatoire. Mgr Bélot répondit avec une grande présence d'esprit et beaucoup de calme ; il prouva que depuis leur arrivée dans le royaume, les Français n'avaient commis aucune faute qui méritât l'expulsion. Les juges ne répliquèrent pas, et laissèrent les deux prisonniers à genoux, au milieu de la cour, exposés, tête nue, aux ardeurs du soleil pendant plusieurs heures.

Le 28 du même mois, on les fit de nouveau comparaître, et on les somma de demander leur expulsion. Ils trouvèrent l'ordre assez singulier et le dirent : puisque les mandarins avaient la force, ils pouvaient en user, au lieu d'obliger les victimes à demander la peine qu'ils avaient résolu de leur infliger. On amena plusieurs fidèles, et on les soumit à la torture, espérant que par pitié pour leurs chrétiens, les missionnaires obéiraient à ce qu'on exigeait ; ceux-ci déjouèrent le calcul de leurs ennemis.

« Ordonnez-nous ce qu'il vous plaira, dirent-ils, nous y consentirons, mais étant fort âgés et d'une santé fort affaiblie, si nous osions faire quelque demande à Sa Majesté, nous la supplierions de nous permettre non de sortir de son royaume, mais d'y passer le peu de jours qui nous restent à vivre. » Cette réponse enlevait aux juges tout espoir de réussir ; ils portèrent donc eux-mêmes la sentence et condamnèrent aux fers les deux évêques et le missionnaire ; ils ne voulurent cependant pas les enfermer dans la prison des criminels. Bélot fut gardé à vue chez le premier gouverneur de la ville, Guisain chez le second et de Bourges chez le gouverneur de la province qui, respectueux de son âge, de sa vertu, de sa grande réputation de sagesse, le mit en liberté dès le lendemain ; Guisain trouva une protectrice dans la mère du gouverneur, chrétienne depuis de longues années, et sa captivité fut adoucie.

Les prisonniers adressèrent au roi un recours en grâce. La réponse fut négative : on leur permettait de vendre tout ce qu'ils avaient laissé dans leur maison, mais on leur ordonnait de partir immédiatement. Ils obtinrent néanmoins de reprendre leurs livres confisqués par les mandarins, d'emmener avec eux quelques domestiques et des matelots anglais qu'une tempête avait jetés sur les rivages du Tonkin.

Ils s'embarquèrent le 21 janvier 1713, escortés par trois mandarins qui visitèrent minutieusement leur jonque et les accompagnèrent jusqu'à l'embouchure du fleuve Rouge. Arrivés au bord de la mer, les mandarins crurent leur devoir rempli et leur consigne fidèlement exécutée, ils descendirent à terre, laissant les exilés voguer vers Siam. L'amour est plus fort que la haine et le zèle de l'apôtre plus industrieux que celui du persécuteur. Avant de quitter Héan, les missionnaires avaient envoyé, pour les attendre sur les côtes du Thanh-hoa, une barque montée par des prêtres, des catéchistes et des élèves du séminaire ; les deux embarcations se rencontrèrent au lieu désigné, aussitôt huit élèves et un prêtre destinés au collège de Juthia montèrent sur la jonque de Mgr de Bourges, Mgr Bélot et M. Guisain passèrent sur le bateau des chrétiens annamites, et, deux jours plus tard, abordèrent au Thanh-hoa.

Ils n'étaient que deux, âgés, fatigués, mais aidés par leurs prêtres indigènes. ils soutinrent l'Église du Tonkin. Dans ces moments de pénurie de missionnaires européens, aussi bien que pendant la persécution, le clergé indigène rend des services qui apparaissent très manifestement ; sous une direction ferme et douce en même temps, il fait face à tous les besoins des Vicariats apostoliques, il instruit les chrétiens, convertit les païens, gouverne les catéchistes avec ce savoir-faire des Annamites revêtus de quelque autorité.

A Siam, disent nos annales, Mgr de Bourges fut d'un grand secours et d'une douce consolation à Mgr de Cicé [1] :

« Les lumières, l'expérience, les conseils, la présence seule de ce vénérable vieillard tenaient tout dans l'ordre. Son exemple inspirait la ferveur à notre séminaire. On le voyait toujours le premier aux exercices. L'oraison faisait son occupation ordinaire. Quelque grossiers que fussent les aliments, il ne voulut jamais permettre qu'on lui servît aucuns mets particuliers. Il savait que la vie austère forme les pénitents et perfectionne les saints, et il ne voulait cesser de faire pénitence et de tendre efficacement à la perfection qu'en cessant de vivre. Sa course avait été longue et laborieuse, que ne souffre-t-on pas pendant 50 ans de mission? Il la consomma dans sa dernière maladie par une patience invincible, par une humble soumission à la volonté du Seigneur au milieu de cruelles douleurs.

« Loin de se plaindre, on l'entendait souvent remercier Dieu de ce qu'il lui donnait les moyens d'expier ses péchés. Ses souffrances ne lui permettant de prendre aucun repos allumèrent une violente fièvre dans son corps. La force de son tempérament robuste le soutint plus longtemps qu'on n'espérait, mais enfin se sentant affaibli, il reçut les sacrements. Sa raison ne s'obscurcit point. Il employa les derniers moments de sa vie à soupirer pour le Ciel et mourut en paix le 9 août 1713. »

Le journal du Tonkin, recueil de tous les événements qui intéressaient le christianisme dans ce pays, écrit par les missionnaires ou par les Vicaires apostoliques et adressé chaque année au Séminaire de Paris, apprécie

---

1. *Hist. des progr. de la Relig. chrét.*, etc., p. 487.

en ces termes la carrière et le caractère de Mgr de Bourges[1] :

« Il a gouverné, en s'appliquant continuellement à l'exécution du dessein si important de former un clergé des naturels du pays, ce qu'Alexandre VII et la Sacrée Congrégation avaient sur toutes choses recommandé à nos premiers évêques et missionnaires, afin de perpétuer par ce moyen la religion dans cet Orient ; il n'a oublié pour le faire réussir, ni soins ni dépenses, soit en instruisant des jeunes gens dans les lettres d'Europe et de Chine, soit en formant de bons catéchistes, soit en instruisant les plus habiles et les plus vertueux d'entre eux des cas de conscience et des cérémonies, avant de les élever aux saints ordres. Il en a ordonné trente-trois. Il a enfin gouverné cette mission en se sanctifiant lui-même pour elle, et en attirant sur elle mille bénédictions par ses mortifications et par la pratique de toutes les vertus.

« Pour dire un mot des mortifications et des vertus qu'il n'a pu cacher, il a toujours pratiqué très exactement jusqu'à sa sortie du Tonkin, à l'âge de 82 ans, tous les jeûnes de l'Église, en y ajoutant les vendredis et samedis de toute l'année.

« Son humilité était ingénieuse pour nous rendre, dans des occasions imprévues, de petits services qui nous couvraient de confusion. Il faisait souvent plusieurs choses qu'il nous aurait semblé qu'il aurait dû abandonner aux domestiques.

« Sa prudence lui faisait tout prévoir dans les circonstances même les plus difficiles, et la force de son esprit le rendait toujours égal à l'extérieur, son humeur douce et agréable charmait tout le monde, et il était exact jusqu'au scrupule à ne rien dire qui pût déplaire.

---

1. Arch. M.-É., vol. 659, p. 139.

« Il était extrêmement chaste, et conservait cette vertu avec un soin très grand. Son oraison, de plusieures heures chaque jour, augmentait de jour en jour le grand amour qu'il avait pour Dieu et pour le salut des âmes. »

Avec Mgr de Bourges disparaissait la première génération des prêtres de la Société des Missions-Étrangères et les premiers évêques formés et choisis par Mgr Pallu et Mgr de la Motte Lambert, puisque Mgr Deydier était mort en 1693 et Mgr Laneau en 1696.

Quand la Providence destine les hommes à un rôle spécial, elle leur donne des qualités et des vertus en rapport avec ce rôle.

Pallu et de la Motte Lambert avaient été des inspirateurs et des organisateurs; une autre mission échut à leurs successeurs, mission moins haute, moins féconde par certains côtés, mais encore grande et belle. Ils exécutèrent l'organisation résolue, ils appliquèrent les principes posés, ils enseignèrent par leurs travaux de chaque jour ce que doit être l'existence ordinaire du prêtre prédicateur de l'Évangile en pays infidèle. La vie de Mgr Pallu et celle de Mgr Lambert ne furent point à proprement parler des vies de missionnaires, nous en avons déjà fait la remarque, et si l'on peut puiser dans leurs actes et dans leurs paroles des inspirations d'humilité, de générosité, de zèle et de dévouement, on n'y trouve point le cadre dans lequel se meuvent habituellement les ouvriers apostoliques.

Au contraire, Deydier, Laneau, de Bourges pratiquèrent ces mêmes vertus dans des circonstances que les missionnaires rencontrent toujours et partout. Leur carrière présenta les caractères que devait avoir celle de tous leurs successeurs : étudier à fond la langue des pays qu'ils habitent, composer des livres pour l'instruction des païens et des chrétiens, passer de longues années comme simples prêtres au milieu des multiples difficultés de détail qui entravent le ministère pastoral, enseigner à des apôtres plus jeunes la manière de conduire un district, d'évangéliser les infidèles, de former des séminaristes, des catéchistes et des religieuses, et, pour que rien ne manquât à ce type d'existence apostolique, souffrir la torture et la prison. Ils formèrent ainsi le premier anneau de cette chaîne, qui s'appelle la tradition, et devient, quand elle est conservée, la force d'une Société, la lumière qui guide ses travaux et facilite ses triomphes.

IV

Qu'il s'agît de l'évangélisation, des droits du Saint-Siège, de la pureté de la Foi, la Société des Missions-Étrangères avait à opposer aux adversaires des fils prêts à combattre et capables de conserver les anciennes conquêtes ou d'en faire de nouvelles.

En 1702, Philibert Le Blanc et Alexandre Danry[1] avaient quitté le Fokien pour se lancer dans les régions lointaines et inconnues du Yun-nan dont Le Blanc avait été nommé vicaire apostolique sans caractère épiscopal.

Le Yun-nan sortait alors d'une guerre longue et acharnée que son gouverneur Ou-san-kouei avait soutenue contre la dynastie tartare-mandchoue. Du nord au sud du pays, on ne connaissait aucun chrétien. Les missionnaires en découvrirent quatre à Yun-nan-sen, la capitale, encore étaient-ils venus d'une autre province. Ce n'était pas une armée, pas même un bataillon, mais on pouvait s'appuyer sur eux, s'en servir comme de catéchistes, tout au moins comme d'auxiliaires. Les pauvres exilés furent réjouis et fortifiés par l'arrivée des apôtres, ils se sentirent moins isolés, peut-être même, avec l'espoir qui

---

1. Du diocèse de Nantes, parti en 1698.

naît si facilement au cœur des fidèles que l'on sait émouvoir et diriger, songèrent-ils à devenir les premiers chefs d'une Église considérable.

Ils firent annoncer la présence des prêtres étrangers au gouverneur chez lequel ils avaient leurs entrées; celui-ci arrivait de Pékin où il avait vu les religieux de la Compagnie de Jésus bien traités par l'empereur, il ne s'étonna ni s'effraya d'avoir dans sa ville des prédicateurs du même Évangile. Il leur donna audience, leur accorda l'autorisation d'acheter des maisons, des terres et de se fixer où ils voudraient. C'était un point important. Mal reçus, les missionnaires eussent été en butte aux vexations des mandarins et au mépris du petit peuple. La bonne grâce du vice-roi leur servit de bouclier, car il en était de même au fond de la Chine, en Annam ou à Siam : que le maître s'appelât Phra-naraï ou Le-hi-tong, Trinh-can ou Ngaï-vuong, qu'il fût gouverneur ou roi, dès qu'il était le maître, les fronts s'inclinaient, les esprits rebelles ou malveillants se faisaient aimables et dociles.

Le Blanc acheta une maison et commença à bâtir une église, non pas une cathédrale, mais « une maison à la façon des Chinois et seulement un peu plus vaste. » Tout en surveillant les ouvriers, il instruisait des enfants, noyau d'un séminaire, qu'il voulait grand.

Cette œuvre, le but principal de la Société des Missions-Étrangères, est la caractéristique première des travaux de ses missionnaires : partout où ils se fixent, immédiatement ils instituent un établissement pour le clergé indigène. A Juthia, on avait pu le constituer sur de larges bases; au Tonkin, Deydier l'avait commencé dans une barque; à Canton, Charmot l'avait mis dans une dépendance de la procure; à Yun-nan-sen, Le Blanc réunit ses élèves dans une chambre attenante à sa maison. Plein d'espoir en l'avenir comme tous ceux qui s'appliquent à travailler pour Dieu, il faisait les plus beaux rêves et projetait d'avoir un collège où se réfugieraient les séminaristes du Tonkin si la persécution les chassait de leur pays. Danry, conduit par l'un des quatre chrétiens qu'il avait trouvés, prêchait les païens et parcourait les villages. Son zèle porta des fruits ; en 1706, il avait plus d'un millier de fidèles et trois mille catéchumènes.

Dans chaque village où se groupaient quelques-uns de ses néophytes, il ne bâtissait pas d'église, mais se contentait d'avoir deux chambres contiguës à la demeure « d'un chrétien ». L'une de ces chambres lui servait d'oratoire et l'autre d'habitation ; « ce qui, écrivait-il, exempte d'avoir un serviteur pour les garder et permet d'éviter souvent les persécutions des mandarins qu'on ne sera point obligé de visiter, car ces sortes de chapelles passent pour les maisons de ceux auprès desquels on les bâtit. »

Dans la province voisine, au Su-tchuen, où ils s'étaient rendus sur l'ordre de Mgr de Lionne, leur vicaire apostolique, Basset et de la Baluère accomplissaient les mêmes travaux avec moins de peine, car ils avaient trouvé pour les aider à connaître le pays, à s'installer, à répandre la bonne nouvelle, un plus grand nombre de chrétiens, la plupart venus du Hou-kouang.

De la Baluère commença un séminaire, et Basset évangélisa les fidèles principalement groupés dans les villes de Tchen-tou, de Ya-tcheou et de Pao-nin-fou. Nous ne saurions mieux donner une idée de leur vie qu'en citant cette lettre de La Baluère[1] :

« Je suis ici dans une petite maison qui ressemble à celles des pauvres de mon village sauf pour les portes et les fenêtres qui sont différentes, le lit et les sièges

---

1. Arch. M.-É. Lettre de 1705.

qui ne sont pas les mêmes. J'ai autour de moi tantôt huit et tantôt dix élèves auxquels j'enseigne à lire le latin et à bien comprendre et bien expliquer la doctrine de Notre-Seigneur. Ne vous figurez pas que ce sont de petits enfants de douze à quinze ans. Les uns ont vingt ans et les autres trente ans. Il y en a que je voudrais préparer au sacerdoce; je leur fais plusieurs explications par jour, et rien ne saurait vous dépeindre l'ardeur qu'ils ont à étudier. M. Danry m'a quitté depuis quelque temps pour aller dans plusieurs préfectures visiter les chrétiens qu'on dit y être, il m'écrit qu'il est accueilli avec une joie sans égale et que ces chrétiens, quoique bien ignorants, le traitent avec tout le respect imaginable. Ils ont plus de foi que de vertus, mais on trouve cependant parmi eux des âmes charitables et belles par leur piété. Les païens viennent aussi le voir et ne craignent pas de dire que notre sainte religion est digne de beaucoup d'estime. »

L'existence des missionnaires en Chine était donc relativement calme lorsqu'un coup de foudre éclata dans leur ciel pur. Un édit fut publié qui ordonnait de chasser de l'empire du Milieu tous les prêtres européens qui ne prendraient pas le *piao* ou patente impériale portant ces trois déclarations :

1° Le Dieu des Chinois étant le Dieu même des chrétiens, il est naturel de lui donner le même nom ; 2° les cérémonies en l'honneur de Confucius ne sont pas incompatibles avec le christianisme ; 3° les hommages rendus aux ancêtres ne sont pas davantage inconciliables avec cette religion.

CHAPITRE XV
1702-1722

I. La question des Rites. — Légation de Mgr de Tournon. — II. Mgr Maigrot à la cour de l'empereur Kang-hi. — III. Exil des missionnaires. — Lettre de Mgr de Tournon à Mgr Maigrot. — Courage de Leblanc, de Lirot, de la Baluère. — Mgr de Tournon à Macao. — Sa mort. — IV Mgr Maigrot à Rome, lettres et conduite. — Condamnation des Rites par Clément XI dans la bulle *Ex illa die*. — Formule du serment imposé aux missionnaires par la bulle. — V. Légation de Mgr Mezzabarba en 1720, les huit permissions. — VI. Le Jansénisme. — Conduite de M. de Brisacier et de M. Tiberge. — Sentiments des missionnaires. — Lettres de Mgr Cicé et de M. Néez. — Résumé de la conduite du Séminaire par M. de Brisacier.

I

Que s'était-il donc passé pour que Kang-hi, dont on faisait de si pompeux éloges, qui admettait les Jésuites dans son palais, et avait, en 1692, permis l'exercice du catholicisme en Chine, intervînt contre l'enseignement chrétien et prît cette mesure rigoureuse ?

La question des Rites avait continué de soulever d'interminables discussions. Des événements d'une exceptionnelle gravité avaient eu lieu à Pékin, et finalement l'empereur, dans un accès de colère et d'orgueil, avait lancé l'édit qui retentissait jusqu'au fond du Su-tchuen et du Yun-nan.

La Société des Missions-Étrangères avait été mêlée à cette nouvelle phase de la querelle ; les directeurs de son Séminaire avaient défendu l'opinion qui condamnait les Rites ; un de ses évêques, Mgr Maigrot, avait soutenu ce sentiment en présence même du monarque chinois, et plusieurs de ses missionnaires avaient été frappés d'exil. Voici les faits :

Attristé de la continuation, de l'extension et de l'âpreté des discussions, connaissant le mal qu'elles causaient à l'apostolat en Chine, voyant qu'une discussion analogue sur les Rites malabares troublait les missions de l'Inde, le Souverain Pontife avait pensé que le meilleur moyen de terminer promptement et complètement cette affaire était d'envoyer aux Indes et en Chine un visiteur apostolique, qui étudiât sur les lieux mêmes les raisons alléguées par les deux parties. Il choisit donc, le 2 juillet 1702, Mgr Charles-Thomas Maillard de Tournon, pour régler les points en litige, l'éleva à la dignité de patriarche d'Antioche, et lui donna le titre de légat *a latere*.

Charles-Thomas Maillard de Tournon, issu d'une ancienne et illustre famille de Rumilly, en Savoie, était né à Turin le 21 décembre 1668[1]. Son père, Victor-Amédée de Maillard, comte de Tournon et marquis d'Albe, fut ministre d'État, gouverneur du château et du comté de Nice[2]. Le fils, après avoir achevé ses études à Rome, au collège de la Propagande, embrassa l'état ecclésiastique et ne tarda pas à se distinguer par ses lumières et par son dévouement au Saint-Siège.

Sa nomination de légat en Chine fut accueillie avec joie par les directeurs du Séminaire qui espéraient et souhaitaient vivement la cessation des discussions ; ils le félicitèrent de la haute dignité dont il venait d'être investi.

La réponse du prélat fut empreinte d'une particulière bienveillance pour la Société des Missions-Étrangères[3] :

1. *Les Maillard, seigneurs et barons du Bouchet, comtes de Tournon*, par Aug. Dufour.
2. Il mourut en 1702.
3. Arch. M.-É., vol. 208 p. 77.

« Vos bontés, Messieurs, et les marques d'amitié que vous me donnez par vostre très obligeante lettre que M. Charmot m'a rendue, ajoutent beaucoup d'agréments à l'employ auquel Sa Sainteté m'a fait l'honneur de me destiner, et les prières des personnes, d'une aussi haute vertu et entièrement dévouées à la propagation de la foy chrétienne comme vous, ne sont pas d'un petit secours au long voyage que je dois entreprendre au plus tôt. Donc, Messieurs, je vous en rends mille grâces de tout mon cœur, et je vous prie de me les continuer et d'estre bien persuadés que j'ai toujours eu une véritable vénération pour l'institut de vostre Séminaire, que je regarde comme une chose très édifiante et d'un égal ornement et utilité à l'Église et au Saint-Siège. C'est pourquoi je compte beaucoup sur vos Messieurs de la Chine, en particulier sur Messieurs les Vicaires apostoliques qui, à l'heure qu'il est, ne sont pas tant vos confrères que les miens. J'ay une pleine connaissance de leurs mérites, et je n'ai pas moins de confiance en leur charité; je ne doute pas qu'ils n'en restent bien persuadés. Cependant, je vous remercie que vous ayez bien voulu les prévenir là-dessus, suivant l'intention de Sa Sainteté, laquelle est remplie d'estime et d'amour paternel pour eux, pour vous et pour tout vostre Séminaire; j'espère leur en apporter des marques particulières, si j'avais le bonheur d'arriver à les embrasser.

C'est de quoi je vous supplie de les assurer en leur offrant et à vous aussi mes très humbles services, puisque je suis avec beaucoup de respect, Messieurs,

Vostre très humble et très obéissant serviteur,

CHARLES THOMAS,
patriarche d'Antioche.

Arrivé à Pondichéry au mois de novembre 1703, Mgr de Tournon fit une enquête sur les Rites malabares et les prohiba par un mandement du 23 juin 1704, qu'il publia le 11 juillet suivant. Dix mois après, il abordait en Chine.

Pendant son voyage, les choses marchèrent en Europe. Une série de questions relatives au nom de Dieu, au culte des ancêtres et à celui de Confucius avait été dressée plusieurs années auparavant d'après un exposé des faits; la Congrégation du Saint-Office, à laquelle le jugement avait été déféré par Innocent XII, rendit un décret solennel, défendant toutes les cérémonies du culte de Confucius et du culte des morts ainsi que les termes usités par les lettrés chinois pour désigner Dieu,

Ce décret fut approuvé le 20 novembre 1704 par Clément XI, qui avait poursuivi l'examen commencé par son prédécesseur.

II

Mgr de Tournon était à Pékin depuis le 14 décembre 1705, lorsque ce décret lui fut remis. Le 31 décembre suivant, il fut admis pour la première fois en présence de Kang-hi. L'empereur le reçut avec une pompe extraordinaire, il le fit asseoir sur un riche divan, lui fit servir un festin sur une table couverte de trente-six plats d'or, lui-même lui présenta une coupe pleine de vin. Lorsque après les premières banalités d'une conversation ordinaire, le patriarche essaya d'aborder le sujet de son voyage et proposa de nommer un supérieur général des Missions, ou si l'on préférait, d'établir un nonce à Pékin, Kang-hi refusa, à moins cependant, dit-il, qu'on ne donne cette dignité à un des Européens qui habitent mon palais. Mgr de Tournon ne crut pas devoir accepter cette condition.

Pendant son séjour dans la capitale de l'empire, aidé d'un lazariste piémontais, M. Appiani, et du P. de Frosoloni qui lui servaient d'interprètes, le légat s'efforça de recueillir tous les renseignements propres à l'éclairer sur la question des Rites. Il appela près de lui Mgr Maigrot et le P. de Visdelou, célèbre et savant jésuite qui ne partageait pas l'opinion de la plupart de ses confrères. Sur ces entrefaites, Kang-hi apprit qu'une assemblée de cardinaux et de théologiens, tenue à Rome, avait condamné les Rites chinois. Son orgueil d'empereur, de lettré et de païen s'émut, il voulut faire sentir sa colère au patriarche, et dans une audience du 29 juin 1706, il lui parla avec brusquerie, presque avec violence : « Oui, votre religion est sainte, lui dit-il, et il serait à souhaiter que vous puissiez la propager dans le monde entier, mais vous vous y prenez mal, vous ne tenez pas compte des mœurs et des opinions des divers peuples... » Entrant ensuite dans de longs détails sur les cérémonies chinoises, il ajouta : « Les Européens ne peuvent assez pénétrer le sens de nos livres, il est donc à craindre que le Pape, mal instruit par des gens ignorants, ne fasse quelque règlement qui, fondé sur de fausses informations, attirera infailliblement la ruine du christianisme dans mon empire... Pour prévenir cet inconvénient, je veux revoir les informations qui seront envoyées en Europe, afin de les rectifier et d'en corriger les erreurs. » Mgr de Tournon essaya d'expliquer à l'empereur la distinction que l'on devait faire entre la question de fait et la question de droit. Si un lettré païen pouvait trancher la première, des théologiens catholiques étaient seuls aptes à résoudre la seconde, et il nomma Mgr Maigrot dont il vanta la grande science en la littérature chinoise.

Le lendemain, deux mandarins vinrent, de la part de

Kang-hi, demander à l'évêque s'il y avait dans la doctrine de Confucius certaines choses contraires à la religion chrétienne. « Un grand nombre, » répondit-il. Ils le pressèrent de les indiquer, sinon toutes, du moins la plupart. Le Vicaire apostolique du Fo-kien savait le désir du légat qu'on n'entrât pas en discussion devant l'empereur sur les questions religieuses; il lui demanda conseil. « Obtempérez à la proposition des mandarins, conclut Mgr de Tournon mais abstenez-vous de donner aucun texte tiré des livres publiés par ordre du souverain. » Tout en se conformant à cette injonction, l'évêque cita immédiatement une cinquantaine de passages extraits de divers auteurs chinois, et, sur l'observation des mandarins, que ces textes étaient trop nombreux et nullement opposés à la doctrine chrétienne, il en choisit quelques-uns et les écrivit sur deux colonnes. Dans la première, il mit ceux qui regardaient les croyances des Chinois, dans la seconde, ceux qui avaient rapport aux sacrifices. « A côté [1] de la première colonne, il écrivit que ces passages, n'admettant pour premier principe qu'un être qui n'est ni intelligent ni subsistant par lui-même, combattaient la religion chrétienne qui reconnaît un seul Dieu éternel, créateur du ciel et de la terre, de l'homme et de tout l'univers pour l'homme. A côté de la seconde colonne, il écrivit que les passages qu'elle renfermait étaient de même opposés à la religion chrétienne, qui enseigne que le sacrifice doit être offert à Dieu seul et non, comme ces passages le disaient, au ciel, à la terre, au soleil, à la lune, aux étoiles, aux montagnes, aux fleuves et à des créatures beaucoup plus viles et plus indignes.

« Les mandarins se récrièrent fort sur ce que l'évêque osait trouver à redire aux sacrifices qu'offrait l'empe-

---

1. Arch. M.-É., vol. 17, p. 627.

reur. Il répondit modestement qu'ils lui avaient demandé la vérité, qu'ils lui avaient même ordonné de la dire librement et qu'il l'avait fait. »

Les officiers se retirèrent et portèrent au monarque, en route pour la Tartarie, le petit mémoire du Vicaire apostolique. Quelques jours après, ils étaient de retour avec une réponse de Kang-hi dont le principal argument était de traiter l'évêque d'ignorant. Celui-ci se contenta de déclarer aux mandarins qu'il recevait respectueusement les paroles de l'empereur.

Cependant son écrit avait produit à la cour une impression profonde. Il était assez difficile de le réfuter, on le combattit en soutenant que le prélat n'avait pas saisi le sens véritable des textes qu'il citait, et cette accusation ne manqua pas d'acquérir un certain poids par suite d'un événement, en soi peu important, et que l'on grandit à plaisir. Kang-hi, ayant fait appeler Mgr Maigrot, à la cour, en ce moment en Tartarie, lui ordonna d'abord de traduire en chinois, sans l'aide d'aucun lettré, le message qu'il avait fait écrire au Pape par le légat. L'évêque le traduisit aussitôt en présence d'un mandarin qui porta la traduction à l'empereur. Le lendemain, le souverain l'appela, lui demanda s'il avait étudié les livres chinois, et, après la réponse de l'évêque qui dit les avoir étudiés quelque peu, il se mit à parler sur les points controversés. Kang-hi était un brillant causeur, tous ceux qui l'ont connu le représentent maniant habilement le sarcasme, jetant à profusion l'ironie, argumentant avec vigueur et subtilité. Ayant longuement parlé, il interrogea Mgr Maigrot sur ce qu'il pensait et s'il était de son avis. Celui-ci osa répondre qu'il était d'un avis différent et qu'il ne pouvait suivre l'opinion de l'empereur, parce que sa conscience le lui défendait. A cette parole, les mandarins présents s'indignèrent, et éclatèrent en injures contre le prélat. Kang-hi leur imposa silence. « C'est par la douceur et non par les injures, fit-il, que l'on gagne les hommes. » Et il recommença à traiter le même sujet. A la fin, il proposa à Maigrot de lire quatre caractères écrits au-dessus du trône de la salle d'audience. L'évêque n'en expliqua que deux, il ne comprit pas le troisième, et l'éloignement l'empêcha de lire le quatrième. Ce fait, raconté en Europe, devait produire et produisit une vive sensation. On s'étonna qu'un Vicaire apostolique ne put expliquer quelques caractères chinois du palais impérial, et on bâtit là-dessus les accusations les plus bizarres. Les sinologues de nos jours souriront de l'étonnement et de l'indignation des discuteurs du xviii° siècle. Il n'est pas rare en effet, de voir des lettrés ne pas comprendre un écrit appartenant à un ordre d'idées qui ne leur est pas familier. Des docteurs chinois sont arrêtés dans l'explication des termes du catéchisme, cela ne prouve en aucune façon leur ignorance.

Dans les *Mémoires de la Congrégation de la Mission* [1] publiés par les Lazaristes, on lit un fait analogue, arrivé au P. Prémare, un des jésuites les plus vantés pour sa science dans la langue, la religion et les antiquités de la Chine.

« Le 2 avril 1714, par suite de ce que nous avons raconté sous la date du 7 avril 1712, c'est-à-dire de la demande formulée par le Père Bouvet, pour faire venir à Pékin les Jésuites qui paraissaient plus versés dans la connaissance des lettres chinoises pour l'aider à l'explication du livre classique Jé-Hin, les Pères Fouquet, Golet et Prémare vinrent à Pékin et furent examinés de par l'empereur sur leurs connaissances en littérature chinoise. Je me trouvai présent à l'examen du P. Prémare. On lui donna à lire un billet qui traitait d'affaires do-

---

1. Tom. 5, p. 183-184.

mestiques, après l'avoir longtemps tenu entre les mains et considéré attentivement, il le rendit au mandarin Ouang-Tao-Hoa, avoua qu'il ne pouvait le comprendre, mais qu'il comprenait les livres qu'il avait étudiés et à l'intelligence desquels il avait travaillé. »

De ce fait on n'a point conclu à l'ignorance du Père Prémare et on a eu raison. Mais pourquoi l'accusation a-t-elle été lancée contre le Vicaire apostolique du Fokien?

III

Kang-hi ne pardonna pas à Mgr Maigrot sa résistance et ses répliques, sa colère s'étendit jusqu'au légat.

Par un premier décret du 2 août, il ordonna à l'évêque de se retirer à Pékin dans la maison des religieux de la Compagnie de Jésus et d'y demeurer jusqu'à ce qu'il statuât autrement; par un second décret du 3 août, il intima à Mgr Tournon l'ordre de songer à son prochain retour en Europe.

Quelque temps après, la cour étant revenue à la capitale, Maigrot fut arrêté et gardé prisonnier; un autre prêtre des Missions-Étrangères, Guéty, partagea son sort. Appiani, Mezzafalce, Vicaire apostolique du Tché-kiang, et plusieurs autres ecclésiastiques de la suite du patriarche eurent à subir d'humiliants interrogatoires et de mauvais traitements. Enfin le 21 décembre 1706, sur le rapport du prince héréditaire, l'empereur rendit le décret suivant qui les condamnait au bannissement [1] :

« La quarante-cinquième année de l'empereur Kang-hi, le troisième jour de la onzième lune, le fils aîné de l'empereur, les mandarins de la cour Herken et Tchao-

---

1. *Mémoires de la Congrégation de la Mission.* Tom. 4, p. 415.

Tchang, ayant rapporté à l'empereur les réponses de Yen-tang[1], et des autres, le présent édit royal fut donné par l'empereur :

« Yen-tang, Fang-Tcheu, Honato[2] sont des hommes turbulents dans leur manière d'agir et n'ont pas toutes les dispositions qu'il faudrait avoir pour demeurer dans les provinces. Qu'on les livre au tribunal militaire qui choisira un mandarin pour les conduire en diligence à Canton, où il les mettra entre les mains du préfet général ou du vice-roi ; et eux les enverront à Macao sans qu'il leur soit permis de revenir jamais.

« Ceux d'entre les Européens qui auront le *piao*, c'est-à-dire la patente impériale tant mieux pour eux ; mais ceux qui ne l'auront pas doivent être renvoyés par les préfets généraux.

« Ceux qui arriveront d'Europe à la Chine seront sans délai envoyés à la cour où l'on déterminera si on leur donnera une patente ou non. »

L'ordre fut exécuté ; Mgr Maigrot fut conduit à Canton et de là à Macao, d'où il revint en Europe.

Mgr de Tournon quitta Pékin le 28 août, et s'achemina vers Nankin. De Lin-chin, le 6 octobre 1706, il adressa au Vicaire apostolique du Fo-kien une lettre où l'éloge du prélat exilé s'unit à des paroles de mélancolique regret et de touchante tristesse sur l'insuccès de la légation apostolique, et à des sentiments de crainte sur l'avenir du catholicisme en Chine et de charitable pardon envers les persécuteurs[3] :

« Dans le loisir que me donne le voyage que je fais par eau, disait-il, je repasse très souvent dans mon esprit tout ce qui est arrivé contre mon attente les derniers mois qui ont précédé mon départ de Pékin ; et je ne

---

1. Mgr Maigrot.
2. Mgr Maigrot. MM. Guéty et Mezzafalce.
3. Arch. M.-É., vol. 117, p. 638.

sais si en écrivant à votre Seigneurie illustrissime, je dois m'affliger ou me réjouir avec elle ; car il est juste de verser des larmes sur un évêque qui est prisonnier pour la religion, non pas tant à cause de la perte qu'il souffre de sa liberté, qu'à cause de la persécution qu'on fait à l'Église.

« Mais consolez-vous, où le Saint-Esprit se trouve, là se trouve la liberté ; et nous lisons avec joie que ceux-là sont bienheureux qui souffrent persécution pour la vérité et pour la justice.

« Le bref du Pape, que je vous ai apporté depuis peu, loue votre zèle ; mais il semble que ce bref ait été moins fait pour vous louer que pour vous armer et pour vous prémunir. Que pourront jamais feindre et imaginer les hommes, qui soit capable de vous ravir cette gloire ?

« Vous êtes attaqué véritablement sans en avoir donné occasion, puisque vous n'avez commis nulle faute, et qu'on vous traite comme coupable, au lieu que vous êtes vraiment digne de louanges pour la profession de foi que vous avez faite.

« Mais ceux qui s'élèvent contre vous seront confondus, et vous verrez ces sages pris eux-mêmes dans leurs folies, pendant que le juste tressaillira de joie ; car il est écrit :

« Je perdrai la sagesse des sages, et je réprouverai la prudence des prudents. »

« Le voyage, qu'ils vous ont fait faire en Tartarie, était pour vous attirer malgré vous à un nouveau combat, où le captif est demeuré vainqueur ; où l'on a porté des coups non pas à votre corps mais à votre âme, d'une manière d'autant plus glorieuse pour vous, qu'elle a été plus rude et plus vive ; où enfin, vous avez eu pour agresseurs vos propres frères et vous m'avez eu moi-même pour compagnon des injures que vous avez souffertes, au lieu que vous aviez droit d'espérer que j'en serais le vengeur.

« J'ai soutenu, si je ne me trompe, avec assez d'intrépidité, autant néanmoins que ma fragilité et l'état des choses me l'ont pu permettre, ce qui regarde la religion, la cause de Dieu dont la vôtre est inséparable, et l'autorité du Siège apostolique.

« J'ai méprisé ce qui ne touchait que ma personne. Quant à l'affaire dont j'étais chargé, tout le monde sait combien j'ai souffert dans l'exécution de mon ministère. »

Tous les missionnaires de la Société des Missions-Étrangères en Chine refusèrent de prendre le *piao* (patente). Ce refus leur valut une condamnation à l'exil. Leblanc et Danry furent enlevés du Yun-nan, de la Baluère et Basset du Su-tchuen. Ils laissèrent leurs chapelles et leurs maisons à la garde des chrétiens qui oublièrent, quelques-uns du moins, qu'ils ne les avaient reçues qu'en dépôt et non en propriété.

Rendu à Nankin, Mgr de Tournon ne crut pas pouvoir, dans l'état des esprits, publier le décret de Clément XI; il aima mieux assumer sur sa tête toute l'indignation de l'empereur que de l'indisposer contre Rome; il convoqua donc tous les missionnaires présents à Nankin et leur donna lecture de son mandement[1] qui prohibait les cérémonies chinoises en l'honneur de Confucius et des ancêtres. Dès que Kang-hi eut connaissance de cette déclaration, il fut tellement irrité contre le légat qu'il le fit aussitôt arrêter et conduire à Macao, avec ordre aux Portugais de le retenir prisonnier.

Il est douloureux de dire que le prince païen fut obéi par le représentant du roi très fidèle; Mgr de Tournon fut jeté en prison.

---

1. Daté du 25 janvier 1707.

Un prêtre des Missions-Étrangères, René Hervé [1], partagea son sort ; un autre, Jean Bénard [2], reçut de lui l'ordre de partir pour Rome, afin de faire au Souverain Pontife le récit détaillé et exact de ces funestes événements.

Les missionnaires du Yun-nan et du Su-tchuen ramenés à Canton furent embarqués pour Macao, à l'exception de Leblanc qui réussit à s'échapper.

Pénétré de cette pensée que le premier devoir du pasteur est de rester avec le troupeau qui souffre, il se réfugia dans les petites chrétientés du Fo-kien, et fut nommé par Mgr de Tournon, vicaire apostolique du Tché-kiang à la place de Mgr Mezzafalce.

Le légat du Pape comprenait le devoir comme Leblanc, et de sa prison, il adressa le 19 décembre 1708 à Lirot [3] qui se cachait tantôt dans le Kouang-tong, tantôt dans le Fo-kien, de courageuses exhortations que son exemple faisait plus convaincantes :

« Je ne vous répéterai point ce que j'écris à M. Leblanc, mais je pense d'abord à vous faire mes compliments sur le zèle et l'autorité que vous avez témoignés dans ces fâcheuses occasions, pour vous conserver dans la mission et pour secourir les pauvres chrétiens abandonnés de leurs pasteurs exilés. Il faut continuer à tenir bon quelque temps ; car j'espère qu'enfin le Seigneur défendra lui-même sa cause par des marques extraordinaires de sa Providence, puisqu'il semble que tous les moyens humains, au lieu de la soutenir, la combattent incessamment. »

1. Du diocèse de Rennes, parti le 10 mars 1698, mort à Macao le 18 mars 1710 ; le cardinal de Tournon composa son épitaphe.
2. Du diocèse de Lisieux, missionnaire en Chine en 1698, procureur à Canton, il mourut à Moka le 10 février 1711, pendant le voyage que le cardinal de Tournon l'avait prié de faire.
3. De Normandie, parti en 1689, mort à Chao-tcheou ou Chao-kouan le 6 septembre 1723. — 59 ans.

Cette confiance en Dieu, le grand soutien des hommes apostoliques, était partagée par Leblanc qui gardait l'espérance en des jours meilleurs.

« Les missionnaires sont chassés, disait-il, cependant je ne perds pas espoir, quand même les choses seraient réduites à un état qui fasse croire la mission perdue sans ressources. La Providence agit toujours par des voies secrètes, et il n'appartient qu'à Elle de faire de grandes choses par de faibles instruments. »

Sa vie, d'ailleurs, n'était pas exempte de ces joies qui ont toujours la puissance de ranimer le courage des apôtres.

« Grâce à Dieu, écrivait-il, je puis, sans avoir reconnu la volonté de l'empereur au sujet de la question engagée, remplir à peu près mes devoirs de pasteur; l'autre jour, j'ai baptisé trente-cinq catéchumènes. Les mandarins savent qui je suis et ce que je fais; mais ils me laissent tranquille. »

De la Baluère, en liberté à Macao, s'attristait de l'abandon des chrétiens du Su-tchuen. Une nuit, il quitta très secrètement la petite possession portugaise, passa heureusement les douanes de Canton, traversa la Chine sans être reconnu et retourna à Tchen-tou, la capitale de la province qu'il avait déjà évangélisée. Les fidèles l'accueillirent avec enthousiasme; ils se prosternaient devant lui, pleuraient, priaient, louaient le Seigneur et exaltaient sa bonté. Ce fut le dernier et le plus grand bonheur du missionnaire; il avait épuisé ses dernières forces pour revenir vers ses chrétiens; quelques mois plus tard, il mourut au milieu d'eux [1].

Le pieux cardinal de Tournon avait succombé à d'autres misères. Le Pape l'avait récompensé de sa belle conduite en lui conférant la pourpre cardinalice. Cet

---

1. Le 2 novembre 1715.

honneur, dès qu'on le connut à Macao, sembla surexciter les haines. Une surveillance plus vexatoire fut exercée par l'autorité portugaise autour du malheureux prélat qui expira le 8 juin 1710 [1].

Maigrot, qui s'était retiré à Rome, apprit le premier cette nouvelle par le Séminaire des Missions-Étrangères. Il alla aussitôt la porter au Souverain Pontife : « En l'entendant, raconte-t-il [2], Sa Sainteté donna des marques d'une extrême douleur; Elle me dit que c'était un saint, j'ai ajouté et un martyr, et Sa Sainteté en convint, répétant : et un martyr. Elle me dit encore qu'Elle avait résolu, s'il était revenu à Rome, de le faire Vicaire de cette ville, et qu'elle avait communiqué cette résolution à deux cardinaux de ses plus familiers; qu'Elle voulait lui faire dans sa chapelle des obsèques solennelles avec une oraison funèbre. »

« Je n'entreprends pas, Monsieur, disait aussi Maigrot, dans une de ses lettres au frère du vénérable défunt [3], je n'entreprends pas de vous consoler, car j'ai besoin, moi-même, de consolation autant et plus que personne, connaissant la perte que fait l'Église et la mission de Chine; à peine ai-je pu dire la sainte messe ce matin, et c'est tout ce que je puis faire que de vous écrire ces quelques mots. »

IV

Ce n'était pas la seule cause de la tristesse qui assombrissait la vie de l'ancien Vicaire apostolique du Fo-kien. Ses adversaires, qui ne se gênaient pas pour l'attaquer, l'accusèrent même d'avoir participé aux cérémonies superstitieuses. Une pareille imputation n'était pas de

1. Il laissa des Mémoires qui furent publiés à Rome en 1762.
2. Arch. M.-É., vol. 212, p 321.
3. Arch. M.-É., vol. 212, p. 322.

nature à demeurer sans réponse; voici celle qui fut faite officiellement par l'évêque [1] : « Il y a environ douze ans que le gouverneur de la ville où je demeurais mourut. Il était fort de mes amis, et il m'avait beaucoup servi dans les affaires de notre sainte religion. Je crus donc que je devais lui rendre à lui et à sa famille, qui m'était aussi très chère, les honneurs que j'avais dit aux chrétiens, en les instruisant, qu'il était non seulement permis, mais encore convenable et raisonnable de rendre aux parents et aux amis après leur mort. J'avais ajouté plusieurs fois en parlant à ces chrétiens, que je serais moi-même très volontiers avec eux sur cela, si l'occasion s'en présentait; il me paraissait très important de leur donner avec soin ces sortes d'avis, pour leur faire faire le discernement de ce qui était superstitieux d'avec ce qui n'était qu'une pure civilité. »

Après avoir exposé ses principes sur cette matière, il ajoute : « J'allai donc dans la salle du gouverneur où le corps était exposé, et m'approchant du cercueil, je le saluai à la mode du pays; toute la famille, assemblée en fort grand nombre, fondait en larmes autour du cercueil, faisant avec moi les mêmes mouvements pour saluer le mort. Je fis le même salut à l'égard de la famille qui me le rendit sans nulle différence; et aussitôt je passai dans une autre salle tout proche, pour m'entretenir selon les règles de la bienséance avec les mandarins qui y étaient.

« J'ai dit que je m'étais approché du cercueil; car il est faux que je me sois approché, non pas même de loin, comme le veulent les Jésuites, du tableau où est *le Siège* ou le *Trône de l'âme;* mais je saluai si précisément et si manifestement le cercueil, ou plutôt le corps

---

[1]. *Mémoires pour Rome sur l'état de la relig. chret.* ixe mém., p. 50 et suiv.

qui était dedans, qu'il n'y eut pas le moindre lieu de s'y méprendre. En quoi je fis certainement une profession de Foi la plus claire et la plus forte que je pouvais faire. Cependant je déclarai encore publiquement, parce que l'occasion s'en présenta, que la religion chrétienne ne nous permettait pas de nous tourner vers le tableau. Il me semble qu'on ne peut rien faire de moins que ce que j'ai fait pour honorer un mort, ni rien faire de plus pour m'éloigner de toute superstition; et j'avoue que j'étais pour lors déterminé à rendre les mêmes devoirs, toutes les fois que je me trouverais dans de pareilles occasions. » Ensuite, l'évêque rapporte textuellement le récit du libelle qu'il réfutait, il prend Dieu à témoin qu'il n'y a pas un mot de vrai dans ce qu'on lui attribue et termine en affirmant qu'il n'a jamais laissé une pareille accusation sans réponse.

On voit d'après cette protestation combien était injuste l'accusation portée contre Mgr Maigrot. Cependant nous devons dire que le salut qu'il fit devant le cadavre ne serait plus toléré aujourd'hui. Ce salut, qu'on appelle le Ko-theou, a été défendu par une bulle de Benoît XIV comme entaché de superstition; mais à l'époque où l'évêque le fit et surtout avec les précautions dont il l'accompagna, il était impossible de l'imputer à faute, car rien ne fixait alors sur la nature de cette marque d'honneur, et la condescendance du prélat dans cette circonstance, prouve seulement combien il désirait se rapprocher de l'opinion contraire, toutes les fois que sa conscience pouvait le lui permettre.

La conduite de Mgr Maigrot à Rome fut également plus d'une fois censurée; on se le représentait et on le représentait aux autres comme un homme violent, toujours prêt à attaquer ses adversaires, incapable de retenue et de modération; il supportait ces accusations sans rien dire; une fois, cependant, dans une lettre particulière, il rompit le silence et répondit avec un calme et une piété qui ne manquent pas de vigueur [1] :

« Quand vous me manderez quelque chose de positif, que j'ai fait ou dit contre le bien de la paix, quelque plainte que j'aie faite, quelque dureté que j'aie dite, quelque occasion où je n'ai pas gardé du moins les dehors, quelque scandale que j'aie causé, alors je demanderai à Dieu la grâce de reconnaître et d'avouer ma faute et de m'en amender; mais quand vous ne me manderez que des choses générales et que les sottises que quelques étourdis vous écrivent, j'en gémirai devant Notre-Seigneur et lui demanderai qu'il me donne la patience. » « Je crois, ajoutait-il dans cette même lettre, que la modération dont j'ai usé avec le Pape et avec les cardinaux a effacé les mauvaises impressions que plusieurs avaient données de moi, ils n'auraient pas été fâchés que j'eusse, par la *Furia française,* donné de moi une autre idée. »

Le portrait que Mgr Maigrot trace de lui-même est reproduit et plus accusé encore dans les correspondances de M. Charmot, alors procureur de la Société à Rome et ardent adversaire des Rites chinois. Après s'être réjoui de l'arrivée de l'évêque, Charmot en vint presque à la regretter : « Car, dit-il [2], il n'avance en rien l'affaire, il ne s'en occupe pas, il reste inactif et muet, que vont penser de lui nos amis et nos émules? Je ne puis plus rien dire et rien faire, puisqu'il ne m'appuie pas. »

Mgr Maigrot ne s'émut pas de ces plaintes et ne changea pas de conduite, il attendit dans la prière et le

---

[1]. Arch. M.-É., vol. 212, p. 123. Lettre à M. de Brisacier.
[2]. Arch. M.-É., vol. 232.

recueillement que Rome eût étudié la question et portât sa sentence.

La décision du Souverain Pontife ne se fit pas attendre. Par un décret du 25 septembre 1710, Clément XI, après avoir confirmé le mandement du cardinal de Tournon, conforme au décret pontifical du 20 novembre 1704, interdit aux évêques et aux prêtres les appels sur les points réglés par ce mandement; et de plus il prohiba toute nouvelle publication sur les Rites sans l'autorisation du Saint-Siège.

L'autorité séculière vint en aide au pouvoir ecclésiastique. Le 20 octobre 1711, au nom de Louis XIV, M. de Pontchartrain défendit aux supérieurs des Congrégations religieuses de publier aucun écrit sur la question des Rites [1]:

« Le Roy m'ordonne de vous écrire de sa part que Sa Majesté souhaite qu'il ne soit rien imprimé sur les affaires de la Chine, et qu'elle le défend même expressément. Je suis persuadé que vous n'aurez pas de peine de suivre très exactement les intentions de Sa Majesté à cet égard. Cependant s'il arrivait qu'il se fît quelque chose au préjudice de cette défense, Sa Majesté m'a chargé de vous dire qu'elle vous en rendrait responsable. »

L'exécution des ordres de Clément XI ayant encore souffert des difficultés, le Pontife, touché, comme il le dit lui-même, d'une profonde douleur, donna le 19 mars 1715, la bulle *Ex illâ die*, qui prescrivait d'observer le décret de 1704, sans avoir égard aux prétextes dont on se servait pour en décliner ou en affaiblir l'autorité. Afin d'être assuré de l'exécution de sa volonté, il déclara que tout acte contraire serait puni, par le fait seul, d'une excommunication majeure. Il ordonna à tous les

---

[1]: Arch. M.-É., vol. 18, p. 55. Lettre du 20 octobre 1711.

missionnaires de jurer obéissance à la bulle, ajoutant que leurs pouvoirs cesseraient jusqu'au moment où ils auraient rempli cette formalité; il dicta même la formule du serment, et imposa aux supérieurs des différentes Sociétés religieuses l'obligation de le faire prononcer à leurs subordonnés et d'en envoyer à Rome un acte authentique. Voici la teneur de ce serment que les missionnaires prêtent encore aujourd'hui :

« Moi, un tel, missionnaire envoyé ou destiné à la Chine, ou à tel royaume ou telle province par le Saint-Siège ou par mes supérieurs, suivant les pouvoirs que le Saint-Siège leur a accordés, obéirai pleinement et fidèlement au précepte et commandement apostolique sur les cultes et cérémonies de la Chine renfermé dans la constitution que N. S. P. le Pape Clément XI a faite sur ce sujet, où la forme du présent serment est prescrite, et à moi parfaitement connue par la lecture que j'ai faite en entier de la même constitution, et l'observerai exactement, absolument et inviolablement, et l'accomplirai sans aucune tergiversation. Que si en quelque manière que ce soit (ce qu'à Dieu ne plaise), j'y contreviens, toutes les fois que cela arrivera, je me reconnais et me déclare sujet aux peines portées par la même constitution. Je le promets, je le voue et je le jure de la sorte en touchant les saints Évangiles. Qu'ainsi Dieu me soit en aide et ces saints Évangiles. Moi, un tel, j'ai signé de ma propre main. »

V

La Société des Missions-Étrangères accepta avec obéissance et empressement cet ordre, qui était la consécration de la thèse qu'elle avait soutenue, et, espérait-elle, le meilleur moyen de mettre un terme à de pénibles discussions. Cette espérance ne se réalisa pas, et sans qu'aucun évêque et aucun prêtre de la Société y prît part, les polémiques continuèrent. Clément XI se détermina à envoyer un nouveau légat en Chine, dans l'espérance que cette seconde négociation serait plus heureuse que celle du cardinal de Tournon. Il jeta les yeux sur Mgr de Mezzabarba, auquel il donna le titre de patriarche d'Alexandrie. Afin de ménager les susceptibilités du Portugal, le légat prit la voie de Lisbonne où il s'embarqua au mois de mars 1720. A Macao, il gagna les cœurs par son affabilité, fit cesser les divisions et leva toutes les excommunications prononcées par son prédécesseur. A Canton, il fut reçu avec honneur et il partit pour Pékin; mais, à quelques lieues de la capitale, il fut invité à s'arrêter et à faire connaître le but de sa mission. Il écrivit à l'empereur « qu'il était envoyé pour assurer l'exécution de la bulle : *Ex illâ die*, et qu'il désirait être reconnu comme supérieur général des missionnaires. » Kang-hi répondit qu'il acquiesçait volontiers à cette demande, mais à la condition que Mgr Mezzabarba laissât en Chine les religieux attachés à la cour et emmenât tous les autres missionnaires à Rome, où il serait maître de leur signifier la bulle, et d'exercer librement ses fonctions de supérieur. Cette réponse ironique était accompagnée du refus de donner audience à l'envoyé du Pape.

Après de longues négociations, tour à tour rompues et renouées pour les motifs les plus futiles, l'empereur consentit enfin à recevoir le légat. Il lui fit servir un dîner somptueux, parla en termes dédaigneux de la décision du Souverain Pontife, et renvoya les discussions sérieuses à des entretiens ultérieurs. Dans ces entretiens, Kang-hi se montra tantôt plein d'affabilité, discourant longuement sur toutes les questions et charmant les assistants par son esprit et par la variété de ses connaissances, d'autres fois, il s'emporta et s'abandonna à de véritables violences de langage; à plusieurs reprises, il se déchaîna contre Mgr Maigrot; un jour, plus excité encore qu'à l'ordinaire, il dit au patriarche : « Ce Maigrot est la cause de toutes vos querelles dont je suis fatigué; si elles ne finissent pas bientôt, je serai obligé de demander au Pape qu'il me le renvoie pour lui faire trancher la tête ici, à moins qu'il ne consente à le punir lui-même à Rome. Je ne puis comprendre comment un homme de ce caractère est regardé à Rome comme le docteur de la Chine. » L'étonnement de Kang-hi ressemble trop à de la rancune pour qu'il soit besoin de défendre l'accusé. Ses reproches s'évanouissent devant les éloges donnés à l'évêque par le cardinal de Tournon et par le Souverain Pontife, à moins qu'ils n'en rehaussent la valeur. A la suite d'une de ces audiences, l'empereur ayant demandé communication de la traduction la bulle : *Ex illâ die*, et l'ayant lue, inscrivit en marge, de son pinceau trempé dans le vermillon quelques annotations fort insolentes et fit défense formelle de publier e document dans son empire.

Après la lecture de cette note, Mgr Mezzabarba envoya au prince le texte de huit permissions qui exemptaient à peu près complètement de l'application des prescriptions contenues dans la bulle : elles donnaient en effet aux missionnaires le droit de tolérer l'usage des tablettes avec le nom du défunt, les cérémonies chinoises non suspectes de superstition, le culte civil en l'honneur de Confucius, la prosternation, les offrandes de viande, de fruits, de parfums et d'encens devant les tablettes, devant le cercueil des défunts et devant les tombeaux, à condition toutefois que les chrétiens protesteraient qu'ils éloignaient toute pensée superstitieuse.

Après une semblable déclaration, on peut dire que la légation du patriarche d'Alexandrie était finie et que la constitution de Clément XI était comme non avenue. Les partisans des Rites triomphaient, puisque dans l'accomplissement des cérémonies chinoises, il suffisait de repousser par une protestation l'idée de superstition et d'idolâtrie. Ces concessions ne suffirent pas à Kang-hi; dans une dernière audience, il les attaqua vivement, les traita d'insignifiantes, ajoutant qu'on ne comprenait rien à ces nouveaux Rites entourés de restrictions. Quelques mandarins applaudirent aux observations du maître.

Encouragé par ce succès, Kang-hi glosa et disserta à l'aventure sur une foule de sujets. Enfin, rentrant dans sa dignité impériale, il annonça que l'affaire de la légation était terminée et que l'envoyé du Pape pouvait se mettre en route pour Macao. C'était non seulement le congé donné au légat, mais encore le dernier mot de l'empereur de Chine sur la question. On n'avait plus à espérer aucune entente avec lui.

Le 3 mars 1721, Mgr Mezzabarba sortit de Pékin, et arriva le 27 mai à Macao où il publia un mandement [1] pour exhorter les missionnaires à se conformer aux décrets du Saint-Siège, qu'il avait modifiés par les huit permissions particulières.

Il partit ensuite pour Rome, emportant avec lui le corps du cardinal de Tournon, à qui le Souverain Pontife voulait faire rendre des honneurs funèbres dignes de ce vénérable confesseur de Jésus-Christ. Les missionnaires, laissés de nouveau à leurs propres appréciations, recommencèrent à discuter; la confusion augmenta, et l'antagonisme devint plus ardent que jamais. Les directeurs du Séminaire des Missions-Étrangères, profondé-

---

1. Daté du 4 novembre 1721.

ment émus de cette situation, exprimaient leur tristesse en ces termes [1] :

« C'est un autre sujet d'affliction pour vous, et pour nous de voir le peu de consolation qu'a eu dans la Chine Mgr Mezzabarba, non pas par aucune faute de son côté, mais par les obstacles secrets qu'on a mis à ses bonnes intentions; ceux dont l'homme ennemi s'est servi pour faire échouer ses desseins seront connus tôt ou tard, ils doivent s'attendre devant Dieu à un terrible jugement. »

Les querelles continuèrent encore pendant plus de vingt ans, jusqu'à ce qu'en 1742, le Pape Benoît XIV terminât cette longue controverse par un acte d'inflexible énergie.

VI

Une autre question aussi grave, aussi redoutable, portant sur la pureté de la foi, agitait également la Société des Missions-Étrangères : le Jansénisme.

En vain, les Souverains Pontifes, Urbain VIII, Innocent X, Alexandre VII, Clément IX, Clément X, Innocent XI, avaient fulminé contre cette erreur de nombreuses condamnations; en vain Louis XIV avait pesé de toute son autorité sur le parlement et sur l'épiscopat, les sectaires soutenaient leur hérésie avec la plus constante perversité : ils multipliaient les prétextes, les faux-fuyants, les artifices, les apparences trompeuses d'une obéissance en paroles, les appels au concile, ils se retranchaient dans le « silence respectueux », tout en continuant à étourdir de leurs clameurs, la cour, la ville, le royaume, et d'attaquer l'Église dans son dogme et sa morale.

1. Arch. M.-É., vol. 19, p. 465.

L'hérésie avait fait, en France surtout, de terribles ravages; des évêques, des religieux, des prêtres séculiers s'y étaient attachés. Dans un mémoire secret adressé à Clément XI en 1705, Fénelon, faisant l'examen de la situation, avait accusé presque tous les Ordres religieux et les Congrégations ecclésiastiques de favoriser les Jansénistes ou d'incliner peu à peu vers eux. Il n'avait pas mentionné les Missions-Étrangères.

La Société, d'ailleurs, n'avait besoin de personne pour expulser de son sein quelque membre entaché d'erreur ou rebelle aux ordres du Souverain Pontife ; elle avait puisé un amour et un dévouement sans bornes pour Rome et pour l'Église, dans les bienfaits qu'elle en avait reçus, dans les enseignements de ses premiers Vicaires apostoliques et des premiers directeurs du Séminaire ; on se rappelle les paroles de Mgr Pallu à ce sujet, et les instructions données aux séminaristes des Missions-Étrangères.

« J'aimerais mieux mourir que de m'écarter d'un iota des bornes qui nous ont été prescrites, disait l'administrateur général, quand ce ne serait que pour marquer le respect et l'obéissance que je dois et veux rendre toute ma vie au Saint-Siège. »

N'avait-il pas également fait cette profession de foi : « Je tiens comme une vérité très assurée que celui qui se sépare de l'unité de l'Église et de la dépendance légitime de son chef visible, qui est Notre Saint-Père le Pape, ne peut avoir aucune part au salut éternel, s'il ne se remet à son devoir en se réunissant à l'Église et en obéissant à son chef. »

Les directeurs du Séminaire avaient bien instruit les aspirants à l'apostolat et consigné ces enseignements dans leurs écrits :

« Que tous les directeurs, les missionnaires, les écoliers et même les pensionnaires du Séminaire, non seulement en public, mais même en particulier fassent paraître leur zèle pour la bonne doctrine et leur fidélité au Siège. — Qu'il n'y ait personne dans le Séminaire qui ne parle avec respect du Pape et des Cardinaux.

« Il faut que le Séminaire des Missions-Étrangères soit une communauté ecclésiastique des plus dévouées au Saint-Siège. »

Malgré toutes les précautions, le mal finit par se glisser dans la maison.

En 1717, il fut avéré que trois directeurs MM. Antoine de la Chassaigne[1], Jobard[2] et Pocquet, partageaient les erreurs jansénistes; aussitôt que le supérieur, M. de Brisacier, sut ses collaborateurs dans de tels sentiments, et qu'après les avoir vivement pressés par ses arguments, ses sollicitations et ses prières, il eut la pleine conviction de ne pouvoir ni toucher leur cœur, ni éclairer leur esprit, il prit un parti qui est resté le grand honneur de sa longue administration et le plus important service qu'il ait rendu à la Société.

De concert avec M. Tiberge, il s'adressa au seul juge investi d'une autorité suffisante pour donner des ordres absolus dans cette délicate circonstance, au Souverain Pontife, et le pria d'exclure de la Société les évêques et les prêtres qui refuseraient de souscrire à la bulle *Unigenitus*.

Voici leur supplique[3] :

« Très Saint-Père,

« Les zélés prédécesseurs de Votre Sainteté ont entrepris une grande œuvre, en envoyant dans les diverses régions des Indes des Vicaires apostoliques pour la con-

---

1. Directeur en 1711.
2. Curé d'Evry, directeur en 1709.
3. Arch. M.-É., vol. 19, p. 606.

version des gentils, et en confirmant par leur autorité l'érection d'un Séminaire à Paris, établi dans ce même but sous le consentement du roi.

« C'est cette même œuvre qu'il s'agit de conserver et de défendre, soit dans les Indes, soit dans la ville de Paris, contre deux sortes d'ennemis. D'une part, ce sont des hommes imbus de nouvelles doctrines, qui se sont introduits dans ces belles missions, et croient pouvoir seuls les occuper. D'autre part, toute la mission s'attire de la haine et de la jalousie, pour avoir comme admis dans son sein la peste de ces erreurs. Les uns cherchent à blesser son intégrité, les autres à ternir sa renommée.

« Votre Sainteté pourrait facilement vaincre ces doubles adversaires, en statuant, soit par Elle-même, soit par la Sacrée Congrégation de la Propagande, qu'aucun ne pourra désormais remplir de fonction, soit évêque, soit vicaire apostolique, soit simple missionnaire, soit supérieur ou directeur du Séminaire de Paris ou de tout autre établissement, avant d'avoir souscrit à la constitution apostolique *Unigenitus Dei Filius* et à cette autre *Ex illâ die*.

« Ces deux décrets du Saint-Siège sont comme la pierre de touche, au moyen de laquelle on peut distinguer les véritables missionnaires de l'Évangile des ouvriers perfides.

« Nous sommes toujours avec tout respect et toute soumission

« De votre Sainteté,
« Les très humbles et obéissants serviteurs et fils.
« De Brisacier. Tiberge. »

Innocent XIII agréa cette requête, et la Propagande y répondit par deux rescrits ordonnant à tous les prêtres de la Société de signer leur adhésion à la constitution *Unigenitus*.

Les trois directeurs obéirent aux ordres qui leur furent donnés ; mais leur soumission avait été trop tardive pour que la Société pût les conserver ; ils se retirèrent dans leur famille, et de leur passage au Séminaire il ne resta qu'un souvenir, regrettable si l'on considère leur conduite, honorable et digne si l'on examine la conduite de de Brisacier et de Tiberge. Il ne dépend pas toujours des supérieurs d'empêcher le mal de s'insinuer dans leur maison, mais ordinairement, il dépend d'eux de l'extirper ; c'est leur devoir, de Brisacier et Tiberge l'accomplirent ; et en regard de la culpabilité passagère de trois de ses membres, la Société des Missions-Étrangères s'honore de placer l'énergie de ses chefs et la fidélité de tous ses autres prêtres.

En même temps qu'ils procédaient ainsi avec énergie contre des membres coupables, de Brisacier et Tiberge, toujours fermement unis dans l'accomplissement d'un devoir rigoureux, mais nécessaire, envoyaient les deux rescrits de Rome aux évêques et aux missionnaires, et déclaraient leur volonté bien arrêtée de regarder comme exclus de la Société tous ceux qui ne donneraient pas leur signature.

« Il est certain, disaient-ils[1], que si après la lecture de ces pièces, il se trouve que des missionnaires ne témoignent pas nettement leur soumission et n'envoient pas un acte authentique, ils devront se tenir absolument pour exclus et que nous les regardons ainsi.

« Nous prions Dieu qu'il leur inspire à tous de nous envoyer promptement et par toutes sortes de voies cette déclaration, afin que nous en fassions le meilleur usage qu'il se pourra. »

Les missionnaires n'avaient pas été atteints par l'erreur, et tous s'empressèrent de souscrire la formule demandée.

---

[1]. Arch. M.-É., vol. 19, p. 564. Lettre du 5 octobre 1724.

L'adhésion du Vicaire apostolique de Siam, Mgr de Cicé, est très explicite; elle était d'autant plus importante que l'évêque était le supérieur du séminaire général et que de sa doctrine dépendait celle d'une grande partie du clergé indigène[1] :

« Je vous remercie, Messieurs, de m'avoir fait connaître les événements qui se sont passés au Séminaire, disait-il. Je ne puis que prier Dieu de vous donner toutes les consolations auxquelles vous avez droit; vous verrez que notre attestation est en bonne forme, et vous assurerez le Saint-Siège de notre entier dévouement.

« M. de Rosalie[2] ne pense pas autrement que moi sur ce sujet. »

De son côté, M. Nécz, supérieur de la mission du Tonkin, écrivit[3] :

« La première et principale affaire, sur laquelle vous nous parlez, est ce qui regarde la bulle *Unigenitus*. Vous nous avez déjà écrit les années précédentes sur cet article, et nous vous avons répondu suffisamment pour vous satisfaire; savoir, que nous sommes et que nous serons toujours très soumis au Saint-Siège, et que nous recevons, acceptons et nous soumettons à toutes les décisions de la sainte Église catholique, apostolique et romaine, et nous sommes prêts d'affirmer et de protester la même chose toutes et quantes fois que l'on voudra, afin que personne ne le puisse révoquer en doute. »

Et comme si cette réponse ne suffisait pas encore, il ajouta dans une lettre subséquente :

« Je vous expédie par deux voies les attestations telles que vous nous l'avez mandé, nos Messieurs n'ont fait

---

1. Arch. M.-É., vol. 873.
2. Mgr Tessier de Quéralay.
3. Arch. M.-É., vol. 686, p. 307.

aucune difficulté de les donner, nous nous serions également fait un devoir de joindre les attestations des prêtres indigènes et de nos catéchistes, si nous l'avions cru nécessaire. Vous jugez bien que nous ne pouvons avoir sur cette affaire d'autre sentiment que celui du Saint-Siège. »

En 1728, la Société se vit de nouveau en butte à la même accusation. De Brisacier et Tiberge y répondirent par le simple et bref exposé des faits. C'était la meilleure démonstration de leur innocence, et cette fois, ce fut la dernière.

Elle était ainsi conçue [1] :

« Il y a si longtemps que ces Messieurs se sont justifiés auprès du Saint-Siège des accusations faites contre eux et leurs missionnaires touchant la constitution *Unigenitus* et qu'ils ont donné des preuves incontestables de leur soumission, qu'il est surprenant qu'on renouvelle encore aujourd'hui les mesmes plaintes.

« Ces preuves incontestables sont :

« 1° Que s'étant apercus qu'il y avait parmi eux quelques ecclésiastiques qui n'étaient pas assez nets sur cette soumission, ils ont pris tous les moyens possibles ou de les ramener ou de les faire sortir ;

« 2° Que le Pape et le Roi, en ayant eu connaissance, les ont aidés efficacement à arriver à cette fin, le Pape Innocent XIII en excluant du Séminaire et des Missions tous ceux qui ne seraient pas soumis, et le Roi en faisant expédier trois lettres de cachet pour séparer trois indociles de la maison et de l'œuvre, avec défense d'y rentrer jamais. Ce qui a été exécuté ;

« 3° Que ces Messieurs ont écrit à tous les Vicaires apostoliques et à tous les missionnaires, qui ont rapport avec le Séminaire de Paris, d'envoyer à Rome des déclara-

---

[1]. Arch. M.-É., vol. 20, p. 45.

tions formelles de leur soumission, faute de quoi ils seraient regardés comme retranchés du Corps et seraient privés de la subsistance qu'on leur envoie tous les ans.

« En conséquence de cet ordre, tous ceux de la Chine, de Siam, du Tonkin et de Pondichéry nous ont envoyé leurs acceptations de la bulle que nous avons fait tenir à Rome, d'où l'on nous a mandé que le Pape en avait été très content.

« En effet, le Saint-Père a fait la grâce et l'honneur d'écrire aux directeurs du Séminaire un bref très consolant, pour les encourager à travailler en leur promettant sa protection. »

La question était donc finie. Trois prêtres seulement des Missions-Étrangères avaient erré, et encore avaient-ils fini par se soumettre, mais trop tard pour qu'on les gardât. La Société elle-même n'avait pas failli ; elle sortait du danger avec honneur et par ses propres forces ; elle avait conservé, pour la répandre à travers le monde païen, la doctrine de Jésus-Christ dans toute sa pureté.

A ceux qui s'étonneraient et sembleraient se scandaliser de cette faiblesse, de quelques-uns nous pourrions peut-être dire comme Notre-Seigneur Jésus-Christ à la femme coupable : « Que ceux qui sont sans péché lui jettent la première pierre. » A ceux qui regretteraient que nous ayons raconté ce fait, nous répondrions que la vérité a des droits imprescriptibles qui lui donnent la première place dans notre histoire.

CHAPITRE XVI
1722-1732

I. La Société des Missions-Étrangères pendant la première partie du xviiie siècle. — Rareté de missionnaires et manque de ressources. — Pauvreté du séminaire de Québec. — Aide que lui prête le Séminaire de Paris. — II. Revenus de la Société en 1722. — Leur emploi. — Actes de donation. — Difficultés d'exciter la charité des chrétiens d'Extrême-Orient. — III. La Société en Cochinchine : Mgr Labbé. M. Ausiès. M. Gouge. — Au Tonkin : Mgr Bélot. Mgr Guisain. Mgr Néez. — IV. Exil des missionnaires de Chine. — Fondation de la procure de Macao. — M. Conain, le premier procureur. — V. Mgr Tessier de Quérelay est persécuté à Siam, son courage. — VI. Continuation des difficultés. — Lettre des directeurs du Séminaire à Mgr de Quéralay

I

La Société des Missions-Étrangères est arrivée à une époque critique de son histoire. Pour prospérer, pour se développer, pour accroître ses conquêtes dans le monde païen, elle a besoin d'hommes et d'argent. Elle puise ces deux éléments de prospérité et de succès dans la générosité des chrétiens de France. Or, nous sommes au xviiie siècle, et les historiens sont unanimes à constater la déchéance religieuse et morale de notre pays à cette époque. Louis XIV est mort après avoir offert de mauvais et de bons exemples ; malheureusement les mauvais ont eu plus d'influence que les bons.

Pendant la régence et sous le règne de Louis XV, la moralité descend avec une effrayante rapidité dans les classes inférieures ; le cynisme de la corruption trouve des disciples et même des apôtres ; la littérature se met au service de honteux déréglements et prend à tâche de les colorer d'une teinte gracieuse et d'un vernis brillant. Le clergé lui-même se laisse entamer : « Le sel de la terre s'était affadi ; les lampes du Seigneur s'étaient éteintes, et les pierres du sanctuaire se traînaient sur les places publiques[1]. » On disait que l'Église de Dieu avait vécu, et à ceux qui méconnaissaient la Providence, il semblait que cette parole fût l'expression de la vérité, la funèbre épitaphe de la foi catholique.

Ainsi marchait le XVIIIe siècle, sans se douter de la tombe sanglante où il devait se coucher. Assurément les coupables étaient encore les moins nombreux ; la sainteté se rencontrait dans d'humbles chaumières ou sous le toit d'antiques demeures seigneuriales ; des évêques, des prêtres séculiers et des religieux donnaient au monde l'exemple de toutes les vertus chrétiennes ; mais peu à peu ils devenaient plus rares. Dans ce milieu affadi, les vocations apostoliques ne pouvaient germer, rien n'excitait aux grands sacrifices ni aux nobles dévouements.

L'enthousiasme, l'élan, la générosité manquaient pour quitter la famille, la patrie, les douceurs d'une existence facile ; l'ardeur nécessaire à l'apôtre ne grandissait pas dans les âmes qu'une foi attiédie laissait sans vigueur.

Ce sont là des causes générales, il y en a de particulières dont les directeurs du Séminaire parlent en ces termes[2] :

« Nos séminaristes sont devenus bien plus rares depuis les troubles excités dans l'Église au sujet de la constitution *Unigenitus*, cela joint à la misère des temps, qui a empêché un grand nombre de familles de pousser les enfants aux études, rend les sujets si rares que presque personne ne se présente depuis quelques années pour l'œuvre des Missions. »

---

1. Massillon.
2. Arch. M.-É., vol. 19, p. 449.

Les discussions sur les Rites chinois contribuèrent également à éloigner les aspirants à l'apostolat, peu soucieux d'être mêlés à une querelle dont ils comprenaient sans doute assez mal l'objet précis, détournés d'une œuvre dont les succès ne s'affirmaient par aucune conquête éclatante ou considérable.

Le Séminaire des Missions-Étrangères ne comptait souvent que cinq ou six lévites, quelquefois même il était vide.

Les Missions avaient à peine assez de prêtres pour se soutenir.

En 1722, la Société n'avait à Siam que deux évêques et deux prêtres, en Chine ; trois prêtres ; au Tonkin, un évêque et trois prêtres ; en Cochinchine, un évêque et trois prêtres.

Heureusement que le clergé indigène suppléait en partie les missionnaires absents.

La charité qui se donne elle-même était rare en France, celle qui donne son or l'était également ; l'œuvre des Dames de charité, fondée par Mgr Pallu à l'origine de la Société, s'était désorganisée après la mort de Madame d'Aiguillon et de Madame de Miramion ; la situation de MM. de Brisacier et Tiberge à la cour, leurs relations avec Madame de Maintenon et avec plusieurs grandes familles avaient néanmoins, pendant plusieurs années, conservé des ressources à la Société, mais peu à peu, la mort et la ruine avaient frappé les uns et les autres. La crise financière, provoquée par la déplorable application du système de Law, avait directement atteint le Séminaire, qui perdit la moitié de ses revenus de l'Hôtel-de-Ville et une somme de 60,000 francs, grâce à la liquidation de différents contrats imposée par la banqueroute de l'État.

Solliciter la charité dans de pareilles conditions était bien difficile, en obtenir des secours sérieux à peu près impossible : « Nous avons tous une grande ardeur pour le service des Missions, écrivaient les directeurs[1], et s'il n'était question que de nous répandre tous dans les maisons des personnes opulentes pour exposer nos besoins, nous ne nous épargnerions pas, mais nous pouvons vous assurer sans hésiter que dans le misérable temps où nous sommes, nous irions dans toutes les maisons des grands seigneurs et des dames riches et charitables de la cour, de la noblesse et du clergé, que nous en reviendrions les mains vides. Les misères en si grand nombre, dont on est frappé de si près, et environné de toutes parts, épuisent si fort la charité et les facultés du peu de gens qui sont encore dans le pouvoir et dans la bonne volonté de secourir le royaume, qu'il ne reste rien pour envoyer des secours dans les pays étrangers. Vous seriez surpris si on vous disait le peu qu'on a trouvé pour assister dans nos provinces. Et dans Paris, on ne voit que quêtes qui ne produisent presque rien. »

La cour visait à l'économie dans les choses religieuses, afin de posséder plus de superflu pour les plaisirs ; elle allait même jusqu'à projeter la suppression de nombreuses communautés religieuses. Cette situation est très clairement dépeinte par les directeurs du Séminaire de Paris dans une lettre au séminaire de Québec.

« La cour a sa manière de penser bien différente des particuliers[2] ; car 1° bien loin de vouloir rien donner, elle ne songe qu'à retrancher et à faire le moins de dépenses qu'elle pourra.

« 2° Elle est persuadée qu'il y a trop de communautés dans le royaume tant d'hommes que de filles, et ne cherche que l'occasion d'en retrancher, c'est à quoi elle travaille.

---

[1]. Arch. M.-É., vol. 61, p. 252.
[2]. *Histoire du Séminaire de Québec*, p. 590 (manuscrit).

« 3° Quand une communauté est ou se dit pauvre, on la supprime ou on la réunit à quelque autre, avec défense de prendre des sujets, et cela s'exécute déjà dans bien des endroits.

« 4° Ils ne veulent pas que les communautés soient trop puissantes, et ils ont grande attention de ne les pas agrandir. »

Or, la question des ressources était évidemment grave pour le Séminaire, qui n'avait le moyen de s'en créer que par la charité, puisqu'il ne dirigeait pas de collège et ne prêchait plus de missions qu'aux pauvres.

Aussi les directeurs insistaient-ils près de leur procureur à Rome pour qu'il expliquât au Souverain Pontife « que les Français[1] ont dépensé plus de deux ou même trois cents mille francs pour leurs premiers établissements, plus de cent vingt mille pour leur premier établissement dans la Chine, et que ces dépenses ont ouver' la porte aux missionnaires italiens de la Propagande. »

II

La Société voyait diminuer ses ressources, mais non ses charges qui demeuraient toujours aussi lourdes ; en France, elle devait entretenir le Séminaire, directeurs et élèves, acheter les objets nécessaires aux missionnaires qui partaient et payer leurs voyages en totalité ou en partie, acquitter les droits seigneuriaux dus à l'abbaye de Saint-Germain et les redevances à la cure de Saint-Sulpice; en Amérique, soutenir le séminaire de Québec et aider la mission d'Acadie; en Extrême-Orient, fournir à la subsistance des ouvriers apostoliques, aux dépenses des séminaires et aux frais des présents qu'il

---

1. Arch. M.-É., vol. 214, p. 506.

était utile d'offrir aux rois ou aux mandarins, afin de gagner sinon leur bienveillance, du moins leur neutralité ; il lui fallait aussi compter avec les pertes considérables qu'elle subissait, soit par le naufrage des navires, soit par l'arrestation des courriers qui allaient à Canton ou à Macao chercher les allocations annuelles et que des espions faisaient arrêter à leur retour.

L'envoi de ces sommes d'argent aux procures était de plus fort onéreux, grâce au taux exorbitant du change. Les directeurs se plaignaient très haut de cette dépense forcée et improductive.

« Il nous en coûte presque du triple de la somme ordinaire, disent-ils en 1722[1], par la différence qui est encore à présent entre la nature intrinsèque de notre monnaie de France et celle des autres pays, car par exemple une pièce d'argent, qui vaut 50 sols dans le royaume, vaut pas 20 sols en elle-même partout ailleurs ; ainsi, pour vous envoyer un écu ou une pataque[2], il nous en coûte au moins 1 livre dix sols. »

L'année suivante, ils font entendre les mêmes doléances[3] : « Nous voudrions vous faire tenir 5,000 piastres, et pour aller jusque-là, il nous en coûtera présentement 35,000 francs en argent. » C'était donc une perte d'environ 10,000 francs. Pour parer à tous ces besoins, les ressources dont la Société pouvait disposer s'élevaient, en 1722, à la somme de 52,806 francs ; elles provenaient des rentes faites par le roi et plus ou moins régulièrement payées, des sommes assignées à des époques variables par l'assemblée du clergé de France, des loyers de quelques maisons à Paris, des revenus de prieurés, de fermes en Brie et de fondations faites par divers particuliers.

1. Arch. M.-É., vol. 19, p. 464.
2. Piastre.
3. Arch. M.-É., vol. 19, p. 551.

Nous avons parlé des rentes royales et des dons ecclésiastiques ; étudions succinctement les contrats de fondation qui ne manquent pas d'intérêt. Ils sont rédigés avec la plus stricte légalité et dénotent un esprit profondément chrétien ; les bienfaiteurs ne craignent pas d'exposer les motifs pieux qui excitent leur générosité. C'est ainsi que dans le contrat de la fondation de sept bourses, faite par M. l'abbé de Pons, nous lisons cet édifiant exposé[1] :

« Touché de plus en plus du désir d'étendre le royaume de Jésus-Christ par les mains des autres, de satisfaire à la justice de Dieu pour ses péchés par des aumônes utiles à la propagation de la Foi, de prévenir la perte de tant d'âmes qui périssent, faute d'ouvriers évangéliques qui leur annoncent les vérités du salut, et d'empêcher par ce moyen la grâce d'une bonne et sainte mort que l'on ne peut mériter, mais que l'on peut obtenir, voulant pour cet effet se dépouiller de son vivant d'une partie de son bien, afin de pouvoir mourir plus pauvre à l'exemple de son cher Sauveur, M. l'abbé de Pons a résolu de fonder encore sept prêtres missionnaires, soit parce que le nombre étant joint à celui des cinq, qu'il a déjà fondés, fera le nombre de douze qui est celui des douze Apôtres, soit à cause que ce même nombre de sept, considéré en particulier et pris séparément, lui a paru conforme au dessein qu'il a depuis longtemps de faire quelque fondation en l'honneur des sept paroles que Notre-Seigneur Jésus-Christ a prononcées sur la croix.

« Il conjure le Sauveur de le regarder dans la personne de saint Jean l'Évangéliste comme un des enfants bien-aimés de Marie, sa très sainte et très auguste Mère, et d'étendre cette adoption toute divine jusque sur ces pauvres infidèles. »

---

1. Arch. M.-É., vol. 8, p. 52, 53.

Les autres raisons alléguées dans la suite de la pièce, sont : les succès des Vicaires apostoliques et des missionnaires, l'espoir de progrès plus grands et de l'extension de la prédication sur d'autres points, au Ciampa, à Formose, dans toutes les provinces maritimes de Chine, le désir d'aider le séminaire général « où les jeunes indigènes puisent, pendant le temps nécessaire, les lumières et les grâces qu'ils vont ensuite communiquer dans leur patrie avec des bénédictions incroyables », et enfin la bienveillance du roi de France envers le Séminaire de Paris.

L'abbé de Pons avait laissé aux supérieurs de la Société une certaine liberté dans l'emploi du don qu'il faisait ; d'autres bienfaiteurs agissaient différemment et multipliaient les conditions auxquelles on devait s'astreindre.

En 1719, M. Braquet fit une fondation de 1,240 francs pour deux élèves en théologie, et mit à cette fondation douze conditions dont voici les principales [1] :

« Les aspirants à ces deux places ou bourses seront hors d'état et sans moyens de payer des pensions, et ils auront les dispositions requises pour embrasser l'état ecclésiastique et y servir utilement l'Église, sans lesquelles qualités ils n'y seront point admis, parce que c'est à ces deux caractères que se reconnaissent l'esprit et l'intention du fondateur.

« Les pourvus ne pourront garder leurs places ou bourses que pendant les trois années du cours ordinaire de théologie.

« Ceux des aspirants qui seront de la famille du testateur seront préférés aux étrangers dans la vacance des places, pourvu néanmoins qu'ils soient sans moyens de payer leurs pensions.

---

1. Arch. M.-É., vol. 21, p. 153-156.

« Les pourvus auxdites places qui voudront embrasser l'institut des Missions-Étrangères seront logés, nourris, chauffés, alimentés et entretenus.

« Ne pourront lesdites places rester vacantes plus d'un mois, pour attendre et préférer les aspirants de la famille du testateur, après lequel les supérieurs et directeurs du Séminaire pourront y pourvoir des personnes capables. »

On peut suivre par différentes notes dispersées à travers les archives du Séminaire l'exécution de la fondation Braquet. De 1722 à 1767, le Séminaire reçut 14 élèves appartenant à la famille du donateur.

Pendant la même période, il entretint avec les mêmes revenus 95 séminaristes étrangers à cette famille. Parmi ces derniers, nous remarquons le nom d'un voyageur plus tard célèbre, Pierre Poivre, qui se préparait au sacerdoce en 1740, il partit pour la Cochinchine avant d'avoir reçu les ordres sacrés, et revint sans persévérer dans ses premiers desseins.

Il ne fut pas rare, aussi, que des séminaristes boursiers, après avoir achevé leurs études au Séminaire, ne se consacrèrent pas aux Missions et retournèrent dans leurs diocèses.

Ainsi, sur les 109 aspirants qui, en 45 ans, jouirent de la fondation Braquet, on n'en compte pas plus d'une quarantaine ayant appartenu à la Société des Missions-Étrangères.

Une fondation de 2,000 livres de rente fut faite par le duc d'Orléans ; elle devait être employée « pour l'éducation des jeunes Indiens dans le collège et séminaire de Siam[1] ». Les directeurs étaient tenus de rendre compte de l'emploi de cette somme à l'archevêque de Paris seul, et sans répondre « d'aucun risque et péril

---

1. Arch. M.-É., vol. 22, p. 357.

de mer ou de terre ». Si la Société disparaissait, la donation n'avait plus d'effet, et la rente « était réversible au duc d'Orléans ou à l'aîné de sa maison. »

D'autres dons étaient plus spécialement affectés à des œuvres de charité ou d'instruction en France; ils servaient à payer les retraites prêchées par les directeurs et les séminaristes prêtres. Les revenus des biens des Missions et les aumônes annuelles étaient répartis entre les Vicariats apostoliques et le séminaire général par les directeurs de Paris. Voici la répartition de 1722 :

Les missionnaires de Chine qui n'étaient alors que trois reçurent 640 piastres [1]; la mission du Tonkin 700 piastres, la Cochinchine également 700, Siam 2,400 sur lesquelles le Vicaire apostolique de cette mission devait prélever 800 piastres pour les réparations du séminaire général et 800 piastres pour l'entretien des élèves, 100 piastres étaient envoyées à M. Guéty, alors procureur à Pondichéry, en tout 4,540 piastres. Ces différentes sommes étaient divisées entre les évêques et les missionnaires à raison de 600 fr. par an à chaque évêque, et de 300 fr. à chaque missionnaire, ainsi que nous l'avons déjà dit dans notre chapitre sur le règlement.

Les prêtres indigènes ne recevaient rien, ordinairement du moins; les chrétiens les entretenaient, et parfois le Vicaire apostolique les aidait selon la modicité ou l'abondance de ses ressources. Le reliquat de l'allocation était consacré aux besoins généraux de la mission.

Remarquons en passant l'élévation relativement considérable de la somme accordée au séminaire de Siam, ce qui prouve que la Société restait toujours convaincue de la nécessité du clergé indigène, et ne reculait devant aucun sacrifice pour réussir dans cette

---

1. La piastre valait de 5 à 6 francs.

œuvre longue et difficile dont la création avait été la raison première de son établissement.

Il est facile de voir quelle était l'insuffisance des sommes envoyées pour subvenir aux besoins des missions et plus encore pour entreprendre des œuvres nouvelles. Que pouvaient les Vicaires apostoliques de Siam et du Tonkin avec trois ou quatre mille francs par an?

Sans doute, ils faisaient appel aux chrétiens pour l'entretien des prêtres indigènes et des catéchistes, et il eût été à désirer que cet appel pût s'élargir et porter sur d'autres points, afin d'augmenter les ressources, de ne pas laisser les missions à la merci de la générosité des fidèles d'Europe, et d'apprendre aux Orientaux la pratique de la charité.

Malheureusement, il y avait à l'emploi de ce moyen deux difficultés :

Les païens n'avaient pas l'intelligence du dévouement des missionnaires ; il n'était pas rare de les entendre répéter à tout propos que les prêtres catholiques quittaient leur patrie, parce qu'ils y mouraient de faim et venaient en Chine et en Annam pour faire fortune ou chercher du riz. Ces idées qui dénaturaient le rôle et les sentiments des prédicateurs de l'Évangile, et les rabaissaient dans l'esprit des idolâtres, étaient un obstacle aux conversions ; il fallait donc y donner prise le moins possible, et voilà pourquoi on cherchait peu à exciter la charité des chrétiens. Telle était la première difficulté.

La seconde venait de la pauvreté des catholiques, parmi lesquels, comme aux origines de l'Église, les riches étaient les moins nombreux. Sans avoir complètement changé, la question s'est cependant modifiée ; les païens répètent encore leurs vieilles calomnies, mais moins fréquemment ; depuis que les ressources fournies par la Propagation de la Foi et la liberté de la prédication évangélique permettent de construire des églises, d'entretenir des écoles, de fonder des hôpitaux, d'installer des orphelinats, ils ont pu s'apercevoir, et plusieurs ont fini par être convaincus que l'or de la charité n'est pas employé pour les missionnaires eux-mêmes, et aujourd'hui il est permis de croire que l'établissement de ressources locales ne présenterait pas les inconvénients d'autrefois.

III

Cette pénurie d'hommes et de ressources frappait d'affaiblissement la Société entière ; d'autres causes de dépérissement existaient dans les Missions ; celles-ci n'étaient plus entourées et protégées par la bienveillance ouverte des rois et des mandarins comme au xviie siècle; elles n'enduraient pas les grandes persécutions qui de nos jours les illustreront.

C'est un état intermédiaire tantôt d'atonie, tantôt d'agitation, où les vexations dominent, engendrant un malaise général, parfois plus difficile à guérir que les maladies violentes. Les chrétiens sont inquiets, les néophytes intimidés par des menaces sans cesse réitérées, l'air est lourd, chargé d'électricité annonçant la tempête qui pourtant n'éclate pas. Outre les obstacles qui proviennent des païens, il y a les difficultés qui s'élèvent entre les ouvriers apostoliques de Congrégations différentes sur le dogme, la morale et la discipline et dont la question des Rites est un exemple.

Les rares missionnaires que la Société envoyait alors à Siam, en Annam et en Chine, ne se découragèrent pas, ils suppléèrent au nombre par leur activité, aux ressources par leur zèle industrieux. Ils montrèrent une ténacité qui nous paraît d'autant plus admirable maintenant où nous sommes habitués à voir agir les grandes masses plutôt que les petits bataillons.

Mgr Marin Labbé, coadjuteur de Mgr Pérez en Cochinchine, était toujours à son poste depuis qu'il avait quitté la France après la rédaction du règlement de la Société. Il avait eu la douleur de perdre plus d'un de ses compagnons; de Caponi était mort en 1707, Féret, confesseur de la foi en 1709; Jean-Baptiste Ausiès, une âme belle, pure, aimant l'idéal, d'une piété angélique, les suivit dans la tombe. Ausiès était né à Cahors et avait fait ses études à Saint-Sulpice, dont il disait[1] : « Si je savais qu'il y eût quelque maison dans Paris où il y eût plus de régularité et plus d'exemples de piété et de vertu que dans le séminaire de Saint-Sulpice, j'irais dès aujourd'hui, mais parce que je n'en connais aucune, je tâcherai de demeurer à Saint-Sulpice tant que je serai à Paris. »

D'abord professeur au séminaire de Siam, il traduisit un traité de l'Église, y ajouta de nombreuses considérations sur l'union que tous les chrétiens, plus particulièrement les prêtres, doivent garder avec le Saint-Siège.

Lorsqu'il débarqua en Cochinchine, il prit à part Marin Labbé, encore simple prêtre, et s'écartant un peu de ses compagnons, il se prosterna sur le rivage, baisa la terre en disant avec émotion : « Prenons possession de ce royaume, puisque Dieu nous a appelés à sa conquête. » Dans ses voyages, en passant d'une chrétienté dans une autre, il allait à pied, portant lui-même les objets nécessaires à la célébration des saints mystères, il parlait peu, agissait beaucoup, et laissa la réputation d'un saint.

En 1718, Pierre Heutte[2] mourut à son tour. Trois ans auparavant, il avait sauvé l'équipage de trois vaisseaux hollandais jetés à la côte par la tempête, les avait

---

1. Arch. M.-É., vol. 739, p. 42.
2. De Normandie, parti en 1701.

conduits à Hué et avait obtenu que le roi les fît reconduire à Batavia sur une de ses jonques de mer.

Gouges[1], missionnaire dans le Binh-thuân, rendit le même service en 1720 à l'équipage d'un vaisseau français « *la Galathée* ». En 1723, Mgr Labbé mourut et eut pour successeur Mgr de Alexandris, barnabite italien.

La Société perdait par cette nomination la direction de la mission de Cochinchine. Elle y laissa cependant ses missionnaires, au nombre de trois seulement : Gouges, de Sennemand[2] et de Flory[3], très résolus à ne jamais quitter les fidèles qu'ils avaient formés. En 1724, des décrets de persécution et d'expulsion furent portés par le chua Minh-Vuong contre les prêtres catholiques qui prirent leurs précautions pour s'y soustraire, comme nous le lisons dans la lettre de l'un d'eux[4] :

« Je suis dans la résolution de me tenir caché jusqu'au départ des vaisseaux, après quoi je reparaîtrai comme à l'ordinaire pour ne pas abandonner tant de chrétiens dans un jour de combat ; car comme les missionnaires ne prennent, disent-ils, la résolution de s'en retourner que pour éviter aux chrétiens d'être persécutés davantage, je ne vois pas que cette raison soit bonne, puisqu'on persécutera infailliblement après notre départ. Il me semble, au contraire, que c'est donner un très mauvais exemple que de fuir en pareilles circonstances. »

Les missionnaires du Tonkin avaient les mêmes sentiments[5] : « Ce qui est le plus capable de faire impression sur mon esprit, écrivait de Saint-Gervais[6], c'est l'amour

---

1. Du diocèse de Reims, parti en 1693, ordonné prêtre en 1700, mort le 9 novembre 1733.
2. Du diocèse de Limoges, parti en 1693, mort le 25 janvier 1730.
3. De Lyon, parti en 1713, mort en 1733.
4. M. de Flory. Arch. M.-É., vol. 739, p. 518.
5. Arch. M.-É., vol. 656, p. 58. Lettre du 26 décembre 1725.
6. D'Alençon, bachelier en théologie, parti en 1713, mort le 23 décembre 1742.

que le Seigneur me donne pour cette chère mission, que j'aime véritablement comme une mère aime son enfant unique; mais comme j'ai tout lieu de croire que c'est Dieu qui m'y a appelé, puisque je n'y suis venu que par l'ordre de mes supérieurs, que je n'y suis arrivé, après un voyage de plusieurs années, que par une protection particulière du ciel, qui m'y a conservé jusqu'à présent au milieu des travaux, périls et persécutions comme par une espèce de miracle, si je venais à quitter le poste où il m'a mis avant de connaître clairement que sa sainte volonté ne m'y veut plus, je craindrais de m'exposer aux reproches et à la punition que mériterait un soldat lâche et timide, qui, par la crainte de ce qui n'arrivera peut-être pas, abandonnerait, sans ordre légitime, un poste de très grande conséquence Je vous puis dire, sans presque aucune crainte de me tromper, que les sentiments de mes deux chers confrères sont les mêmes que les miens. »

Le Tonkin avait perdu, en 1717, son Vicaire apostolique, Edme Bélot[1], formé à l'école de piété, de travail, de pénitence de Mgr Deydier et de Mgr de Bourges. Le portrait que les annalistes nous ont tracé de lui, ressemble par plus d'un côté à celui de Mgr de Bourges[2] :

« Il a toujours été très mortifié pour le manger et le coucher, très sévère à mater son corps par les veilles et par des ceintures et des disciplines de fer, dont il usait autant que ses forces pouvaient le lui permettre. Une seule discipline lui causa une fièvre continue de 15 jours qui l'affaiblit beaucoup. Il était très chaste et si fort qu'il semblait avoir naturellement cette vertu. Il avait de l'amour pour la pauvreté, portant souvent des habits usés et rapiécés.

1. Évêque de Basilée.
2. Arch. M.-É., vol. 670, p. 178.

« Il avait l'esprit aisé dans la conversation, présent pour les répliques, agréable à tout le monde. Il estoit savant, se plaisait à l'estude et y employoit tout le temps qu'il pouvoit prendre sur ses autres occupations. Très zèlé pour soutenir l'autorité et les droits du Saint-Siège, de la Sacrée Congrégation, de l'épiscopat et du clergé; rude au travail et persévérant plutôt par zèle et par vertu que par les forces de son corps dont la constitution était assez délicate, très agissant et habile à trouver des ressources dans les affaires les plus épineuses et que l'on croyait désespérées, il donnait beaucoup à la Providence dans ces sortes d'occasions, et était hardi dans des entreprises difficiles. »

François Guisain, bachelier de Sorbonne, lui succéda en 1721 [1]; mais à peine sacré, il tomba malade et mourut en 1723.

Le plus ancien des trois prêtres survivants, Néez [2], prend alors en main l'administration de la mission et dirige le séminaire; de Saint-Gervais et Cordier [3] le soutiennent, ils sont secondés par le clergé indigène dont on peut voir toute l'utilité, à peu près aussi manifestement qu'au temps des persécutions.

Aux travaux ordinaires du saint ministère, ils joignent le combat pacifique mais continuel contre les païens, toujours prêts à dénoncer et à maltraiter les chrétiens, à leur extorquer de l'argent, à piller les églises et les presbytères; ils ont avec Néez de fréquentes correspondances, ils l'informent de tout ce qui se passe, des petits événements et des grands, des menées des mandarins, des intrigues qui se trament dans l'ombre pour renverser la famille des Trinh dont l'ascendant s'affai-

---

1. Évêque de Laranda.
2. Parti en 1713.
3. Du diocèse de Châlons-sur-Saône actuellement d'Autun, parti en 1714, mort le 1ᵉʳ mai 1734.

blit avec les qualités morales et les vertus guerrières de ses chefs.

Néez écoute, il examine ces renseignements et donne des ordres selon les circonstances.

A la mort de Mgr Guisain, il avait 43 ans ; il était né à Verneuil [1], en 1680, d'une famille de petits bourgeois ; son père, échevin de la ville, donna plusieurs fois dans cette charge des preuves d'un caractère énergique et d'un jugement droit ; sa mère communiait chaque semaine, ce qui, en ce temps de rigorisme, laisse supposer une éminente piété ; deux de ses frères embrassèrent l'état ecclésiastique. Le calme de sa parole, la gravité de son attitude, son application méthodique à l'étude étonnaient ses camarades qui, avec un sourire railleur, caractérisaient ainsi ces qualités d'un âge plus mûr : « Tiens, disaient-ils en le voyant dans les rues de Verneuil, voilà le bonhomme Néez qui passe. »

Néez ne perdit jamais les qualités distinctives de son enfance et de sa jeunesse, il les développa, les perfectionna, leur donna plus de consistance et de solidité ; le bonhomme Néez devint un homme, maître de soi, alliant la modération à l'énergie, la franchise à une grande habileté pratique.

Il fut supérieur de la mission pendant 16 années, et ne fut nommé évêque de Céomanie et Vicaire apostolique du Tonkin occidental qu'en 1739.

Les *Nouvelles Lettres édifiantes* [2] ont rendu de lui ce témoignage :

« Il fut recommandable par sa science, son zèle, sa piété, sa prudence, sa fermeté et son désintéressement. Il est, à juste titre, regardé comme un des principaux soutiens et des plus beaux ornements de la mission du

---

1. Dans le département actuel de l'Eure.
2. Tom. VI. Introduct., p. 81.

Tonkin occidental, à laquelle il rendit de longs et importants services. »

IV

La Société se maintenait en Cochinchine et au Tonkin par la persévérance et le courage de ses missionnaires ; mais il est des circonstances où la persévérance et le courage semblent inutiles ; c'est une des plus rudes épreuves de l'apostolat. Les missionnaires de l'empire du Milieu la subissaient.

En 1722, l'année qui suivit le départ de Chine de Mgr Mezzabarba, Kang-hi mourut dans sa 71ᵉ année. Il est un des empereurs qui ont le plus illustré le trône impérial ; il était distingué par les qualités du corps et par celles de l'intelligence ; il avait un esprit prompt, une infatigable activité, un courage à toute épreuve ; il cultivait les arts et les sciences ; il connaissait la religion catholique, en goûtait les maximes, mais n'eut jamais la moindre velléité de l'embrasser ; s'il favorisa les missionnaires jésuites, c'est parce qu'ils lui étaient utiles, et que l'éclat de leurs talents rejaillissait sur son trône et rehaussait sa gloire.

Dès la première année du règne de son successeur, Young-tching, les prêtres européens furent inquiétés ; les lettres de l'empire, voyant avec peine l'introduction d'une religion étrangère, essayèrent de persuader au monarque que son père s'était trompé en usant de condescendance envers les prédicateurs de l'Évangile. Le gouverneur du Fo-kien présenta une requête ; il y rendit compte des raisons qu'il avait eues de proscrire la religion chrétienne dans toute l'étendue de sa juridiction, et supplia le souverain, pour le repos de l'empire et le bien des peuples, d'ordonner que les prêtres catholiques fussent renvoyés des provinces et conduits ou à la cour ou à Macao, et que leurs temples fussent employés à des usages profanes. Ce placet fut remis au tribunal des Rites, qui rendit une sentence conforme au vœu du gouverneur du Fo-kien, et fit exception seulement en faveur des Européens capables de rendre des services dans les arts ou dans les sciences. L'ordre fut imparfaitement exécuté, et on se contenta de rassembler les missionnaires à Canton ; mais en 1732, Young-tching poursuivit le projet d'expulsion, et les mandarins de Canton intimèrent par écrit à tous les ouvriers apostoliques l'ordre de se retirer à Macao, avec l'injonction de ne jamais reparaître dans l'empire chinois ; ils leur accordaient trois jours pour rassembler leurs effets et s'embarquer.

Le 20 août, les missionnaires, appartenant à toutes les Congrégations qui évangélisaient la Chine, partirent au nombre de trente-cinq et firent voile pour la petite possession portugaise.

Le vice-roi de Canton, non content de les avoir chassés, enjoignit au gouverneur de Macao de les renvoyer dans leurs royaumes respectifs, craignant, disait-il, leur rentrée en Chine, qu'ils infecteraient encore de leur mauvaise doctrine.

Le gouverneur ne tint pas compte de cet ordre, mais le vice-roi de Goa en profita pour imposer aux missionnaires la soumission à l'ambition portugaise en leur ordonnant de prêter le serment de fidélité au roi, son maître ; à cette seule condition, il leur permettait de rester à Macao.

Cette mesure rencontra naturellement beaucoup d'opposition parmi les missionnaires de nationalité étrangère.

Les prêtres de la Société refusèrent de s'y soumettre, et l'un d'eux, Conain, répondit : « Je ne puis prêter ce serment sans être blâmé par mes supérieurs, je préfère me retirer quand on le voudra. »

L'évêque de Macao, il est juste de le faire remarquer, apprécia le bien fondé de ces résistances, et en référa au roi de Portugal, Jean V.

Le 15 avril 1736, le souverain accorda asile dans la colonie à tous les missionnaires persécutés. Conain s'y fixa et y établit la procure qui était auparavant à Canton. Situé aux portes de la Chine, assez rapproché de l'Annam, port de commerce fréquenté par tous les navires européens, Macao était une station extrêmement avantageuse. Le seul inconvénient qu'elle présentât était l'hostilité des Portugais toujours vivace contre les missionnaires français; les procureurs en effet, et Conain tout le premier, eurent rarement dans cette ville une existence exempte d'inquiétudes. Les tracasseries qu'on leur fit subir furent de plus d'un genre et souvent fort ridicules.

La maison menaçait-elle ruine, et le procureur demandait-il l'autorisation de la réparer, on la lui refusait. Voulait-il en louer ou en acheter une autre, on lui opposait un nouveau refus. Si un Portugais plus sage et plus pieux lui offrait une demeure, le sénat accusait la cupidité et l'esprit d'intrigue du procureur; il lui faisait un crime de recevoir chez lui les officiers des navires français qui relâchaient dans le port. Aux jours de crise, il allait jusqu'à écrire au cabinet de Versailles que la présence de ce procureur et l'introduction en Chine des missionnaires français portaient un préjudice notable au commerce de la France.

Le cabinet de Versailles savait à quoi s'en tenir sur le patriotisme de la Société des Missions-Étrangères, depuis quatre-vingts ans qu'elle était à l'œuvre, et qu'elle le servait dans la mesure de ses forces à Pondichéry, à Siam, en Cochinchine et au Tonkin, il ne croyait donc à aucune des accusations du Portugal, mais il y répondait sans fermeté, et pourtant cette petite maison de procure était bien hospitalière pour ses marins. Tous étaient accueillis en amis, en frères ; ils y trouvaient les soins de l'âme et du corps, les renseignements commerciaux ou politiques qu'ils désiraient. Malgré des péripéties diverses et parfois périlleuses, la procure des Missions-Étrangères subsista à Macao jusqu'en 1847[1]. Elle correspondait avec le Séminaire de Paris, avec toutes les Missions, avec la procure de Pondichéry. Celle-ci avait, par les vaisseaux marchands ou par les navires de guerre, beaucoup plus de relations avec la France, elle avait moins de soucis pour l'envoi des prêtres dans leurs missions, puisque tous, excepté ceux de Siam, et encore pas constamment, partaient de Macao; Pondichéry n'était guère qu'un entrepôt, Macao était tête de ligne.

V

Les missionnaires de Chine étaient expulsés, ceux de Siam étaient accusés, conduits devant les tribunaux, menacés de mort; le courage et l'habileté de leur évêque les sauva et épargna la persécution aux chrétiens.

Cet évêque était Tessier de Quéralay[2], ancien procureur à Pondichéry, Mgr Cicé qui l'avait demandé et obtenu pour coadjuteur[3], faisait son éloge en ces termes[4] :

« Je l'ai vu à Pondichéry, il est estimé de M. le gouverneur et de tous les Français. Les officiers et les marchands m'en ont dit mille biens. Les Pères Capucins ont une vénération singulière pour sa vertu. Il mène une vie fort mortifiée et fort austère. Il ne mange point de viande, il ne boit point de vin, il est fâché qu'on l'ait

---

1. Elle fut alors transférée à Hong-Kong.
2. Du diocèse de Nantes, parti au mois de mars 1699.
3. Évêque de Rosalie en 1722.
4. *Histoire de l'établissement et des progrès*, etc., p. 604.

obligé à être procureur des missions. Il pense que ce n'est pas être missionnaire. Les souffrances auxquelles sont exposés nos confrères à la Cochinchine le charment. Il changerait volontiers la bourse de la procure pour leurs cangues et pour leurs chaînes. Autant il est rigide pour lui-même, autant est-il attentif que ses confrères ne manquent de rien. Malgré sa répugnance pour son emploi, il s'est soumis à le remplir jusqu'à ce que nous puissions lui donner un successeur.

« Depuis mon arrivée à Siam, il m'a supplié dans plusieurs de ses lettres avec les plus fortes instances de lui donner mission pour le Pégou, où un chrétien qui a servi MM. Joret et Genoud, et lui a fait le récit de leur martyre l'a assuré qu'il y avait un grand bien à faire. »

Tessier de Quéralay était à la tête de la mission de Siam depuis deux ans, lorsqu'un incident qui, au premier abord, pouvait sembler heureux, suscita de graves complications (1729).

Dans le but de s'instruire ou de se distraire, un prince de l'ancienne famille royale emprunta à Mgr de Quéralay plusieurs ouvrages sur le catholicisme ; après les avoir lus, il en parla au frère du roi qui les parcourut à son tour, et en demanda d'autres à l'évêque. Intéressé sans doute par ces lectures, il les raconta au souverain lui-même et aux mandarins, et pendant quelque temps, le catholicisme fut le principal sujet de conversation des officiers de la cour. Les uns l'attaquaient, les autres le défendaient sans songer d'ailleurs à l'embrasser. Les talapoins furent pressés de questions et d'objections ; incapables de répondre, ils furent raillés ; afin de se délivrer de ces ennuis, ils se mirent à déclamer contre le catholicisme, prétendant que ses adhérents exciteraient bientôt dans le royaume des divisions et des guerres, comme ils l'avaient fait au Japon, et qu'ils aboliraient le culte suivi par tous leurs ancêtres.

Cette évocation des malheurs des missionnaires et des chrétiens du Japon, que les bonzes accusaient faussement de révolte, était assez fréquente et à Siam, en Annam et en Chine.

Le bruit de la terrible persécution de Taicosama avait retenti dans tout l'Extrême-Orient, accru encore par les récits des réfugiés japonais; les adversaires du catholicisme s'en servaient comme d'une arme pour accuser de trahison les apôtres et les fidèles ou pour les menacer d'une semblable destruction. Plusieurs hauts mandarins, parmi lesquels le barcalon, crurent ou feignirent de croire aux déclamations des talapoins. Ils excitèrent le roi à sévir contre les missionnaires. Celui-ci, ce qui n'est chose rare nulle part, se laissait facilement conduire par son premier ministre. Mgr de Quéralay, un de ses prêtres, M. Lemaire [1], un diacre et un sous-diacre furent cités devant le conseil souverain. Le barcalon présidait :

« Vous êtes coupable, dit-il à l'évêque, vous avez offensé le roi en choses très graves; je viens vous interroger de sa part. »

« J'ignore, répondit l'évêque, en quoi j'ai eu le malheur d'offenser sa Majesté, et je vous prie de m'en instruire. » Le barcalon appela un secrétaire, lui remit un mémoire qui contenait plusieurs chefs d'accusation, et lui ordonna de le lire à haute voix, puis, résumant chaque article, il enjoignit au Vicaire apostolique d'y répondre.

Les questions roulaient particulièrement sur les motifs qui avaient conduit les missionnaires à Siam, sur leur désobéissance au roi, sur les dangers que leurs prédications faisaient courir à l'État.

De Quéralay était d'ordinaire très calme et très modeste; dans cet interrogatoire, il le fut plus encore; mais

1. De Paris, parti en 1722, mort au mois de décembre 1748.

il ne laissa passer aucune imputation sans la relever et donna d'amples explications. Il raconta l'histoire des premiers prêtres et des premiers évêques français dans le royaume, la bienveillance de Phra-naraï, les relations de la France avec Siam ; il protesta que ni lui ni ses prêtres n'engageaient personne par présents, par promesses ou par force à se faire chrétien ; « mais, ajouta-t-il, notre religion est la vraie et nous la devons prêcher. »

Le barcalon l'interrompit :

« Nous ne condamnons pas votre religion, lui dit-il, pourquoi condamnez-vous la nôtre ? Tant de nations établies ici ont chacune une religion différente et respectent celle du pays, vous êtes les seuls qui vous éleviez insolemment contre ses dogmes, vous méritez d'être sévèrement punis. »

L'évêque tenta, mais inutilement, de prouver à son accusateur que la religion catholique est la seule vraie, et qu'en vertu des droits éternels de la vérité elle peut et doit être partout enseignée.

« Il ne s'agit pas de cela, s'écria le ministre, mais de la tranquillité de l'État ; nous savons que quelques-uns de vos prêtres ont attiré à leur religion une grande multitude de Japonais ; ils ont ensuite excité une révolte. L'empereur les a vaincus, il a fait massacrer vos prêtres et les rebelles, et il a défendu, sous peine de mort, à tous les chrétiens, de quelque nation qu'ils soient, de mettre le pied dans ses États. Si notre roi, pour prévenir un pareil attentat, suivait cet exemple, s'il faisait couper la tête et à vos missionnaires et à vous, on ne pourrait attribuer qu'à votre imprudence la rupture entre la France et Siam. »

Les relations entre la France et Siam étaient à peu près nulles, ce n'était pas le moment de les faire observer, aussi de Quéralay garda le silence, et le barcalon continua :

« Le roi veut bien pour cette fois user de clémence ; mais il vous défend : 1° d'écrire en langue siamoise ou en bali des livres de religion ; 2° de prêcher votre doctrine à des Siamois, à des Pégouans, ou à des Laotiens ; 3° de les tromper et de les engager, par quelque voie que ce soit, à se faire chrétiens ; 4° de condamner la religion du royaume. Voulez-vous obéir à ses ordres ? »

A cette violente sortie, Mgr de Quéralay répondit :
— Aucun évêque, aucun prêtre français n'est entré dans le Japon, et jamais les Français n'ont causé de troubles dans les Indes. Quant aux défenses que vous me faites de la part du roi, elles sont trop graves pour que j'y puisse répondre immédiatement, je vous prie de m'accorder quelques jours.

— Vous pouvez réfléchir ici, répliqua le barcalon, et concerter la réponse avec votre missionnaire. L'ordre du roi ne souffre point de retard. Vous ne retournerez pas dans votre séminaire, que vous ne m'ayez déclaré si vous vous soumettez aux défenses qu'il vous fait.

— Eh quoi ! répondit l'évêque, ne me sera-t-il pas même permis d'instruire mes domestiques, et ceux qui viendront me demander des instructions.

Un mandarin, nommé Chacry, prit la parole :
— L'ordre du roi, dit-il, n'excepte personne. Si vous vous y soumettez, vous continuerez de vivre tranquillement dans votre maison ; si vous refusez d'obéir, le roi veut qu'on vous tranche la tête.

Le Vicaire apostolique craignait pour ses chrétiens plus que pour lui une persécution qui aurait, en quelques jours, définitivement ruiné sa mission, il était bon d'ailleurs d'aller jusqu'aux dernières limites de la modération.

— Si telle est l'intention du roi, répondit-il, ne serait-il pas plus convenable qu'on nous permît de nous retirer et de retourner en France; mais, ajouta-t-il avec une noble assurance, si l'on nous refuse cette permission, nous mourrons plutôt que de nous soumettre à de tels ordres.

M. Lemaire, le diacre et le sous-diacre indigènes, interrogés à leur tour, protestèrent des mêmes sentiments.

Le roi, le barcalon, les juges avaient-ils l'intention de se porter à ces extrêmes violences ? Il est permis d'en douter, car l'interrogatoire se termina subitement, et après de nouvelles menaces, les accusés furent renvoyés chez eux.

Quelques jours plus tard, des mandarins, à la tête d'un peloton de soldats, se présentèrent au séminaire et emportèrent les ouvrages siamois et balis. La perquisition n'occasionna que des pertes insignifiantes, grâce à la précaution que l'on avait prise de faire transporter ailleurs à peu près tous les livres de religion, ne laissant que ceux de science ou d'histoire profane.

Ce premier attentat fut cependant considéré comme une victoire par les mandarins et les talapoins, et apaisa un peu les colères.

Sur ces entrefaites, plusieurs donnèrent aux missionnaires des conseils de prudence habile, tout en essayant doucement de les défendre à la cour. Le mandarin Chung-kanam engagea l'évêque à renouveler amitié avec le roi, sous le prétexte fort plausible à Siam qu'il l'avait offensé en demandant à quitter le royaume. Cette rénovation est une coutume purement civile; elle consiste à offrir au roi des cierges allumés avec des couronnes de fleurs. De Quéralay suivit l'avis qui était bon; accompagné de missionnaires et de séminaristes, il se rendit à l'audience du barcalon et le salua par ces paroles :

« Je viens offrir au roi ces cierges et ces fleurs comme un témoignage public de mon profond respect et de mon parfait dévouement envers sa Majesté. J'ai appris avec douleur qu'elle a été offensée de ce que j'ai demandé la permission de me retirer. J'ai suivi en cela la coutume de l'Europe où les étrangers, sans déplaire aux souverains, leur demandent et obtiennent facilement cette permission. »

Le premier ministre crut le moment favorable pour recommencer la discussion, il ordonna au vicaire apostolique de signer les précédentes exigences du roi. De Quéralay ne répondit pas; mais, se tournant vers Chungkanam, il dit à voix basse : « Jamais. »

Le mandarin savait cette résolution inébranlable; pour éviter un nouveau conflit, il prit le papier, le plia, passa à un autre sujet de conversation, et les missionnaires se retirèrent sans autre incident.

VI

Cependant l'affaire n'était pas étouffée; le barcalon voulait avoir raison de ce qu'il appelait l'entêtement de l'évêque français; il fit graver les défenses du monarque sur trois grandes pierres et commanda de les placer dans les deux églises de Juthia et dans la chapelle du séminaire.

Lorsque les officiers voulurent exécuter l'ordre, ils trouvèrent devant eux Mgr de Quéralay qui les arrêta : « Le roi, dit-il, est maître absolu dans son royaume, il peut y faire tout ce qui lui plaît; mais mon église étant un lieu saint consacré au créateur du ciel et de la terre, je ne puis y poser une de ces pierres, ni consentir qu'elle y soit posée par autrui. »

Une fois encore, l'évêque mettait en pratique cette grande règle de la conscience chrétienne si nettement formulée par saint Pierre : « Il vaut mieux obéir à Dieu qu'aux hommes. »

A Siam, au XVIIIᵉ siècle, pas plus qu'à Jérusalem et à Rome au Iᵉʳ siècle, cette parole ne fut acceptée ; le barcalon cria à la révolte et demanda la mort ou l'exil des prêtres français, heureusement il ne fut point écouté ; depuis quelque temps, le roi suivait à regret son ministre dans cette voie de vexations qui répugnaient à son caractère, il interrogea son conseil ; Chacry, le même mandarin qui avait pris parti contre Mgr de Quéralay dans le premier interrogatoire, le défendit. Invité par le prince à dire toute sa pensée, il s'exprima en ces termes : « Les évêques et les missionnaires français ont été établis dans notre pays par les anciens rois qui les ont toujours estimés et aimés ; jusqu'à présent, ils ont eu la permission de prêcher leur religion. Pourquoi veut-on les molester? Ce sont des hommes pacifiques, tranquilles, incessamment occupés à soulager les malades et les pauvres. Jamais je n'ai entendu contre eux un juste reproche, il n'y a rien à craindre du petit nombre de leurs chrétiens. »

Le roi interrogea ensuite son frère : « Chacry, répondit le prince, a parlé très sagement, pourquoi troubler sans nécessité la paix du royaume et nous faire des ennemis ? »

— Puisqu'il en est ainsi, conclut le roi, qu'on laisse l'évêque et ses prêtres en repos, et qu'on ne parle plus de cette affaire.

Le barcalon ne s'inclina pas devant la volonté royale ; son orgueil, froissé par cet insuccès, le poussait en avant.

Le 1ᵉʳ octobre 1731, des mandarins sommèrent le Vicaire apostolique d'indiquer dans la chapelle du séminaire un emplacement pour y poser la pierre sur laquelle étaient gravées les défenses. Mgr de Quéralay renouvela sa première réponse. Les mandarins n'osèrent passer outre ; cependant après beaucoup d'instances et de menaces, afin de donner quelque satisfaction à leur maître, ils placèrent cette pierre sur un piédestal assez élevé, en dehors et près de la porte principale de la chapelle; et c'est en raison de ces circonstances et de l'inscription outrageante pour la religion chrétienne que les chrétiens l'appelèrent : la pierre de scandale.

Cette première victoire eût peut-être excité le ministre lorsque la mort du roi détourna ses pensées de la guerre religieuse, en suscitant des événements où il devait perdre ses dignités et sa vie.

Le fils du prince défunt succéda à son père ; mais son oncle refusa de le reconnaître et leva l'étendard de la révolte. Le jeune souverain, trahi par ses officiers, abandonné par ses soldats, fut vaincu sans combat, et le barcalon, qui l'avait soutenu, fait prisonnier et massacré par ordre du vainqueur.

Malgré la bienveillance que le nouveau roi avait plusieurs fois témoignée aux missionnaires avant de monter sur le trône, il ne leur accorda cependant pas l'autorisation d'enlever la pierre de scandale dressée devant la chapelle, mais il ne leur suscita aucune difficulté, et le calme ordinaire régna de nouveau dans la mission de Siam.

Les directeurs du Séminaire de Paris, informés de la lutte courageuse et habile, soutenue par Mgr de Quéralay, lui adressèrent la lettre suivante, également à l'honneur de ceux qui l'écrivirent et de celui qui était si digne de la recevoir[1] :

« La première de nos peines, c'est-à-dire la plus considérable, est la persécution des talapoins qui vous a attiré une condamnation, pour ainsi dire, toujours présente à vos yeux, puisqu'elle est affichée devant votre maison.

« Cet objet regardé sous différents aspects fait sur nos

---

1. Arch. M.-É., vol. 20, p. 352. Lettre du 23 janvier 1733.

esprits des impressions bien différentes, quand nous réfléchissons que vous êtes présentement le seul évêque vicaire apostolique de notre corps, sur qui roule la destinée de toutes nos missions orientales, à cause du collège, où vous formez à la piété et aux études les sujets qui doivent être un jour les prêtres naturels de chaque pays.

« Si l'on venait à vous perdre, quel terrible renversement ! cette seule pensée nous fait trembler, elle est capable de nous accabler de tristesse et d'inquiétude.

« Cependant, d'un autre côté, si Dieu vous voit honoré de la couronne du martyre, quel bonheur pour vous et pour ceux qui auraient répandu leur sang avec vous !

« Quelle gloire pour notre œuvre d'avoir formé de pareils héros, et quelle espérance n'aurions-nous pas de voir établir le christianisme sur les ruines de l'idolâtrie, puisque le sang des martyrs est ordinairement la semence des chrétiens !

« Nous sommes flottants, pour ainsi parler, entre la crainte et l'espérance, entre la tristesse et la joie, et nous n'avons point d'autre parti à prendre que de nous jeter les yeux fermés entre les bras de la divine Providence, notre sort est entre ses mains. »

CHAPITRE XVII
1732-1744

I. Mort de M. de Brisacier, 1736. — Eloge de Brisacier et de Tiberge par l'évêque de Chartres. — Alexis de Combes, successeur de Brisacier ses travaux. — II. Visite de Mgr de la Baume en Cochinchine. — Relations de Mgr de la Baume avec les Missions-Étrangères. — Division de la Cochinchine. — Mort de Mgr de la Baume. — III. Fin de la question des Rites. — Triomphe de l'opinion soutenue par la Société des Missions-Étrangères. — Lettre de Néez. — Opinion de Martiliat sur les conséquences heureuses de la bulle *Ex quo singulari*. — IV. Action du Séminaire dans la nomination des vicaires apostoliques de la Société : Néez, de Martiliat, de Lolière-Puycontat, Lefèvre. — Reconnaissance des missionnaires.

I

Cette lettre éclatante d'esprit apostolique fut une des dernières qu'écrivit le supérieur du Séminaire, Jacques-Charles de Brisacier; il mourut le 23 mars 1736, âgé de 96 ans. Aucun supérieur du Séminaire des Missions-Étrangères n'eut une administration aussi longue et remplie par tant d'événements divers. Directeur en 1676, il fut élu quatorze fois supérieur de 1681 à 1694, de 1700 à 1720 et de 1724 à 1736, recevant tous les trois ans le renouvellement de sa charge.

Nous avons dit sa participation aux ambassades de Siam en France, à la composition du règlement, à la question des Rites et à l'affaire du Jansénisme, son rôle dans la direction du Séminaire et ses rapports avec les missions d'Extrême-Orient et le séminaire de Québec. Ces travaux n'absorbèrent pas toute son activité. Orateur estimé de ses contemporains, il prêcha « avec applaudissements devant la reine dès l'âge de vingt-trois ans »; il donna de nombreuses retraites à Chartres, à Châlons, à Blois, à Laon et surtout à Paris; de ses sermons et de ses discours, il nous a seulement laissé l'oraison funèbre de la duchesse d'Aiguillon, prononcée le 13 mai 1675, dans l'église des Missions-Étrangères.

Par ses vertus, ses talents, son exquise politesse, il acquit le respect et la confiance des grandes dames et des seigneurs de la cour, dont beaucoup le prirent pour directeur de leur conscience. Madame de Maintenon le tenait en profonde estime, elle le visitait quelquefois, et lui demandait souvent conseil sur le système d'éducation qu'elle imposait à Saint-Cyr. Elle le pria de revoir, de concert avec Tiberge, également directeur et supérieur du Séminaire mort en 1730, les constitutions de la maison qu'elle fondait. Lorsqu'elle voulut attacher à cet établissement, en qualité de confesseurs extraordinaires, « quelques ecclésiastiques d'un mérite et d'une piété reconnus », son choix tomba sur MM. de Brisacier et Tiberge.

Les hautes relations que ces deux directeurs entretenaient, leurs talents, leur réputation les auraient facilement conduits à l'épiscopat, on le leur offrit plusieurs fois, ils le refusèrent constamment et leur dévoûment pour les Missions mérita ce chaleureux éloge écrit par l'évêque de Chartres, Mgr de Villeroi, au cardinal Cavallerini et que nous ne croyons pas devoir passer sous silence[1] :

« Monseigneur,

« La bonté avec laquelle votre Éminence m'a reçu toutes les fois que j'ai eu l'honneur de la voir, me fait

[1]. Arch. M.-É., vol. 12, p. 89.

prendre la liberté de vous demander avec confiance votre protection pour le Séminaire des Missions-Étrangères qui est établi à Paris. Je puis plus que personne, Monseigneur, rendre témoignage à votre Éminence de l'attachement inviolable que MM. les abbés Tiberge et de Brisacier, qui le dirigent, ont pour ce saint et pieux établissement. Je connais, il y a longtemps, très à fond, leur piété, leur capacité et leur détachement, et je puis assurer votre Éminence qu'ils ont préféré les intérêts des Missions-Étrangères aux dignités de l'Église qui sont pour nous les plus grandes, aimant mieux soutenir cette bonne œuvre, dont ils ont cru que la Providence les avait chargés, que d'entrer dans les prélatures qui leur étaient présentées. Ils viennent quelquefois nous aider à Saint-Cyr pour perfectionner et affermir l'importante maison de Saint-Louis, que le roy y a établie pour y élever les pauvres demoiselles du royaume dans la connaissance et les pratiques du christianisme, mais l'amour qu'ils ont pour l'œuvre des Missions-Étrangères fait qu'ils n'y viennent que le plus rarement qu'il leur est possible.

« J'ose dire à Votre Éminence, Monseigneur, que je ne crains point de me donner auprès d'elle pour leur caution, ne connaissant pas dans l'Église de France d'ecclésiastiques plus remplis de talents, de mérites et de zèle que M. l'abbé de Brisacier et M. l'abbé Tiberge. »

La fin de leur administration fut attristée par le ralentissement dans le recrutement de la Société, nous avons dit quelle douleur ils en éprouvèrent et quelles peines ils se donnèrent pour y remédier.

Deux mois avant sa mort, de Brisacier pria qu'on le déchargeât du supériorat[1]. Lorsqu'il reçut les derniers sacrements, il adressa aux directeurs réunis autour de

1. En 1736.

son lit un « discours fort touchant » ; il ne laissait rien, comme il l'avait désiré, « ni biens ni dettes ». Ses funérailles furent présidées par l'archevêque de Sens, son corps fut déposé dans la crypte de l'église du Séminaire où il resta jusqu'à ce que la Révolution jetât au vent ses cendres vénérées.

Alexis de Combes[1] lui succéda, on loue son zèle, sa piété, sa cordialité. Pendant son administration qui dura neuf années, l'existence de la Société fut marquée par plusieurs faits importants : la visite apostolique de Mgr de la Baume en Cochinchine, la conclusion de la discussion sur les Rites chinois et une sorte de réorganisation des Missions[2]. Nous allons exposer successivement chacun de ces faits intéressants à divers points de vue.

II

Le Vicariat de Cochinchine, qui avait eu à sa tête trois évêques de la Société des Missions-Étrangères, de la Motte Lambert, Mahot et Labbé, était gouverné, en 1736, par un barnabite italien Alexandre de Alexandris, évêque de Nabuce. Il était troublé depuis plusieurs années par des questions d'ordre intérieur venues se greffer sur les discussions qui se prolongeaient au sujet des Rites[1]. Deux des causes principales du manque d'entente et d'harmonie étaient la pluralité des congrégations apostoliques et la diversité des nationalités parmi les missionnaires réunis sur un même théâtre.

Il est plusieurs façons de vouloir le bien qui dépen-

---

1. Directeur en 1732.
2. Les missions d'Annam furent relativement peu agitées par la discussion sur les Rites, elles le furent néanmoins, et il ne pouvait guère en être autrement, puisque les Annamites comme les Chinois pratiquent le culte des ancêtres, et que les mandarins et les lettrés vénèrent Confucius.

dent non seulement du caractère et du tempérament, mais encore de l'éducation, du milieu, des habitudes ; lorsqu'à toutes ces causes de dissidence dans les vues vient se joindre un patriotisme plus ou moins bien compris, la charité ne suffit pas toujours à empêcher les conflits. Tel était le cas de la mission de Cochinchine.

On y rencontrait, comme en Chine, au Tonkin, à Siam, dans les Indes et autrefois au Japon, dans les mêmes provinces et souvent dans les mêmes villes, des Portugais, des Italiens, des Français, des Espagnols; les uns appartenaient à l'ordre de Saint-François, ou à la compagnie de Jésus ; les autres étaient Barnabites ou prêtres séculiers. En Europe, tous les représentants des différents ordres religieux, des sociétés ecclésiastiques et du clergé séculier vivent dans la meilleure intelligence sous l'autorité de leurs supérieurs qui règlent leur action; en Cochinchine, à quelque ordre qu'ils appartinssent, ils devaient tous se soumettre au Vicaire apostolique. Celui-ci était-il Italien ou Espagnol ? il commandait, selon les habitudes de son pays, certaines choses dont les Français ne saisissaient pas l'importance ou qu'ils eussent volontiers exécutées autrement. Quand le Vicaire apostolique était Français, les termes des difficultés seuls changeaient. Ajoutez à cela la double autorité qui s'étendait sur les missionnaires : la première, celle du Vicaire apostolique de qui relevaient tous les prêtres; la seconde, celle du supérieur particulier qui avait des droits uniquement sur les prêtres de sa Congrégation alors dans sa mission.

Il faudrait ne pas connaître les hommes pour s'étonner de ces petits incidents de toute vie humaine; au Ciel seulement se rencontre l'harmonie parfaite dans l'amour éternel de Dieu. On avait vu des divisions semblables se produire au Japon et en Chine, et au jour de la persécution, les ouvriers apostoliques sans distinction d'ordre ou de nationalité marcher au martyre la main dans la main. Les missionnaires avaient à plusieurs reprises indiqué le moyen de rétablir la paix complète en divisant la Cochinchine en plusieurs Vicariats dont chacun serait attribué à une seule et même congrégation.

Grâce à cette mesure, les froissements provenant des divergences de penser et de faire seraient évités et l'obéissance deviendrait facile, puisque le supérieur de la Mission appartiendrait au même corps que ses prêtres. Avant de prendre cette décision qui ne s'était encore appliquée nulle part et qui plus tard devait dominer partout, le Souverain Pontife, Clément XII, voulut connaître plus à fond l'état des choses et résolut d'envoyer, en qualité de visiteur apostolique, Mgr Elzéar des Achards de la Baume.

Né à Avignon en 1679, Mgr de la Baume avait alors 58 ans. Ses biographes s'accordent à faire l'éloge de sa science, de son zèle, de sa piété et de sa douceur. Aussitôt après son ordination sacerdotale, il se livra aux missions des campagnes dans le Comtat, la Provence, le Languedoc et le Dauphiné. Il passa une dizaine d'années dans ces travaux et fut ensuite nommé Prévôt de la cathédrale d'Avignon.

La peste ayant ravagé cette ville, il montra envers les malades une charité si vive que le pays tout entier l'acclama et que le pape Benoît XIII lui conféra l'épiscopat sous le titre d'Halicarnasse.

C'est de cette époque que datent les premières relations de Mgr de la Baume avec la Société des Missions-Étrangères. L'évêque demanda, en 1731, à entrer au Séminaire et à se consacrer à l'apostolat; il fut admis, et voici la partie principale de la lettre très édifiante par laquelle il remercie les directeurs de son admission[1] :

---

1. Arch. M.-É., vol. 20, p. 234. Lettre du 7 février 1731.

« J'ai lu, Monsieur, avec beaucoup de consolation la réponse que M. de Brisacier a eu la bonté de vous faire au sujet de ce que vous m'aviez fait la grâce de lui proposer de ma part, je vous remercie de votre attention. mais je me plains de votre bonté ; à la manière dont ces messieurs s'expriment, il faut que vous les ayez excessivement prévenus en ma faveur ; et comment avez-vous pu accorder vos discours avec la sincérité chrétienne et avec la connaissance parfaite que vous devez avoir depuis longtemps de mes défauts? Je tâcherai pourtant de ne pas vous faire rougir, et puisque vous vous êtes engagé à dire du bien de moi, je suis résolu pour ne pas vous faire mentir, d'accomplir tout celui dont je suis capable et qu'il plaira au Seigneur de me donner la force de faire.

« J'ai eu toute ma vie une grande inclination pour les Missions-Étrangères, il m'a toujours semblé que la complexion robuste, que Dieu m'a donnée, jointe aux petits talents que j'aurais dû cultiver un peu mieux que je ne l'ai fait, était une marque de ma vocation, laquelle je n'ai jamais perdue de vue, malgré le genre de vie de chanoine que j'avais été obligé d'embrasser, et qui paraît si contraire ou pour mieux dire si différent de celui de la vie apostolique.

« Je fus au comble de mes vœux lorsque je me vis appelé à l'épiscopat par le feu Pape de sainte mémoire. Je regardai d'abord cette dignité qui n'augmentait point mes revenus et qui ne m'élevait pas beaucoup au-dessus de ce que j'étais auparavant, comme une porte que le Seigneur m'ouvrait à la fin, pour venir à bout de mes anciens désirs, je regardai l'imposition des mains comme un gage, que le Saint-Esprit me faisait la grâce de me donner, du travail auquel j'espérais que la divine Providence voudrait bien m'employer. Combien de soupirs n'ai-je pas poussés depuis mon ordination? Combien de larmes n'ai-je pas répandues en me voyant forcé de mener une vie inutile et si peu convenable à l'épiscopat. Vous avez vous-même été souvent témoin de mes sentiments là-dessus, et vous savez que le procès qui me retenait ici ne m'ennuyait pas tant à cause de sa longueur et de l'injustice que je souffrais, que parce qu'il me mettait hors d'état de travailler au salut des âmes. Aujourd'hui, par la grâce de Dieu, je suis sorti glorieusement de cette affaire, je me considère comme saint Pierre mis en liberté hors de sa prison, et je croirais manquer essentiellement à ce que le Seigneur exige de moi, si je ne me consacrais pas entièrement à la prédication de l'Évangile, ainsi je vous prie, Monsieur, de remercier de ma part M. de Brisacier et tous les Messieurs du Séminaire des Missions-Étrangères de la bonté qu'ils veulent avoir de m'associer et de m'agréer ; s'ils ne trouvent pas en moi les grandes qualités qui font les apôtres, ils y trouveront du moins beaucoup de bonne volonté, beaucoup de docilité et d'obéissance ; je me rendrai au premier signe de leur part à l'endroit qui me sera montré, j'en sortirai dès qu'ils le jugeront à propos, comme j'y resterai autant qu'ils l'estimeront nécessaire pour la gloire de Dieu. Tout m'est indifférent, pourvu que j'annonce Jésus-Christ et qu'il consomme le grand ouvrage qu'ils voudront me confier, je ne souhaite ni domination, ni gouvernement, ni prééminence, je ne leur demande pas même de l'argent, car je suis prêt à partir pour le bout du monde, s'il le faut, avec mon seul bréviaire sous le bras, comme saint François Xavier. »

Mgr de la Baume ajoutait à la fin de cette lettre que, retenu par les démarches à faire pour la résignation d'un bénéfice, il se rendrait à Paris aussitôt après la conclusion de cette négociation, mais que, dès maintenant, il désirait connaître la mission à laquelle on le destinait.

Les années s'écoulèrent, et, arrêté d'abord par de graves affaires, ensuite par une longue maladie, Mgr de la Baume ne partit pas pour l'Extrême-Orient. Peut-être le Pape avait-il quelque connaissance de ses anciens désirs lorsqu'il le choisit et le nomma Visiteur apostolique en Cochinchine.

L'évêque avait continué d'entretenir des relations avec les directeurs du Séminaire, il fit part de sa nomination à M. de Combes[1] :

« Il n'est pas juste, Monsieur, que vous appreniez par des plumes étrangères ma destination à la visite apostolique des missions de la Cochinchine, notre ancienne amitié m'engage à vous faire part moi-même d'un événement aussi singulier que celui-ci et à vous demander en même temps le secours de vos lumières et de vos sages avis...

« Vous savez qu'il était nécessaire d'y envoyer un homme revêtu de l'autorité du Saint-Siège et en état d'établir une solide paix ; le choix d'un tel homme devait sans doute tomber sur tout autre que sur moi : la médiocrité de mes talents, mon âge déjà assez avancé, mon peu d'expérience dans ces sortes d'affaires m'auraient dû mettre à couvert d'une commission de cette importance, mais le grand père de la famille envoie à sa vigne les ouvriers qu'il lui plaît et à l'heure qu'il lui plaît, il n'y a donc pas à raisonner sur les choix qu'il fait, il n'y a qu'à obéir lorsqu'il ordonne. Voilà, Monsieur, la disposition où je tâchai de me mettre lorsqu'on me proposa, il y a six mois environ, ce périlleux ministère de la part de Sa Sainteté et de la Sacrée Congrégation. Ce qui ne contribue pas peu à me rassurer, toutes les fois que je réfléchis sur la grandeur de l'entreprise, c'est la confiance

---

1. Arch. M.-É., vol. 21, p. 34. Lettre du 13 juin 1736.

que j'ai en vous. On m'a assuré qu'il y avait à la Cochinchine des missionnaires français et qui étaient même membres du célèbre Séminaire dont vous êtes l'illustre supérieur, j'en suis infiniment consolé, parce que je compte sur votre recommandation auprès d'eux, laquelle je me flatte que vous ne me refuserez pas. »

Mgr de la Baume n'arriva en Cochinchine que le 1er mai 1739, il s'arrêta à Ke-tha, chrétienté voisine de Fai-fo, d'où il adressa aux missionnaires et aux fidèles une lettre pastorale véritablement paternelle[1] :

« Préparez donc, mes très chers fils, vos cœurs pour profiter du temps de la visite, disait-il, vous étiez autrefois dans les ténèbres, maintenant vous êtes éclairés par la divine lumière ; il faut que vous vous conduisiez comme des enfants de la lumière, venez à moi dans la simplicité de votre cœur, et ne craignez pas de me déclarer les inquiétudes dont vos esprits peuvent être agités ; mais ayez une entière confiance à les exposer à nos yeux : par là il vous sera plus facile de dissiper les tromperies du démon qui auraient pu vous séduire, et de vous faire devenir en même temps des chrétiens éclairés dans la véritable science de Dieu...

« Soyez persuadés que je suis à votre égard autant qu'il m'est possible, un père qui vous chérit avec sincérité par un pur amour de votre salut ; et pour vous en donner des marques, je ne négligerai rien de tout ce qui pourra y contribuer, afin que nous remettions toutes choses dans son état primitif et que nous rendions à chacun la justice convenable...

« Donné dans l'église de Ke-tha, le 26 de la 4ᵉ lune, c'est-à-dire le 2 juin 1739. »

Mgr de la Baume partit ensuite pour Hué, capitale du royaume et se fixa près de cette ville dans la chré-

---

[1]. *Lettres édifiantes et curieuses etc.*, p. 39. Venise, 1756.

tienté de Phu-cam. Les missionnaires vinrent le trouver, et tous signèrent cet acte de soumission à son autorité :

« Nous missionnaires, ayant reconnu M. le Visiteur comme un ange de paix envoyé par le Souverain Pontife, afin que par sa charité, sa prudence et son savoir, il dissipe les schismes et les dissensions, et désirant concourir au bien, nous déclarons que comme de vrais enfants de la Sacrée Congrégation de la Propagande, nous sommes tous disposés à montrer toutes sortes d'obéissance à tous les décrets de M. le Visiteur[1]...

Par un scrupule honorable, le supérieur des prêtres des Missions-Étrangères, Rivoal[2], refusa d'abord de signer cet acte ; il lui semblait, disait-il, qu'on en pourrait conclure qu'il n'avait pas toujours été soumis aux ordres de Mgr de la Baume ; mais, sur les instances pressantes des religieux, il y apposa son nom.

Cette promesse d'obéissance solennellement reçue, le Visiteur apostolique écouta les deux partis et pesa les droits qu'avaient les uns et les autres sur les diverses paroisses de Cochinchine. Après avoir étudié la question sous toutes ses faces, il publia sa décision le 2 juillet 1740 : il assigna à la Société des Missions-Étrangères la moitié des provinces de Hué et de Cham (aujourd'hui Quang-nam), les provinces de Qui-nhon (aujourd'hui Binh-Dinh), de Phu-yen, de Nha-ru et Nha-trang (maintenant Khanh-hoa) et le Ciampa qui depuis a formé le Binh-thuan. Les Jésuites eurent juridiction sur la partie septentrionale de la Cochinchine, et les Franciscains sur la partie méridionale et sur le Cambodge. Quoiqu'elle laissât certaines causes de difficultés et entre autres la double juridiction du Vicaire apostolique et du supérieur particulier des mission-

---

1. *Lett. édifi. et curi. sur Mgr de la Baume*, p. 67.
2. De Bretagne, parti en 1733.

naires de chaque Congrégation, cette répartition n'était pas sans donner satisfaction à de justes désirs, aussi les directeurs du Séminaire approuvaient-ils hautement le jugement du Visiteur :

« Nous devons cette justice à Mgr l'évêque d'Halicarnasse que le compte qu'il a rendu à la Sacrée Congrégation de sa visite apostolique était si modéré et si rempli de droiture, qu'on y a déféré en tout, les actes de sa visite ont été confirmés; quoiqu'il fût déjà connu et estimé à Rome, la manière dont il s'est acquitté d'une commission si épineuse et si difficile lui a acquis une grande réputation. »

Cependant les fatigues du voyage et les travaux incessants de sa mission avaient ruiné la santé de Mgr de la Baume. Il mourut le jour de Pâques, 2 avril 1741, et fut enterré dans l'église de Tho-duc, chrétienté importante, située à quelques kilomètres au sud-ouest de la capitale, entre la rivière de Hué et la route royale. Un prêtre indigène prononça son oraison funèbre « qui fut fort goûtée, elle contenait le procès de la vie du défunt et quelques réflexions pour relever ses vertus. »

Sauf de légères modifications, les décisions de Mgr de la Baume furent approuvées par le Souverain Pontife le 19 septembre 1741, et les actes en furent publiés par le cardinal Petra, préfet de la Propagande, le 23 novembre de la même année.

Enfin l'affaire fut complètement terminée en 1744 par un décret de Benoît XIV et par les soins de Mgr Costa, (Hilaire de Jésus) évêque de Corée ou Coricée, vicaire du apostolique Tonkin oriental.

III

Une autre question plus grave venait également de prendre fin. Le 9 août 1742, le Pape publia la constitution *Ex quo singulari*, datée du 11 juillet précédent et qui jugea souverainement la question des Rites chinois.

Dans cette bulle célèbre, Benoît XIV, après avoir fait l'historique de la controverse, à partir des décrets de 1645, rapporte en entier celui de 1710, qui confirme le mandement du cardinal de Tournon; il donne la constitution *Ex illâ die* de Clément XI, de 1715, le mandement du légat Mezzabarba, avec les huit permissions, et le bref de Clément XII de 1735, qui annule les lettres pastorales de l'évêque de Pékin. Il déclare que le Saint-Siège n'a jamais approuvé les concessions de Mezzabarba, qu'elles sont contraires aux décrets pontificaux, qu'on doit les regarder comme nulles et non avenues, et n'en faire désormais aucun usage. Il confirme le décret de Clément XI et défend de l'interpréter autrement qu'il ne le fait lui-même, c'est-à-dire que les cérémonies chinoises, qui faisaient le sujet de la querelle et qu'il indique, doivent être regardées, sans exception, comme idolâtriques, par conséquent illicites dans tous les cas possibles. Il porte les censures les plus sévères contre tout missionnaire qui osera y contrevenir; il ordonne de renvoyer en Europe ceux qui ne se soumettront pas, afin qu'ils soient punis de leur désobéissance par le Pape lui-même; il enjoint aux chefs des Instituts religieux de veiller à la stricte exécution de cette ordonnance par leurs subordonnés, se réservant de procéder contre eux s'ils refusent d'obéir, et les déclarant privés par ce seul fait du droit d'envoyer jamais aucun de leurs prêtres dans ces missions; il prescrit enfin la formule du serment à prêter par chaque missionnaire. Deux lettres de l'évêque de Pékin, écrites les 10 janvier 1743 et 5 janvier 1744, ayant transmis à Benoît XIV des observations au sujet des cérémonies, ce Pontife écarta, dans un bref du 19 décembre 1744, tous les prétextes dont on pouvait colorer l'opposition aux constitutions apostoliques; il montra que les raisons de convenance, alléguées contre l'opportunité de ces décisions, n'étaient pas suffisantes, quand il s'agissait de pratiques évidemment idolâtriques; et il fit voir que les décrets dont il établissait à la fois la nécessité et la convenance, ne pouvaient nuire autant qu'on le prétendait à la propagation de la foi en Chine.

La Société des Missions-Étrangères avait, depuis les débuts de son apostolat dans l'empire du Milieu, soutenu l'opinion que Benoît XIV proclamait solennellement la seule vraie, c'était l'opinion que Maigrot avait ordonné de suivre dans son mandement de 1693, celle que le Séminaire, dans la personne de de Brisacier et de Tiberge, avait défendue, que Charmot avait essayé de faire triompher. La Société accueillit donc cette bulle avec une vive joie. « Nous avons connaissance de la décision que le Souverain Pontife vient enfin de rendre sur la question des Rites, écrivaient les directeurs du Séminaire [1], rien ne manque pour que cette fois tout le monde obéisse, nous nous en réjouissons devant Dieu, et nous le remercions de ce que la vérité a le dessus; nous espérons que les maux causés par ces discussions vont disparaître et que les chrétiens chinois auront la pureté de la foi, comme il convient à de véritables adorateurs de Jésus-Christ. »

Les missionnaires étaient dans les mêmes sentiments. « Nous avons pu, disait Néez [2] le 10 février 1745, dans une lettre au Souverain Pontife, toucher de nos mains un monument insigne de la grande vigilance de Votre Sainteté pour conserver la pureté de notre foi et détruire jusqu'à la racine les rites de la superstition et de

---

1. Arch. M.-É., vol. 21, p. 265.
2. Id. vol. 687, p. 435.

l'idolâtrie. Ce monument est la constitution *Ex quo singulari* que nous vénérons et à laquelle, avec toute l'effusion de notre cœur, nous promettons une entière obéissance par le serment que nous avons prêté selon la formule prescrite. Tous les ouvriers apostoliques, européens et indigènes, qui résident dans notre vicariat du Tonkin occidental, se joignent à nous pour vous remercier, vous bénir et vous obéir. Nous ne pouvons, Très Saint-Père, vous présenter un témoignage plus grand et plus vrai de notre piété filiale et du respect que nous avons pour la constitution. »

De Tchen-tou, chef-lieu de la province du Su-tchuen, de Martiliat écrivait le 13 juillet 1745 :

« La bulle *Ex quo singulari* a été reçue avec tout le respect qu'elle méritait et toute la joie que devait produire un décret qui coupe enfin toutes les branches de la superstition payenne, que l'ignorance avait laissé mêlées parmi le culte du vray Dieu. Tous les missionnaires protestent d'une parfaite obéissance. »

Nous sortirions du cadre de cette histoire en examinant, chiffres en main, s'il est vrai, comme certains le disent ou l'écrivent, que, par suite de cette constitution, beaucoup de chrétiens apostasièrent. Qu'il nous soit néanmoins permis de nous étonner de trouver, dans des livres signés de noms catholiques, de telles assertions sans aucune preuve à l'appui. Est-ce pour l'honneur de ces chrétiens, ou des missionnaires qui les formèrent, que l'on dit si haut leur apostasie? Est-ce par respect pour la vérité? mais dans ce cas, des faits et des chiffres seraient préférables à quelques phrases de rhétorique. De Martiliat, en Chine depuis quinze ans, parlait un autre langage; il terminait la lettre dont nous venons de citer un extrait par ces paroles de témoin et d'évêque :

« Je vous écris ceci, Messieurs, afin que vous n'ajoutiez pas foy ou que vous ne vous laissiez pas intimider aux bruits qu'on pourra bien faire courir. Les constitutions *Ex illâ die* et *Ex quo singulari*, loin de nuire à la chrétienté de Chine, ce qui serait un blasphème à penser, lui font, au contraire, un très grand bien, et le plus grand qu'elle pouvait espérer, qui est de la purifier de tant de superstitions; au lieu de demi-chrétiens, on verra de vrais disciples de Jésus-Christ, qui se feront gloire de ne reconnaître que lui pour Maître. »

IV

Pendant que se terminait la double question de la division de la Cochinchine et des Rites chinois, les directeurs du Séminaire M. de Combes à leur tête, avaient fait nommer des Vicaires apostoliques de la Société au Tonkin, au Yun-nan, au Su-tchuen, à Siam et en Cochinchine.

Pour être ordinairement sans éclat, l'action du Séminaire n'en est pas moins considérable : telle une source cachée ranime la sève prête à se dessécher. La Société des Missions-Étrangères, créée pour organiser des églises et former un clergé indigène, a besoin d'évêques pour atteindre son but. En 1727, après la mort de Cicé, elle en comptait un seul : Tessier de Quéralay. En 1736, elle n'en avait plus. Il importait de remédier rapidement à ce malheureux état de choses. Les directeurs n'épargnèrent aucune démarche, ils s'adressèrent au Pape et au roi, à la Propagande et aux ministres de Louis XV. Leurs efforts furent longtemps sans aboutir ; après la mort de M. de Brisacier, de Combes les recommença avec plus d'activité. La Société n'avait plus de procureur à Rome depuis le départ de Pierre Dosquet, nommé, en 1728, coadjuteur de l'évêque de Québec, ce qui était une cause de retard dans les négociations. Le Séminaire, n'ayant personne, ni directeur, ni missionnaire, dont il put disposer pour cette fonction, choisit un Italien et le chargea de présenter les mémoires qu'il écrivait à la Propagande, de suivre les affaires engagées et d'en hâter la conclusion. Il sollicitait en même temps la nomination de quatre vicaires apostoliques : Néez au Tonkin, de Martiliat au Yun-nan et au Su-tchuen, de Lolière-Puycontat à Siam, Lefèvre en Cochinchine. Il commença par adresser à la Propagande des rapports sur la nécessité de nommer des évêques dans ces différentes missions et des notes sur les candidats qu'il proposait.

Il disait de Néez[1] : « Nous supplions la Sacrée Congrégation de ne plus différer de nommer M. Louis Néez évêque et Vicaire apostolique de la partie occidentale du Tonkin, il y a plus de vingt ans qu'il y exerce les fonctions de provicaire apostolique, et qu'il s'en acquitte dignement, il est le plus ancien prêtre français de cette mission, il a l'estime et la confiance de son clergé. M. l'évêque de Nysse,[2] Vicaire apostolique de la partie orientale du Tonkin, a envoyé à la Sacrée Congrégation les témoignages les plus authentiques et les plus forts de son mérite et de sa bonne conduite. Le R. P. Hilaire, Visiteur apostolique du Tonkin, parle de lui avec estime et édification, approuvant la manière dont il se comporte. La Sacrée Congrégation elle-même a eu la bonté de nous faire savoir, lorsque Mgr le cardinal Rispali était secrétaire de la Propagande, que l'on aurait que des éloges à faire à M. Néez, pourvu qu'il se soumît à quelques règlements qui avaient été faits depuis peu sur la discipline envers les pécheurs publics et les apostats ; c'est ce qu'il a fait sans hésiter un seul moment, s'étant toujours signalé par une parfaite soumission, en toutes choses et en toutes occasions,

---

1. Arch. M.-É., vol. 16. — 2. Mgr Sestri.

aux ordres du Saint-Siège et aux volontés de la Sacrée Congrégation.

« On espère que les choses susdites pourront mériter à M. Néez quelque bienveillance de leurs Éminences, et qu'elles voudront bien le déclarer incessamment évêque et Vicaire apostolique de la partie occidentale du Tonkin. »

Les directeurs demandaient également que de Martiliat fût nommé coadjuteur de Mgr Mullener, Vicaire apostolique du Su-tchuen, ou, si la Propagande le préférait, chargé du vicariat apostolique du Yun-nan.

« Par les lettres nouvellement arrivées des Indes, disaient-ils[1], nous avons appris que le R. P. Ottajono, Franciscain italien, était mort le 12 juin 1737. Ce Père avait été nommé évêque et coadjuteur de Mgr Mullener; c'est ce qui nous engage à supplier la Sacrée Congrégation de vouloir bien accorder à M. de Martiliat cette coadjutorerie, et au cas que NN. SS. les cardinaux ne le jugeassent pas à propos, nous les prions très humblement de lui accorder le vicariat apostolique du Yun-nan, où il n'y a présentement aucun évêque, aucun vicaire apostolique, ni aucun missionnaire, et nous ne savons pas qu'il y en ait jamais eu avant nous. Il y a environ dix ans que M. de Martiliat est à la Chine, il passe pour un des missionnaires qui sait le mieux la langue, qui possède parfaitement les caractères chinois, il joint à beaucoup d'érudition une doctrine très saine, il a inspection sur quatre prêtres indigènes qui sont actuellement en Chine et en attend encore divers autres qui doivent lui être envoyés du séminaire de Siam. »

Un des motifs qui poussait les directeurs à désirer pour la Société des Missions-Étrangères l'administra-

---

1. Arch. M.-É., vol. 20, p. 651.

tion ecclésiastique du Yun-nan était la proximité du Tonkin. En 1703, Leblanc rêvait d'établir un séminaire dans cette province pour y recueillir les élèves annamites chassés de leur pays par la persécution. Sans avoir des projets aussi détaillés et un plan aussi précis, les directeurs trouvaient de nombreux avantages à la proximité de ces deux missions. « Ce serait un grand agrément si nos missionnaires du Tonkin et de la Chine pouvaient avoir communication les uns avec les autres [1]. »

Cent cinquante ans se sont écoulés depuis lors, et les espérances conçues par les directeurs commencent à se réaliser. La France vient d'ouvrir la route longtemps très difficile et à peu près impraticable du Tonkin au Yun-nan, des canonnières et des chaloupes de guerre françaises la protègent, les missionnaires du Yun-nan remontent le fleuve Rouge et traversent paisiblement, emportés par la vapeur, des régions explorées avec beaucoup de peines et de dangers par M. Le Pavec en 1792, parcourues en 1809 et en 1820 par M. Fontana et par Mgr Pérocheau [2]; c'est dire qu'avant les derniers événements qui ont amené la France au Tonkin, les voies de communications entre le Yun-nan et l'Indo-Chine orientale n'étaient pas inconnues aux Missions-Étrangères.

En 1739, la Propagande accorda les deux demandes faites par le Séminaire et agréa ses deux candidats. Néez fut nommé Vicaire apostolique du Tonkin occidental, et de Martiliat du Yun-nan. Une lettre signée du cardinal Petra annonçait cette dernière élection et en donnait cette raison : « le Souverain Pontife, ayant égard aux mérites acquis en Chine par la Société des

---

1. Arch. M.-É., vol. 21, p. 162. Lettre du 24 décembre 1732.
2. Et par plusieurs autres missionnaires qui se rendaient au Su-tchuen par le Tonkin et le Yun-nan.

Missions-Étrangères, a voulu la récompenser en confiant le Yun-nan à un de ses sujets les plus honorables. » Une autre lettre du même cardinal prescrivait à Mgr Mullener de laisser pendant quelque temps à Mgr de Martiliat la juridiction sur la partie méridionale du Su-tchuen, afin qu'il pût en toute liberté y prendre les mesures propres à ouvrir la mission du Yun-nan, et y trouver un refuge, si la persécution l'obligeait à quitter son nouveau vicariat.

Sur ces entrefaites, Mgr Mullener mourut ainsi que son coadjuteur Mgr Maggi, religieux dominicain, qui nomma Mgr de Martiliat administrateur des deux provinces du Su-tchuen et du Hou-quang. Une seconde négociation s'ouvrit alors et fut habilement conduite. Les directeurs du Séminaire adressèrent à la Propagande d'abord et ensuite à M. d'Argenson, ministre des affaires étrangères en France, un long mémoire établissant l'utilité, pour la nouvelle mission du Yun-nan, de postes fixes dans un pays déjà évangélisé, la convenance et la facilité de confier à de Martiliat au courant de toutes les affaires, la mission du Su-tchuen en même temps que celle du Yun-nan. La raison parlait seule dans ces réflexions, le cœur se joignit à elle dans une note subséquente. Les directeurs ne pouvaient s'empêcher de considérer le Su-tchuen un peu comme un héritage de famille, ce sont, disaient-ils, « des Français qui ont les premiers travaillé dans le Su-tchuen, puisqu'en 1704, la Propagande a donné cette province à M. Basset de la Société des Missions-Étrangères. » Leur conclusion offrait le moyen de sauvegarder la question de principe. « La nomination de M. de Martiliat préviendrait toutes les difficultés, et si le Seigneur daignait bénir le zèle et les travaux de nos missionnaires, la Sacrée Congrégation seroit la maîtresse de nommer un nouveau Vicaire apostolique pour le Su-tchuen ou pour le Yun-nan, ainsi qu'elle le jugeroit à propos ; elle pourroit examiner à loisir l'affaire du démembrement proposé et décider ensuite ce qu'elle croiroit plus convenable pour le progrès de l'Évangile. En un mot, sans faire à présent aucun changement dans les districts des Vicariats, elle remettroit les choses au même état où elles étoient avant Mgr de Mullener, elle accorderoit à un évêque qu'elle daigne honorer de son estime une grâce qu'il sollicite depuis trois ans, sans laquelle il est exposé à demeurer peut-être plusieurs années sans fonctions épiscopales, et qui lui est d'ailleurs presque indispensablement nécessaire pour planter solidement la foy dans la province du Yun-nan. »

Cette requête fut agréée, de Martiliat, Vicaire apostolique du Yun-nan, fut nommé administrateur du Su-tchuen. Grâce aux négociations du Séminaire, la Société gardait provisoirement le Su-tchuen ; ce provisoire devint définitif en 1752, et depuis lors, la Société a été chargée de cette belle mission, qui, à la fin du xviiie siècle et au commencement du xixe, donnera un si grand nombre de nouveaux fidèles à l'Eglise et d'élus au ciel.

Le Tonkin, le Su-tchuen et le Yun-nan avaient des évêques, Siam et la Cochinchine en manquaient encore, le Séminaire s'efforça d'en faire élire. Le rapport qu'il écrivit à Rome pour obtenir la nomination d'un évêque à Siam présente un caractère particulier. C'est moins le passé qu'il invoque que le présent, moins les notions géographiques que le bien de la mission et l'intérêt supérieur du clergé indigène.

La demande est appuyée sur ces trois raisons :

1° Le Vicaire apostolique de Siam remplit près du souverain les fonctions de consul de France, ce qui lui donne une autorité morale plus grande ; 2° il reçoit du roi de France une pension de trois mille livres très utile aux œuvres de la mission ; 3° la Société possède à Siam son séminaire général pour la formation du clergé indigène. Or, si le Vicaire apostolique n'est pas Français, il ne peut être choisi comme consul de France et ne recevra pas de pension ; s'il n'appartient pas à la Société, celle-ci ne peut lui confier la direction du séminaire.

A la suite de cette requête, M. de Lolière-Puycontat [1] fut nommé, en 1740, évêque de Juliopolis et Vicaire apostolique de Siam.

La nouvelle de cette réorganisation des missions de la Société réjouit le cœur de ses prêtres, qui en témoignèrent vivement leur reconnaissance aux directeurs du Séminaire, et, en particulier, au supérieur, Alexis de Combes [2] :

« Le rétablissement de nos missions demandait un Vicaire apostolique au Tonkin, un à la Cochinchine et à la Chine. Vos soins, Monsieur, votre charité et les protections que vous vous êtes acquises depuis longtemps par votre mérite, ont surmonté les difficultés les plus épineuses. Le Tonkin a obtenu ce dont il désespérait presque. La Cochinchine se voit aux portes de son repos et y est peut-être même au moment que je parle ; vous avez obtenu pour nous le vicariat du Yun-nan et la révocation d'un ordre donné sur un faux exposé, qui nous rétablit dans notre mission de Su-tchuen. Tout cela nous fait honneur, Monsieur, et rendra votre mémoire chère et distinguée dans notre mission. »

Le choix d'un Vicaire apostolique en Cochinchine se fit attendre jusqu'en 1742. Mais enfin les rapports de Mgr de la Baume, ayant été très favorables aux prêtres des Missions-Étrangères, firent pencher la balance en leur faveur. M. Lefèvre fut élu évêque de Noélène et placé à la tête de la mission. Sa nomination terminait heu-

---

1. Du diocèse de Périgueux, procureur de la Société à Pondichéry, parti pour l'Extrême-Orient en 1718.
2. Arch. M.-É., vol. 276. Lettre de M. de Martiliat du 14 août 1741.

reusement la série des négociations du Séminaire. Nous allons raconter maintenant les travaux, les succès et les disgrâces qui suivirent cette réorganisation; c'est une période de travail et d'activité, preuve certaine que la Société, malgré son affaiblissement passager, n'a pas perdu toute sa vitalité.

CHAPITRE XVIII
1744-1754

Marche générale de la Société des Missions-Étrangères. — I. De Martiliat au Su-tchuen. — Ses projets. — Ses travaux. — Son arrestation. — II. Il essaie de pénétrer au Yun-nan. — Il organise les chrétientés et compose un règlement pour les Vierges chrétiennes. — Travaux des prêtres indigènes encouragés par le Séminaire de Paris. — III. Edit de Khien-long exilant tous les missionnaires européens. — Tribulations de M. de Verthamon au Su-tchuen. — Mgr de Martiliat et M. de Verthamon se réfugient à Macao. — Arrestation de M. Urbain Lefèvre. — IV. Situation des missionnaires en Cochinchine. Services qu'ils rendent aux Français. — Leur exil. — Bref de Benoît XIV à Mgr Bennetat. — Services rendus par Dupleix aux missionnaires. — Lettre de Louis XV recommandant Mgr de Lolière au roi de Siam. — V. Mgr Bennetat et M. Rivoal de retour en Cochinchine. — Nouvel exil. — Les missionnaires se réfugient au Cambodge. — VI. Situation du Tonkin. — Bonnes relations de Mgr Néez avec les princes et les mandarins. — Travaux de Mgr Néez pour augmenter le clergé indigène au Tonkin. — VII. Lettre de Mgr Néez au roi et à la reine de France. — VIII. Les missionnaires du Tonkin. — Éloge de M. Le Roux. — Services du clergé indigène.

La Société des Missions-Étrangères poursuit partout le même but, partout elle l'atteint à travers les mêmes tribulations par des moyens adaptés aux circonstances mais très peu dissemblables ; elle institue au xviiie siècle dans d'autres contrées les œuvres qu'elle a commencées en Cochinchine et au Tonkin au xviie siècle. Ses premiers Vicaires apostoliques ont composé les *Monita* qui traitent de l'organisation des chrétientés. Deydier et de Bourges au Tonkin, Hainques, Brindeau, Mahot en Cochinchine en ont appliqué les prescriptions ; de Martiliat va les étudier et chercher comment ils peuvent s'exécuter en Chine, où il commencera un séminaire et constituera des paroisses avec le secours de d'Artigues, de de Verthamon et des prêtres indigènes. De la Motte Lambert a établi les Amantes de la Croix, de Martiliat instituera les Vierges chinoises. Pallu a été soutenu par Louis XIV, Laneau, de Lionne, Vachet ont aidé à nouer des relations entre Siam, l'Annam et la France, ils ont fait part de leurs travaux et de leurs succès au gouvernement, au clergé et au peuple de France ; Néez, Bennetat, Lefèvre, de Lolière les imiteront dans la mesure permise par leur situation.

Cette analogie, si visible dans les travaux, se retrouve dans les souffrances. De Martiliat et de Verthamon sont obligés de sortir du Su-tchuen et de se réfugier à Macao comme autrefois de la Balluère et Basse ; Lefèvre, après avoir été chassé de la Cochinchine, cherchera également un asile à Macao. Pendant la durée de ces exils, les Missions seront soutenues par le clergé indigène. Les années passent, les hommes disparaissent et sont remplacés, et la Société se retrouve toujours et partout animée du même esprit, attachée aux mêmes traditions, que ses prêtres puisent d'abord à son centre, le Séminaire de Paris, et ensuite dans leurs Vicariats apostoliques au contact des anciens qui les ont précédés dans la carrière. Le règlement fait son unité intérieure, la similitude des événements engendre son unité extérieure ; belle et sainte unité de travaux, de misères, d'exils et de sacrifices, qui lui donne le caractère touchant et glorieux de soldat blessé mais toujours combattant.

I

De Martiliat, dont nous venons de parler, était entré au Su-tchuen en 1730, peu de temps avant que l'empereur

Yong-tching ordonnât de chasser de Chine tous les Européens. Le Su-tchuen n'avait que deux ou trois missionnaires à peu près inconnus du gouvernement, faisant lentement et sans bruit l'œuvre de Dieu, ils échappèrent à la loi d'exil exécutée en 1732. De Martiliat s'était confiné dans la partie méridionale de la province que lui avait confiée Mgr Mullener. Pendant plusieurs années, il passe en secret de chrétienté en chrétienté n'obtenant guère de succès, car il ne baptise par an que quinze à vingt païens ; c'est peu pour qui a rêvé la fondation d'une Église et la conversion d'un peuple, c'est beaucoup pour qui songe que chacune de ces âmes a été rachetée par le sang de Jésus-Christ. Il se console par la ferveur des fidèles qui, bien que peu instruits et rarement visités, conservent de vifs sentiments de foi facilement réveillés par la présence et par la parole du prêtre.

« J'ai vu avec bien de la joie, écrivait-il[1], des vieillards et des jeunes gens recevoir avec de grands sentiments de componction la pénitence publique que j'étais obligé de leur imposer. Vous les auriez vus, Monsieur, fondre en larmes, s'accuser devant tout le monde du scandale qu'ils avaient donné et en demander pénitence. C'est en vérité beaucoup pour cette nation-ci où il n'y a pas distinction de condition et où les petits sont presque aussi superbes que les grands. Si j'en ai trouvé un ou deux d'impénitents, ils paraissaient au moins honteux d'eux-mêmes, et quoiqu'ils eussent pu me nuire, je ne crois pas qu'ils y aient même pensé. »

La principale source des consolations de l'apôtre est le baptême des enfants abandonnés par leurs parents ; il se réjouit de ces grâces qui donnent des élus au Ciel, et il les relate avec une certaine complaisance : « J'ai le bonheur

---

[1]. Arch. M.-É., vol. 276. Lettre du 11 septembre 1745.

d'avoir régénéré un petit enfant le jour de la fête de saint Pierre, il avait tout au plus huit jours, et, à peine l'avais-je baptisé qu'il est mort. » Et ailleurs : « On m'apporte chaque semaine plusieurs petits enfants que je baptise et que le bon Dieu ne tarde pas à appeler près de lui. » Dans une troisième relation, il dit encore [1] :

« On vient de nous porter un petit enfant de 15 jours ou d'un mois, que ses parents ont abandonné et jeté, n'espérant plus rien de sa vie. Nous l'avons baptisé et nommé Nicolas : j'ai chargé une femme de voir si elle pourrait le nourrir. C'est par cette bonne fortune, ou, pour parler justement, par ce coup de prédestination sur cet enfant, que je finis le journal de cette année. »

Dès qu'il possède une connaissance plus approfondie du caractère et de la situation des chrétiens, il conçoit plusieurs projets d'organisation propres à améliorer leur état. Le premier est la nomination des chefs de station qui veilleront au bon ordre et présideront aux assemblées des fidèles.

Cette institution, si bien expliquée et si fortement recommandée par les *Monita*, avait porté les plus heureux fruits en Cochinchine et au Tonkin, mais elle était encore inconnue au Su-tchuen : voici comment M. de Martiliat l'imagine :

« Je voudrais dans chaque chrétienté, pour peu nombreuse qu'elle soit, placer un homme d'âge, de vertu, et qui eût quelques connaissances des lettres, qui serviroit de maître d'école aux enfants des chrétiens, les assembleroit chaque dimanche pour réciter les prières, y feroit et liroit quelques exhortations solides, veilleroit sur les fidèles. Ce serait une espèce d'aide-missionnaire, je luy ferois avoir une petite maison à part qui serviroit d'église et de retraite au prêtre pendant sa

---

1. Arch. M.-É., vol. 434. Lettre du 10 juillet 1737.

visite, par là, celui-ci pourrait séjourner plus longtemps dans chaque station sans crainte d'être à charge aux chrétiens. »

Ces prières que le chef de station devait faire réciter étaient écrites dans un' style très relevé, même obscur en certains passages, surtout pour des gens du peuple, et la plupart inusitées dans l'Église, de Martiliat a l'intention d'en composer d'autres ; le temps et la santé lui manqueront pour réaliser ce désir que, 40 ans plus tard, Mgr de Saint-Martin et M. Moye mèneront à bonne fin.

Il veut aussi un petit collège où l'on prépare de jeunes élèves avant de les envoyer à Siam, « afin qu'étant plus sérieux, leur passage soit moins embarrassant et leur vertu plus sûre. »

Il a encore d'autres desseins, qu'il forme suivant ses expressions « d'après l'expérience qu'il prend chaque jour des affaires du pays ».

Il compte sur la Providence pour l'aider à accomplir ses projets, que facilite sa nomination d'évêque d'Écrinée et de Vicaire apostolique, mais en 1740 il est arrêté, et doit se résigner à souffrir au lieu de travailler ; il nous a laissé un récit assez intéressant de son emprisonnement, nous le résumons :

Un prêtre chinois, André Ly, avait construit un oratoire dans les environs de Pong-chan, ville située à 13 lieues de Tchen-tou et avait fait un certain nombre de prosélytes à la grande colère du bonze voisin. Cette colère fut augmentée par l'inutilité des processions païennes qui n'obtinrent pas la cessation d'une grande sécheresse. De là à accuser les chrétiens d'empêcher l'effet des prières, il n'y avait qu'un pas, le bonze le franchit, et sur sa dénonciation, une compagnie de soldats vint saisir André Ly. De Martiliat, arrivé chez le prêtre indigène depuis la veille, fut pris en même temps. Au sergent qui s'était jeté sur lui et voulait le garrotter : « Il est inutile d'user de violence, dit-il, conduisez-moi au mandarin. » On le mit immédiatement en face d'un « grand homme sec et tout basané, qu'il prit, à première vue, pour un valet de chambre ». Celui-ci interrogea le captif sur son pays, sa famille, ses travaux ; l'évêque donna à dessein des explications incomplètes et confuses. « Vous êtes tous des séducteurs qui subornez le pauvre peuple, » interrompit brusquement le mandarin.

— Non, grand homme, répliqua de Martiliat, nous professons la vraie religion et nous ne séduisons personne.

« Mon air, mon ton et ce mot-là choquèrent le personnage, ajoute le prisonnier, et il me fit donner quinze soufflets pour m'intimider. J'en eus la joue et les yeux pochés pendant plusieurs jours. »

Après avoir fait l'inventaire des livres et de tous les objets du culte, les soldats conduisirent les deux prêtres à la ville, et sur le soir, le capitaine qui avait commandé la compagnie de soldats appela chez lui M. de Martiliat[1] :

« Vous êtes Européen, lui dit-il, je vous ai reconnu immédiatement, car j'ai fait plusieurs voyages à Pékin où j'ai vu beaucoup d'Européens. J'ai fait aussi des voyages chez les Tartares et chez les Moscovites, je sais parler plusieurs langues étrangères, si vous les entendez, je les parlerai avec vous. J'ai vu sur une église de Pékin une horloge assez semblable à votre montre. Avouez-moi la vérité, je suis un officier de guerre qui ne ressemble pas à ces officiers de robe. Si je me sers de votre confession pour vous nuire, je veux que le Ciel suprême me fasse finir. » La demande semblait de bonne foi, le capitaine, fier de ses connaissances philologiques et de

1. Arch. M.-É. Journal de Mgr de Martiliat.

ses voyages, ne désirait sans doute que les montrer et satisfaire sa curiosité. De Martiliat resta cependant sur ses gardes : « Je suis venu de la métropole de la province du Kouang-tong, » répondit-il. Et comme l'officier répétait sans cesse la même question : « Je lui fis observer naïvement, dit l'évêque, que cela ne faisait rien au fond de l'affaire. »

« Vous refusez de me le dire, fit le capitaine, mais n'importe, je vous veux du bien et je vais parler en votre faveur au mandarin. »

Le lendemain, les prisonniers, chrétiens et missionnaires, comparurent devant le mandarin, qui posa de nombreuses questions à M. de Martiliat sur sa nationalité, et, celui-ci répondant toujours qu'il était venu de Canton, il conclut ainsi : « Que tu sois de Canton, et que je t'y fasse reconduire par des sergents; que tu sois d'Europe et que je t'y fasse aussi reconduire par des sergents, cela te gênerait furieusement, ainsi je t'en ferai grâce, mais il faut te punir. » Et il le condamna au supplice de la houppade, c'est-à-dire à recevoir un certain nombre de coups de bambou sur les cuisses.

Il lui ordonna ensuite, ainsi qu'à André Ly, de quitter son district et de n'y jamais reparaître. Cette arrestation et ce jugement relativement modéré montrent assez quelle était à cette époque la situation du catholicisme au Su-tchuen : des soupçons toujours en éveil, une certaine tolérance qu'un manque de prudence aurait bientôt changée en persécution, et qui permettait au catholicisme de se répandre lentement et en secret.

II

Afin d'éviter de nouvelles difficultés, de Martiliat s'éloigna du côté du Yun-nan où il projetait d'entrer :

« Il me vient souvent la pensée d'aller moi-même dans cette province, suivi de deux bons chrétiens pour y chercher le peu de fidèles qui pourraient y être encore. Je ne crains que pour la chapelle qu'il faut absolument porter avec soi, il y a beaucoup de douanes sur les chemins, et on examine tout. Si j'y allais et que je pusse rencontrer des chrétiens, je tâcherais de les ranimer et de me procurer un logement chez eux, sinon je m'en reviendrais ici en attendant que j'y puisse envoyer un prêtre chinois. Mon voyage me servirait à connaître les chemins et à prendre quelque idée du pays; il coûterait seulement beaucoup de peines, étant de quarante jours pour aller que je ferais à pied. »

Il dépêcha d'abord un catéchiste avec ordre de rechercher les chrétiens et un lieu convenable à l'établissement d'une paroisse. L'envoyé trouva dans le chef-lieu même de la province deux catholiques baptisés en 1704 ou en 1705 par M. Leblanc, ils étaient pauvres, sans influence, et ne pouvaient aider l'évêque dans son entreprise; ils désiraient d'ailleurs ne pas abandonner Yun-nan-sen, et Mgr de Martiliat voulait, au contraire, se fixer en pleine campagne « loin des grandes villes et des mandarins, où les fidèles sont moins connus et moins surveillés et conservent mieux avec l'intégrité de la foi, la pureté des mœurs. »

En indiquant sa préférence pour la campagne, le Vicaire apostolique ne prétendait pas fixer une règle générale sur la manière de procéder à l'évangélisation d'un pays. S'il connaissait les avantages des campagnes, il n'ignorait pas ceux des villes, où les ressources sont plus nombreuses, le missionnaire plus à portée de traiter avec les autorités, d'aider à la solution d'une affaire délicate, de parer aux dangers pressants. La solution de la question dépend du pays, des circonstances et des hommes. L'expérience pratique et locale peut seule la découvrir. De Martiliat lui-même le concevait ainsi, au Yun-nan, il voulait un poste solitaire à l'abri de tout regard malveillant ou simplement inquisiteur ; au Su-tchuen, qui possédait déjà plusieurs milliers de chrétiens, il acheta une maison dans la capitale même, à Tchen-tou. Après son sacre, il réalisa une partie des projets qu'il avait conçus, étant simple prêtre : il nomma de fervents chrétiens chefs des principales stations et leur traça des règles de conduite, il acheta plusieurs maisons à Kia-tin, à Pong-chan, à Su-tcheou, pour servir d'oratoires et de résidences aux missionnaires. De ses propres deniers, il fit acquisition de quelques bonnes terres de rapport qui, louées à des chrétiens, fournirent à la mission un revenu assuré. C'était le fait d'un administrateur intelligent et prévoyant qui ne se contente pas de songer au présent, mais assure l'avenir. Une autre œuvre de Mgr de Martiliat, que nous ne saurions passer sous silence fut le règlement qu'il composa pour les jeunes filles connues sous le nom de vierges chrétiennes. Partout où pénètre le catholicisme, partout fleurit le lys de la pureté dans sa blancheur immaculée. L'âme humaine, régénérée dans les eaux du baptême, sent un besoin intime de quitter plus complètement les choses de la terre pour se rapprocher de celles du ciel, de laisser les affections humaines pour s'unir plus étroitement à Jésus. De jeunes Chinoises n'étaient pas sans avoir entendu l'appel divin, elles avaient refusé de se marier et vivaient dans leurs familles, se livrant aux soins du ménage, mais se dérobant autant que possible aux distractions extérieures et faisant le vœu soit annuel, soit même perpétuel de chasteté. Jusqu'alors, elles étaient restées isolées et sans règlement ; laissées le plus souvent à leur initiative personnelle, elles ne pouvaient observer la régularité et s'élever à la ferveur que leurs saints désirs ambitionnaient. « Afin de les soutenir et de les faire avancer dans la voie de la perfection, écrit l'évêque, je leur donnai une règle et aussi pour leur tenir lieu d'un directeur, car elles sont fort heureuses si dans un an elles ont la facilité de voir un missionnaire. »

Ce règlement dont à tort on a fait parfois honneur à M. Moÿe est bien de Mgr de Martiliat; il est divisé en 25 articles; il indique aux religieuses les prières à réciter, les exercices de piété à faire, la conduite à tenir dans la famille. Une autre partie, très importante, est consacrée à tracer au prêtre la direction qu'il donnera à ces vierges, s'il doit ou non leur permettre de faire des vœux, selon qu'elles sont fiancées contre leur gré, sans leur volonté, ou entièrement libres; les permissions qu'il peut leur accorder, soit pour l'assistance aux assemblées des chrétiens, soit pour l'enseignement des catéchumènes; les secours à leur fournir quand elles appartiennent à des familles pauvres. Les mœurs chinoises s'y opposant, le Vicaire apostolique ne réunit point ces jeunes filles en communauté, comme on l'avait fait en Annam, mais il fit distribuer à chacune d'elles un exemplaire du règlement, en leur ordonnant d'en suivre avec exactitude toutes les prescriptions.

Leur genre de vie ne fut pas accepté sans peine par les païens dont le mécontentement pourrait à bon droit causer quelque étonnement. On comprend que les parents se soient opposés aux désirs de leurs filles et qu'ils aient préféré les marier pour en tirer profit, s'en débarrasser, ou se voir revivre dans leurs petits-enfants; mais qu'importait à des étrangers qui n'avaient pas à se mêler des affaires intimes de la famille? Hélas! en cette circonstance comme en beaucoup d'autres, l'innovation choquait certains esprits, excitait la critique et surtout, ce qu'il ne faut jamais oublier dans l'histoire du christianisme, le démon soufflait au cœur des idolâtres la haine contre la pureté et l'attachement plus inviolable à Dieu. Il n'en avait pas été autrement aux premiers siècles de l'Église, les vierges dirigées et soutenues par saint Jérôme et saint Ambroise en sont d'illustres exemples. Cependant toutes les importunités cessèrent en face de la résolution bien arrêtée et nettement exprimée des saintes filles, et leur vertu fut si bien reconnue que « les gentils eux-mêmes conçurent pour elles beaucoup de vénération ».

Mgr de Martiliat était aidé par plusieurs prêtres indigènes, en particulier par André Ly et Antoine Tang, deux anciens élèves de MM. de la Balluère et Basset, qui avaient déjà fait leurs preuves au Kouang-tong et au Fo-kien pendant l'exil des missionnaires en 1732.

André Ly était retourné le premier dans le Vicariat du Su-tchuen. Antoine Tang, prié en 1740 de conduire M. d'Artigues à Tchen-tou, s'attacha à Mgr de Martiliat et fut chargé des chrétientés du Sud-Ouest. Il mérita de son évêque ce bel éloge [1] : « J'ai toujours remarqué en lui beaucoup d'ardeur pour les bonnes œuvres, je dois aussi lui rendre ce témoignage qu'il a toujours été très pur dans la morale et très catholique dans ses sentiments, parfaitement soumis aux décisions de l'Église, tant sur les erreurs au sujet de la grâce que sur les superstitions de la Chine, nous l'avons toujours trouvé également zélé dans les occasions où Dieu a permis qu'il se soit rencontré. »

Ces deux prêtres indigènes étaient en relations avec le Séminaire de Paris qui les encourageait dans leurs travaux par d'éloquentes lettres, brûlantes du feu de la charité [2] :

« Vous avez à soutenir pour la foi des combats ter-

---

1. Arch. M.-É. Journal de M. de Martiliat en 1745.
2. Arch. M.-É., vol. 21, p. 356.

ribles, leur écrivaient les directeurs le 28 janvier 1745, mais surtout pleins de périls, où comme dans la milice terrestre, celui qui revient du combat sans blessure et sans affront est souvent vaincu, mais celui qui en porte les stigmates obtient la couronne du triomphe.

« Nous savons quels maux et quelles tribulations la religion chrétienne subit dans votre Vicariat. Nous connaissons votre foi, votre patience, les persécutions et les souffrances que vous avez à supporter. Ne perdez cependant jamais courage, mais continuez les travaux que vous avez entrepris pour la foi et qui vous ont acquis tant de mérites. La religion chrétienne, vous le savez, vit du sang des martyrs.

« Les malheurs et les afflictions ne l'amoindrissent point; au contraire, ils servent à son extension et à sa gloire ; le feu de la persécution enflamme la piété des fidèles, si quelques-uns meurent, un plus grand nombre renaît.

« Confiants en Dieu souverain maître de la vie et de la mort, nous croyons qu'un jour viendra où il daignera toucher les cœurs de vos princes, d'ailleurs très cléments. Nous gardons l'espoir que vous pourrez conduire dans la haute mer votre nacelle ballottée par les flots, y jeter vos filets et réaliser ces paroles des prophètes : « J'enverrai des pêcheurs nombreux, et ils prendront au filet ceux qui voulaient les asservir, et ils se soumettront leurs persécuteurs. »

« Tous les évêques et missionnaires de diverses nations qui travaillent avec vous, dans votre royaume, au bien de l'Évangile nourrissent cette confiance. Il en est de même de cette excellente jeunesse chinoise qui se prépare, dans le séminaire de Siam, à remplir le ministère sacré, à participer à vos travaux et à vous succéder. Nous vous exhortons et vous prions instamment de vouloir bien envoyer dans notre séminaire tous ceux en qui vous trouverez de l'aptitude et de la capacité, afin de grossir vos rangs, pour travailler au salut des âmes et à la gloire de Dieu. »

III

Les prêtres indigènes du Su-tchuen avaient d'autant plus besoin de ces encouragements qu'ils furent bientôt les seuls soutiens de cette mission naissante. En 1746, le vice-roi du Fo-kien ayant suscité une persécution dans sa province, l'empereur Kien-long[1], successeur de Yong-tching[2], donna son approbation à la décapitation de plusieurs missionnaires[3] et adressa des ordres secrets à tous les gouverneurs de l'empire, pour leur enjoindre de rechercher les Européens, qui enseignaient la religion du Seigneur du Ciel, et de dégrader les mandarins subalternes qui marqueraient de la négligence à abolir cette secte perverse et impie. Telle était l'ingratitude de ce prince ; il travaillait sans relâche à la destruction du christianisme, pendant que les Gaubil, les Benoist, les Castiglione, les Attiret se dévouaient journellement à son service.

A mesure que les ordres du souverain parvenaient dans les provinces de l'empire, les prédicateurs de l'Évangile étaient traqués, les chrétiens mis en prison et chargés de fers jusqu'à ce qu'ils eussent dénoncé les retraites de leurs prêtres.

De Martiliat et de Verthamon[4], les seuls missionnaires européens du Su-tchuen, puisque d'Artigues[5]

---

1. Empereur en 1736, il abdiqua en 1795.
2. Mort en 1736.
3. Les Bienheureux Pierre Sanz, François Serrano, Joachim Royo, Jean Alcober, François Diaz mis à mort en 1747 et en 1748.
4. De Limoges, parti en 1742 pour le Su-tchuen, procureur à Rome en 1749.
5. Du diocèse de Lescar, en Béarn (actuellement Bayonne), bachelier en théologie de l'université de Toulouse, mort le 10 octobre 1744.

était mort en 1744, se cachèrent d'abord dans les montagnes, et revinrent ensuite dans les villes. Les fidèles ne savaient trop comment dissimuler leur présence aux nombreux espions qui rôdaient sans cesse autour de leurs asiles; ils finirent par leur conseiller de quitter momentanément la Chine et de se conserver pour un temps meilleur. De Verthamon nous a laissé dans son journal le tableau sommaire de ces heures de tristesse. Ces pages écrites au courant de la plume ont le triple caractère de simplicité, de vérité et de vie qu'on voudrait trouver dans tout document[1] :

« 2 Octobre 1746.

« Les chrétiens me rompent la tête avec leurs conseils qui n'ont ni rime ni raison. J'aurais voulu leur écrire une lettre commune tant pour les encourager que pour les consoler et les animer à rester fermes dans la foi ; mais il me faudrait beaucoup de choses qui me manquent.

« J'ai écrit à M. André Ly pour le prier d'exhorter avec toute la force de son zèle ceux qu'il verrait, comme j'exhorte moi-même ceux qui viennent chez nous, à mettre leur confiance dans le Seigneur, à recourir à lui par de ferventes prières; surtout à faire pénitence de leurs péchés qui ont attiré tous ces fléaux, à se fortifier par la réception des sacrements, à fléchir par leurs larmes, leurs jeûnes, leurs aumônes et autres bonnes œuvres, la colère divine.

« Le bon Dieu veuille que mes paroles les touchent, et que je pratique moi-même mieux que je ne fais ce que j'enseigne aux autres. Parmi toutes ces agitations, et les craintes que je ne puis m'empêcher d'avoir pour la mission, n'attendant que le moment d'être pris, le bon Dieu me fait la grâce d'être très content de mon état et

---

1. Arch. M.-É., vol. 443.

de jouir dans le fond de mon âme d'une grande tranquillité. Que son saint nom en soit béni.

« Le 4, M. André m'a dit à souper que tous les gens de la maison voulaient s'en aller et cela parce que je ne veux pas m'en aller moi-même. J'ai prié M. André de leur dire de ma part qu'ils me feraient plaisir de s'en aller, et, pourvu que le vieillard Paul, que son âge met à l'abri de a houppade, m'apportât du riz, cela me suffisait ; car je serais plus tranquille quand je n'aurais plus à craindre pour les autres, et que j'ouvrirais librement toutes les portes.

« Le 5, le clerc est venu de bon matin me demander la permission d'aller chez un médecin chrétien qui demeure à la campagne, sous prétexte d'y prendre des remèdes, et en même temps quelque argent pour son voyage. Je lui ai donné la permission et refusé l'argent. M. André a voulu me parler, je lui ai assuré que je ne donnerais rien à M. Jacques et que s'il empruntait quelque chose, je ne le paierais pas. Enfin le clerc est revenu lui-même à la charge, et je lui ai signifié pour la seconde et dernière fois que quand j'aurais une pleine chambre d'argent, je ne donnerais pas un liard à un élève qui avait l'indignité de m'abandonner dans la circonstance présente. Après quoi, je lui fis, M. André présent, une bonne morale dont la conclusion a été que ce n'était pas ici le temps de fuir et de me quitter, mais de rester ferme à son poste et d'y mourir s'il était besoin. Mon petit sermon a porté coup, et depuis ce temps-là, on ne parle plus que de mourir pour la foi, et nullement de s'en aller, le clerc médite toute la journée et ne s'en va point.

« Le 6, les trois chrétiens, qui furent pris le 10 de septembre, ont été cités de nouveau. M. André craint que ce ne soit pour les interroger touchant les chefs de la religion chrétienne et qu'en ce cas-là, ils ne nous décèlent. On est à la recherche d'un catéchiste, et on me laisse tranquille. Je pourrais bien profiter de ce délai pour m'en aller à Sin-tien-tsé où le Lieou-séi-yé m'offre sa demeure.

« Le 11, des satellites sont venus rôder tout le jour autour de la maison. S'ils reviennent, je m'en irai. »

M. de Verthamon interrompit ici sa relation, car il fut obligé de s'enfuir de Sin-tien-tsé où les satellites ne tardèrent pas à venir le relancer; il s'éloigna alors du Su-tchuen et réussit à gagner Macao avec Mgr de Martiliat qui avait subi les mêmes épreuves.

Pendant que l'évêque et son missionnaire quittent la Chine, la Société des Missions-Étrangères y fait pénétrer un autre de ses prêtres : Urbain Lefebvre[1]. Mais à peine arrivé à Tchen-tou, Lefebvre est reconnu, parce qu'il a l'imprudence de se faire raser chez un barbier de la ville et qu'il ne s'y assied pas comme les sujets du fils du ciel; il est jeté en prison, y passe quelques semaines, et est ensuite transféré dans les cachots de Canton dont les autorités finissent par accorder son élargissement, à condition qu'il sorte immédiatement de l'empire. Les prêtres indigènes restent seuls au Su-tchuen. Dans les circonstances critiques qu'ils traversent, on ne peut leur demander de faire beaucoup de conquêtes, mais ils entretiennent le feu sacré jusqu'à ce que de nouveaux missionnaires viennent le rallumer plus vif et plus ardent. C'est grâce à eux que Mgr Pottier, dont nous raconterons plus loin les admirables succès, dut de trouver des paroisses fermes, stables et sagement administrées; ils furent à la hauteur des espérances qu'on avait placées en eux, comme l'avaient été ceux du Tonkin, comme le sont à la même époque, en 1750, ceux de Cochinchine.

1. Du diocèse de Tours parti en 1749.

IV

Cette dernière mission jouissait d'une paix profonde sous le règne de Vo-vuong. Ami des arts et des sciences de l'Europe, ce prince traitait les prédicateurs de l'Évangile avec bienveillance, il recevait avec distinction les Français qui abordaient dans ses États et principalement les envoyés de la Compagnie des Indes Orientales que Dupleix poussait à établir un comptoir sur les côtes de l'Annam. Un de ces agents, Dumont, visita plusieurs provinces et proposa de fonder une maison de commerce dans une petite île près du port de Faï-fo; en 1749, Poivre débarqua à Tourane, et bientôt, oubliant son désir d'être missionnaire, il ne s'occupa plus que de prendre des renseignements sur la situation du royaume et sur le commerce que l'on pouvait faire. Vo-vuong l'accueillit assez bien, et, après de longues négociations, autorisa l'établissement de factoreries. Il lui remit même une lettre pour Louis XV, protestant de son amitié et déclarant que les royaumes de France et de Cochinchine ne devaient plus faire qu'un seul État. Vo-vuong ne se doutait guère que son amplification orientale deviendrait une réalité. Comment un prince si bien disposé se révéla-t-il tout à coup persécuteur et proscripteur des Européens? Uniquement parce qu'il fut le jouet de ses ministres. Ceux-ci, ne partageant pas ses sentiments pour les étrangers, lui représentèrent le péril qu'il y aurait à les laisser se fixer dans le pays; ils firent apparaître le fantôme des vaisseaux européens secourant le Tonkin avec lequel il était en guerre; ils ajoutèrent que les plus dangereux des Européens étaient les missionnaires et qu'à cause de leurs agissements, l'empereur du Japon les avait chassés. Le roi les crut, et résolut de se débarrasser d'un seul coup de tous les prêtres européens et de proscrire en même temps le christianisme, pour en finir avec eux, et leur ôter tout prétexte de revenir en Annam. Au mois de juillet 1750, tous les prédicateurs de l'Évangile, qui se trouvaient en Cochinchine, furent arrêtés.

Le Vicaire apostolique, Armand Lefèvre[1], son coadjuteur Edmond Bennetat[2] et leurs prêtres furent emprisonnés et chargés de lourdes cangues en attendant qu'un vaisseau les transportât hors du royaume; car, par un reste de modération, le roi, malgré les instances de ses ministres, se refusait à verser leur sang.

Dans la nuit du 26 au 27 août, les missionnaires qui avaient été réunis à Fai-fo, furent embarqués pour Macao, au milieu des pleurs et des gémissements de leurs chrétiens, accourus pour dire adieu à leurs pères spirituels et recevoir leur bénédiction.

Le procureur des Missions-Étrangères, Jean-Baptiste Maigrot[3], donna l'hospitalité aux exilés qui attendirent chez lui l'occasion de rentrer en Cochinchine.

Une fois débarrassés des pasteurs, les mandarins espérèrent avoir facilement raison du troupeau; la persécution commença avec ses violences accoutumées. Plus de deux cents églises furent détruites, les chrétiens rançonnés par d'impitoyables et avides satellites, qui leur enlevèrent jusqu'à la dernière sapèque et au dernier vêtement. Un grand nombre furent battus à outrance, mis à la cangue et retenus plus ou moins longtemps dans les cachots. Néanmoins on ne cite pas une seule peine de mort portée sous le règne de Vo-vuong, mais plusieurs centaines de fidèles qui tinrent bon contre les avanies, et persévérèrent dans la confession

---

1. De Calais, d'abord missionnaire à Siam, en 1737, évêque de Noélène, vicaire apostolique de Cochinchine en 1742.
2. Du diocèse de Troyes, parti en 1735, coadjuteur en 1748.
3. De Langres, parti en 1740.

de la foi furent condamnés aux travaux forcés à perpétuité, et employés à couper de l'herbe pour les éléphants du roi.

Les prêtres indigènes soutinrent leur courage et leur fidélité par de pressantes exhortations et de fréquentes visites. Ils parcoururent la Cochinchine du sud au nord, déguisés en marchands, en pêcheurs, même en soldats, échappant aux recherches des mandarins et à l'espionnage des païens. De la procure de Macao, Mgr Bennetat fit connaître au pape Benoît XIV l'exil des missionnaires et les malheurs de leurs chrétiens. Il reçut du Pontife cet éloquent encouragement [1] :

« Nous avons été profondément ému quand nous avons reçu votre lettre et votre relation, dans lesquelles vous nous racontez les causes de la persécution de Cochinchine, les édits royaux, les prisons, les exils et les ruines qui ont accablé vos chrétiens. Nos yeux ont versé un torrent de larmes, notre cœur a été troublé en pensant à la détresse et à la dispersion d'un si grand nombre de vénérables Frères et de chers Fils; ce sont nos Frères, qui, remplis de charité, capables de donner leur vie pour offrir des âmes à Dieu, travaillaient à attirer dans le bercail de Jésus-Christ les peuples assis dans les ténèbres et dans l'ombre de la mort; ce sont nos Fils qui, régénérés par les eaux salutaires du saint baptême, croissent de vertu en vertu.

« Dans ce grand trouble et dans cette suprême affliction, où était plongée notre âme, nous n'avons pas manqué, prosternés aux pieds du Seigneur, du Père des miséricordes et du Dieu de toute consolation, de lui adresser nos prières en criant : « O mon Dieu, inclinez vos oreilles et écoutez, ouvrez vos yeux et voyez la désolation. »

« Pendant notre prière, le Suprême Pasteur et Prince,

---

[1]. Bref du 11 décembre 1751.

Jésus-Christ, dont nous sommes ici sur la terre le représentant, malgré notre indignité, releva notre espérance. Il nous rappela que, victime immaculée, avant de s'offrir à son Père éternel sur l'autel du Calvaire, il instruisit ses Apôtres de tout ce qui leur devait arriver dans la prédication de l'Évangile, c'est-à-dire des commencements de l'Église naissante, en même temps florissante et éprouvée par les persécutions; mais les emprisonnements, les supplices, les proscriptions devaient apporter, avec le triomphe de ceux qui combattent les combats de Jésus notre Sauveur, le salut éternel des peuples. Telle est en effet notre victoire. Il nous est permis de redire ce que les chrétiens, gémissant pendant les persécutions des tyrans, chantaient joyeusement devant les infidèles : « Nous sommes victorieux quand nous mourons, libres lorsque nous sommes prisonniers, riches lorsque nous sommes dépossédés, nous nous multiplions par le martyre. Voilà la nature de notre victoire, voilà notre triomphe, car le sang des martyrs est la semence des chrétiens. »

En 1751, Bennetat se rendit à Pondichéry où Dupleix désirait le voir et s'entretenir avec lui. Le grand colonisateur avait déjà eu des relations avec les prêtres de la Société des Missions-Étrangères. Membre du conseil supérieur à Pondichéry et commissaire des guerres de 1720 à 1730, il y avait particulièrement connu de Lolière-Puycontat auquel il procura en 1738 cette recommandation de Louis XV adressée au roi de Siam :

« Très haut, très excellent, très puissant et très magnanime Prince, notre très cher et bon ami, Dieu veuille augmenter votre grandeur avec fin heureuse. Nous sommes informés que plusieurs de nos sujets, attirés par la justice qui règne dans toutes vos actions, s'empressent de fixer leur résidence dans vos États. Le sieur de Lolière, aussi notre sujet, se proposant également d'y passer, nous lui remettons cette lettre pour vous la présenter comme un témoignage de notre sincère estime pour vous. Nous n'avons donc qu'à vous assurer que toutes les grâces qu'il recevra de vous nous devant être chères, nous serons bien aises de trouver des occasions de vous en marquer notre gratitude. Sur ce, nous prions Dieu qu'il veuille augmenter votre grandeur avec fin heureuse. Ecrit au château de Fontainebleau le 11 novembre 1738.

« Votre très cher et bon ami,

« Louis. »

V

En servant les missionnaires, Dupleix voulait aussi se servir d'eux pour l'honneur de la France, l'accroissement de son commerce et de son influence.

L'Indo-Chine, l'Annam en particulier, lui apparaissait comme un riche et facile débouché. C'était dans ce but qu'il avait exprimé le désir de voir Mgr Bennetat. L'évêque était fait pour s'entendre avec l'homme dont le génie et le patriotisme eussent donné à notre pays le plus vaste empire colonial du monde, sans l'indolence du roi de France, l'incapacité ou la trahison de ses ministres. Entreprenant et hardi sans témérité, Bennetat plut en effet à Dupleix qui le pria de lui servir de négociateur, afin d'établir des relations solides entre la Cochinchine et Pondichéry, de fonder des factoreries. et d'acquérir quelque coin de terre sur la côte. L'évêque accepta et partit avec Rivoal, sur un navire frété uniquement pour lui et chargé de présents pour Vo-vuong. En Extrême-Orient, on ne se présente jamais les mains vides devant un supérieur pour traiter une affaire de minime ou de grande importance ; la politesse l'exige, et l'habileté est d'accord avec elle. Dupleix et Bennetat se conformèrent à cette double loi du succès. Malgré les présents nombreux qu'il emportait, le Vicaire apostolique faisait une tentative assez audacieuse, car enfin il était proscrit depuis deux ans, et en rentrant en Cochinchine, il contrevenait à des ordres précis, à un édit public, et encourait la peine capitale.

Vo-vuong, averti du retour de l'évêque, de l'affaire qu'il avait à traiter, des cadeaux qui envoyait le gouverneur général de l'Inde, lui donna audience ; il l'accueillit en souriant, lui parla de son exil comme d'une promenade d'agrément, et lui permit de rester dans le pays et de reprendre l'église et le presbytère de la paroisse de Tho-duc, voisine de Hué, qui avaient été confisqués pendant la persécution. Cette réception faisait espérer que les négociations ne seraient pas sans aboutir à quelque résultat. Le vent de la faveur royale changea bientôt et brusquement. Un mandarin, s'étant pris de querelle avec des matelots et des négociants hollandais, fut froissé dans son amour-propre et se vengea en faisant au roi un rapport contre ses adversaires. Avec le sans-gêne dont les Orientaux de ce temps-là usaient envers les étrangers, il n'en fallait pas davantage pour les perdre tous ; c'est chose étonnante, en effet, que la conduite des gouvernements de Chine, d'Annam, de Siam vis-à-vis des Européens ; en Chine, les savants Jésuites de la cour de Pékin étaient, sur un caprice du maître, jetés en prison, chargés de chaînes, bâtonnés, ils tombaient du jour au lendemain de la plus haute faveur dans la plus grande misère ; au Tonkin, Deydier et de Bourges, laissés en repos pendant plusieurs années, avaient été tout d'un coup maltraités et emprisonnés ; à Siam, Laneau, reçu pendant 25 ans avec honneur au palais du roi, avait passé plus de vingt mois dans un cachot. Cette façon d'agir est assurément dans les mœurs orientales, elle ne s'éloigne guère de celle que les souverains tiennent vis-à-vis de leurs officiers et de leurs mandarins; elle procède néanmoins avec des formes plus méprisantes et plus brutales. L'orgueil caché mais profond des Orientaux s'y révèle. Qui est cet homme? Un étranger, un barbare. Qui peut le protéger, le défendre, le venger? Personne. Et alors on lui fait sentir sans pitié la faiblesse de sa position, la force de la situation du maître.

Vo-vuong admit le bien fondé des plaintes du mandarin, reprit l'exécution de ses anciens projets et, cette fois, frappa tous les Européens sans distinction de nationalité et de religion. Bennetat et Rivoal furent immédiatement atteints. Par une idée dont on a bien peu d'exemples en Annam, le prince voulut présider lui-même à l'arrestation de l'évêque et vint à Tho-duc à la tête de ses gardes. L'officier chargé de l'exécution entra chez Mgr Bennetat, et lui mettant la main sur l'épaule, il lui déclara qu'il l'arrêtait pour avoir, malgré les défenses expresses du roi, continué de tenir des assemblées chrétiennes. Les réponses du Vicaire apostolique furent sages et fermes :

« Je n'ignorais pas, dit-il, l'ordre royal ; mais depuis qu'il a été porté, les circonstances ont changé. Le roi m'a reçu dans ses États, même dans son palais, il m'a permis de résider ici; au lieu de me chasser ou de me punir, il m'a fait rendre l'église de Tho-duc et m'a plusieurs fois favorablement parlé du christianisme. »

Le mandarin rapporta cette réponse au prince resté dehors, et celui-ci ordonna à l'un de ses gardes d'aller prendre le crucifix sur l'autel et de le présenter à l'évêque en lui demandant quelle était cette image :

« C'est, dit le prélat, celle d'un Homme-Dieu mort pour tous les hommes. »

De nouveau, à l'instigation du roi, le soldat lui demanda s'il conservait de l'amour et du respect pour celui que cette croix représentait. L'évêque se prosterna le front contre terre devant le crucifix; puis, dans un élan de foi, il s'écria :

— Je le respecterai toute ma vie ; pour lui témoigner mon amour, je n'hésiterais pas à répandre jusqu'à la dernière goutte de mon sang.

— Prenez garde à ce que vous dites, observa le mandarin, on vous mettra les fers aux pieds, et on vous fera mourir par une longue et rude prison, si vous ne changez de sentiments et de discours.

— Faites ce qu'il vous plaira, je suis disposé à tout souffrir. »

On fouilla ensuite l'église et la maison, on fit main basse sur tous les objets de quelque valeur. Bennetat, Rivoal et leurs catéchistes furent conduits en prison, et, quelques semaines après, les deux prédicateurs de l'Évangile furent embarqués pour Macao d'où l'évêque partit pour l'Europe. En passant à Pondichéry, il revit Dupleix et lui rendit compte de son insuccès.

Le conquérant suivit bientôt l'apôtre, et en 1754, il succomba sous les attaques de ses ennemis.

Les missionnaires appréciaient grandement Dupleix, ils ne craignirent pas de se montrer ses amis dans l'adversité. Lorsqu'il fut réduit à mener cette vie de sollicitations et de procès qui devait s'achever dans la misère, M. Hody, directeur du Séminaire, écrivait :

« Il est bien regrettable que M. Dupleix ne soit plus à la tête des Indes, il rendait beaucoup de services à sa Majesté et à la Compagnie, savait bien les choses et était très bon pour nos messieurs; nous savons qu'il n'est pas aimé par tout le monde, mais nous croyons qu'il eût mieux valu le soutenir que de le remplacer. »

En 1758, Mgr Bennetat présenta au Pape un mémoire

exposant les services rendus par Dupleix aux missionnaires. Le Souverain Pontife envoya à l'éminent colonisateur, avec une lettre très affectueuse, une médaille en or, un chapelet à la cavalière en pierres d'agate et un reliquaire contenant une parcelle de la vraie croix. Clément XIII avait pour le grand homme délaissé plus de reconnaissance de quelques bienfaits accordés à de pauvres prêtres que les gouvernements d'actes multiples de dévoûment, de générosité et d'héroïsme accomplis à leur service et à celui du pays. Le vaincu de coteries politiques et d'ennemis incapables put comparer la conduite du Père commun des fidèles à celle du roi de France et des directeurs de la Compagnie pour laquelle il avait dépensé sa fortune et sa vie ; sa foi avivée par le malheur se tourna vers cette croix que lui remettait le Pape comme vers le dernier refuge, la seule vraie consolation des affligés et des persécutés, et il put apprendre d'elle la vanité des justices de la terre et la vérité des jugements du ciel.

Rivoal, le compagnon de Mgr Bennetat, se retira au Cambodge. Le souverain de ce royaume n'avait jamais été hostile aux missionnaires dont il ne redoutait nullement l'influence, car ses sujets ne témoignaient aucun penchant vers le christianisme; il laissa Rivoal exercer en paix son ministère. Mgr Lefèvre fit passer au Cambodge un autre de ses prêtres, Guillaume Piguel[1], qui devait être son successeur ; lui-même, après avoir attendu à Macao plusieurs années qu'il lui fût permis de rentrer dans sa mission, se décida, vers 1755, à se rendre aussi au Cambodge, il se fixa un peu au-dessus d'Oudon, la capitale, dans une île du Mékong que les *Nouvelles Lettres édifiantes* appellent Prambei-chom[2]. Il em-

---

[1]. Du diocèse de Rennes, parti en 1747.
[2]. On voit encore en ce lieu les débris des tombeaux de Mgr Lefèvre et de plusieurs autres évêques et missionnaires.

ploya les dernières années de sa vie épiscopale à essayer, au moyen des nombreux Annamites qui viennent chaque année faire la pêche au grand lac, de renouer des relations avec sa chère mission, et de la diriger par lettres, puisqu'il ne pouvait faire plus ; c'est dans ces saintes occupations qu'il mourut, le 27 mars 1760, après dix ans d'exil, qui durent paraître bien longs à son cœur de père.

VI

Entre la Chine et la Cochinchine qui expulsaient les missionnaires, le Tonkin offrait un état politique très troublé et une situation religieuse pleine de dangers. En 1737, trois princes de la famille des Lê tentèrent de venger leur race depuis si longtemps avilie sous le joug de la famille des Trinh. Le complot était sur le point de réussir lorsqu'il fut découvert ; malgré la trahison, les conjurés voulurent combattre ; ils furent vaincus par les soldats de Trinh-giang. Dans une bataille, un partisan des princes Lê fut fait prisonnier, et comme on s'étonnait de le voir, lui, homme instruit et riche, dans le parti des rebelles, il fit cette réponse qui peignait exactement la situation du royaume : « Rebelle ! il y a longtemps qu'on ne sait plus qui est rebelle ou non. » Après cette défaite, Lê-duy-mât, l'un des princes révoltés, continua seul de tenir la campagne. Trinh-giang devint fou, Trinh-dinh[1], son fils, lui succéda, et dans l'espérance d'arrêter les progrès de la révolte, il força le roi d'abdiquer et mit sur le trône le prince Lê-duy-dao.

Cependant Lê-duy-mât restait imprenable, son nom était un drapeau autour duquel se ralliaient les mécon-

---

1. Gouverna de 1738 à 1765.

tents chaque jour plus nombreux. Trinh-dinh mourut avant d'avoir pu anéantir la rébellion; la gloire et le profit de cette victoire étaient réservés à son fils Trinh-sum [1], qui, dès son avènement au pouvoir, poussa vivement la guerre. Assiégé dans Tràn-ninh, sa dernière citadelle, Lê-duy-mât, sans argent, dans l'impossibilité de recevoir aucun secours de l'extérieur, sentit que sa cause était perdue; il ne voulut pas tomber vivant entre les mains de ses ennemis; il fit faire un bûcher et y monta avec sa femme et ses enfants. Quelques instants après, les révoltés n'avaient plus de chef, et Trinh-sum, en pénétrant dans la place, ne trouva que les cendres de celui qui avait failli ruiner la puissance de sa maison.

La persécution religieuse sévissait en même temps que la guerre civile; dans le Tonkin oriental, quatre Jésuites furent décapités en 1737, deux Dominicains espagnols furent arrêtés en 1744. Néez était sain et sauf et toujours ferme au gouvernail; tantôt il louvoyait, tantôt il marchait droit, mais il échappait à tous les dangers; il avait eu l'art de se faire des amis parmi les mandarins et les seigneurs de la cour; il trouva parmi eux des protecteurs puissants qui ne l'abandonnèrent pas. Aussi, pendant son administration comme supérieur et comme évêque, c'est-à-dire pendant trente-cinq ans, ni lui, ni ses missionnaires ne furent jamais sérieusement inquiétés. Lors de l'arrestation des Dominicains, il éprouva cependant de vives inquiétudes; mais il fut rassuré par un billet d'un frère du roi. Ce billet, assez banal de forme comme beaucoup de ceux qu'écrivent les Annamites, pouvait en certains cas servir de talisman contre les agissements des mandarins. Le voici textuellement traduit [2] :

« Ma main et ma plume envoient mes très humbles

---

1. Gouverna de 1765 à 1781.
2. Arch. M.-É., vol. 687, p. 423.

respects au seigneur Père. J'apprends que le seigneur Père, par compassion pour son petit-fils, prie continuellement Dieu pour moi, je lui en ai de grandes obligations. Je prie le seigneur Père de continuer toujours à se souvenir ainsi de moi, afin que je puisse recevoir l'aumône de la vertu du seigneur Père. Je le salue très humblement. »

L'année suivante, le sixième frère du roi fit appeler un prêtre pour administrer les derniers sacrements à sa femme mourante, chrétienne depuis longtemps; il consentit même à régulariser la situation de l'infortunée qui, par faiblesse, avait consenti à vivre en païenne avec un époux païen. A cette occasion, il entra en relations avec le Vicaire apostolique. Accompagnant un jour le cortège royal qui passait près de la demeure épiscopale, il le quitta furtivement et vint saluer Mgr Néez, il se prosterna quatre fois devant lui, le front contre terre, au grand étonnement des assistants, puis examina attentivement l'évêque, récemment frappé de paralysie, et promit de lui envoyer des remèdes et de faire construire un nouveau collège. Il n'eut pas le temps de réaliser ces intentions charitables. A peine était-il de retour chez lui qu'il tomba dangereusement malade, aussitôt il demanda le baptême, et le reçut avec des sentiments d'une vive foi[1] :

« On rapporte que pendant les quatre jours qui s'écoulèrent de son baptême à sa mort, il était d'une gaîté admirable malgré sa souffrance, il ne s'entretenait que du bonheur des saints dans le ciel, et disait que si le Seigneur lui faisait la grâce de revenir à la santé, il se croyait assez de force pour ne plus rougir du saint nom de Dieu. »

La Providence ne mit pas sa bonne volonté à l'épreuve

---

1. Arch. M.-É. Vol. 688, p. 670.

et elle l'enleva du monde païen qui l'eût peut-être repris, récompensant ainsi une charité déjà longue envers les missionnaires.

Un autre frère du roi avait eu tous ses enfants baptisés, et désirait vivement voir Mgr Néez; ayant appris qu'il venait d'arriver dans un village voisin de Ha-nôi, il y courut, s'entretint avec lui pendant trois heures, et ne le quitta qu'à regret en protestant du plaisir qu'il aurait à le revoir, puis, au sortir de cette entrevue, il lui envoya des présents. Un oncle du Chua, baptisé dans sa jeunesse, et trop longtemps oublieux de ses devoirs, fut ramené par les exhortations de Néez à la pratique de la religion.

On comprend que ces nombreuses relations du Vicaire apostolique et de ses missionnaires avec des princes du sang leur aient permis de jouir d'une tranquillité relative. Sans doute, les princes annamites, qui n'ont aucune part dans le gouvernement et ne remplissent aucune charge publique, ne pouvaient arrêter un édit de persécution ou empêcher une exécution capitale lorsque la sentence était portée; mais ils avaient sur les mandarins, préfets et sous-préfets, une certaine action due à leur fortune et à leur situation, ils pouvaient aisément les faire consentir à modérer leurs perquisitions, à changer le sens de leurs rapports, à traiter les chrétiens avec bienveillance. On ne saurait cependant comparer l'influence qu'ils avaient et l'appui qu'ils donnaient à l'influence et aux services des princes en Europe; c'était la réflexion de Néez, et elle est très juste [1] :

« Lorsqu'on lira en Europe qu'un neveu du roi régnant a été baptisé, que son père qui est le propre frère du roi est fort affectionné à la religion et aime les missionnaires, que l'oncle maternel du Chua du Tonkin envoie cher-

---

1. *Journal du Tonkin.* Arch. M.-É. Vol. 687, p. 494.

cher le curé pour lui administrer les sacrements, on s'imaginera sans doute que la religion a présentement de puissants appuis du côté des hommes dans ce pays-ci ; et on se trompera certainement. Ce sont, à la vérité, des amis de la religion ; ce sont des espèces de disciples de Jésus, mais qui sont encore cachés *propter metum Judæorum*. Ainsi notre unique appui est le bon Dieu, qui n'abandonne pas ceux qui espèrent en sa miséricorde. »

Un des principaux soucis de son épiscopat fut d'augmenter le clergé indigène, comme en témoigne cette lettre écrite par lui à la Propagande en 1748[1] :

« Je connais l'intérêt que la Sacrée Congrégation porte à l'institution du clergé indigène, et de quelle manière cette institution a été recommandée aux Vicaires apostoliques français, envoyés dès les commencements de notre Société par le Saint-Siège sur ces plages orientales. C'est pourquoi, convaincu par une longue expérience et par les exemples de mes prédécesseurs, qui s'y appliquèrent de tout leur cœur, que c'est par ce moyen surtout qu'on peut enraciner dans ces contrées la religion chrétienne, moi et les collaborateurs que m'adresse le Séminaire de Paris, nous n'avons épargné jusqu'à présent aucune fatigue, aucune dépense, afin qu'une œuvre si sainte et si utile à cette église tonkinoise soit poursuivie et étendue. Pour donner à nos élèves le calme et la tranquillité nécessaires à leurs études et difficiles à trouver dans notre pays souvent bouleversé, nous nous adressons à d'autres prêtres partis comme nous du Séminaire de Paris. Nous envoyons des enfants au collège de Siam où ils apprennent la langue latine et les sciences utiles à l'état ecclésiastique.

« En 1744, nous avons envoyé trois enfants sous la con-

---

1. Arch. M.-É. Vol. 687, p. 616.

duite du P. Benoît Nghiêm, ils allèrent d'abord à Macao, puis la tempête les força de s'arrêter en Cochinchine, et ce ne fut qu'en 1747 qu'ils parvinrent au but de leur voyage. Au commencement de l'année 1745, nous fîmes partir de nouveau, escortés par deux catéchistes, dix autres élèves qui furent plus heureux. Bien que jetés par la tempête sur les côtes du Cambodge, et abandonnés par le petit navire qui les transportait, ils gagnèrent Siam grâce aux bons soins du P. Simplicien de l'ordre de Saint François. Cette année encore, nous avons confié à deux catéchistes douze enfants. Mais Dieu, dont les jugements sont inscrutables, en a disposé autrement que nous ne l'avions espéré : sur les côtes de la Cochinchine, ils ont été pris, et après trois mois de détention, reconduits à la frontière du Tonkin, et remis entre les mains du gouverneur. Nous ne pouvons prévoir encore quelle sera l'issue de cette difficile affaire. »

VII

Après avoir rendu compte de ses travaux à Rome, Néez, comme pour accroître sa ressemblance avec les Pallu, les de la Motte Lambert, les Laneau, tournait ses regards vers la France et vers son roi. De sa pauvre cabane, il écrivit à Louis XV avec cette sorte de culte que nos aïeux professaient pour la royauté et son représentant et que nous, hommes d'une autre génération, ne connaissons point au même degré. Il disait ses craintes de la grave maladie que le prince avait eue à Metz en 1745, sa joie de la guérison, et le saluait de ce titre de Bien-aimé que la France entière lui avait décerné. En écrivant à la reine, la pieuse Marie Leczinska, l'évêque était plus prolixe, il lui parlait comme à une chrétienne fervente, comme à la reine d'un pays véritablement soldat de Jésus-Christ, et traçait avec une sorte d'épanchement le tableau de sa mission. Nous ne saurions mieux faire connaître l'état du Vicariat du Tonkin occidental au milieu du xviiie siècle, qu'en citant cette lettre [1] :

« Madame,

« L'odeur des vertus de Votre Majesté très chrétienne qui transpire jusque dans ces pays éloignés, et les bontés qu'elle témoigne pour l'ouvrage de nos Missions Étrangères, m'inspirent la confiance de lui demander sa royale protection pour ce petit troupeau que la divine Providence a commis à mes soins. J'espère qu'elle ne l'en jugera pas indigne quand elle aura vu le récit abrégé que j'ose lui présenter.

« Le Vicariat occidental du Tonkin, qui comprend la moitié du royaume, depuis son commencement jusqu'à présent, a été gouverné successivement, sans interruption, par quatre Vicaires apostoliques français, du Séminaire des Missions-Étrangères. Mes trois prédécesseurs ont eu tous trois le bonheur de porter les fers pour la foi de Jésus-Christ. Le Seigneur ne m'a pas encore jugé digne de cet honneur.

« Le Saint-Siège ayant recommandé expressément à nos Vicaires apostoliques de s'appliquer particulièrement à l'éducation et à la formation du clergé des naturels du pays, ils ont cru ne pouvoir mieux faire que d'y employer tous leurs soins et tous leurs travaux. Le bon Dieu a bien voulu y donner sa sainte bénédiction, de sorte qu'ils ont pu élever au sacerdoce soixante-seize prêtres tonkinois, dont plusieurs ont généreusement confessé la foi devant les tribunaux infidèles, et deux en particulier ont été condamnés à finir leur vie dans les

---

1. Arch. M.-É., vol. 689, p. 374. Lettre du 4 août 1759.

prisons de la ville royale, où ils sont morts en odeur de sainteté.

« De ces soixante-seize prêtres, cinquante et un sont allés recevoir la récompense de leurs travaux; il en reste encore vingt-cinq qui continuent à porter le poids du jour et de la chaleur. Outre ces prêtres, ils ont élevé un très grand nombre de catéchistes, dont quelques-uns étant aussi morts confesseurs de Jésus-Christ dans les prisons de la ville royale, et plusieurs autres ayant été enlevés d'une mort prématurée, n'ont pu être promus aux ordres sacrés.

« Présentement, une cinquantaine de catéchistes clercs, c'est-à-dire qui ont reçu la tonsure ou les ordres mineurs, dont deux, après une généreuse confession de la foi, ont mérité de recevoir sur le visage l'impression de quelques caractères en haine de la Religion, sont comme la pépinière d'où nous tirons les sujets qui nous paraissent les plus propres pour les ordres sacrés, et treize actuellement sont occupés à l'étude de la morale et des cas de conscience. A ce premier ordre de catéchistes clercs, en succède un autre de catéchistes séculiers, encore plus nombreux que le premier, que l'on dispose peu à peu pour entrer dans l'état ecclésiastique.

« Outre cela, il faut ajouter environ trois cents, tant écoliers que domestiques, que nous et nos prêtres tonkinois nourrissons et entretenons, pour tâcher d'avoir dans la suite de quoi remplacer ceux qui seront montés plus haut ou que la mort aura enlevés. Voilà, Madame, pour ce qui regarde le détail de notre petite famille. Votre Majesté peut facilement voir par là les dépenses presque immenses que nous sommes obligés de soutenir, malgré la modicité de nos revenus. Cependant, comme c'est l'ouvrage de Dieu même, il veut bien y donner une bénédiction si abondante, que jusqu'à présent nous n'en avons pas diminué la moindre partie, malgré les pertes des moissons et la disette des vivres.

« Un autre objet qui ne peut pas manquer d'être agréable à Votre Majesté, c'est la communauté des vierges Amantes de la croix de Notre-Seigneur Jésus-Christ. Ce sont de pauvres filles, au nombre d'environ quatre cents, qui, dispersées en une vingtaine de maisons, vivent de leur petit commerce et du travail de leurs mains, mènent une vie très pénible, très laborieuse et très pénitente, ne mangent jamais de viande que trois jours de l'année, et qui, en ce qui regarde l'essentiel de l'observance religieuse, c'est-à-dire dans les principales vertus de chasteté, pauvreté et obéissance, n'en céderaient en rien à la plupart de nos communautés religieuses d'Europe. Quant au nombre des chrétiens répandus dans mon Vicariat, il se monte environ à cent vingt mille; mais quelque considérable que paraisse ce nombre en lui-même, comparé aux infidèles qui restent encore à convertir, on peut dire sans exagérer que de cent parties, il n'y en a pas encore une de convertie. Nous serions bien contents, Madame, si nous pouvions tranquillement employer nos petits travaux à continuer l'ouvrage dont nous venons de donner une légère esquisse à Votre Majesté. Mais comme tout ouvrage de Dieu doit être marqué au coin des persécutions, l'ennemi de toute justice vient de nous en susciter une des plus violentes.

« De Votre Majesté,
« Le très humble et très obéissant serviteur et sujet,

« Louis,
« *Évêque de Céomanie,*
« *Vicaire apostolique du Tonkin occidental.* »

VIII

Autour de Néez, le chef respecté et aimé, se rangeaient : son premier coadjuteur, Devaux[1], prêtre pieux, savant, et austère ; Reydellet[2], qui sera son successeur ; Davoust[3], coadjuteur et successeur de Reydellet, une des intelligences les plus souples, un des caractères les plus persévérants qu'ait possédé la Société des Missions-Étrangères, Le Roux[4] qui mourut en 1752, après seize ans d'apostolat, pendant lesquels il avait déployé un zèle admirable. A sa mort les deux prêtres indigènes et les onze catéchistes de son district écrivirent son éloge à Mgr Néez ; cette pièce est trop longue pour être citée tout entière, nous ne saurions cependant la passer complètement sous silence, car elle est curieuse, intéressante et instructive en ce qu'elle montre les qualités du défunt, l'estime et l'affection que les Annamites avaient pour lui, leur genre d'appréciation sur les missionnaires en général et les vertus qui les touchent plus profondément ; nous donnons donc la traduction de quelques pages[5] :

« Monseigneur, nous tous petits enfants, saluons très respectueusement Votre Grandeur ; nous nous permettons de prendre Dieu, la vérité infinie, à témoin de la vie, de la conduite, de toutes les vertus et de tous les enseignements de celui que Votre Grandeur avait délégué pour présider à sa place dans cette province du Nghe-

---

1. De l'ancien diocèse de Saint-Malo, parti en 1736, évêque de Léros, coadjuteur en 1746, mort le 1ᵉʳ janvier 1756.
2. Du Bugey, parti en 1747, évêque de Gabala, mort le 18 juillet 1780.
3. De Mayenne, parti en 1752, évêque de Ceram en 1771, mort le 17 août 1789, à l'âge de 63 ans.
4. De Clermont, parti en 1736, mort le 23 février 1752.
5. Arch. M.-É., vol. 689, p. 280. Lettre du 28 février 1752. Traduction de Mgr Néez.

an, située dans le vicariat occidental : c'est M. Jean Le Roux, provicaire apostolique du royaume du Tonkin qui est décédé. Nous demeurions avec lui dans la même maison, nous connaissions son naturel et sa manière d'agir lorsqu'il était vivant. C'est pourquoi nous prenons la liberté d'en écrire à Votre Grandeur, afin qu'elle prie pour le repos de son âme.

« 1° Il était si rempli des trois grandes vertus, la foi, l'espérance et la charité, qu'elles se répandaient à l'extérieur.

C'est pourquoi toutes les semaines, il avait coutume de prêcher le dimanche sur ces trois vertus, afin que les gens de la maison se les imprimassent dans le cœur.

« 2° Pour la charité envers le prochain : il avait des entrailles de miséricorde et de tendresse pour tous les gens de la Maison de Dieu[1], grands et petits, pour les religieuses Amantes de la Croix, et pour tous les chrétiens de l'un et l'autre sexe ; il aimait tous ces différents états d'un amour égal à celui d'un père à l'égard de ses propres enfants. C'est ce qui le faisait souvent s'écrier lorsqu'il les voyait dans la tristesse : Plût à Dieu que je pusse répandre mon sang pour que celui-ci ou celui-là sortît de l'affliction, et alors mon cœur serait au comble de la joie.

« 3° Il a toujours conservé son âme dans une grande

---

[1]. « Nos premiers missionnaires sentirent vite la nécessité d'avoir un personnel qui les aidât dans leurs travaux, surtout pour ce qui regarde l'instruction et la surveillance des fidèles. Ils choisirent donc des enfants ou des jeunes gens qu'ils formèrent à la science et à la piété, afin de s'en servir ensuite comme l'on se servait des clercs dans la primitive Église. C'est ainsi que fut fondée la « Maison de Dieu » qui comprend tout le personnel attaché au service de la mission.

« Tous ses membres sont entretenus sur la bourse commune, mais ils ne reçoivent aucune rémunération pécuniaire. D'autre part, ils ne sont liés par aucun vœu ni par aucun engagement bien défini, et chacun peut rentrer dans le monde quand il lui plaît. *Mgr Gendreau. — Compte rendu de la mission du Tonkin Occidental en 1892.*

patience. C'est pourquoi lorsque quelques-uns, grands ou petits, le méprisaient, le blâmaient ou lui faisaient de la peine en quelque occasion que ce fût, il ne se mettait point en colère et ne se fâchait pas ; il les souffrait pour lors, et ensuite, quand la bourrasque était passée, il leur reparlait et les exhortait, afin qu'ils reconnussent leurs fautes et se corrigeassent. S'il rencontrait quelques entêtés et quelques superbes qui n'écoutaient pas la raison, il se contentait de leur dire : Dieu te punira.

« 4° Il était exact observateur des règles de la Maison de Dieu. Ce que ses prédécesseurs, dans le poste qu'il occupait, avaient pratiqué, il le pratiquait exactement sans oser y ajouter rien de nouveau de lui-même. Ainsi, quelque chose qu'il fît, il avait coutume d'interroger et de prendre conseil des plus anciens ; ce qu'ils avaient vu observer auparavant, il l'observait exactement sans y rien changer.

« Lorsqu'il était encore vivant, nous n'avons jamais osé rien dire de ses rares qualités à Votre Grandeur ; à présent qu'il est sorti de cette vie, nous prenons la liberté de vous faire un abrégé de quelques-unes de ses vertus. Il y a encore beaucoup de choses que nous ne pouvons pas raconter, parce qu'il cachait tout le bien qu'il faisait ; sa manière de vivre était fixe et secrète en toute façon. Nous voyions que Votre Grandeur possédait une espèce de pierre précieuse ornée de plusieurs belles qualités, pour servir de compagnie à Votre Grandeur dans sa vieillesse, notre cœur en était rempli de joie ; mais Dieu, dont les vues sont infiniment impénétrables, ôte ce diamant des mains de Votre Grandeur, et nous laisse dans le cœur un sentiment douloureux de la perte que nous faisons. Voilà tout ce que vos petits enfants prennent la liberté d'écrire à Votre Grandeur, en la priant de se ressouvenir et d'avoir pitié d'eux. Tous vos petits enfants, qui étions les ministres du défunt, attestons la vérité de tout ce qui vient d'être rapporté, et nous nous sommes soussignés ci-après. »

Tels sont les Vicaires apostoliques et les prêtres des Missions-Étrangères qui, au milieu du XVIIIe siècle, soutiennent la prédication de l'Évangile en Chine, en Cochinchine, à Siam et au Tonkin : inspirés du plus pur esprit apostolique, pénétrés des traditions de la Société, pleins d'obéissance pour Rome, animés d'un grand amour pour la France. On les voit tout à la fois conserver et combattre, s'occuper du bien des âmes et de l'honneur de la patrie. Pendant cette période difficile, ils sont chassés de Chine et de Cochinchine, ils sont en nombre très restreint au Tonkin et à Siam. Cependant, aucune des missions confiées à la Société ne périclite ; les chrétiens n'abandonnent pas la foi, les catéchistes restent fermes à leur poste, la persécution ne fait pas les ravages extrêmes qui ont anéanti d'autres contrées. D'où viennent ces résultats ? Sans doute d'une moindre violence dans la persécution, mais également de la présence des prêtres indigènes. En certaines contrées, eux seuls échappent aux perquisitions, à la proscription, à l'exil ; eux seuls veillent à tout, à la conservation des fidèles, à l'instruction des enfants, à la conversion des païens ; ils étendent même leur action plus loin et plus haut jusque sur la vie et sur la situation générale des missions. Tantôt en effet ils gardent des relations avec les mandarins influents, adoucissent leurs sentiments à l'égard du catholicisme et arrêtent le feu de la persécution ; tantôt ils conseillent les chrétiens, leur apprennent l'art difficile de souffrir en silence, de fuir s'il en est besoin et de reparaître au moment propice.

S'il avait été nécessaire de prouver par des faits combien les Souverains Pontifes avaient raison en ordonnant la formation d'un clergé indigène séculier, la preuve est complète, et c'est à la Société des Missions-Étrangères la première, que revient l'honneur de l'avoir donnée en Extrême-Orient.

FIN DU TOME PREMIER

TABLE DES MATIÈRES

Lettre de M. Delpech, supérieur du Séminaire des Missions-Étrangères. 1

Préface. v

CHAPITRE PREMIER
1658

I. L'apostolat en Orient, en Occident, dans le Nouveau Monde, en Extrême-Orient. — Caractère différent de l'apostolat dans l'Amérique et dans la Haute-Asie. — II. L'épiscopat et le clergé indigène, nécessité. — Les missionnaires demandent des évêques à Rome. — Décrets de la Propagande. — Obstacles à la formation du clergé indigène. — III. Demandes pour la nomination d'évêques au Tonkin et en Cochinchine. — Opposition du Portugal. — Le patronage portugais. — IV. Supplique au Souverain Pontife. — Mort d'Innocent X. — La duchesse d'Aiguillon. — M. François Pallu. — V. Les premiers prêtres des Missions-Étrangères à Rome. — Supplique au Pape Alexandre VII — M. Pierre de la Motte Lambert. — Nomination de deux évêques Vicaires apostoliques 1

CHAPITRE II
1658-1662

Fondation des Sociétés religieuses et apostoliques. I. Fondation de la Société des Missions-Étrangères. — Supplique pour l'établissement d'un Séminaire. — Sacre de Mgr Pallu. — II. Bref d'Alexandre VII à Mgr Pallu pour déterminer l'étendue de sa juridiction. — Pourquoi les nouveaux évêques sont nommés Vicaires apostoliques. — Mgr Cotolendi. — III. Instructions de la Propagande aux Vicaires apostoliques. — IV. Appel au clergé. — Le Séminaire et ses directeurs. — Mgr de la Motte Lambert nomme ses procureurs. — Associations de charité. — Départ de Mgr de la Motte Lambert par la route de terre. — V. Mgr Pallu fonde une compagnie commerciale. — Il forme les premiers missionnaires. — Départ de Mgr Cotolendi. — Procuration et départ de Monseigneur Pallu 36

CHAPITRE III

1662-1664

I. Voyage des premiers Vicaires apostoliques. — Itinéraire. — A Alexandrette. — Formation de la caravane. — Alep. — Attaques des brigands. — Règlement de vie. — Médecine et chirurgie. — Bagdad. — II. Décision sur la route à suivre pour aller en Chine. — Mort de MM. de Saisseval, Périgaud, Chereau, Robert et Brunel. — A travers le sud de l'Inde. — Mort de Mgr Cotolendi, son épitaphe. — Des Indes à Ténasserim. — Arrivée à Siam. — III. Travaux en France des procureurs des Vicaires apostoliques. — Achat d'une maison. — Établissement du Séminaire des Missions-Étrangères à Paris. — Lettres patentes du roi Louis XIV. — Lettres de confirmation par l'abbé de Saint-Germain. — Prise de possession du Séminaire. — Acte d'association des premiers directeurs. — Élection du premier supérieur du Séminaire. — IV. M. de Meur. — Lettre du Cardinal Chigi approuvant l'établissement du Séminaire. — Joie des Missionnaires. — Résumé de la fondation de la Société. 62

CHAPITRE IV

1664-1665

I. L'Extrême-Orient, description physique, état politique, social et religieux. — II. Mgr de la Motte Lambert attaqué à Siam par les Portugais. — M. de Bourges envoyé à Rome. — Résultats de ses négociations. — Persécution au Tonkin et en Cochinchine. — III. Assemblée des Évêques et des Missionnaires. — Le livre : *Instructiones ad munera apostolica* ou *Monita*. — On décide la fondation d'un Séminaire à Siam et la nomination d'un procureur. — IV. Projet d'une Congrégation apostolique. — Départ de Mgr Pallu pour Rome. 86

CHAPITRE V

1665-1670

I. Phra-naraï, roi de Siam. — Audience royale accordée aux missionnaires. — Guérison du frère du roi. — Requête de Mgr de la Motte Lambert. — Don d'une propriété à Mahapram. — Conversion d'un talapoin. — Seconde audience royale. — Conversion d'un mandarin. — II. M. Chevreuil en Cochinchine. — Martyrs annamites. — M. Chevreuil au Cambodge, il est arrêté par les Portugais et conduit à Goa. — M. Hainques en Cochinchine. — III. M. Deydier au Tonkin. — Le premier séminaire du Tonkin. — Conversions. — IV. Guerre contre les Mac. — Mgr de la Motte Lambert au Tonkin. — Le synode de Dinh-hien. — Les Amantes de la Croix. — Lettre de Mgr de la Motte Lambert aux Amantes de la Croix. — V. Mgr de la Motte Lambert en Cochinchine. . 115

CHAPITRE VI
1665-1670

I. État et esprit du Séminaire des Missions-Étrangères en 1665. — Conseils de Mgr Pallu. — Adresse au clergé de France. — II. Union du Séminaire des Missions-Étrangères de Paris et du Séminaire de Québec en 1665. — III. Effet de l'arrivée de Mgr Pallu en Europe. — Mgr Pallu à Rome. — Bref de Clément IX à Louis XIV. — Projets coloniaux de Mgr Pallu. — Ses espérances de l'apostolat par la France. — IV. Mort de M. Meur. — Différences d'opinions de Mgr Pallu et des directeurs du Séminaire sur les vœux. — Mgr Pallu et Mgr Gazil à Rome. — Appréciation des vœux par le cardinal Bona. — La Propagande refuse d'approuver les vœux. — Obéissance de Mgr Pallu. — Approbation des Instructions ou *Monita*. — V. Pouvoirs accordés aux Vicaires apostoliques. — Juridiction sur Siam. — Mgr Pallu faussement accusé de Jansénisme. — Son départ. 152

CHAPITRE VII
1670-1673

I. Plans de Mgr Pallu. — Le P. Lopez. — Conduite envers les religieux. — Projet d'établissement au Tonkin. — Éloge de Blot et de Baron. — Moyen de soustraire les Français à la puissance portugaise. — Demandes d'aumôniers à bord des navires de l'État. — II. Bref d'éloges de Clément IX à Mgr de la Motte Lambert. — Brefs qui exemptent les Vicaires apostoliques de la juridiction des Ordinaires portugais. — III. Vachet, Mahot, Bouchard et de Courtaulin en Cochinchine. — IV. Deydier et de Bourges emprisonnés. Leurs succès. — Les prêtres indigènes. — V. Election de Mgr Laneau. — Les Vicaires apostoliques demandent des collaborateurs à Saint-Sulpice, aux Dominicains et aux Franciscains. — VI. Répartition des missionnaires et des ressources. — Rôle des directeurs du Séminaire de Paris. — VII. Audience solennelle accordée par le roi de Siam aux Vicaires apostoliques. — Lettres de Clément IX et Louis XIV au roi de Siam. — Conversions à Siam. — Raisons de la conduite des Vicaires apostoliques. 186

CHAPITRE VIII
1674-1681

I. Départ de Mgr Pallu pour le Tonkin. — Son arrestation aux Philippines. — Son départ pour l'Europe. — II. Mgr de la Motte Lambert en Cochinchine. — Son retour à Siam. — Travaux des missionnaires. — III. Mgr Pallu en Espagne. — Lettres des directeurs du Séminaire et du comte de Medellin. — Mort de la duchesse d'Aiguillon. — Mgr Pallu à Rome. — IV. Plan de Mgr Pallu pour l'organisation des Églises d'Extrême-Orient. — Décret de nomination d'évêques Vicaires apostoliques et d'administrateurs généraux. — Projet d'alliance avec la Russie. — V. Conseils pour l'établissement d'une procure à Rome. — Le serment d'obéissance aux Vicaires apostoliques imposé à tous les missionnaires. — Estime de Mgr Pallu pour les Jésuites. — Opposition de Louis XIV à la prestation du serment. — Mgr Lamego ambassadeur du Portugal, ses mémoires en faveur du patronage portugais. — VI. Mort, rôle et éloge de Mgr de la Motte Lambert. — Bref du Souverain Pontife à Mgr de la Motte Lambert et à Mgr Laneau. — Départ de Mgr Pallu pour l'Extrême-Orient. . . 223

CHAPITRE IX
1681-1684

I. Coup d'œil sur les rapports du Séminaire des Missions-Étrangères avec le Séminaire de Québec. — Seconde union en 1675. Acte de donation en 1680 ratifié en 1682. — II. La Société des Missions-Étrangères dans la Perse. — Mgr François Picquet. — MM. Roch et Sanson, leurs travaux. — Conseils aux prêtres des Missions-Étrangères dans la Perse. — III. M. de Brisacier. — Construction du Séminaire des Missions-Étrangères. — Pose de la première pierre de l'église. — Mort de missionnaires. — Publication des Relations des Missions. — IV. Première ambassade siamoise envoyée en France. — Conseils de Mgr Pallu à M. Gayme, interprète des ambassadeurs. — Naufrage. — Faveurs de Phranaraï aux missionnaires. — Constantin Phaulcon. — V. Au Tonkin. — Lettre de Louis XIV au roi du Tonkin. — VI. Mgr Mahot, Vicaire apostolique de Cochinchine. — Synode de Faï-fo. — État général des Missions de la Société. — VII. Avis aux missionnaires envoyés au Laos. — Nomination de quatre procureurs. — Comment s'organise la Société. — VIII. Départ de Mgr Pallu pour la Chine. — Sa mort. — IX. Appréciation du rôle des deux premiers Vicaires apostoliques. 258

CHAPITRE X
1684-1687

I. Influence de la mort des premiers Vicaires apostoliques sur la Société et sur les Missions. — II. Deuxième ambassade de Siam en France. — Rôle de M. Vachet. — Réception des ambassadeurs au Séminaire des Missions-Étrangères. — III. Ambassade de France à Siam. — Ce qu'elle pense des missionnaires et de leurs travaux. — Baptême de catéchumènes. — Ordination de l'abbé de Choisy. — Double traité religieux et commercial. — IV. Troisième ambassade siamoise. — Discours de M. de Brisacier et de M. de Lionne. — Soutenance d'une thèse théologique par Pinto. — Baptême de Siamois dans l'église de Saint-Sulpice. — Projet d'expédition. — Départ de l'expédition française à Siam. — V. Accusation contre M. Maigrot. — Son innocence. — Conseils aux aspirants des Missions-Étrangères et au Séminaire de Québec . 307

CHAPITRE XI
1687-1692

La Société des Missions-Étrangères et la France. — I. L'expédition française à Siam. — Les négociateurs. — Divisions. Échec. —

Révolte contre Phra-naraï. — Mort de Phaulcon. — Usurpation de Pitra-cha. — Les Français attaqués et expulsés. — II. Emprisonnement de Mgr Laneau et de ses missionnaires. — Leurs souffrances. — Lettre au Séminaire. — Le livre *De Deificatione justorum*. — III. — Résultat de l'expédition française. — Conduite des missionnaires. — Lettre de Mgr Laneau à Louis XIV. — IV. Libération des missionnaires. — Charité de Mgr Laneau. — Rôle du Séminaire, union de prières avec le Chapitre de Saint-Martin de Tours. — V. Création de deux évêchés portugais en Chine. — Craintes des missionnaires pour l'existence de la Société des Missions-Étrangères. — VI. Travaux des missionnaires en Chine, au Tonkin, en Cochinchine. — VII. Martyre de MM. Genoud et Joret au Pégou. — VIII. La Société des Missions-Étrangères au Canada et dans la Perse 339

CHAPITRE XII

1692-1700

I. La question des Rites. — Rôle de la Société des Missions-Étrangères. — II. M. Maigrot. — Une erreur de Voltaire. — Mandement de M. Maigrot. — M. Charmot à Rome. — III. Division de la Chine en Vicariats apostoliques. — M. Quémener. — Nomination de Vicaires apostoliques de la Société. — IV. Bref du Pape Innocent XII à M. Maigrot et au Séminaire des Missions-Étrangères. — Opinion de Bossuet, de Fléchier, et billet de Madame de Maintenon sur la question des Rites. — Lettre du Séminaire au Souverain Pontife pour lui demander une décision sur les Rites. — Mémoire des directeurs du Séminaire. — Opinion de M. de Cicé. — V. Persécution en Cochinchine sous Minh-Vuong. — M. Langlois arrêté. — Nouvelles persécutions, arrestation et souffrances de MM. Langlois, de Capponi, de Sennemand, Féret, Gouges, d'Estrechy. 380

CHAPITRE XIII

1700

I. Le Règlement de la Société des Missions-Étrangères. — Comment il se forme. — Attributions des Vicaires apostoliques et des directeurs du Séminaire d'après Mgr Pallu. — Nominations de procureurs. — Démarches des directeurs et de Mgr Laneau pour rédiger un règlement. — Réunion à Paris des missionnaires et des directeurs. — II. Caractères essentiels de la Société des Missions-Étrangères : elle est une association séculière et n'a pas de supérieur général. — Rôle du Séminaire dans la constitution de la Société des Missions-Étrangères. — III. Points principaux du règlement général de la Société. — IV. Règlements des Missions et du Séminaire des Missions-Étrangères. — Fonctions principales. — Qualités du Supérieur. — V. Formation des séminaristes. — Instructions. 410

CHAPITRE XIV
1700-1713

I. Rôle du Séminaire des Missions-Étrangères dans la Société. — Évangélisation des sauvages du Canada, de l'Acadie, de la Louisiane. — Incendie du Séminaire de Québec. — Conseils du Séminaire de Paris au séminaire de Québec. — II. Diplomatie. — Séminaire et baptême d'enfants de païens à Siam. — III. Emprisonnement des missionnaires du Tonkin. — Leur exil. — Mgr de Bourges à Juthia, sa mort. — Rôle des seconds Vicaires apostoliques. — IV. Leblanc et Danry au Yun-nan. — Basset et de La Baluère au Su-tchuen. — Annonce de persécutions en Chine. — La patente impériale. 441

CHAPITRE XV
1702-1722

I. La question des Rites. — Légation de Mgr de Tournon. — II. Mgr Maigrot à la cour de l'empereur Kang-hi. — III. Exil des missionnaires. — Lettre de Mgr de Tournon à Mgr Maigrot. — Courage de Leblanc, de Lirot, de La Baluère. — Mgr de Tournon à Macao. — Sa mort. — IV. Mgr Maigrot à Rome, lettres et conduite. — Condamnation des Rites par Clément XI dans la bulle *Ex illa die*. — Formule du serment imposé aux missionnaires par la bulle. — V. Légation de Mgr Mezzabarba en 1720, les huit permissions. — VI. Le Jansénisme. — Conduite de M. de de Brisacier et de M. Tiberge. — Sentiments des missionnaires. — Lettres de Mgr Cicé et de M. Néez. — Résumé de la conduite du Séminaire par M. de Brisacier. 466

CHAPITRE XVI
1722-1732

I. La Société des Missions-Étrangères pendant la première partie du xviiie siècle. — Rareté de missionnaires et manque de ressources. — Pauvreté du séminaire de Québec. — Aide que lui prête le Séminaire de Paris. — II. Revenus de la Société en 1722. — Leur emploi. — Actes de donation. — Difficultés d'exciter la charité des chrétiens d'Extrême-Orient. — III. La Société en Cochinchine : Mgr Labbé. M. Ausiès. M. Gouge. — Au Tonkin : Mgr Bélot. Mgr Guisain. Mgr Néez. — IV. Exil des missionnaires de Chine. — Fondation de la procure de Macao. — M. Conain, le premier procureur. — V. Mgr Tessier de Quéralay est persécuté à Siam, son courage. — VI. Continuation des difficultés. — Lettre des directeurs du Séminaire à Mgr de Quéralay. . . . 497

CHAPITRE XVII
1732-1744

I. Mort de M. de Brisacier, 1736. — Éloge de Brisacier et de Tiberge par l'évêque de Chartres. — Alexis de Combes, successeur de

Brisacier, ses travaux. — II. Visite de Mgr de la Baume en Cochinchine. — Relations de Mgr de la Baume avec les Missions-Étrangères. — Division de la Cochinchine. — Mort de Mgr de la Baume. — III. Fin de la question des Rites. — Triomphe de l'opinion soutenue par la Société des Missions-Étrangères. — Lettre de Néez. — Opinion de Martiliat sur les conséquences heureuses de la bulle *Ex quo singulari*. — IV. Action du Séminaire dans la nomination des Vicaires apostoliques de la Société : Néez, de Martiliat, de Lolière-Puycontat, Lefèvre. — Reconnaissance des missionnaires. 527

CHAPITRE XVIII
1744-1754

Marche générale de la Société des Missions-Étrangères. — I. De Martiliat au Su-tchuen. — Ses projets. — Ses travaux. — Son arrestation. — II. Il essaie de pénétrer au Yun-nan. — Il organise les chrétientés et compose un règlement pour les Vierges chrétiennes. — Travaux des prêtres indigènes encouragés par le Séminaire de Paris. — III. Edit de Khien-long exilant tous les missionnaires européens. — Tribulations de M. de Verthamon au Su-tchuen. — Mgr de Martiliat et M. de Verthamon se réfugient à Macao. — Arrestation de M. Urbain Lefèvre. — IV. Situation des missionnaires en Cochinchine. Services qu'ils rendent aux Français. — Leur exil. — Bref de Benoît XIV à Mgr Bennetat. — Services rendus par Dupleix aux missionnaires. — Lettre de Louis XV recommandant Mgr de Lolière au roi de Siam. — V. Mgr Bennetat et M. Rivoal de retour en Cochinchine. — Nouvel exil. — Les missionnaires se réfugient au Cambodge. — VI. Situation du Tonkin. — Bonnes relations de Mgr Néez avec les princes et les mandarins. — Travaux de Mgr Néez pour augmenter le clergé indigène au Tonkin. — VII. Lettre de Mgr Néez au roi et à la reine de France. — VIII. Les missionnaires du Tonkin. — Éloge de M. Le Roux. — Services du clergé indigène. . . . 550

Paris. — Imp. TÉQUI, 92, rue de Vaugirard.

www.ingramcontent.com/pod-product-compliance
Lightning Source LLC
Chambersburg PA
CBHW060257230426
43663CB00009B/1492